FUNDO PÚBLICO
E SEGURIDADE SOCIAL
NO BRASIL

Dados Internacionais de Catalogação na Publicação (CIP)
(Câmara Brasileira do Livro , SP, Brasil)

Salvador, Evilasio
Fundo público e seguridade social no Brasil / Evilasio Salvador. – São Paulo : Cortez, 2010.

Bibliografia.
ISBN 978-85-249-1577-2

1. Despesas públicas – Brasil 2. Finanças públicas – Brasil 3. Fundos públicos – Brasil 4. Orçamento – Brasil 5. Previdência social – Brasil 6. Seguridade social – Brasil I. Título.

10-01764 CDD-368.400981

Índices para catálogo sistemático:

1. Brasil : Fundo público e seguridade social : Política social : Bem-estar social 368.400981

Evilasio Salvador

FUNDO PÚBLICO E SEGURIDADE SOCIAL NO BRASIL

1ª edição

1ª reimpressão

CORTEZ EDITORA

FUNDO PÚBLICO E SEGURIDADE SOCIAL NO BRASIL
Evilasio Salvador

Capa: Cia. de Desenho
Preparação de textos: Viviam Moreira
Revisão: Ana Paula Luccsiano
Composição: Linea Editora Ltda.
Coordenação editorial: Danilo A. Q. Morales

Direitos para esta edição
CORTEZ EDITORA
Rua Monte Alegre, 1074 — Perdizes
05014-001 — São Paulo-SP
Tel.: (11) 3864-0111 Fax: (11) 3864-4290
E-mail: cortez@cortezeditora.com.br
www.cortezeditora.com.br

Impresso no Brasil — fevereiro de 2014

Às Ana's (Paula e Luísa) pela presença amorosa
em minha vida, obrigado por tudo.

À memória de Braz João da Silva (Vô Braz),
operário das minas de carvão de Criciúma-SC,
que ensinou ao seu neto a importância da
política e dos estudos.

Sumário

Agradecimentos

Durante o desenvolvimento da pesquisa no âmbito do doutorado em política social da Universidade de Brasília (UnB), a qual deu origem a este livro, recebi apoio de inúmeras pessoas, a quem registro meus agradecimentos.

Inicialmente, à minha mãe Maria (Dona Ica), pela formação e incentivo aos estudos que recebi ao longo dos anos, o que me permitiu alcançar mais esta etapa na minha vida.

À minha esposa Ana Paula, por todo carinho, amor, cumplicidade, apoio e paciência ao longo desta caminhada, e à minha linda filha Ana Luísa, que cedeu parte do seu tempo, permitindo ao papai estudar; a sua presença é a certeza de que a vida vale a pena.

À minha orientadora e amiga professora Ivanete Boschetti, pela orientação da tese de doutorado e por ser uma incentivadora permanente ao estudo da política social. As suas sugestões foram valiosas durante todo o período de pesquisa e contribuíram para a qualidade deste livro.

Aos professores que participaram da banca de qualificação da tese e da banca examinadora: Elaine Behring, Marcio Pochmann, Mário Theodoro e Potyara Pereira, pelo apoio, pelas sugestões e pelas críticas que enriqueceram esta pesquisa.

A toda equipe do Instituto de Estudos Socioeconômicos (INESC) pelo permanente debate sobre o orçamento e direitos. Ao Sindicato Nacional dos Auditores-Fiscais da Receita Federal (Sindifisco Nacional) pelo fecundo debate sobre a injustiça tributária no Brasil. Ao Professor Roberto Piscitelli pelo incentivo profissional e apoio à realização desta pesquisa. E ao amigo Rogério Viola, que coordenou o extinto grupo de estudo sobre reforma do

Estado e administração tributária do Unafisco Sindical, pelas valiosas indicações bibliográficas.

Mais amigos queridos que acompanharam quase cotidianamente o percurso deste estudo, agradeço a solidariedade, o carinho e o incentivo: Inácio, Fátima, Gilberto Leite, Cláris e Marcelo.

E, por fim, ao Conselho Editorial da área de Serviço Social da Cortez Editora, que aprovou e indicou a pesquisa realizada para a publicação deste livro.

Lista de tabelas

Lista de quadros

Lista de gráficos

Lista de abreviaturas e siglas

AEPS — Anuário Estatístico da Previdência Social
AFP — Administradoras de Fundos de Pensão
ANFIP — Associação Nacional dos Auditores Fiscais da Receita Federal do Brasil
Bacen — Banco Central do Brasil
BD — Benefício Definido
BID — Banco Interamericano de Desenvolvimento
BPC — Benefício de Prestação Continuada
CAP — Caixas de Aposentadoria e Pensão
CD — Contribuição Definida
CDES — Conselho de Desenvolvimento Econômico e Social
CEE — Comunidade Econômica Europeia
CEPAL — Comissão Econômica para a América Latina
CETSS — Contribuição dos Empregadores e Trabalhadores para a Seguridade Social
CF — Constituição Federal
CIDE — Contribuição de Intervenção no Domínio Econômico
CLT — Consolidação das Leis do Trabalho
CMN — Conselho Monetário Nacional
CNSS — Conselho Nacional da Seguridade Social
COFINS — Contribuição para o Financiamento da Seguridade Social
CPMF — Contribuição Provisória sobre Movimentação Financeira
CSLL — Contribuição Social sobre o Lucro Líquido
CTB — Carga Tributária Bruta
DI — Depósito Interfinanceiro
DIEESE — Departamento Intersindical de Estatística e Estudos Socioeconômicos
DIPJ — Declaração de Informações Econômico-fiscais das Pessoas Jurídicas
DLSP — Dívida Líquida do Setor Público

DOU — Diário Oficial da União
DRU — Desvinculação de Receitas da União
EC — Emenda Constitucional
EPU — Encargos Previdenciários da União
FAT — Fundo de Amparo ao Trabalhador
FEF — Fundo de Estabilização Fiscal
FER — Fundo de Equalização de Receitas
FGTS — Fundo de Garantia do Tempo de Serviço
FGV — Fundação Getúlio Vargas
FHC — Fernando Henrique Cardoso
FINSOCIAL — Fundo de Investimento Social
FMI — Fundo Monetário Internacional
FNAS — Fundo Nacional de Assistência Social
FNDE — Fundo Nacional de Desenvolvimento da Educação
FNDR — Fundo Nacional de Desenvolvimento Regional
FNS — Fundo Nacional de Saúde
FPAS — Fundo de Previdência e Assistência Social
FPE — Fundo de Participação dos Estados
FPM — Fundo de Participação dos Municípios
FRGPS — Fundo do Regime Geral da Previdência Social
FSE — Fundo Social de Emergência
GSF — Gasto Social Federal
IAP — Instituto de Aposentadoria e Pensão
IAPAS — Instituto de Administração Financeira da Previdência e Assistência Social
IBGE — Instituto Brasileiro de Geografia e Estatística
ICMS — Imposto sobre a Circulação de Mercadorias e Serviços
ICV — Índice de Custo de Vida
IDE — Investimento Direto Estrangeiro
IGF — Imposto sobre Grandes Fortunas
IGP-DI — Índice Geral de Preços — Disponibilidade Interna
INCC — Índice Nacional de Custos da Construção Civil
INCRA — Instituto Nacional de Colonização e Reforma Agrária
INESC — Instituto de Estudos Socioeconômicos
INPC — Índice Nacional de Preço ao Consumidor
INPS — Instituto Nacional de Previdência Social
INSS — Instituto Nacional do Seguro Social
IPA — Índice de Preços por Atacado
IPC — Índice de Preços ao Consumidor

IPCA — Índice de Preços ao Consumidor Amplo
IPEA — Instituto de Pesquisa Econômica Aplicada
IPI — Imposto sobre Produtos Industrializados
IPMF — Imposto Provisório sobre Movimentação Financeira
IPTU — Imposto Predial e Territorial Urbano
IPVA — Imposto sobre a Propriedade de Veículos Automotores
IR — Imposto de Renda
IRPF — Imposto de Renda de Pessoa Física
IRPJ — Imposto de Renda de Pessoa Jurídica
IRRF — Imposto de Renda Retido na Fonte
ISS — Imposto sobre Serviços
ITBI — Imposto sobre a Transmissão de Bens Imóveis *Inter Vivos*
ITCD — Imposto sobre Transmissão *Causa Mortis* e Doação de Quaisquer Bens ou Direitos
ITR — Imposto Territorial Rural
IVA-F — Imposto sobre Valor Adicionado
LBA — Legião Brasileira de Assistência
LDO — Lei de Diretrizes Orçamentárias
LOA — Lei Orçamentária Anual
LOAS — Lei Orgânica da Assistência Social
LOPS — Lei Orgânica da Previdência Social
LRF — Lei de Responsabilidade Fiscal
MP — Medida Provisória
MPAS — Ministério da Previdência e Assistência Social
OCDE — Organização para Cooperação e Desenvolvimento Econômico
OGU — Orçamento Geral da União
OIT — Organização Internacional do Trabalho
OM — Orçamento Monetário
OMS — Organização Mundial de Saúde
ONU — Organizações das Nações Unidas
OSS — Orçamento da Seguridade Social
PAC — Programa de Aceleração do Crescimento
PASEP — Programa de Formação do Patrimônio do Servidor Público
PBF — Programa Bolsa-Família
PEA — População Economicamente Ativa
PEC — Proposta de Emenda à Constituição
PIA — População em Idade Ativa
PIB — Produto Interno Bruto
PIDESC — Pacto Internacional dos Direitos Econômicos, Sociais e Culturais

PIS — Programa de Integração Social
PJ — Pessoa Jurídica
PME — Pesquisa Mensal de Emprego
PNAD — Pesquisa Nacional por Amostra de Domicílios
PNB — Produto Nacional Bruto
PNUD — Programa das Nações Unidas para o Desenvolvimento
POF — Pesquisa de Orçamento Familiar
PPA — Plano Plurianual
PROER — Programa de Estímulo à Reestruturação e ao Fortalecimento do Sistema Financeiro Nacional
RFB — Secretaria da Receita Federal do Brasil
RGPS — Regime Geral da Previdência Social
RMI — Renda Mínima de Inserção
RJU — Regime Jurídico Único
RMV — Renda Mensal Vitalícia
RPPS — Regimes Próprios de Previdência Social
SFN — Sistema Financeiro Nacional
SIAFI — Sistema Integrado de Administração Financeira do Governo Federal
SIDOR — Sistema Integrado de Dados Orçamentários
SIMPLES — Sistema Integrado de Pagamento de Impostos e Contribuições das Microempresas e das Empresas de Pequeno Porte
SINPAS — Sistema Nacional de Previdência e Assistência Social
SIOPS — Sistema de Informações sobre Orçamento Público em Saúde
SM — Salário mínimo
SRF — Secretaria da Receita Federal
SRFB — Secretaria da Receita Federal do Brasil
STN — Secretaria do Tesouro Nacional
SUS — Sistema Único de Saúde
TCU — Tribunal de Contas da União

PREFÁCIO

*Marcio Pochmann**

As experiências de reformismo nas sociedades modernas conseguiram consagrar o sentido geral de civilidade ao capitalismo do século XX. No Brasil, sem a presença de reformas nas estruturas fundiária, tributária e social, os traços do primitivismo selvagem seguiram praticamente intocáveis no âmago da sociedade que transitou da condição agrária para urbano-industrial.

O capitalismo desgarrado do sentido geral de civilidade persistiu da abolição da escravatura, em 1888, ao ingresso, na década de 1970, no seleto grupo das dez principais economias industriais do mundo. Com isso, o Brasil não se libertou da situação de subdesenvolvimento, não obstante a expressiva metamorfose econômica e social.

O enriquecimento gerado pelo avanço das forças produtivas se tornou egoísta e injusto, distante da democratização da propriedade, bem como das oportunidades quase sempre monopolizadas pelo andar de cima da sociedade. A hegemonia dos regimes autoritários (1937-1945 e 1964-1985) sufocou, quando não contemporizado pela democrática plutocrática, a força do povo organizado em torno das demandas de justiça e combate à exclusão social.

* Professor licenciado do Instituto de Economia e do Centro de Estudos Sindicais e de Economia do Trabalho da Universidade Estadual de Campinas. Presidente do Instituto de Pesquisa Econômica Aplicada (IPEA).

As ditaduras ou os acordos arranjados no interior do andar de cima da sociedade brasileira não foram insensíveis ao sofrimento da base da pirâmide social. Tanto no Estado Novo (1937-1945) como na Ditadura Militar (1964-1985), os direitos sociais avançaram, seja pela Consolidação das Leis do Trabalho ao ocupado urbano, seja pela difusão dos direitos sociais ao ocupado rural (Funrural).

Somente pela Constituição Federal de 1988 que os direitos sociais alçaram à agenda pública eivados pela pressão popular em ambiente de redemocratização política. Suas regulamentações, contudo, transcorreram contidas pela hegemonia das políticas neoliberais que impuseram significativo processo de regressão econômica e social durante a década de 1990.

Nesta perspectiva, o professor Evilasio Salvador constrói sua inegável contribuição ao desvendamento da inacabada construção do Sistema de Bem-Estar no Brasil. Para isso, toma como objeto de estudo o fundo público para o financiamento da seguridade social.

O presente livro é, antes de tudo, muito mais que o cumprimento dos requisitos acadêmicos estabelecidos por anos de investigação e reflexão sistemática sobre o tema para completar o doutoramento pela Universidade de Brasília. Pela edição de *Fundo público e seguridade social no Brasil*, o público especializado tem a possibilidade de tomar conhecimento da linha de interpretação profunda e crítica do autor sobre as agruras das condições de financiamento do Estado de bem-estar social, assim como do aprisionamento constante do gasto social à lógica da financeirização da riqueza.

Destaca-se também que a fácil e didática leitura da obra do professor Evilasio Salvador possibilita observar como o autor não se satisfaz com a importante descrição da complexa experiência de construção da seguridade social. Ele vai mais longe, oferecendo a imprescindível análise a respeito do surgimento, evolução e mudanças mais recentes do fundo público.

Ademais, o professor Salvador confere ineditismo ao livro pela oportunidade de discutir os principais desafios atinentes ao financiamento da seguridade social em disputa com a lógica da financeirização da riqueza. O urgente e necessário soerguimento do fundo público dificilmente terá efetividade e eficácia esperada sem a consagração de uma verdadeira maioria política conduzida pela articulação democrática em torno da seguridade social.

Resumidamente, o presente livro expressa o esforço intelectual corajoso de seu autor em combinar a análise sistêmica da política pública de seguridade social com o rigor da interpretação analítica sobre questões que emergem da operacionalização do fundo público. Não somente o entendimento fácil a respeito da complexidade do trabalho em foco o leitor poderá alcançar, bem como poderá obter uma ampla visão a respeito das linhas estratégicas de uma imprescindível implementação plena do financiamento público da seguridade social.

Esses são os desafios inadiáveis de uma possibilidade de construção da sociedade superior no Brasil. O tempo ainda não está desfavorável a isso. Como ferramenta desta luta maior o leitor poderá encontrar plenamente no livro do professor Salvador.

Boa leitura.

INTRODUÇÃO

Na construção do Estado Social, o fundo público exerceu uma função ativa nas políticas macroeconômicas, e é essencial tanto na esfera da acumulação produtiva quanto no âmbito das políticas sociais, particularmente da seguridade social. Com isso, ainda hoje, o fundo público tem papel relevante para a manutenção do capitalismo na esfera econômica e na garantia do contrato social. O alargamento das políticas sociais garante a expansão do mercado de consumo, o que viabilizou o compromisso de pleno emprego nos países centrais no período de 1945 a 1975. O fundo público também comparece como financiador de políticas anticíclicas nos períodos de refração da atividade econômica.

No Brasil, o fundo público ganhou contornos restritivos, tanto pela ótica do financiamento como pela dos gastos sociais, muito aquém das já limitadas conquistas da social-democracia ocorrida nos países desenvolvidos. Até mesmo as "reformas" realizadas por dentro do capitalismo central não lograram o mesmo êxito em nosso país, uma vez que a estruturação das políticas sociais foi marcada por componentes conservadores, que obstaculizaram avanços mais expressivos nos direitos da cidadania.

A seguridade social é uma das principais conquistas sociais da Constituição Federal (CF) de 1988, designando um conjunto integrado de ações do Estado e da sociedade voltadas a assegurar os direitos relativos à saúde, à previdência e à assistência social. A concretização dessa conquista social passa pela efetivação do orçamento da seguridade social; para tanto, um dos princípios constitucionais estabelecidos é a diversidade das bases de financiamentos, que deveriam ser constituídas por contribuições sociais exclusivas. Essas contribuições adicionadas às receitas arrecadadas sobre a folha de pagamentos mais impostos a serem transferidos pelo orçamento fiscal seriam conduzidas para um fundo público redistributivo da seguridade social.

O projeto neoliberal vigente no país na década de 1990 tem na sua agenda um amplo leque de "reformas" do Estado, destacando-se a "reforma" nos sistemas de proteção social e cortes na previdência social, nos fundos de aposentadorias e pensões, nos programas assistenciais e nos serviços de saúde pública. A seguridade social emerge como um dos principais setores candidatos à privatização, graças à sua enorme capacidade de produzir acumulação de capital na área financeira e na ampliação do mercado de capitais, sobretudo o de seguros privados.

Além disso, os recursos que compõem as fontes de financiamento da seguridade social desempenham um papel relevante na política econômica e social do Brasil após 1994. Parcelas importantes da arrecadação de receitas que deveriam ser utilizadas nessas políticas sociais, e poderiam ampliar a sua abrangência, são retidas pelo orçamento fiscal da União e destinadas para o superávit primário. No capitalismo contemporâneo, particularmente no caso brasileiro, ocorre uma apropriação dos fundos públicos vinculados à seguridade social para valoração e acumulação do capital vinculado à dívida pública.

Este livro é um estudo[1] sobre o padrão de Estado Social determinado pela inter-relação entre orçamento fiscal e orçamento da seguridade social na conformação do fundo público no Brasil. Para tanto, investigam-se as características do financiamento da seguridade social brasileira do ponto de vista da avaliação dos recursos, da magnitude dos gastos e da natureza das fontes de financiamento, problematizando a relação do orçamento da seguridade social com as opções de políticas econômica e social adotadas.

A análise aqui desenvolvida sustenta a tese de que os recursos que compõem as fontes de financiamento da seguridade social desempenham um papel relevante na política econômica e social do Brasil, pois garantem a realização das metas estabelecidas da política fiscal, além de as despesas da seguridade social serem infladas com gastos que, na realidade, são do orçamento fiscal. A conformação do financiamento e da destinação dos recursos das políticas de previdência social, de saúde e de assistência social

1. Este livro é resultado da tese de doutorado apresentada ao Programa de Pós-Graduação em Política Social da Universidade de Brasília (UnB).

não fortalece o conceito de seguridade social na sua totalidade e restringe sua possibilidade de reduzir as desigualdades sociais. Explora-se a hipótese de que a estruturação do fundo público no Brasil configura um Estado Social que não reduz a desigualdade social porque se assenta nas seguintes características: i) financiamento regressivo (quem sustenta são os trabalhadores e os mais pobres), que não faz redistribuição de renda; ii) políticas sociais com padrão restritivo e básico, não universalizando direitos; e iii) distribuição desigual dos recursos no âmbito da seguridade social e, ainda, transferência de recursos para o orçamento fiscal.

Os países capitalistas desenvolvidos passaram por profundas transformações ao longo do século XX, que marcaram avanços na proteção social, particularmente após a Segunda Guerra Mundial, com a consolidação do chamado Estado Social. A luta dos trabalhadores por melhores condições de vida e por uma situação mais digna de trabalho construiu a experiência de um determinado padrão de proteção social, no período de 1945 a 1975, nos países do centro do capitalismo. Para tanto, foi decisiva a intervenção do Estado acoplada com as políticas de cunho keynesiano/fordista, destacando-se as modificações redistributivas no orçamento público: pelo lado do financiamento, a implantação de sistemas tributários mais justos com base na cobrança de impostos diretos e progressivos; e no lado dos gastos, destaca-se, entre as políticas sociais, a edificação da seguridade social, articulando as políticas de seguros sociais, saúde e auxílios assistenciais.

O marco na institucionalização da seguridade social foi a publicação do Relatório Beveridge, em 1942, na Inglaterra, que implicou mudanças significativas no âmbito dos seguros sociais até então predominantes. A proposta teve como consequência o aumento das despesas com a proteção social, objetivando o combate à pobreza fundamentado nos direitos universais de todos os cidadãos incondicionalmente ou submetidos a condições de recursos, porém garantindo mínimos a todos os cidadãos.

A elevação dos gastos nos principais países capitalistas no segundo pós-guerra revela a importância do financiamento público para a reprodução da força de trabalho. Ocorre uma expulsão para dentro do orçamento público de parcelas da reprodução da força de trabalho, desencadeando uma socialização dos custos, conforme Francisco de Oliveira (1998). O crescimento do salário indireto foi fundamental no esquema keynesiano para assegurar o crescimento do mercado de bens e serviços, pois permitiu aos trabalhadores, por meio das políticas sociais, a inserção no mercado de consumo, sem a necessidade de estarem no mercado de trabalho.

Mandel[2] (1977) destaca o interesse do Estado pelos recursos da seguridade social, que, sob a forma de poupança, são canalizados a um montante considerável para os fundos públicos. O financiamento é feito pela retenção de parte do salário dos trabalhadores, que constitui, portanto, o que o autor chama de "salário indireto" ou "salário diferido". Ele destaca uma tensão entre o salário direto e o indireto (diferido) devido ao aumento dos recursos repassados para a seguridade social, podendo este último, em alguns casos, chegar a 40% do salário total.

Nesse sentido, Mandel defende uma seguridade social universal, ou seja, que não se limite somente à classe trabalhadora, tendo como primazia o princípio da solidariedade ampliada para todos os cidadãos. Para tanto, seria necessário um novo patamar de financiamento da seguridade social. Assim, os serviços nacionais de saúde, a política de pleno emprego e de aposentadorias deveriam ser financiados por imposto progressivo sobre as rendas (Mandel, 1977). A seguridade social contribuiria para um reajuste importante dos salários diretos e uma verdadeira redistribuição da renda nacional. Ocorre, na opinião do autor, uma crescente importância do "salário diferido" na renda nacional dos países capitalistas industrializados em função do seu caráter anticíclico, nos períodos de crise do capitalismo. Um exemplo, nesse sentido, é a eficácia do seguro-desemprego para amenizar a crise do capital.

Com isso, ocorre na sociedade também uma disputa por recursos do fundo público no âmbito do orçamento estatal. O orçamento público é um espaço de luta política, onde as diferentes forças da sociedade buscam inserir seus interesses. Na sua dimensão política, o orçamento pode ser visto como uma arena de disputa ou um espaço de luta (ou cooperação) entre os vários interesses que gravitam em torno do sistema político (INESC, 2006).

No Brasil, os recursos do orçamento do Estado são expressos na LOA aprovada pelo Congresso Nacional. A LOA 2008[3] fornece pistas dos valores em disputa no fundo público brasileiro: R$ 1.424.390.706.030,00 (um trilhão, quatrocentos e vinte e quatro bilhões, trezentos e noventa milhões, setecentos

2. Trata-se da quarta edição do livro *Iniciación a la economia marxista*, publicado pela Editora Nova Terra. A primeira edição do livro é de 1974. Uma resenha das ideias apresentadas por Mandel enfocando o neocapitalismo pode ser lida em Zorzo e Pereira (2005).

3. Lei n. 11.647, de 24 de março de 2008.

e seis mil e trinta reais). No entanto, quase 30% desse valor (R$ 416 bilhões) está previsto para a rolagem de títulos da dívida pública, destinando-se R$ 946 bilhões aos orçamentos fiscal e da seguridade social; desse valor, 1/4 está previsto para ser utilizado no pagamento de juros e amortização da dívida pública.

Em que pesem as particularidades na implementação das políticas sociais no Brasil, entre elas a construção tardia de uma sociedade fundada no trabalho assalariado, o país segue a lógica do movimento e das tendências internacionais no tocante às condições em que o trabalho adquiriu centralidade na definição das políticas de proteção social (Mota, 2000a). Mas ao contrário dos países desenvolvidos, o processo de industrialização brasileira nem foi suficiente para assegurar emprego para todos nem para instituir uma "sociedade salarial", continuando a haver significativas taxas de desemprego, agravadas, ainda, por uma característica própria das economias latino-americanas — a subutilização da força de trabalho, destacando-se a perpetuação e a reprodução de ocupações precárias (Salvador e Boschetti, 2002a; Pochmann, 1999). Isso, certamente, é fruto das nossas raízes históricas, que marcam o processo de transição ao trabalho livre da última nação ocidental no mundo a acabar com a escravidão.

O mercado de trabalho, por meio da ação estatal, foi moldado por uma política de imigração favorecida por taxações e subvenções em detrimento da mão de obra nativa. Em um nítido processo de exclusão de parcela significativa da força de trabalho, criaram-se condições para a consolidação de um excedente estrutural de trabalhadores, germinando a informalidade nas relações de trabalho (Theodoro, 2005).

Com base em uma análise dos dados do Instituto Brasileiro de Geografia e Estatística (IBGE)[4] chega-se à conclusão que as relações de trabalho assalariadas no Brasil evoluíram de 42% da População Economicamente Ativa (PEA), em 1950, para 62,8% em 1980 (Pochmann, 1999). Em 2007, as relações de trabalho assalariadas em relação ao total da PEA eram de 52,7%,[5] conforme dados da Pesquisa Nacional por Amostra de Domicílios (PNAD).

---

4. A principal fonte de dados dos anos 1990 é a Pesquisa Nacional por Amostra de Domicílios (PNAD) realizada anualmente pelo IBGE, exceto nos anos de realização do Censo. Para análise dos anos anteriores foi consultada a publicação do IBGE (1990) — Estatísticas Históricas do Brasil.

5. Refere-se à categoria de empregados, exclusive domésticos, com e sem carteira de trabalho assinada.

O acelerado crescimento econômico do Brasil, por mais de 50 anos no século XX, não foi capaz de obter resultado da mesma magnitude dos países do capitalismo central, mantendo grande parte de sua população com condições precárias de vida e trabalho (Pochmann, 2004). Para Francisco de Oliveira (1990, p. 44-5), no caso brasileiro, a intervenção estatal que financiou a reprodução do capital não financiou no mesmo nível a reprodução da força de trabalho, pois teve como padrão a ausência de direitos. De acordo com o autor,

> O Brasil torna-se um caso especial exatamente pela conjunção de normas, procedimentos, sobretudo a função dos fundos públicos no processo de regulação, com um fundo histórico não resolvido de problemas de discriminação, intensas desigualdades sociais e regionais, tradição autoritária; essa especial conjunção ganhou contornos ainda mais indefinidos durante o regime autoritário.

O início do processo de assalariamento no Brasil permitiu o desenvolvimento do sistema previdenciário brasileiro responsável pela proteção parcial dos trabalhadores assalariados do mercado urbano formal, com o pagamento de benefício de aposentadorias e com a prestação de serviços de assistência média e de assistência social, articulando, portanto, para esse segmento da sociedade as políticas de previdência, saúde e assistência. O processo de financiamento era centrado na folha de salários, via contribuição de empregados e empregadores. Contudo, até 1960, existiu a participação do Estado, por meio das quotas previdenciárias pagas pelos consumidores de bens e serviços de empresas vinculadas aos institutos de aposentadorias, nem sempre repassadas aos cofres do fundo previdenciário.

A construção do mercado de trabalho no Brasil, ao mesmo tempo que permitiu o recolhimento das contribuições previdenciárias, administradas sob o regime financeiro de capitalização, até a promulgação da Lei Orgânica da Previdência Social (LOPS), em 1960, também serviu de *funding* para o financiamento da indústria nascente. No aspecto político, a previdência contribui com a gestão e o controle da força de trabalho, reforçando a posição hegemônica do "Estado Novo".

Os governos recorrem às reservas acumuladas dos fundos públicos para investimentos na economia. Por exemplo, nos sistemas previdenciários ainda não "maduros" (quando o número de contribuintes é superior ao de beneficiários), os superávits significativos foram destinados para dinamizar importantes setores da economia (Maia, 2003).

O volume de recursos arrecadados e o montante das reservas investidas transformaram o fundo público previdenciário em um dos mais importantes "sócios" da União e das empresas estatais criadas por Getúlio Vargas.

> A canalização das reservas da previdência para investimentos da preferência do governo foi um processo que efetivamente se desenvolveu em grande escala. Uma sucessão de decretos produzidos no período passou, ora a "autorização", a investir suas reservas em áreas definidas como estratégicas pelo Estado. Por um ou outro destes mecanismos (imposição ou controle das autorizações), o Estado adquiria o poder de orientar o rumo dos investimentos das instituições de previdência, e efetivamente exercia este poder. (Oliveira e Teixeira, 1985, p. 142)

O padrão de crescimento econômico concentrador e excludente dos anos da ditadura militar buscava a adoção de políticas sociais compensatórias para atenuar as tensões sociais e, até mesmo, a redução dos salários dos trabalhadores urbanos formais, além da adoção de programas assistenciais para os segmentos que estavam à margem do desenvolvimento econômico, como, por exemplo, os trabalhadores inseridos em relações informais de trabalho, rurais e indigentes. Para os trabalhadores formais, por meio da previdência social e de programas baseados em fundos sociais/salariais (FGTS, PIS, PASEP), eram assegurados benefícios previdenciários e assistência médica, bem como o acesso facilitado a saneamento básico, habitação e desenvolvimento urbano, compensando, em certa medida, as perdas salariais do período. Enquanto isso, os trabalhadores informais, indigentes e trabalhadores rurais ficavam com os insuficientes programas médicos de emergência, benefícios assistenciais de idosos e rurais, programas de alfabetização, que não solucionavam a precariedade das condições de vida da maioria da população brasileira (Médici e Maciel, 1996).

Apesar da crise econômica nos anos 1980, novas e profundas mudanças ocorrem no âmbito das políticas sociais e dos direitos trabalhistas. As reivindicações e pressões organizadas pelos trabalhadores na década de 1980, em período de redemocratização no país, provocam a incorporação, pela Constituição Federal, de muitas demandas sociais de expansão dos direitos sociais e políticos. Um dos maiores avanços dessa Constituição, em termos de política social, foi a adoção do conceito de seguridade social, englobando em um mesmo sistema as políticas de saúde, previdência e assistência social.

O termo seguridade social, inexistente na Língua Portuguesa até a década de 1980,[6] já era adotado desde 1935 nos Estados Unidos e desde a década de 1940 na Europa capitalista, para designar uma miríade de programas e serviços sociais. No Brasil, a partir da Constituição Federal de 1988, a seguridade social passa a designar um conjunto integrado de ações do Estado e da sociedade voltadas a assegurar os direitos relativos à saúde, à previdência e à assistência social, incluindo também a proteção ao trabalhador desempregado, via seguro-desemprego. Pela lei, o financiamento da seguridade social compreende, além das contribuições previdenciárias, também recursos orçamentários destinados a este fim e organizados em um único orçamento.

A Constituição Federal no seu Título VIII, que trata da ordem social, dedicou o Capítulo II à seguridade social:

> Art. 194. A seguridade social compreende um conjunto integrado de ações de iniciativa dos Poderes Públicos e da sociedade, destinadas a assegurar os direitos relativos à saúde, à previdência e à assistência social.
>
> Parágrafo único. Compete ao Poder Público, nos termos da lei, organizar a seguridade social, com base nos seguintes objetivos:
>
> I — universalidade da cobertura e do atendimento;
>
> II — uniformidade e equivalência dos benefícios e serviços às populações urbanas e rurais;
>
> III — seletividade e distributividade na prestação dos benefícios e serviços;
>
> IV — irredutibilidade do valor dos benefícios;
>
> V — equidade na forma de participação no custeio;
>
> VI — diversidade da base de financiamento;
>
> VII — caráter democrático e descentralizado da administração, mediante gestão quadripartite, com participação dos trabalhadores, dos empregadores, dos aposentados e do Governo nos órgãos colegiados.

---

6. Boschetti (2002), num esforço de precisar conceitualmente os termos que guardam contiguidade ao Estado Social, lembra que no Brasil a expressão seguridade social passou a integrar os dicionários da Língua Portuguesa a partir de 1988, e que o *Novo dicionário Aurélio* explica a etimologia da palavra com base no francês *sécurité* ou no inglês *security* e ambos do latim *securitate*. Em Portugal, o termo é traduzido como "segurança social" e assim aparece em diversas publicações, como, por exemplo, no livro da OIT (2002): *Segurança social*: um novo consenso.

O corolário desse artigo é que as receitas e despesas da previdência social passam a integrar o orçamento geral da seguridade social, conforme o estabelecido pelo texto constitucional:

> Art. 195. A seguridade social será financiada por toda a sociedade, de forma direta e indireta, nos termos da lei, mediante recursos provenientes dos orçamentos da União, dos Estados, do Distrito Federal e dos Municípios, e das seguintes contribuições sociais:
>
> I — do empregador, da empresa e da entidade a ela equiparada na forma da lei, incidentes sobre:
>
> a) a folha de salários e demais rendimentos do trabalho pagos ou creditados, a qualquer título, à pessoa física que lhe preste serviço, mesmo sem vínculo empregatício;
>
> b) a receita ou o faturamento;
>
> c) o lucro;
>
> II — do trabalhador e dos demais segurados da previdência social, não incidindo contribuição sobre aposentadoria e pensão concedidas pelo regime geral de previdência social de que trata o art. 201;
>
> III — sobre a receita de concursos de prognósticos.
>
> IV — do importador de bens ou serviços do exterior, ou de quem a lei a ele equiparar. [...]

Nos parágrafos do mesmo artigo, explicita-se que também são fontes de recursos da previdência as receitas dos estados, do Distrito Federal e dos municípios, constantes nos respectivos orçamentos. Ainda, a União é responsável pela cobertura de eventuais insuficiências financeiras da seguridade social, quando decorrentes do pagamento de benefícios da previdência social. As outras fontes de custeio são: contribuição de segurados individuais, dos clubes de futebol profissional, do empregador doméstico, do produtor rural, parte da arrecadação do Sistema Integrado de Pagamento de Impostos e Contribuições das Microempresas e das Empresas de Pequeno Porte (SIMPLES). Ainda, no período de 1997 a 2007, vigorou a Contribuição Provisória sobre Movimentação Financeira (CPMF),[7] que foi extinta pelo Congresso Nacional no fim de 2007.

---

7. A origem da CPMF está na Emenda Constitucional n. 3, cujo artigo 2º autorizou que a lei complementar instituísse o chamado Imposto Provisório sobre Movimentação Financeira (IPMF)

A adoção do termo "seguridade social" na Constituição Federal de 1988, embora impreciso, é originário

> do conceito inaugurado na Inglaterra pelo Relatório Beveridge, nos anos 40, o qual se refere a um conjunto de medidas instituídas por lei para manter todos os cidadãos acima de um umbral sociológico considerado mínimo, em todas as eventualidades que venham afetar a sua capacidade de subsistência ou de sua família. Trata-se, pois, de medida de previsão mais do que de correção. A assistência social, apesar de voltada para os pobres, funcionaria como uma rede de segurança que os impediria de viver abaixo do mínimo tolerável. (Pereira, 1996, p. 72)

A seguridade social enfrenta dificuldades desde seu nascimento, em consequência, entre outros fatores, da não implantação de orçamento para esse fim, previsto na CF de 1988. A finalidade principal do orçamento da seguridade, para o qual passariam a convergir as receitas arrecadadas pelo Orçamento Geral da União (OGU), em adição à contribuição sobre a folha de salários recebida pelo MPAS, era constituir-se um espaço próprio e integrador das ações de previdência, saúde e assistência social, assegurando a apropriação dos recursos do orçamento fiscal.

> A seguridade social foi frustrada em seu nascedouro, pelo desaparecimento da folga de receita previdenciária própria tradicionalmente dirigida à Saúde, e marginalmente à Assistência Social. Isso aconteceu porque os gastos referentes a direitos individuais cresceram rapidamente, devido à correção do valor das aposentadorias, até então sistematicamente subestimadas. Neste processo de acomodação, os programas universais, com menor capacidade de defesa, foram sendo progressivamente isolados em sua luta pelo acesso às fontes de receitas vinculadas, pela Constituição, a seu financiamento. O governo e os meios de comunicação se encarregaram da falsa mensagem de que tais programas são deficitários, e, portanto

até 31 de dezembro de 1994. A arrecadação do IPMF, iniciada em 26 de agosto de 1993, foi suspensa no período de 15 de setembro a 31 de dezembro de 1993 por liminar na Ação Direta de Inconstitucionalidade (ADIN 939-7/DF). O imposto voltou a ser cobrado a partir de 1º de janeiro de 1994 e vigorou até 31 de dezembro do mesmo ano. A Lei n. 9.311, de 24 de outubro de 1996, que instituiu a CPMF, define a movimentação ou transmissão de valores e de créditos e direitos de natureza financeira como "qualquer operação liquidada ou lançamento realizado, pelas instituições financeiras, que representem circulação escritural ou física de moeda, e de que resulte ou não transferência da titularidade dos mesmos valores, créditos e direitos".

> inexequíveis, sem lembrar que a raiz dos problemas que hoje os assolam foi o descaso e o desvio de novas fontes de receita, destinadas à expansão prevista nestes programas. (Dain e Soares, 1998, p. 60)

A implementação do conceito de seguridade social, previsto no artigo 194 da CF, já seria um enorme desafio em condições mais favoráveis aos movimentos dos trabalhadores e da sociedade organizada. A situação vai se tornar desfavorável aos defensores dos direitos sociais a partir da década de 1990 com uma nova hegemonia neoliberal.

O neoliberalismo significou uma reação conservadora de natureza claramente regressiva, na qual se situa a "contrarreforma" do Estado, pois a Constituição brasileira de 1988 indicou alguns aspectos, ainda que mínimos, de uma estratégia de natureza social-democrata, especialmente no Capítulo Ordem Social. Então, a partir dos anos 1990, as propostas reformistas acabam por solapar as possibilidades, ainda que limitadas, da plena aplicação dos direitos sociais da Carta Magna, podendo-se falar em "contrarreforma", iniciada com as chamadas "reformas" estruturais no governo Collor e aprofundadas no governo Fernando Henrique Cardoso (Behring, 2003).

No tocante à questão previdenciária, as alterações realizadas pela Constituição de 1988, embora tenha mantido a lógica do seguro previdenciário, representaram uma verdadeira reforma da previdência, no sentido de sua ampliação e generalização a um número maior de trabalhadores. A "reforma" que vai se materializar em 1998, por meio da Emenda Constitucional (EC) n. 20, pode ser identificada como uma contrarreforma do movimento consolidado na Constituição de 1988, visto que aponta o caminho inverso para previdência do registrado na Carta Magna (Salvador e Boschetti, 2002b).

No Brasil, os primeiros esforços para a "reforma" nas políticas da seguridade social começaram pela previdência social, logo após a sua regulamentação exigida pela Constituição de 1988 e determinada por meio das Leis n. 8.212 (custeio) e n. 8.213 (benefícios), de 1991. Com as novas orientações ideológicas na América Latina de cunho neoliberal, a previdência social emerge como um dos principais setores candidatos à privatização, graças à sua enorme capacidade de produzir acumulação de capital na área financeira e na ampliação do mercado de capitais, sobretudo de seguros privados.

O debate sobre as formas de financiamento da seguridade social no Brasil, após a CF de 1988, revela as divergências entre aqueles que defendem o princípio da totalidade estatuído na Carta Magna e os defensores da separação das fontes de custeio das políticas de previdência, assistência social e saúde. Alguns especialistas, como Dain, Tavares e Castilho (1993), defendem uma visão de totalidade orçamentária com base nas experiências internacionais *mix* de receitas tributárias e de contribuições sobre a folha de salários. Por outro lado, Beltrão et al. (1993) são contrários à existência de um orçamento único para a seguridade, defendendo a separação das fontes de custeios com três orçamentos independentes.

Essa visão ficou reforçada a partir da "reforma" da previdência social (EC n. 20/98), que foi encarada como uma necessidade de equilibrar as contas públicas e solucionar a "crise fiscal" do Estado. A "reforma" limitou-se a uma visão míope de equilíbrio das contas públicas, muito mais voltada para a realização de superávit primário.[8]

A CF determina a criação de um orçamento da seguridade social (artigo 165, parágrafo 5º, inciso III) cuja consequência seria a criação de um fundo público com a canalização de recursos próprios e exclusivos para as políticas de saúde, da previdência e da assistência social, distinto daquele que financia as demais políticas de governo.

Contudo, o orçamento da seguridade social virou "letra morta" na Constituição. Todos os governos que passaram pelo Palácio do Planalto desde 1988 não transformaram o dito constitucional em ação efetiva. Pelo contrário, apropriaram-se das contribuições sociais destinadas para fins da seguridade social, utilizando-as para outras políticas de cunho fiscal, principalmente para o pagamento dos encargos financeiros da União (amortização e juros da dívida) e para realização de "caixa" visando a garantir o superávit primário, principalmente nos anos recentes.

---

8. O resultado primário é a diferença, podendo ser positiva ou negativa, entre as receitas não financeiras arrecadadas no exercício fiscal e as despesas não financeiras arrecadadas no exercício do mesmo período, previstas no Orçamento da União. As receitas não financeiras incluem, principalmente, os tributos, as contribuições sociais e econômicas, as receitas diretamente arrecadadas por órgãos da administração indireta, as receitas patrimoniais etc. As despesas não financeiras referem-se ao conjunto de gastos com pessoal, previdência, manutenção da máquina administrativa e investimentos. Se a diferença for positiva, ocorre um superávit primário; e se negativa, haverá um déficit primário. Portanto, no lado das receitas estão excluídas as receitas de juros e de capital; no lado das despesas, não são computados os encargos da dívida pública.

Uma das estratégias do ajuste fiscal, no âmbito das medidas econômicas do Plano Real, foi a criação de mecanismos de desvinculação orçamentária com objetivos de realocação de recursos do fundo público livremente pelos condutores das políticas econômicas. Assim, em 1993, ocorreu no Brasil a criação do chamado "Fundo Social de Emergência" (FSE), permitindo a desvinculação de 20% das receitas arrecadadas pela União. De acordo com Soares (2001), a origem desse instrumento na América Latina segue as recomendações do Banco Mundial e do Banco Interamericano de Desenvolvimento (BID) no contexto de ações meramente emergenciais, temporárias, de combate à pobreza e para financiar os projetos e programas, tanto públicos como não governamentais destinados aos pobres "estruturais" e aos "novos pobres" afetados pelo ajuste econômico neoliberal. Mas a experiência brasileira mostra que o FSE não tinha nada de "social" e muito menos de "emergência", pois o fundo assumiu uma função estratégica de desviar recursos da área social para o interior do orçamento fiscal à disposição do Ministério da Fazenda com vistas ao equilíbrio das contas públicas, contribuindo para a "estabilidade econômica". O FSE foi substituído por um nome mais apropriado, nos exercícios financeiros de 1994 e 1995: Fundo de Estabilização Fiscal (FEF); depois por Desvinculação de Receitas da União (DRU), ainda em vigor. A DRU constitui um mecanismo importante de transferência de recursos arrecadados em nome da seguridade social para o orçamento fiscal.

Como exemplo, a Associação Nacional dos Auditores Fiscais da Receita Federal do Brasil (ANFIP, 2004) destaca o fato de que, caso fosse desconsiderado o desvio da DRU, o saldo do orçamento da seguridade social, em 2003, seria positivo em R$ 31,73 bilhões. A entidade denuncia a prática do governo, que, além de inflar as despesas da seguridade social com gastos que são da esfera fiscal, ainda se apropria de recursos da seguridade para aumentar o superávit primário e realizar o pagamento de juros da dívida.

Até hoje, a tecnocracia do governo continua sem elaborar um orçamento da seguridade social, apesar de a "reforma" (EC n. 20/98) ter mantido inscrito o conceito de seguridade social. Além disso, as alterações efetuadas após 1994 também agravaram a apartação das verbas que financiam as políticas de seguridade. A EC n. 20/98 alterou o artigo 201, estabelecendo que o Regime Geral da Previdência Social (RGPS) deve ser organizado de forma que obedeça a critérios que assegurem seu equilíbrio financeiro e atuarial. Na visão do MPAS (2002), pressupõe-se a determinação de fontes específicas de custeio e a definição objetiva das despesas, constituindo um orçamento separado da seguridade social.

A "nota técnica" do MPAS (2002, p. 150-1), que apresenta "considerações metodológicas sobre o déficit da previdência social", diz que, em conformidade com o artigo 201 da CF e pelo artigo 18 da Lei n. 8.213 (de 25 de julho de 1991), as despesas previdenciárias são aquelas decorrentes do pagamento dos benefícios para os trabalhadores urbanos e rurais: aposentadoria (por invalidez, idade, tempo de contribuição e especial), auxílio-doença, salário-família, salário-maternidade, auxílio-acidente, pensão por morte e auxílio-reclusão. No lado das receitas, ocorreu uma vinculação da contribuição dos empregados e empregadores sobre a folha de salários para o pagamento exclusivo dos benefícios previdenciários (inciso XI, artigo 167 da CF).

Esquecem que um dos avanços consagrados na CF de 1988 diz respeito às bases do financiamento da seguridade social, ampliada para além da folha de pagamento, que historicamente se constituiu fonte única de recursos para previdência social, sobretudo com as contribuições dos trabalhadores. A simples leitura do artigo 195 da Carta Magna permite concluir que as fontes de financiamento das políticas de previdência, assistência social e saúde incluem, além das contribuições dos empregados e dos empregadores, a tributação específica sobre a receita, o faturamento sobre o lucro das empresas, que devem ser diretamente vinculados para a seguridade social.

Além da não implantação do orçamento da seguridade social nos moldes determinados pela Constituição, a seguridade não logrou uma existência formal do ponto de vista administrativo. Nos anos 1990, a previdência, a saúde e a assistência social foram regulamentadas por leis distintas e organizadas administrativamente de forma separada. Ao invés do fortalecimento, ocorreu a fragilização das três políticas sociais (Vianna, 1999).

O financiamento da seguridade social no Brasil permanece fracionado com a separação das fontes de recursos advindos da contribuição direta de empregados e empregadores para custear a previdência social, e as contribuições sociais incidentes sobre o faturamento, o lucro e a movimentação financeira para as políticas de saúde e assistência. Portanto, "a perspectiva de um fundo da seguridade social, com financiamento tripartite e redistributivo, destinado a financiar as três políticas da seguridade social jamais foi efetivada, minando uma das bases necessárias à efetivação da concepção de seguridade social" (Boschetti, 2002, p. 19-20).

A desconstrução da seguridade social foi agravada com o artigo 68 da Lei Complementar n. 101, de 4 de maio de 2000 (Lei de Responsabilidade Fiscal — LRF), que determina a contabilização em separado das contas previdenciárias e institui o Fundo do Regime Geral da Previdência Social (FRGPS), regulamentando o artigo 250 da CF, de forma que o FRGPS é constituído, basicamente, pelas receitas previstas na alínea "a" do inciso I e no inciso II do artigo 195 da CF, ou seja, a contribuição dos empregadores sobre a folha de salários e a contribuição paga pelos trabalhadores.

Uma análise do financiamento da seguridade social deve considerar o quadro tributário e fiscal constituído na última década no país. Para Fagnani (1988), o estudo sobre o financiamento e os gastos sociais traz pistas sobre o alcance, os limites e o caráter redistributivo das políticas sociais. No plano geral, o estudo dos mecanismos de financiamentos e gastos revela as relações existentes entre a política social avaliada e a política econômica geral do governo.

De acordo com Fagnani (1998), a natureza das fontes de financiamento é um importante indicador na avaliação das políticas sociais. Essas fontes, no Brasil, nas últimas décadas, são basicamente: recursos fiscais, recursos autossustentados e contribuições sociais.

Os recursos fiscais advêm das receitas de impostos e taxas e apresentam maior potencial redistributivo, mas são os menos utilizados, por exemplo, no financiamento da seguridade social no Brasil. Os recursos autossustentados precisam ser valorizados com aplicações financeiras, como o Fundo de Garantia do Tempo de Serviço (FGTS) — usado no financiamento habitacional — e os empréstimos e financiamentos concedidos por instituições de fomento (BNDES, BIRD etc.). Já as contribuições sociais são recursos custeados por empresas e trabalhadores e constituem, no Brasil, a principal fonte de financiamento da seguridade social. Essa base de custeio não atende plenamente ao objetivo da equidade e tem caráter regressivo. Quando o acesso ao benefício depende da contribuição (por exemplo, na previdência social), uma parcela significativa de pessoas fica excluída do sistema, além de a contribuição dos trabalhadores ser regressiva, pois os trabalhadores de menor renda têm uma contribuição proporcionalmente maior que aqueles de renda mais elevada. Já as contribuições dos empregadores, em geral, são repassadas aos preços de produtos e serviços, onerando toda a coletividade.

Oculta-se no debate sobre a crise fiscal do Estado a incapacidade dos governos de ampliar as fontes de financiamentos mediante reformas no sistema tributário, no controle da evasão de divisas e da sonegação fiscal, que há em larga escala (Behring, 1998). É importante ressaltar que a CF determina uma série de princípios norteadores da política tributária. Assim, por exemplo, o imposto de renda deverá obedecer, entre outros critérios, ao da progressividade. Além disso, o Estado deve respeitar o princípio da capacidade contributiva (CF, artigo 145, inciso III, parágrafo 1º), e os tributos sobre bens e serviços devem ser não cumulativos.

Uma questão relevante levantada por Garcia (2003) é a discussão funcional da renda para análise da iniquidade social no Brasil. Com base no Sistema de Contas Nacionais do IBGE, o autor revela que, de 1992 a 2000, a parte da renda nacional apropriada pelos salários caiu 8,1%, ou seja, de uma participação de 34,6% no Produto Interno Bruto (1992)[9] caiu para 26,5%, uma redução de quase 1/4 em apenas oito anos. Por outro lado, no mesmo período, a fatia da renda nacional (Produto Interno Bruto — PIB) conquistada pelos detentores de riqueza (material e financeira) cresceu 5%, com uma ligeira queda em 2000. Essa pequena redução, de acordo com Garcia (2003), é compensada pela transferência de riqueza por meio do endividamento público que remunera seus credores com altas taxas de juros, com o aumento da arrecadação tributária e compressão das despesas, gerando elevados superávits primários.

De fato, a Dívida Líquida do Setor Público (DLSP) cresceu quase cinco vezes em valores correntes, no período de 1994 a 2002; praticamente triplicou de valor em termos reais. A soma de juros incidentes sobre a DLSP na última década equivale a um PIB médio no período (Garcia, 2003). Para fazer frente à tamanha transferência de riqueza para os detentores de excedentes financeiros, principalmente o capital financeiro, o governo teve de comprometer parcela considerável dos recursos que arrecada, deixando de realizar os gastos necessários nas políticas sociais. A partir de 1999, por força dos acordos com o Fundo Monetário Internacional (FMI), o Brasil comprometeu-se a produzir elevados superávits primários na execução dos orçamentos anuais.

Para Cardoso Jr. (2004), é necessário também questionar o argumento de que já se gasta muito com a área social no Brasil. Conforme o autor, é evidente que não existe um limite superior absoluto para gastos públicos de qualquer

9. Garcia (2003) cita um estudo de Zerkowski de 1979, que mostra que a participação da remuneração do trabalho urbano na renda urbana apresenta uma queda de 56,7% (do PIB), em 1949, para 52,5%, em 1975.

natureza, sendo a distribuição orçamentária de cada momento o resultado de um conjunto de fatores de natureza diversa, fatores econômicos por um lado, mas sobretudo políticos por outro. Na visão do autor, a universalização das políticas sociais é a alternativa técnico-operacional e político-social mais adequada para enfrentar as desigualdades, pobreza e indigência no país. Para ele não se pode permanecer preso (sobretudo teórica e politicamente) à "camisa de força" do ajuste fiscal-financeiro permanente, tanto porque a subordinação do social ao econômico sempre foi a regra no país, como porque a atual estratégia de ajustamento macro é favorável apenas ao rentismo estéril e à financeirização da riqueza, em detrimento da produção, do emprego e da renda nacional.

O debate sobre o financiamento e os gastos sociais no Brasil tem sido feito de forma que se isolam duas dimensões do problema, ou seja, trata-se, por exemplo, a questão tributária como evento descolado do gasto social, da necessidade de redução das desigualdades e do combate à pobreza. Cardoso Jr. (2004) defende a necessidade de vinculações diretas entre as dimensões do financiamento, portanto da estrutura tributária, e dos gastos sociais, ou seja, da estrutura fiscal. Um aspecto importante destacado pelo autor na relação entre arrecadação e gastos públicos diz respeito à perversidade da imensa transferência de renda que está se processando no Brasil, tanto dos setores produtivos para os financeiros, assim como das classes trabalhadoras para os rentistas.

Um estudo do IPEA (realizado por Castro et al., 2003) sobre os gastos realizados pelo governo federal em áreas sociais, ao longo do período compreendido entre 1995 e 2001, chegou à conclusão de que a evolução do Gasto Social Federal (GSF) teve baixa prioridade macroeconômica. A prioridade fiscal foi bastante irregular, tendo momentos de aumento e momentos em que a fração da despesa efetiva destinada à área social caiu. Além disso, o governo federal utilizou fontes de financiamento do gasto social a fim de enfrentar o desequilíbrio fiscal e financeiro.

Essa pesquisa destaca o fato de que, apesar do crescimento das contribuições sociais ao longo do tempo — diga-se de passagem, contribuições essas que têm caminho e local certo para suas aplicações, ou seja, as políticas de previdência, saúde e assistência, conforme definidas na Constituição —, o governo retira por meio da DRU os recursos dos fundos sociais que integram a seguridade social para enfrentar o desequilíbrio fiscal e financeiro do Tesouro Nacional. Ocorre uma deliberada política macroeconômica de priorizar nos gastos orçamentários o pagamento de juros da dívida pública, o que implica o aumento dos gastos financeiros do governo, privilegiando os rentistas e o capital financeiro.

Rocha (2002) ressalta que os fundos sociais foram criados a partir da luta contra a ditadura e no processo constituinte para aprovação de uma legislação que, com base na Constituição Federal, assegura-se a ampliação dos direitos sociais. Nesse sentido, o modelo de fundos públicos buscado foi aquele com conselhos de composição paritária entre os representantes governamentais e não governamentais para acompanhar e fiscalizar políticas públicas. Uma das críticas do autor é a existência de recursos que ficam "fora" dos fundos em relação às respectivas políticas, pois ao criar um fundo vinculam-se receitas para a execução de determinados programas de trabalho.

Concorda-se com a análise de Behring (2004, p. 164) sobre a categoria fundo público desenvolvida por Francisco de Oliveira, pois a autora questiona a tese do "antivalor ou de que a social-democracia seria uma espécie de novo modo de produção", e não aceita também a ideia de que, devido à função do fundo público na reprodução do capital e da força de trabalho, ocorre teoricamente uma tendência à desmercantilização da força de trabalho, conforme ressaltado por Francisco de Oliveira (1998). Enfatiza a autora que o trabalho permanece como categoria central na estruturação das relações sociais no capitalismo. Porém, reconhece a importância da análise do conceito de fundo público feita por Francisco de Oliveira (1998) no sentido de recuperar o seu lugar estrutural no capitalismo (Behring, 2004).

A partir desses debates, o que esta pesquisa demonstra é que parcelas consideráveis dos recursos que servem de financiamento para as políticas que compõem a seguridade social, no Brasil, acabam sendo desviadas de suas finalidades. Nesse sentido, o orçamento da seguridade social é uma fonte importante na composição do superávit fiscal das finanças públicas brasileiras. Em última instância, destinam-se recursos que deveriam ser aplicados em políticas sociais para o pagamento de juros da dívida pública brasileira, cujos credores são os rentistas do capital financeiro.

Nada mais atual que uma passagem de *O capital* (escrita em 1867) na qual Marx (1987a, p. 872-3) destaca a importância da dívida pública na acumulação primitiva:

> Como uma varinha de condão, ela dota o dinheiro de capacidade criadora, transformando-o assim em capital, sem ser necessário que seu dono se ex-

> ponha aos aborrecimentos e riscos inseparáveis das aplicações industriais e mesmo usurárias. Os credores do Estado nada dão na realidade, pois a soma emprestada converte-se em títulos da dívida pública facilmente transferíveis, que continuam a funcionar em suas mãos como se fossem dinheiro. A dívida pública criou uma classe de capitalistas ociosos, enriqueceu, de improviso, os agentes financeiros que servem de intermediários entre o governo e a nação. As parcelas de sua emissão adquiridas pelos arrematantes de impostos, comerciantes e fabricantes particulares lhes proporcionam o serviço de um capital caído do céu. Mas, além de tudo isso, a dívida pública fez prosperar sociedades anônimas, o comércio com títulos negociáveis de toda espécie, a agiotagem, em suma, o jogo de bolsa e a moderna bancocracia.

Como lembra Minella (1988), na sua análise sobre os "banqueiros e sua organização e poder político no Brasil": os bancos, além de se envolverem em escândalos financeiros, apresentam lucros fabulosos, ao passo que as crises econômicas que massacram o povo brasileiro parecem não existir para essa parcela da nossa população. Entre as transformações do setor financeiro, ao longo dos anos no Brasil, uma das mais evidentes é a sua vinculação crescente com a dívida pública interna, por meio de operações com os títulos públicos, além dos elementos fiscais e de incentivos, principalmente aqueles comandados pelo Estado por meio do Banco Central — por exemplo, o Programa de Estímulo à Reestruturação e ao Fortalecimento do Sistema Financeiro Nacional (PROER), em 1995, como uma espécie de "socorro" do fundo público para recuperar as instituições financeiras que estavam com "problemas financeiros".

No capitalismo contemporâneo, os juros da dívida pública pagos pelo fundo público ou a conhecida despesa "serviço da dívida" do orçamento estatal (juros e amortização) são alimentadores do capital portador de juros por meio dos chamados "investidores institucionais",[10] que englobam os fundos de pensão, fundos coletivos de aplicação, sociedades de seguros, bancos

10. Aqui merece destaque a ressalva feita por Rosa Marques e Paulo Nakatani na tradução brasileira do livro organizado por François Chesnais, *La finance mondialisée*: racines sociales et politiques, configuration, conséquences (*A finança mundializada*: raízes sociais e políticas, configuração, consequências), na nota de rodapé 1, da p. 36: "o termo que [investidor institucional] [...] é a tradução do inglês *institucional investor*, língua que não oferece, ao contrário do francês, a distinção entre investimento e aplicação financeira. O deslize semântico do termo *investor* leva a crer que esses agentes contribuem para a criação de capacidade produtiva por meio de investimentos nas empre-

que administram sociedades de investimentos. Conforme Chesnais (2005), o capital portador de juros está localizado no centro das relações econômicas e sociais da atualidade e da atual crise financeira em curso no capitalismo contemporâneo.

No Brasil, o serviço da dívida compromete uma parcela importante dos orçamentos da seguridade social e fiscal, seja na forma de juros e encargos da dívida, seja no pagamento de amortização da dívida para o setor financeiro da economia. Pochmann et al. (2004) estimam que os juros da dívida pública sejam destinados a 20 mil famílias de rentistas, que vivem do fundo público brasileiro. Enquanto isso, os benefícios pagos no âmbito da seguridade social, incluindo o pagamento de aposentadoria, pensões e benefícios da assistência social, alcançam 25 milhões de pessoas.

Historicamente, os recursos fiscais no Brasil sempre foram usados para subsidiar e financiar a acumulação de capital, enquanto os recursos contributivos cobrados na folha de salários financiavam o social. Ao contrário dos países que financiam seus Estados de Bem-Estar com recursos fiscais, em geral impostos diretos, o Brasil permanece com arrecadação tributária centrada em tributos indiretos, significando que os mais pobres pagam proporcionalmente mais tributos em relação à sua renda que os mais ricos (Soares, 2005). Além disso, os impostos diretos no Brasil incidem predominantemente sobre a renda dos trabalhadores assalariados. Enquanto isso, os ricos que se encontram no topo da pirâmide social pagam cada vez menos impostos no Brasil, principalmente após 1994, com inúmeras modificações realizadas na legislação tributária e de incentivos à constituição de "pessoa jurídica" com menor incidência de imposto de renda. Ademais, as medidas de flexibilização da legislação trabalhista, o baixo crescimento econômico dos anos 1990, as políticas macroeconômicas restritivas solaparam uma das principais fontes de financiamento da seguridade social, a contribuição de empregados e empregadores sobre a folha de pagamento.

No Brasil têm sido superficiais os estudos sobre o financiamento do Estado. A maioria limita-se a comentar o expressivo crescimento da carga tributária dos últimos 12 anos. Mas é necessário ir ao cerne da questão para desvendar sobre quem recaiu esse aumento de tributos ou, em outras pala-

---

sas, enquanto o essencial de suas operações trata da compra e venda de títulos que dão direito ao recebimento de juros e dividendos".

vras, quem de fato pagou e paga a conta. A questão é: quem financia o Estado brasileiro? Quem financia as políticas de seguridade social no Brasil?

Esse quadro delineado sobre o fundo público e a situação da seguridade social no Brasil é o ponto de partida deste livro, que problematiza na totalidade as bases de financiamento das políticas sociais que integram a seguridade social e desvencilha os caminhos percorridos na execução de seus recursos orçamentários. Assim, cabe indagar de que maneira a estruturação do orçamento da seguridade social e a do orçamento fiscal determinam a configuração do fundo público e do Estado social no Brasil.

Dessa questão central desdobram-se outras: os recursos arrecadados nas fontes orçamentárias previstas para a seguridade social são destinados exclusivamente às políticas públicas de previdência, assistência social e saúde? Quais são os fatores que justificam a não efetivação do orçamento da seguridade social no Brasil? Quais são as características do financiamento da seguridade social no Brasil? Quais são as medidas de políticas tributárias tomadas após 1994 que beneficiam as rendas do capital, especialmente os bancos? Os recursos destinados à seguridade social são apropriados por outras rubricas do Orçamento da União, diferentemente do que determina o artigo 194 da Constituição Federal? Será que o fundo público da seguridade social serve de *funding* para a realização do superávit primário no Brasil? Os recursos destinados à seguridade social estão sendo apropriados pelo mercado financeiro, sob a forma de juros pagos pelo governo central?

Com base em tais questões, esta obra tem por objetivo verificar o padrão de Estado Social determinado pela inter-relação entre orçamento fiscal e orçamento da seguridade social na conformação do fundo público. Para tanto, investigam-se quais são as características do financiamento da seguridade social, no Brasil, do ponto de vista da avaliação dos recursos, da magnitude dos gastos e da natureza das fontes de financiamento, problematizando a relação do orçamento da seguridade social com as opções de política econômica e social adotadas. Também se descreve como os recursos destinados às políticas de previdência social, assistência social e saúde são apropriados por outras esferas do Orçamento Geral da União, analisando os princípios que norteiam o custeio e as fontes de financiamento do orçamento da seguridade social. Em particular, são examinadas as fontes de financiamento e os recursos aplicados pelos fundos sociais que integram a seguridade social brasileira: o Fundo do Regime Geral da Previdência Social (FRGPS), o Fundo Nacional de Saúde (FNS) e o Fundo Nacional de Assistência Social (FNAS). Além disso, é analisado o financiamento tributário do fundo público no Brasil, após 1994, identificando as bases econômicas de incidência tributária: renda, consumo e patrimônio.

Metodologia da pesquisa

No plano de trabalho metodológico há como perspectiva de análise a totalidade e a observação crítica da realidade macroeconômica da política social brasileira. Para tanto, realiza-se um esforço de compreensão teórica das profundas transformações em curso no capitalismo contemporâneo e de qual concepção orienta a configuração da seguridade social brasileira. A problematização do financiamento e dos gastos da seguridade social é vista, analisada, muito além da suposta "neutralidade" e "consensualidade" de equilíbrio das contas públicas e da questão fiscal, ou seja, a visão que sustenta este estudo é a de um processo de desmonte do Estado e dos direitos sociais no Brasil. Esse processo é operado pela via da priorização da rentabilidade econômica e financeira em detrimento de compromisso com a universalização dos direitos.

O procedimento metodológico confronta as orientações formais com a efetiva execução do financiamento e do custeio das políticas de previdência, assistência social e saúde no Brasil. Assim, apura-se o caráter contraditório existente entre as determinações legais e a operacionalização das políticas que compõem a seguridade social brasileira.

Considerando que quantidade e qualidade são intrínsecas a todos os objetos e fenômenos e também inter-relacionadas, a pesquisa partiu da análise de três indicadores relevantes para o estudo do financiamento e do gasto da seguridade social no Brasil, conforme sugeridos por Fagnani (1998): o destino dos recursos, a grandeza do gasto e a natureza das fontes de financiamento.

Na análise sobre o destino dos recursos da seguridade social, averiguam-se os benefícios e as políticas que são privilegiados na execução orçamentária, assim como é identificado o montante que deixa de ser aplicado nas políticas que compõem a seguridade social. Esse diagnóstico permite criticar as contradições e a articulação entre a política econômica e a social, revelando os aspectos contraditórios e que ao mesmo tempo são organicamente unidos (Marx, 1978).

O levantamento da magnitude do gasto esclarece se os recursos orçados são de fato compatíveis com as necessidades das áreas de previdência, assistência social e saúde, confrontando-o com a realidade brasileira. A identificação das fontes de financiamento da seguridade social revela quem de fato financia a seguridade social no Brasil, apurando qual a potencialidade redistributiva dos tributos que compõem o orçamento da seguridade social.

O objeto de estudo desta pesquisa requer a compreensão do conceito de orçamento público. A CF, em seu artigo 165, parágrafo 5º, determina que a lei orçamentária anual compreende os orçamentos: fiscal, o de investimentos e o da seguridade social. O orçamento público é a materialização da ação planejada do Estado para manutenção de suas atividades e execução de seus projetos, assim como permite a visualização do direcionamento das ações do Estado e de suas efetivas prioridades. Nesse sentido, o orçamento é o instrumento que dispõe o Poder Público "para expressar, em determinado período, seu programa de atuação, discriminando a origem e o montante de recursos a serem obtidos, bem como a natureza e o montante dos dispêndios a serem efetivados" (Piscitelli, Timbó e Rosa, 2006, p. 22).

A CF de 1988, em matéria orçamentária, registrou avanços consideráveis, consagrando o ciclo orçamentário brasileiro em três peças legislativas: o Plano Plurianual (PPA), a Lei de Diretrizes Orçamentárias (LDO) e a Lei Orçamentária Anual (LOA), cada uma delas com funções bem definidas (INESC, 2004a). A sistemática envolve uma relação entre planejamento, orçamento e controles internos e externos.

O PPA é um planejamento das metas e dos programas de governo para quatro anos. A LDO, que deve ser compatível com o PPA, estabelece as diretrizes para o orçamento anual, como também as modificações na legislação tributária para o exercício subsequente. A LOA quantifica os valores em relação a programas, com os seus respectivos executores, com base nas estimativas e autorização para obtenção de receitas, fixando os gastos para o exercício seguinte. O controle externo é realizado pelo Congresso Nacional por meio do Tribunal de Contas da União (TCU).

Behring (2003) considera um processo interessante de formulação do orçamento, mas que vem sendo esvaziado ou não assegurado pelo governo federal. Além disso, os responsáveis pela elaboração e execução dos orçamentos se valem de linguagem e de métodos que dificultam a compreensão das diversas etapas do orçamento (Piscitelli, Timbó e Rosa, 2006).

Um dos aspectos mais relevantes para a compreensão do fundo público diz respeito ao seu financiamento, a partir do volume de recursos socialmente criados e administrados pelo Estado por meio da extração de tributos da sociedade: contribuições, impostos e taxas. Nesse sentido, destacam-se em particular os fundos sociais que integram a seguridade social brasileira: FRGPS, FNS e FNAS.

Esses fundos, por terem recursos originados na cobrança de taxas ou contribuições especialmente criadas para alimentá-los, advêm de alguns fluxos financeiros como lucros, receitas brutas, faturamentos, folhas de pagamentos. Além disso, guardam uma característica particular, que é o pagamento de benefícios (Pinheiro, 1998).

A análise das fontes de financiamento da seguridade social está inserida no âmbito da política fiscal. Esta pode ser compreendida em dois segmentos: de um lado, a política de captação de recursos, em que se destaca a tributação; por outro lado, há a política de aplicação de recursos que se materializa no orçamento, que reflete os gastos e o dimensionamento das prioridades do governo. Como a maior parte dos recursos provém da arrecadação de tributos,[11] é importante a análise sobre quem recai o financiamento dos gastos — nesse caso, as fontes de financiamento da seguridade social.

Um princípio consagrado por estudiosos e escrito na nossa Carta Magna é o da capacidade contributiva — requisito essencial para o critério de justiça fiscal —, que, associado aos princípios da progressividade e da seletividade, tende a assegurar uma tributação proporcionalmente maior para quem aufere rendimentos mais elevados, detém maior patrimônio e consome produtos menos essenciais (Piscitelli, Timbó e Rosa, 2006; Unafisco, 2003). Nesse caso, os tributos diretos que incidem sobre a renda e o patrimônio são os que atendem (em tese) melhor a esse requisito. Já os tributos indiretos que incidem sobre bens e serviços, independentemente da capacidade econômica de quem os adquire, acabam gravando mais pesadamente a renda de pessoas e famílias que destinam maior parcela de seus ganhos ao consumo.

---

11. Os entes públicos podem recorrer tanto à exploração de seu próprio patrimônio como a empréstimos.

Portanto, foi considerada na análise do financiamento do fundo público a incidência econômica da arrecadação tributária, que difere da incidência leal, a primeira a nos interessar, pois permite averiguar os efeitos distributivos da política tributária e as distorções dos gravames tributários, conforme proposto por Musgrave e Musgrave (1980). Com isso, as bases de incidência econômica são: renda, consumo e patrimônio.

O desenvolvimento da pesquisa passou por uma análise histórica da seguridade social no Brasil, que só foi instituída legalmente com a CF de 1988, e somente com a regulamentação das leis das três políticas que a compõem, no período de 1990 a 1993, é que são detalhados "os princípios e bases sobre as quais estas foram operacionalizadas" (Boschetti, 2002, p. 26). Sendo assim, a análise teve como ponto de partida a aprovação das leis que regulamentam a previdência, a assistência social e a saúde, e como limite o primeiro ano do mandato do governo Lula.

Os dados orçamentários analisados são referentes ao período de 2000 a 2007, conforme aprovados anualmente na legislação orçamentária e executados pelo Poder Executivo. O recorte desse período possibilita uma análise com informações mais homogêneas dos programas orçamentários e das funções constante na Lei Orgânica da Assistência Social (LOAS), pois se referem a dois Planos Plurianuais. Ressalta-se que o período após 1999 é marcado por modificações importantes na política fiscal, que passou a priorizar a realização de superávits primários e a elevação na carga tributária do país. Além disso, o período escolhido permite uma comparação entre o segundo mandato do presidente Fernando Henrique Cardoso e o primeiro período do governo Lula.

Nos gastos orçamentários, as informações analisadas correspondem ao conceito de despesa liquidada, o que significa que os montantes relativos ao total do exercício fiscal não incorporam os restos a pagar daquele mesmo ano e foram todos deflacionados pelo Índice Geral de Preços — Disponibilidade Interna (IGP-DI), média anual, calculado pela Fundação Getúlio Vargas (FGV). O IGP-DI é um índice ponderado, composto pelo Índice de Preços ao Consumidor (IPC), Índice de Preços por Atacado (IPA) e Índice Nacional de Custos da Construção Civil (INCC). Com isso, busca-se eliminar os efeitos da inflação e da desvalorização da moeda. A utilização de um índice mais amplo de inflação fornece uma ideia mais precisa do custo que a seguridade social tem para a sociedade e a economia em sua íntegra, na medida em que os tributos que financiam as políticas de previdência, assistência social e saúde incidem sobre todos os setores econômicos, não apenas sobre os produtores de bens e serviços finais (Scwarzer, 2001).

As principais fontes de dados (consulta) usadas na análise empírica do financiamento e do destino dos recursos da seguridade social são:

a) leis, decretos, normas e portarias, enfim, as legislações relacionadas às políticas de saúde, previdência e assistência social;
b) as leis que dispõem sobre o plano plurianual, as diretrizes orçamentárias (LDO) e o orçamento da União;
c) a base de dados do sistema SIGA Brasil sobre planos e orçamentos públicos. O sistema desenvolvido pelo Senado Federal reúne um grande acervo de dados orçamentários em um único *site* na internet, disponibilizando também senha de especialista para o estudo dos dados. As fontes de dados disponibilizadas no SIGA Brasil referem-se à execução orçamentária do governo federal feita pelo Sistema Integrado de Administração Financeira do Governo Federal (SIAFI) e pelo Sistema Integrado de Dados Orçamentários (SIDOR), que constituem a base das informações mensais coletadas que se relacionam com os registros do Orçamento e do Balanço Geral da União. Essas mesmas informações são disponibilizadas pela Câmara dos Deputados em banco de dados disponível em Access.

Este livro, além desta introdução e das considerações finais, está dividido em seis capítulos: (1) o primeiro capítulo traz uma análise da configuração do fundo público no capitalismo contemporâneo, fazendo uma revisão bibliográfica, principalmente da sua influência na construção do Estado Social; (2) o segundo capítulo descreve o papel do financiamento na constituição das políticas de seguridade social e a situação no contexto de crise fiscal. O capítulo tem duas seções que analisam as especificidades do Brasil e a implantação da seguridade social na Constituição Federal de 1988; (3) o terceiro capítulo analisa o orçamento e o financiamento tributário do fundo público no pós-real; (4) o quarto capítulo é dedicado ao estudo da não implementação do orçamento da seguridade social, analisando também as características do financiamento da seguridade social no Brasil; (5) o quinto capítulo analisa os recursos alocados nos fundos públicos da seguridade social, a saber, o FRGPS, o FNS e o FNAS; e (6) o sexto capítulo descreve como a política fiscal e a monetária estão a serviço do capital portador de juros no país. O capítulo tem duas seções que analisam como a DRU e a LRF estão articuladas com as políticas econômicas adotadas após 1999.

1

A CONFIGURAÇÃO DO FUNDO PÚBLICO NO CAPITALISMO CONTEMPORÂNEO

1.1 Fundamentos teóricos do keynesianismo/fordismo

Desde o século XIX, o Estado capitalista é parte interessada na relação conflituosa entre capital e trabalho. Pierson (1998) lembra que até mesmo a Inglaterra, tida como o berço do *laissez-faire*, no século XIX, assistiu à implantação de um conjunto de medidas de "cunho social", como o controle de fábricas, a qualidade da habitação, a segurança na saúde pública, a destinação de recursos para educação pública e o pagamento de indenização por acidente de trabalho na indústria. No século XIX, também na Alemanha (na época Prússia) começou a implantação de uma legislação do *Welfare*, sob a coordenação de Bismarck, tratando de seguro social e bem-estar. O autor, na sua análise sobre a origem e o desenvolvimento do *Welfare State*, mostra que a maioria dos países capitalistas desenvolvidos tem um desenho institucional para a provisão do bem-estar público datada de séculos passados.

O modelo de proteção social da Alemanha sob a direção de Bismarck, instituído entre 1883 e 1889, era restrito aos trabalhadores assalariados, e o acesso aos seguros sociais que estavam contemplados no modelo era feito mediante contribuição prévia. A proteção social englobava o seguro-saúde, o seguro acidente de trabalho e os benefícios de aposentadoria por invalidez e idade.

Entre a segunda metade do século XIX e o início dos primeiros anos do século XX, as ideias liberais foram enfraquecidas nos seus aspectos materiais e subjetivos. Behring e Boschetti (2006) destacam dois motivos principais para o enfraquecimento dos argumentos liberais. O primeiro motivo foi o crescimento do movimento operário, que passou a ocupar também espaço no parlamento, obrigando a burguesia a reconhecer direitos de cidadania política e social mais amplos. Esse movimento ganhou impulso a partir da revolução socialista na Rússia, em 1917, que fortaleceu a luta internacional dos trabalhadores. Além disso, o enfraquecimento das ideias liberais também decorre das mudanças acontecidas no modo de produção capitalista a partir do fordismo. Essas transformações contribuíram para a luta coletiva dos trabalhadores que passaram a exercer pressão sobre o capital, buscando a celebração de acordos coletivos que viabilizassem o repasse dos ganhos de produtividade, principalmente após a Segunda Guerra Mundial.

O segundo motivo destacado pelas autoras é decorrente do próprio processo de acumulação do capitalismo que leva à concentração e à monopolização do capital, destruindo a utopia liberal do indivíduo empreendedor. Esse processo aconteceu de maneira tempestiva a partir do final do século XIX, provocando um intenso desencadeamento de fusões e aquisições de empresas, resultando como produto a formação dos grandes monopólios. A criação e a expansão das grandes corporações passam a depender amplamente do capital emprestado pelo sistema financeiro, levando à fusão do capital bancário e industrial, que resulta no surgimento do capital financeiro.

A partir de 1929, com a quebra da bolsa de Nova Iorque e a Grande Depressão (1929 a 1932), a crise econômica se instala pelo mundo, ocorrendo uma redução de um terço do comércio mundial. O corolário dessa crise é o desemprego em massa, a forte queda da renda, a queda na taxa de lucro e, com isso, a perda da credibilidade dos pressupostos do liberalismo econômico, pondo em xeque a legitimidade do capitalismo e dando lugar para o desenvolvimento do keynesianismo.[1]

1. Referente à "modalidade de intervenção do Estado na vida Econômica, com a qual não se atinge totalmente a autonomia da empresa privada, e que prega a adoção, no todo ou em parte, das políticas sugeridas na principal obra de Keynes, *A teoria geral do emprego, do juro e da moeda*, 1936. Tais políticas propunham solucionar o problema do desemprego pela intervenção estatal, desencorajando o entesouramento em proveito das despesas produtivas, por meio da redução da taxa de juros e do incremento dos investimentos públicos" (Sandroni, 2001, p. 324).

Para Mandel (1982, p. 335),

> Apenas depois que a acumulação primitiva da usura e do capital mercantil alcançou certo grau de maturidade, alterando de maneira fundamental as relações entre as antigas e as novas classes proprietárias e solapando as formas tradicionais de dominação política por meio da expansão do capital-dinheiro, é que o próprio Estado tornou-se mais explicitamente um instrumento de acumulação progressiva do capital e o parteiro do modo de produção capitalista.

Nesse contexto, de acordo com Mandel (1982), as principais funções do Estado são: criar as condições gerais de produção que não podem ser asseguradas pelas atividades privadas dos membros da classe dominante; reprimir qualquer ameaça das classes dominadas ou de frações particulares das classes dominantes ao modo de produção corrente por meio do exército, da polícia, do sistema judiciário e penitenciário; integrar as classes dominadas, garantindo que a ideologia da sociedade continue sendo a da classe dominante e, em consequência, que as classes exploradas aceitem sua própria exploração sem o exercício direto da repressão contra elas.

O Estado burguês se distingue de todas as formas anteriores de dominação de classe por uma peculiaridade da sociedade burguesa que é inerente ao próprio modo de produção capitalista: o isolamento das esferas pública e privada da sociedade, que é consequência da generalização sem igual da produção de mercadorias, da propriedade privada e da concorrência de todos contra todos (Mandel, 1982).

A partir da crise do capitalismo de 1929, o Estado passou a assumir um destacado papel de regulação, dando origem ao Estado Social que, no século XX, receberia o rótulo de Estado de Bem-Estar Social, cuja consolidação ocorreu no segundo pós-guerra.

> A grande depressão econômica de 1929, com seus dramáticos efeitos inflacionários e depressivos, redundando num aumento assustador do desemprego, provocou em todo o mundo ocidental tensões sociais agudas que exigiram do Estado capitalista franca regulação estratégica. Para tanto, esse Estado teve que assumir despesas consideráveis para sustentar o emprego e oferecer melhores condições de vida aos trabalhadores, valendo-se, inclusive, de um corpo doutrinário que lhe deu, por mais de

> trinta anos, suporte teórico e político — o keynesianismo, que serviu de base ao regime de produção fordista. (Pereira, 2001, p. 32)

O problema essencial para Keynes[2] (1985) diz respeito aos determinantes da demanda agregada para retomada do Pleno Emprego. O autor analisa a demanda agregada composta por bens de consumo e bens de investimento, refutando a chamada "lei de Say" por meio de princípio da demanda efetiva.[3] A formulação de Say deu suporte à economia neoclássica/marginalista, cujo corpo teórico sustentou o pensamento econômico liberal ao longo do século XIX e início do século XX. Conforme Miglioli (1993), "a longa vida da lei de Say" durou mais de um século, desde a adoção por David Ricardo, em 1817, até a década de 1930.

A chamada "lei de Say"[4] tinha como enunciado "a produção cria a sua própria demanda", estabelecendo que toda a produção capitalista encontra uma demanda, isto é, toda a renda na forma de salários e lucros é inteiramente gasta na compra de bens e serviços, e com isso não poderia haver excesso de produção em relação à demanda (Miglioli, 1993). Como desdobramento dessa formulação estava a crença do funcionamento da economia sempre em equilíbrio, assegurada por meio do livre mercado. Esse dogma generalizado pelo liberalismo econômico foi rompido por Keynes, que acreditava que a situação de equilíbrio geral no capitalismo era apenas transitória.

---

2. O livro clássico de Keynes é *The general theory of employment, interest and money* (*A teoria geral do emprego, do juro e da moeda*), de 1936.

3. O estudo de Jorge Miglioli, "Acumulação de capital e demanda efetiva", mostra a importância da contribuição do economista polonês Michal Kalecki sobre a questão da demanda efetiva alguns anos antes de Keynes, em 1933. Aliás, para Miglioli (1993, p. 4), foi com Kalecki que "a questão da demanda efetiva passou a ser o próprio ponto de partida para a interpretação do movimento das economias capitalistas". Miglioli (1993, p. 31) também considera que "Marx não apenas levantava o problema da realização (ou demanda efetiva) no processo de reprodução como também atribuía-lhe grande importância".

4. Na realidade, esse enunciado é uma simplificação do enunciado geral formulado pelo economista francês Jean-Baptiste Say, em 1814, na obra *Traité d'economie politique*. Conforme Miglioli (1993, p. 15), citando Say (1971), a formulação é: "Vale a pena notar que um produto, tão logo seja criado, nesse mesmo instante gera um mercado para outros produtos em toda a grandeza de seu próprio valor. Quando o produtor dá o toque final a seu produto, ele está ansioso para vendê-lo imediatamente, para que o valor do produto não pereça em suas mãos. Nem está ele menos ansioso para se utilizar do dinheiro que pode obter, porque o valor do dinheiro também é perecível. Mas o único modo de se desfazer do dinheiro é pela compra de um produto ou outro. Assim, a mera circunstância da criação de um produto imediatamente abre um mercado para outros produtos."

A "lei de Say" teve profunda influência na formulação teórica da economia liberal, representada pelo pensamento dos economistas neoclássicos. Nesse sentido, Miglioli (1993) aponta algumas conclusões teóricas derivadas da "lei de Say". A primeira é a crença de que a economia operava com pleno emprego de recursos, assim o volume da força de trabalho e também dos meios de produção era regulado pela própria produção, com inúmeras combinações dos fatores trabalho e capital (visto que estes eram substituíveis entre si). Como consequência, o único elemento necessário para a preservação do pleno emprego era a perfeita flexibilidade da taxa de salário.

A segunda consequência teórica diz respeito à relação entre salários e lucros, com a crença, pelos neoclássicos, de que preços eram formados no mercado de perfeita e livre concorrência entre oferta e demanda. Como o preço da mercadoria era dado externamente, independentemente da vontade do produtor, o salário e o lucro eram parcelas componentes dessa formação. Isso significava que uma variação (aumento/diminuição) do salário corresponderia necessariamente a uma alteração no sentido contrário do lucro. Por consequência, não existiria crise de produção na economia, já que a demanda (ou poder de compra) é gerada pela produção, e ambas se igualam.

Uma importante influência da "lei de Say" foi sobre as finanças públicas, implicando a concepção do papel das despesas governamentais sobre a economia e na teoria da tributação, portanto sobre o fundo público. De acordo com Miglioli (1993, p. 44):

> Para os autores clássicos, baseados na "lei de Say", os gastos públicos não exerciam qualquer efeito positivo sobre a economia e, em especial, sobre o crescimento econômico, visto constituírem apenas uma transferência das despesas privadas. Antes pelo contrário, os gastos públicos poderiam ser um obstáculo ao crescimento econômico, na medida em que transferiam fundos de acumulação para utilizá-los em atividades improdutivas. Daí a conclusão de que os gastos governamentais deviam limitar-se ao estritamente essencial, ao bom funcionamento do aparelho estatal naquilo que lhe era inerente: o controle das coisas públicas, a manutenção da ordem, a aplicação da justiça etc. E daí, também, os tributos e/ou as dívidas públicas utilizados para financiar esses gastos deviam ser reduzidos àquele mínimo indispensável. Ademais, para que as despesas governamentais não constituíssem um fator negativo no crescimento econômico, elas deveriam ser financiadas com impostos que não incidissem sobre o estoque de capital já formado ou sobre os recursos disponíveis para acumulação.

Um dos primeiros opositores da chamada "lei de Say" foi Malthus[5] (1820) por meio da formulação do princípio da demanda efetiva, devidamente recuperada por Keynes na década de 1930. Para Malthus,[6] além da expansão da capacidade produtiva, era fundamental a demanda efetiva, pois o que leva os capitalistas a acumular é o desejo de produzir para auferir mais lucros. Mas para essa realização é essencial maior demanda, com a elevação da capacidade efetiva para aquisição da produção acrescida (Miglioli, 1993; Santos, 2001).

De acordo com Santos (2001, p. 54),

> [...] O que é crucial das implicações do princípio da demanda efetiva nas finanças públicas é que Malthus desfaz o mito do caráter pernicioso da intervenção (defendido por Smith), do caráter improdutivo dos gastos e da ameaça do processo acumulativo do dispêndio público (ideia esboçada por Say) e a tributação como obstáculo à expansão das atividades produtivas (tal como acreditava Ricardo).

Malthus propõe um papel ousado por parte do Estado, que passava pela expansão da produção mediante a construção de obras públicas (abertura e manutenção de estradas, construção de canais e portos etc.), que poderia ampliar a demanda efetiva seja pela sustentação de "trabalhadores improdutivos", seja pela implicação desses gastos na ampliação do emprego e no nível da renda. A tributação era vista como instrumento importante de estímulo da dinâmica capitalista e com aspectos positivos para a distribuição da renda (Santos, 2001).

Miglioli (1993) ressalta dois erros fundamentais da concepção de Malthus a respeito da demanda efetiva e também lembra sua retrógrada posição política em defesa da nobreza, dos proprietários de terra e do clero, além da desastrosa concepção sobre o crescimento populacional *versus* o crescimento da produção.

O primeiro equívoco na formulação de Malthus sobre a questão da demanda efetiva é que, para acumular capital, os capitalistas precisam de

---

5. As concepções de Malthus sobre a demanda efetiva foram publicadas, em 1820, no livro *Principles of political economy*: considered with a view to their practical application.

6. Uma análise da contribuição de Malthus à negação da "lei de Say" pode ser vista em Santos (2001, p. 52-60) e em Miglioli (1993, p. 57-76).

uma poupança. Na realidade, o desenvolvimento do capitalismo mostra que a expansão das grandes empresas ocorre pela ampliação do sistema de captação de recursos por meio de empréstimos e emissões de ações, o que torna irreal a afirmação de que toda poupança é investida. O segundo equívoco é o fato de ele identificar a acumulação de capital com o consumo de novos trabalhadores empregados no processo produtivo. Fato esse criticado por Marx, que acreditava ser necessário para acumulação de capital o crescimento da produção de bens de capital. Porém, Miglioli (1993, p. 71) destaca que o problema central da demanda efetiva permanece válido e, principalmente, o argumento de que "o capitalismo necessita de despesas improdutivas para ampliar o grau de utilização de seu equipamento de capital, embora nos tempos de Malthus essa necessidade não fosse tão premente como viria a sê-lo mais tarde, com o pleno desenvolvimento do capitalismo".

Keynes (1985, p. 25) lembra na Teoria Geral que "desde o tempo de Say e Ricardo os economistas clássicos têm ensinado que a oferta cria sua própria procura; isso significa de modo expressivo, mas não claramente definido, que o total de custos de produção deve ser gasto por completo, direta ou indiretamente, na compra do produto".

Caso essa hipótese fosse verdadeira, a concorrência entre os empresários levaria sempre ao aumento do emprego, assegurando o funcionamento da economia em situação de equilíbrio de pleno emprego. Mas as relações que estabelecem trabalhadores e empresários no mercado de trabalho são insuficientes para assegurar o nível de emprego, mesmo em um ambiente com salários reais plenamente flexíveis. O mercado de trabalho não é autossuficiente para determinar o volume de força de trabalho empregado, sendo um reflexo das decisões ocorridas no mercado de bens, que são por sua vez regidas pelo princípio da demanda efetiva (Sicsú, 2007).

Então, para Keynes (1985, p. 31-2):

> Dada a propensão a consumir e taxa do novo investimento, haverá apenas um nível de emprego compatível com o equilíbrio, visto que qualquer outro levaria a uma desigualdade entre o preço da oferta agregada na produção em conjunto e o preço da demanda agregada. Este nível não pode ser maior que o pleno emprego, isto é, o salário real não pode ser menor que a desutilidade marginal do trabalho. Mas não há, em geral, razão para que ele seja igual ao pleno emprego. A demanda efetiva associada ao pleno emprego é um caso especial que só se verifica quando a propensão a con-

> sumir e o incentivo para investir se encontram associados entre si numa determinada forma. Esta relação particular, que corresponde às hipóteses da teoria clássica, é, em certo sentido, uma relação ótima. Mas ela só se verifica quando por acidente ou desígnio [...].

Sicsú (2007) resume o princípio da demanda efetiva em duas proposições: a renda é função do nível de emprego da economia, e a quantidade de força de trabalho que os capitalistas decidem empregar depende do valor monetário esperado que será despendido com consumo e do gasto na forma de novos investimentos. Assim, para um determinado nível de renda e de condições de oferta de bens, o nível de emprego é função dos gastos esperados.

Ao recuperar o "lugar do pensamento de Keynes no contexto da teoria das finanças públicas", Santos (2001) diferencia as formulações de Keynes sobre o Estado e a economia do que veio originalmente do pensamento do autor, que posteriormente se transformou em keynesianismo, ou em seu rótulo de política econômica keynesiana ou "revolução fiscal" keynesiana. Para Santos (2001, p. 89),

> a ideia correta de Keynes era fazer o Estado ter participação ativa no processo de elevação da demanda agregada, via consumo e investimento e não por uma ação *passiva* (como desejam equivocadamente alguns), mediante o abrandamento da ação tributária do Estado. (grifo do autor)

De acordo com Keynes (1985), o Estado deveria exercer uma influência orientadora da propensão a consumir por meio do sistema tributário, pela fixação da taxa de juros e também recorrendo a outras medidas. Para o autor, uma ampla socialização dos investimentos[7] seria o único meio de assegurar uma situação mais próxima do pleno emprego, mas sem com isso excluir outros arranjos que permitam ao Estado cooperar com a iniciativa privada, pois "os principais defeitos da sociedade econômica em que vivemos são a sua incapacidade para proporcionar o pleno emprego e sua arbitrária e desigual distribuição da riqueza e das rendas" (Keynes, 1985, p. 253).

7. Isso não significa a defesa do socialismo por Keynes. Aliás, ele não nutria nenhuma simpatia por esse sistema. No tocante à questão do investimento ele é categórico ao afirmar que "[...] não se vê nenhuma razão evidente que justifique um socialismo de Estado abrangendo a maior parte da vida econômica da nação. Não é a propriedade dos meios de produção que convém ao Estado assumir. Se o Estado for capaz de determinar o montante agregado dos recursos destinados a aumentar esses meios e a taxa básica de remuneração aos seus detentores, terá realizado o que lhe compete" (Keynes, 1985, p. 256).

Nesse sentido, Fernando Carvalho (2000, p. 265) destaca:

> Assim, com Schumpeter, Keynes não tinha na perfeita equidade social uma meta, pois diferentes recompensas são devidas a diferentes esforços, desempenhos, aversão ao risco etc. O problema não consistia no fato de a renda estar concentrada, mas sim no fato de ela estar concentrada além do que é adequado, em vista dos fatores citados e para estimular empreendimentos. Em particular, em virtude do direito de herança, por exemplo, a concentração de renda era, em grande medida, não correlacionada com o desempenho econômico. O sistema tributário deveria, assim, ser orientado para corrigir essas fontes injustificadas de desigualdade.

Dessa forma, o período do segundo pós-guerra foi marcado por um crescimento acelerado do capital produtivo nos principais países capitalistas, configurando um regime de acumulação intensiva. Entretanto, diferentemente de outras etapas da evolução do capitalismo, o crescimento foi acompanhado pelo consumo de massa. Essa articulação garantiu mercado para escoar a produção, evitando um problema de superprodução e, assim, permitiu a continuidade "tranquila" da acumulação. De fato, na economia capitalista é necessária uma profunda ligação entre a produção e a esfera da circulação: no capitalismo não basta produzir; é fundamental o mercado para escoar a produção.

Contribui também para o desenvolvimento das economias dos países centrais no pós-guerra o modelo de acumulação fordista. Conforme Lipietz (1988), o fordismo[8] envolve um padrão de acumulação e um modo de regulação da economia em que se combinam fortes ganhos de produtividade e crescimento do salário real.

Apesar de a ideação do fordismo — produção em massa associada ao consumo de massa — ter origem em 1914, quando Henry Ford estabeleceu o dia de trabalho de oito horas e a recompensa de cinco dólares para os trabalhadores da linha de montagem automática, em sua fábrica localizada em Michigan, o fordismo só conseguiu se viabilizar após a Segunda Guerra Mundial associado às ideias de Keynes.

> O modo como o sistema fordista se estabeleceu constitui, com efeito, uma longa e complicada história que se estende por quase meio século. Isso

8. O termo "fordismo" tem origem na obra de Gramsci, *Americanismo e fordismo*, que o utilizou para caracterizar o sistema de produção e gestão empregado por Ford em sua fábrica, em 1914.

> dependeu de uma miríade de decisões individuais, corporativas, institucionais e estatais, muitas delas escolhas políticas feitas ao acaso ou respostas improvisadas às tendências de crise do capitalismo, particularmente em sua manifestação na Grande Depressão dos anos 30. A subsequente mobilização da época da guerra também implicou planejamento em larga escala, bem como uma completa racionalização do processo de trabalho, apesar da resistência do trabalhador à produção em linha de montagem e dos temores capitalistas do controle centralizado. Era difícil, para capitalistas e trabalhadores, recusar racionalizações que melhorassem a eficiência numa época de total esforço de guerra. (Harvey, 2001, p. 122-3)

No período entre as duas grandes guerras mundiais, a propagação do fordismo encontrou dois tipos de impedimentos, conforme destaca Harvey (2001):

1) O conflito de classes no capitalismo não era propício a um modo de organização da produção que impunha ao trabalhador repetitivas horas de trabalho, abandonando suas habilidades tradicionais e implicando uma separação da concepção e da execução do trabalho, ou seja, o trabalhador não teria controle sobre o projeto, o ritmo e a organização do seu trabalho.

2) A segunda dificuldade importante refere-se às formas de intervenção estatal. Na realidade, foi necessária a grande depressão econômica da década de 1930 para que as sociedades capitalistas definissem uma nova concepção sobre os poderes do Estado. A crise dos anos 1930 expressou-se como a insuficiência da demanda efetiva por produtos, e, com base nisso, as soluções foram engendradas.

Somente com a intervenção do Estado é que o fordismo se consolidou como regime de acumulação plenamente acabado, o que ocorreu em associação com o keynesianismo, gerando um surto de forte desenvolvimento econômico em inúmeros países.

> O Estado teve de assumir novos (keynesianos) papéis e construir novos poderes institucionais; o capital corporativo teve de ajustar as velas em certos aspectos para seguir com mais suavidade a trilha da lucratividade segura; e o trabalho organizado teve de assumir novos papéis e funções relativos ao desempenho nos mercados de trabalho e nos processos de produção. O equilíbrio de poder — tenso mas mesmo assim firme, que prevalecia entre o trabalho organizado, o grande capital corporativo e a nação-Estado, e que formou a base de poder da expansão de pós-guerra, não alcançado por acaso — resultou de anos de luta. (Harvey, 2001, p. 125)

O modo de acumulação fordista, no início, enfrentou resistência dos trabalhadores, principalmente por causa da alienação[9] do trabalho. Mas, com o aumento constante dos salários reais e a garantia de um determinado padrão de proteção social, ocorreu, de certo modo, a adesão do movimento sindical ao sistema fordista-keynesiano.

Estabeleceu-se um compromisso entre o capital e o trabalho que procurou delimitar o campo da luta de classes, caracterizado por Antunes (2001, p. 38-9) como

> [...] uma forma de sociabilidade fundada no "compromisso" que implementava ganhos sociais e seguridade social para os trabalhadores dos países centrais, desde que a temática do socialismo fosse relegada a um futuro a perder de vista. Além disso, esse "compromisso" tinha como sustentação a enorme exploração do trabalho realizada nos países do chamado Terceiro Mundo, que estavam totalmente excluídos desse "compromisso" social-democrata.

Para Offe (1984, p. 35),

> [...] Essa aliança interclasses de crescimento-segurança tem de fato uma base teórica na teoria econômica de Keynes. Aplicada à formulação prática de política econômica, ela ensina cada classe a "assumir o papel da outra". A economia capitalista, e esta é a lição a ser apreendida com o keynesianismo, é um jogo de soma positiva. Assim, jogar num jogo de soma zero seria jogar contra os próprios interesses. Isto que dizer que uma classe tem que levar em consideração os interesses da outra classe: os operários, a lucratividade, porque somente um nível de lucro e de investimento razoável garantirá o emprego futuro e o aumento da renda, e os capitalistas, os salários e as despesas do *Welfare State*, porque são eles que garantirão uma demanda efetiva e uma classe operária saudável, bem treinada, sem problemas de moradia e feliz.

A chamada escola da regulação[10] discute o fordismo a partir do conceito de modelo de desenvolvimento, que é constituído por um determinado

9. "No sentido que lhe é dado por Marx, ação pela qual (ou estado no qual) um indivíduo, um grupo, uma instituição ou uma sociedade se tornam (ou permanecem) alheios, estranhos, enfim, alienados aos resultados ou produtos de sua própria atividade [...]." (Bottomore, 1988, p. 5)

10. A Escola da Regulação foi, ao longo dos anos 1980, uma das mais férteis abordagens de interpretação das nuanças de expansão e crise do capitalismo. O trabalho pioneiro sobre a regulação

esquema de reprodução. A materialização do regime de acumulação ocorre sob a forma de normas, costumes, leis e mecanismos reguladores, que assegura por meio da rotina do comportamento dos agentes em luta uns contra os outros a unidade do processo e o respeito aproximativo do esquema de reprodução. Esse conjunto de regras interiorizadas e de procedimentos sociais, que incorpora o social nos comportamentos individuais, é o que se chama de modo de regulação (Lipietz, 1988).

Nessa concepção, o modelo de desenvolvimento também incorpora uma forma de organização e divisão do trabalho, estabelecendo os princípios gerais entre as empresas. Além disso, envolve um regime de acumulação, cujas leis macroeconômicas garantem as condições de produção, com a produtividade e as condições de uso social dessa produção, particularmente o consumo das famílias, os investimentos, os gastos do governo e o comércio exterior (Lipietz, 1991).

Na história do capitalismo, os embates entre o capital e o trabalho, ou, mais precisamente, a luta dos trabalhadores por melhores condições de vida e por uma situação mais digna de trabalho, levaram à construção de um determinado padrão de regulação do trabalho e dos sistemas de proteção social, particularmente no período de 1945 a 1975 nos países desenvolvidos. A regulamentação da força de trabalho e da proteção social espelha a correlação de forças na sociedade e conta com a participação fundamental da intervenção do Estado.

Pochmann (1999), analisando as estratégias de sustentação do emprego no capitalismo contemporâneo, especialmente nos países desenvolvidos no segundo pós-guerra, destaca o fato de a qualidade do emprego e da força de trabalho ser coordenada e articulada por cinco elementos-chave: a política macroeconômica voltada para o pleno emprego; o estabelecimento de condições para o uso do trabalho e do capital (intensivo/extensivo), em termos de paradigma técnico-produtivo; o estabelecimento de políticas sociais, que estabelecem o acesso a garantias mínimas de proteção social e contribuem para o crescimento econômico com a geração de renda e de novas formas de ocupações nos segmentos não mercantis da economia; o estabelecimento de um sistema de relações de trabalho, que, ao estabelecer parâmetros regula-

---

e a crise do capitalismo foi de Michel Aglietta, seguido por outros colegas franceses como Benassy, Boyer, Mistral, Lipietz e Coriat (Conceição, 1997).

tórios do mercado de trabalho, contribui para o estabelecimento do maior ou menor grau de concorrência no interior da classe trabalho, abrindo possibilidades de maior homogeneização do padrão de uso e remuneração da força de trabalho; e o estabelecimento de políticas de emprego.

A relação salarial traz consigo os direitos derivados, particularmente no âmbito da seguridade social, que permitem aos trabalhadores a inserção na vida social mesmo estando fora do mercado de trabalho, viabilizando a demanda, o que, por outro lado, assegurava o esquema de escoamento da produção capitalista.

1.2 A influência do keynesianismo/fordismo nas políticas sociais

O keynesianismo/fordismo nos países centrais esteve amplamente articulado com a consolidação do *Welfare State.*[11] Inicialmente é necessário um esclarecimento acerca da imprecisão conceitual e de uma certa confusão, na literatura "especializada", quanto à adoção dos termos *Welfare State*, Estado-Providência e seguridade social, em geral, traduzidos como sinônimos de Estado de Bem-Estar Social.

Boschetti (2002, 2003a) definiu melhor esses termos, identificando com precisão as distinções entre eles e as particularidades dos países de origem, com base em uma vasta revisão bibliográfica.[12] A autora destaca que a expressão *Welfare State*, que tem origem na Inglaterra na década de 1940, designa um conjunto específico de políticas sociais, diferenciando-se do conceito de seguridade social que integra o *Welfare State*, mas não tem o mesmo significado, podendo apresentar características e abrangências diferenciadas

11. Diversos autores têm se dedicado à tarefa de explicar a origem e o desenvolvimento do *Welfare State*. A bibliografia sobre o assunto é extensa e a controvérsia sobre as razões e as perspectivas do fenômeno também é complexa (Arretche, 1995). Entre os estudos clássicos podem ser destacados o de Titmuss (1962 e 1963) e o de Esping-Andersen (1990), que apresentaram uma tipologia dos diversos regimes de política social, buscando classificar em *clusters* (grupos relativamente homogêneos) os países da Organização para a Cooperação e o Desenvolvimento Econômico (OCDE) (Giovanni, 1998). No caso brasileiro, destacam-se as pesquisas de Draibe (1988 e 1989).

12. Nesta publicação, sabendo dessas limitações e confusões conceituais, utilizam-se os termos conforme a nomenclatura utilizada pelos autores citados.

conforme as especificidades de cada país, com no mínimo três elementos: seguros, assistência médica e auxílios assistenciais.

O *Welfare State* não pode ser generalizado para todos os países europeus. Na França, por exemplo, esse termo não é utilizado para designar o sistema de proteção social, e se adota a expressão *État Providence* (Estado-Providência), expressão forjada por liberais contrários à ação estatal, remetendo a "providência" para uma ação "divina". O termo *Welfare State* é usado como "modelo" de proteção social dos países anglo-saxões. Castel (1999) utiliza o termo Estado Social para definir o modelo francês, escapando da associação entre Estado e Providência e do termo importado *Welfare State*.

Pierson (1998) identifica as origens do *Welfare State* em torno de três conjuntos de critérios: a) a introdução do seguro social, ou seja, uma provisão coletiva organizada pelo Estado para fazer frente aos riscos associados à economia do mercado, como a incapacidade de ter renda com a idade avançada, doença ou desemprego; b) a extensão da cidadania e a desfocalização do *welfare* público da pobreza; e c) o crescimento do gasto social, sobretudo no período de 1945 a 1975.

O desenvolvimento do *Welfare State* seguiu certa similaridade nos países desenvolvidos, no tocante aos programas, à cobertura e à forma de expansão desses programas. No que se refere aos programas, a indenização por acidentes de trabalho foi, em geral, a primeira medida adotada, seguida pelo seguro doença e invalidez, pensões aos idosos e o seguro-desemprego. Quanto à cobertura, era inicialmente limitada aos trabalhadores urbanos, sobretudo das indústrias estratégicas e de ocupações de risco. Na sequência, foi estendida para os trabalhadores rurais, dependentes e outros segurados; por fim, aos autônomos e, depois, para os demais cidadãos sem critério de discriminação. A expansão dos programas ocorreu, inicialmente, sob um amplo critério de elegibilidade e com generosos benefícios. No segundo momento, ficaram menos restritivos para elegibilidade e tiveram uma tendência de migrar de voluntários para compulsórios (Pierson, 1998).

Seguindo o desenvolvimento proposto pelo autor, percebe-se que entre o início do seguro de acidente industrial na Alemanha (1883) e o começo da Primeira Guerra Mundial, em 1914, todos os países descritos na tabela 1, exceto o Canadá e os Estados Unidos, tinham introduzido alguma forma estatal de compensação de renda aos trabalhadores. Também, no mesmo período, 11 dos 13 países europeus tinham introduzido medidas de apoio ao seguro-saúde (tabela 1).

Tabela 1
Introdução dos seguros sociais

Países	Acidente industrial	Saúde	Pensão	Desemprego	Subvenções à família
Bélgica	1903	1894	1900	1920	1930
Países Baixos	1901	1929	1913	1916	1940
França	1898	1898	1895	1905	1932
Itália	1898	1886	1898	1919	1936
Alemanha	1871	1883	1889	1927	1954
Irlanda	1897	1911	1908	1911	1944
Reino Unido	1897	1911	1908	1911	1945
Dinamarca	1898	1892	1891	1907	1952
Noruega	1894	1909	1936	1906	1946
Suécia	1901	1891	1913	1934	1947
Finlândia	1895	1963	1937	1917	1948
Áustria	1887	1888	1927	1920	1921
Suíça	1881	1911	1946	1924	1952
Austrália	1902	1945	1909	1945	1941
Nova Zelândia	1900	1938	1898	1938	1926
Canadá	1930	1971	1927	1940	1944
Estados Unidos	1930	–	1935	1935	–

Fonte: Pierson (1998, p. 104 — tradução nossa).

No tocante à perspectiva histórica, tanto Johnson (1990) quanto Pierson (1998) concordam que o Estado Social não é um ato de criação do segundo pós-guerra, ao contrário, ele se desenvolve ao longo do século XIX. Johnson (1990), após revisar as diversas correntes que tentam explicar a origem do Estado Social, destaca: a) o desenvolvimento socioeconômico; b) a ênfase nos partidos políticos social-democratas; c) as políticas de classes; e d) a crescente influência da burocracia pública. Essas diversas explicações são compreendidas como a batalha dos paradigmas, reconhecendo o autor que todas elas são complementares.

A tese defendida por Esping-Andersen (1991) é da classe social enquanto agente político, que deriva da economia política social-democrata. O equilíbrio do poder de classes determina a distribuição da renda. A visão dele é tipicamente reformista: os parlamentos são, em princípio, instituições efetivas para a tradução de poder mobilizado em reformas e políticas desejadas.

Assim, a política parlamentar é capaz de se sobrepor ao poder hegemônico e pode ser levada a servir de interesses antagônicos aos do capital. Os direitos sociais podem fazer as fronteiras do poder capitalista retrocederem. O seguro--desemprego, a igualdade e a erradicação da pobreza, que um *Welfare State* universalista busca, são pré-requisitos necessários para a força e a unidade exigidas para mobilização coletiva do poder.

Na busca de uma explicação conceitual para a definição de *Welfare State*, Esping-Andersen (1991) critica a definição usual e limitada dos manuais de economia política, que caracterizam o *Welfare State* como a responsabilidade estatal no sentido de garantir o bem-estar básico dos cidadãos. Os primeiros estudos sobre o assunto limitavam-se a indicar que o nível de despesas sociais espelhava adequadamente a existência do *Welfare State*. Para o autor, o foco nos gastos pode ser enganoso, pois tende a esconder distorções. Outra forma de compreender o conceito de *Welfare State* é abordagem por meio da estrutura de Estado. Para isso, ele considera que um Estado é *Welfare State* quando existe uma transformação histórica de suas atividades rotineiras para as necessidades de bem-estar dos cidadãos.

De acordo com Esping-Andersen (1991), uma nova abordagem sobre os estudos de *Welfare State* passa a existir com a tipologia desenvolvida por Titmuss,[13] em que classifica os modelos entre os extremos residuais e institucionais. No primeiro caso, o Estado só assume a responsabilidade quando a família e o mercado são insuficientes e procura limitar essa prática a grupos sociais marginais e merecedores. O segundo modelo é universalista e personifica um compromisso institucionalizado para o bem-estar. Também na tipologia de Titmuss destaca-se um modelo intermediário "meritocrático-particularista", que reconhece a necessidade da intervenção do Estado para corrigir, parcialmente, as distorções geradas pelo mercado. Essa abordagem forçou as pesquisas a saírem do foco nos gastos para o conteúdo do *Welfare State*.

Na conceituação de Esping-Andersen (1991), o *Welfare State* envolve a garantia dos direitos sociais, que adquirem *status* legal e prático de direitos de propriedade, pois, quando são invioláveis e são assegurados com base na cidadania em vez de terem base no desempenho, implicam uma "desmercadorização" do *status* dos indivíduos *vis-à-vis* o mercado. Assim, é importante verificar que a desmercadorização acontece quando a prestação de um serviço

13. Refere-se ao livro clássico de Richard Titmuss, *Essays on the Welfare State*. London: Allen & Unwin, 1963.

é vista como questão de direito ou quando uma pessoa pode manter-se sem depender do mercado. A desmercadorização fortalece o trabalhador e enfraquece a autoridade absoluta do empregador. É exatamente por essa razão que os empregadores sempre se opuseram à desmercadorização.

Offe (1984) define o *Welfare State* como um conjunto de disposições legais que asseguram aos cidadãos o recebimento de prestações da seguridade social obrigatória e acesso a serviços de saúde e de educação organizados pelo Estado, além de miríade de casos definidos de necessidades e contingências. O fato de o *Welfare State* ser produto de compromissos ideológicos, políticos e econômicos interclasses vai ao encontro da política keynesiana.

Para o autor, o *Welfare State* dispersa parcialmente os motivos e as razões do conflito social, tornando aceitável a existência do trabalho assalariado, pois possibilita a eliminação de parte do risco que resulta da imposição da forma mercadoria ao fator de produção trabalho. Lenhardt e Offe (1984) defendem a tese de que a política social é a forma pela qual o Estado busca eliminar a questão da transformação duradoura de trabalho não assalariado em trabalho assalariado. Isso ocorre porque algumas necessidades dos trabalhadores são providas de forma coletiva, permitindo que a produção econômica capitalista ocorra de forma regular, ativando também o princípio keynesiano da demanda efetiva e, com isso, assegurando o pleno emprego.

Com uma perspectiva teórica, que tem como ponto central a política de classe, Mishra (1995, p. 21-2) recorre a um tipo histórico de "Estado-Providência", por ele classificado como "Estado-Providência Keynesiano" (EPK) da Europa do segundo pós-guerra, cujos componentes foram: o pleno emprego e os serviços universais (ou quase) para manter a satisfação básica das necessidades em patamar mínimo de condições de vida.

> O princípio geral por trás do Estado-Providência era que os governos podiam e deviam assumir a responsabilidade de manterem um mínimo decente de condições de vida de todos os cidadãos. Isto implicava um ataque em três frentes às carências e dependências. Primeiro, significava a regulação da economia de mercado, de forma a manter um nível de emprego alto e estável. Em segundo lugar, significava a prestação pública de uma série de serviços sociais universais, nomeadamente educação, segurança social,[14] assistência médica e habitação e um conjunto de serviços sociais

14. Refere-se à tradução de *social security* que equivale ao neologismo seguridade social no Brasil (nota de rodapé não existente no original).

pessoais, de forma a satisfazer as necessidades básicas dos cidadãos numa sociedade complexa e em mutação. A universalidade dos serviços sociais era um princípio importante, que destinou os serviços de Estado a todos os cidadãos e não apenas à população de baixos rendimentos. Em terceiro lugar, havia uma "rede de segurança" de serviços de assistência, baseada numa comprovação de falta de rendimentos ou de meios para enfrentar casos excepcionais de necessidade ou aliviar a pobreza.

Portanto, o Estado-Providência se organizava em torno de três princípios: emprego, serviços sociais universais e assistência social, que asseguravam um conjunto de direitos sociais dos cidadãos. Esses princípios indicados pelo autor são influenciados pelas ideias de Beveridge, que rompe com a lógica dos seguros sociais de Bismarck.

Johnson (1990) destaca quatro grandes influências no período posterior a 1945: o impacto direto e indireto da guerra e o desejo da estabilidade na Europa Ocidental como forma defensiva contra o comunismo e o fascismo; a memória do desemprego no período entre as guerras mundiais e o desejo dos eleitores por governos comprometidos com políticas de pleno emprego e de reforma social; o crescimento econômico sustentado e sem precedentes; e a adoção das ideias keynesianas como orientadoras das políticas econômicas.

O padrão de acumulação capitalista keynesiano/fordista esteve intimamente ligado à consolidação do Estado Social. Conforme Behring e Boschetti (2006, p. 86):

> O Estado, diga-se, o fundo público, na perspectiva keynesiana, passa a ter um papel ativo na administração macroeconômica, ou seja, na produção e regulação das relações econômicas e sociais. Nessa perspectiva, o bem-estar ainda deve ser buscado individualmente no mercado, mas sem aceitar intervenções do Estado em áreas econômicas, para garantir a produção, e na área social, sobretudo para as pessoas consideradas incapazes para o trabalho: idoso, deficientes e crianças. Nessa intervenção global, cabe, portanto, o incremento das políticas sociais.

Na construção do Estado Social, a seguridade social integra um conjunto específico de políticas sociais. A seguridade social é parte integrante do Estado Social e que constitui, muitas vezes, o elemento central na sua fundação e na abrangência da intervenção social do Estado. A seguridade social nem pode ser restringida nem confundida com seguro social ou previdência, pois ao menos três elementos se destacam historicamente na sua composição: seguros, saúde e benefícios assistenciais (Boschetti, 2003a).

Vianna (1998) adverte sobre os limites para definição do que é seguridade social, enfatizando a imprecisão conceitual do vocábulo, em função das dificuldades vernaculares, históricas e estruturais dos governos nacionais. Ela lembra que nem sempre o termo traduz a valoração de proteção social desejada, destacando o fato de que o sistema sueco tido como exemplo de redistributivo, amplo e universal intitula-se "seguro social", enquanto o restrito sistema americano é conhecido como "seguridade social".

A próxima seção recupera a origem histórica da seguridade social para ilustrar a sua construção no Brasil.

1.3 A origem da seguridade social

Castel (1999, p. 387) faz um longo percurso para explicar a transformação da propriedade[15] para um tipo de propriedade social em que destaca o fato de que, na sociedade salarial, a identidade social é baseada mais no trabalho assalariado que na propriedade. A reconfiguração da questão social, sobretudo no século XX, não vai abolir a oposição entre o proprietário e o não proprietário, mas redefini-la em um novo patamar. O autor destaca a justaposição entre a propriedade privada e outro tipo de propriedade, a propriedade social, de modo que seja possível continuar sem propriedade privada, mas com seguridade ou proteção garantida. Assim,

> [...] a seguridade social procede a uma espécie de transferência de propriedade pela mediação do trabalho e sob a égide do Estado. Seguridade e trabalho vão tornar-se substancialmente ligados porque, numa sociedade que se reorganiza em torno da condição de assalariado, é o estatuto conferido ao trabalho que produz o homólogo moderno das proteções tradicionalmente asseguradas pela propriedade.

O alicerce dessa "nova" forma de relação social, que passa a ser construída a partir da aceitação da inscrição dos indivíduos em grupos e relações de

15. Ver nesse sentido Castel (1999), especialmente o capítulo VI.

dependência recíprocas, está na base do modelo previdenciário de proteção social (Boschetti, 2006). Para Castel (1999), a proteção contra os riscos aos quais os indivíduos estão submetidos independentemente de sua vontade é uma forma de garantir a justiça social sem ameaçar a propriedade privada. Porém, os fundamentos dessa nova relação salarial não implicam a adoção de qualquer princípio de equidade. Pelo contrário, eles expressam o reconhecimento e a aceitação de que a sociedade moderna forma um conjunto de desiguais e interdependentes (Boschetti, 2006; Castel, 1999).

A ideia contemporânea de seguridade social se desenvolve gradualmente a partir da sanção do *Social Security Act* pelo presidente norte-americano Franklin Roosevelt, em 1935, mas somente após o *Informe Beveridge*, em 1942, ocorreu uma ampliação e adoção em diversos países a favor da universalização da seguridade social.

A lei norte-americana de seguridade social de 14 de agosto de 1935 deve ser compreendida no âmbito da profunda crise da economia capitalista que se instalou a partir de 1929, que teve seu lado mais perverso na explosão do desemprego, atingindo 25% da população ativa dos Estados Unidos, em 1933 (Durand, 1991). Entre as medidas tomadas por Roosevelt, que passaram a integrar o chamado *New Deal*, destaca-se a política de seguridade social, cujo objetivo era garantir, por parte do Estado, níveis satisfatórios de vida para dignidade humana, incluindo todos os esforços para aumentar o nível de bem-estar da comunidade. Outra explicação apontada por Durand (1991)[16] para a origem da legislação federal de seguridade social, nos Estados Unidos, eram a diversidade e a insuficiência de leis nos estados norte-americanos.

A lei federal de seguridade social dos EUA (de 14 de agosto de 1935) tem três traços fundamentais: a superação das particularidades de cada estado americano; a organização de um amplo sistema de indenização dos riscos sociais; e a decisão de impedir que as novas instituições alterassem o "espírito" de iniciativa do povo norte-americano (Durand, 1991).

A criação de uma legislação federal uniforme permitiu superar as particularidades dos estados, uma vez que a Constituição americana não incluía a seguridade social como matéria de competência federal (Moreau, 2005).

16. Uma explicação detalhada da legislação norte-americana de seguridade social pode ser vista em Durand (1991, p. 149-59), assim como parte de sua reformulação e modificação após a Segunda Guerra Mundial (p. 195-202).

Com isso, foi possível a cobrança de impostos em todo o território federal; os estados recebiam parte da arrecadação federal e, de acordo com adequação à legislação, os recursos eram canalizados para a seguridade social. Conforme Durand (1991), esse arranjo permitiu a cooperação entre as autoridades federais e os estados na tarefa de organizar a seguridade social.

A segunda característica importante da criação da seguridade social nos EUA foi a ampliação da indenização dos riscos sociais, incluindo o seguro-desemprego, o seguro para idoso e o seguro de sobrevivência. Os dois últimos referem-se ao sistema de assistência social para os anciãos e a um regime de subvenção aos estados em forma de apoio e de ajuda concedidos às famílias com filhos dependentes, às mães cujos chefes da família haviam desaparecido e aos deficientes visuais necessitados. Ainda, foram incluídas no âmbito da seguridade social algumas indenizações destinadas aos trabalhadores em ferrovias, subvenções aos estados que montassem serviços de higiene maternal e infantil e outras medidas de apoio à manutenção do emprego e da atividade econômica (Durand, 1991).

Finalmente, Durand (1991) destaca o fato de que o sistema americano garantia uma proteção mínima para não comprometer o "espírito" de iniciativa e de poupança individual. A título de exemplo, as prestações do seguro-desemprego eram bastante mínimas para estimular a "vontade" do segurado de retornar ao mercado de trabalho ou para obrigá-lo a complementar com sua poupança individual ou pela política de assistência social.

Em que pesem a importância e o marco dessa legislação americana na história da seguridade social, Durand (1991) faz três críticas fundamentais: apesar do esforço, o sistema não implicou uma política uniforme para todo o país (exceto o seguro para as pessoas idosas), pois cada estado conservou a sua liberdade de decisão condicionada ao disposto na lei federal; os estados não organizaram de forma satisfatória as instituições da seguridade social, não conseguindo cobrir de forma ampla os riscos sociais; e o regime de cobertura dos riscos sociais "não assegura mais que uma proteção, que pode ser qualificada de insuficiente. Não se estende, por exemplo, à enfermidade e à invalidez, a não ser quando se deriva de um acidente de trabalho" (Durand, 1991, p. 156).

É importante lembrar que o presidente dos Estados Unidos, Franklin Roosevelt, e o primeiro-ministro da Inglaterra, Winston Churchill, durante a Segunda Guerra Mundial (14 de agosto de 1941), lançaram a Carta do

Atlântico, na qual indicavam alguns princípios para um futuro melhor no mundo, após o fim da guerra. Um dos princípios constantes da carta é o de que os homens devem ser libertos da necessidade, incluindo a seguridade social como um valor universal e importante instrumento no ideário da paz mundial.

A seguridade social vai tornar-se popular e universal, ainda, durante a Segunda Guerra Mundial, a partir do relatório do lorde britânico William Beveridge, que ficou responsável pela formulação de proposta para um dos pilares[17] do *Welfare State* da Inglaterra — o seguro. O relatório de Beveridge, "Social insurance and allied services",[18] foi apresentado em 20 de novembro de 1942, com divulgação pública em 1° de dezembro de 1942.[19] *O plano Beveridge* rompeu com a lógica do seguro social, apontando para o novo sistema de seguridade social.

O plano Beveridge (1943) tem entre seus princípios fundamentais a ideia de que a seguridade social, quando completamente desenvolvida, pode proporcionar segurança dos rendimentos, combatendo a miséria. Aliás, a miséria era um dos cinco gigantes que a proposta de Beveridge tinha por objetivo combater; os outros eram a doença, a ignorância, a imundície e a preguiça.

O plano de segurança social[20] surgiu de um diagnóstico da miséria (a Europa estava em plena Segunda Guerra Mundial) dos anos que precederam a guerra, quando famílias e indivíduos careciam de meios básicos de subsistência. O relatório diz que a abolição da miséria requer uma dupla redistribuição de renda: pelo seguro social e de acordo com as necessidades das famílias. O plano de segurança social tem como principal objetivo a abolição da miséria depois da guerra, por meio do seguro social compulsório, da assistência social nacional e do seguro voluntário, estes dois últimos são

---

17. Conforme Behring e Boschetti (2006), o *Welfare State* inglês é composto por três pilares: educação, seguro e saúde.

18. Esse relatório conhecido como Plano Beveridge foi publicado no Brasil, em 1943, pela editora José Olympio, com o título: *O plano Beveridge*: relatório sobre o seguro social e serviços afins. Observe que o termo "*social security*" no Relatório de Beveridge foi traduzido como segurança social, pois a expressão "seguridade social" é incorporada na língua portuguesa somente na Constituição de 1988. Ver nesse sentido Boschetti (2002). Além disso, o Relatório Beveridge utiliza os termos "*social insurance*" e "*social security*" como sinônimos (Behring e Boschetti, 2006).

19. Conforme Durand (1991), o *Informe Beveridge*, ao se tornar público, em 1° de dezembro de 1942, vendeu 70 mil exemplares em três horas.

20. Hoje a tradução correta seria "seguridade social".

métodos subsidiários ao seguro social. Integram o plano os subsídios para as crianças dependentes, o estabelecimento de serviços de saúde, de reabilitação e manutenção dos empregados, que tinham como condição necessária para evitar o desemprego em massa o seguro social (Beveridge, 1943).

Beveridge (1943, p. 15) defende a tese de que, para evitar a interrupção da capacidade produtiva ou a miséria decorrente de sua destruição, é necessário o aperfeiçoamento do seguro social em três direções: estender o alcance, com objetivo de abranger as pessoas excluídas; ampliar os objetivos do seguro social para o maior número de riscos; e aumentar os valores dos benefícios.

> O principal traço do Plano de Segurança Social consiste num esboço de seguro social contra a interrupção e a destruição da capacidade produtiva e contra as despesas especiais decorrentes do nascimento, casamento e morte. Abarcam o esboço seis princípios fundamentais: horizontalidade das taxas de benefícios de subsistência; horizontalidade das taxas de contribuição; unificação da responsabilidade administrativa; adequação dos benefícios; racionalização; e classificação. [...]. Baseando-se neles e em combinação com a assistência nacional e o seguro voluntário, enquanto métodos subsidiários, o Plano de Segurança Social tem por escopo tornar desnecessária a miséria, quaisquer que sejam suas circunstâncias.

O Plano Beveridge abrangeu todos os cidadãos, independentemente da renda, sendo, portanto, um plano universal, dividindo a população em relação a sua aplicação nas seguintes classes: empregados, empregadores e profissionais liberais, donas de casa, outros profissionais, pessoas abaixo da idade produtiva (crianças) e aposentados acima da idade produtiva. Para tanto, foram consideradas na sua elaboração três proposições (Beveridge, 1943):

a) subsídios para as crianças, até a idade de 15 anos, ou se em tempo completo de educação até os 16 anos;
b) serviços racionais de saúde e reabilitação para prevenir e curar doenças e restabelecer a capacidade de trabalho de forma universal;
c) conservação do emprego, isto é, prevenção do desemprego em massa.

Com isso, o Plano Beveridge, além de realizar uma fusão das medidas esparsas existentes na Inglaterra, ampliou e consolidou vários planos de seguro social, padronizou benefícios e criou novos, como: o seguro acidente de trabalho, abono familiar, seguro-desemprego e auxílios sociais. O Plano Beveridge criou seis auxílios sociais: funeral, maternidade, abono nupcial, benefícios para esposas abandonadas, assistência a donas de casas enfermas e auxílio treinamento para trabalhadores por conta própria (Beveridge, 1943; Durand, 1991; Behring e Boschetti, 2006).

De acordo com Beveridge (1943, p. 189), no seu Relatório:

> A expressão "segurança social" é aqui usada para designar a garantia de um rendimento que substitua os salários, quando se interromperem estes pelo desemprego, por doença ou acidente, que assegure a aposentadoria na velhice, que socorra os que perderam o sustento em virtude da morte de outrem e que atenda a certas despesas extraordinárias, tais como as decorrentes do nascimento, da morte e do casamento. Antes de tudo, segurança social significa segurança de um rendimento mínimo; mas esse rendimento deve vir associado a providências capazes de fazer cessar, tão cedo quanto possível, a interrupção dos salários.

O Plano Beveridge significou a nacionalização da medicina no Reino Unido com os médicos passando a ser empregados públicos. O Sistema Nacional de Saúde passou a ser universal para todos os habitantes e revestido de características comuns para o conjunto da população, além do estabelecimento de pensões não contributivas para viúvas, órfãos e anciãos e os seguros-saúde e de acidente, conforme já observado (Massa e Pastor, 2007).

A imprensa popular da Inglaterra cunhou a ampla cobertura do *Informe de Beveridge* com a expressão "do nascimento até a morte", referindo-se aos benefícios para satisfazer o conjunto das necessidades humanas. Mas o Partido Conservador inglês logo se opôs ao plano por considerá-lo "distante demais da realidade" e por ser dirigido a uma sociedade mais igualitária. O Plano de Seguridade Social de Beveridge tinha uma abrangência muito mais ampla que a ofertada pelo seguro social (Moreau, 2005).

Um dos aspectos mais importantes do Plano Beveridge e da instituição da seguridade social foi a ampliação das despesas com a proteção social; para tanto, o plano rompeu com a lógica contributiva de seguro social baseada nos princípios bismarckianos, de forma que o financiamento foi ampliado para além da contribuição de empregados e empregadores.

Beveridge (1943, p. 169) considerou, na sua proposta de orçamento da seguridade social,[21] três fontes principais de financiamento: a) do Tesouro Nacional, isto é, dos impostos gerais da sociedade ou dos cidadãos como contribuintes do Fisco; b) dos cidadãos, segundo o plano, ou seja, como contribuintes do seguro; e c) dos empregadores dos segurados, onde quer que sejam empregados sob contrato de trabalho. O autor vai sumariamente diferenciar imposto e contribuição:

> A distinção entre imposto e contribuição de seguro está em que o imposto é ou deve ser relativo à suposta capacidade de pagar do que ao valor daquilo que o pagador espera receber, enquanto as contribuições de seguro são ou devem ser relativas ao valor dos benefícios auferidos, e não à capacidade de pagar. [...] Para o nosso atual propósito de apreciar as três fontes possíveis de receita do seguro social, a questão do ajustamento das contribuições ao risco, no seguro compulsório, é secundária. A questão principal é a diferença entre imposto e contribuição de seguro. O imposto leva em conta os recursos de quem paga, ao passo que a contribuição de seguro para o mesmo auxílio, quer varie ou não com risco, não deve variar com os recursos da pessoa que paga.

Com isso, a proposta de receita do orçamento da seguridade social apresentada por Beveridge era apoiada de forma considerável no financiamento dos impostos gerais pagos pela sociedade, que representariam, em 1965, cerca de 61% do orçamento proposto, enquanto a contribuição de segurados e empregadores seria responsável por 22% do orçamento. O montante de recursos advindos da contribuição dos empregadores, do imposto industrial sobre empregadores e dos impostos gerais (Tesouro Nacional) representaria 76% do orçamento da seguridade social contra 22% da contribuição direta dos segurados. Os 2% restantes viriam dos juros dos fundos existentes.

A lógica do financiamento da seguridade social proposta por Beveridge era clara: o financiamento deve ser feito de acordo com a capacidade contributiva, ou seja, conforme a renda dos cidadãos. Assim expressa Beveridge (1943, p. 170) a opção de taxação dos mais ricos:

> Pela contribuição, o mais pobre e o mais rico dos homens são tratados igualmente, no que respeita à sua capacidade como possíveis beneficiários

21. Na tradução original "orçamento da segurança social" (p. 163). Toda quarta parte do Relatório Beveridge é destinada à análise do orçamento, particularmente da forma de financiamento.

> do seguro. Pelo imposto, ao contrário, *o mais rico, em virtude da sua capacidade de pagar, paga mais para os fins gerais da comunidade*. Esses fins gerais podem e, na prática, devem abranger os encargos de uma parte do custo da segurança social; se esta tem que se basear no princípio da contribuição, eles não podem, evidentemente, abarcar o custo total. (grifos nossos)

Os críticos da reforma beveridgiana na Inglaterra questionaram, sobretudo, a redistribuição tributária que implicou o aumento da carga tributária das camadas mais ricas da população. De acordo com Titmuss (1976), os conservadores contrários à tributação progressiva, além de se queixarem do "excesso" de impostos, defendiam a necessidade de um "teste de meio" para acessar os serviços sociais focalizados para aquela população que não conseguia ser recolocada no mercado. As ideias conservadoras, de caráter liberal, voltaram com força no governo da primeira-ministra Margaret Thatcher, no período de 1979 a 1990, que realizou uma contrarreforma na seguridade social inglesa, desmantelando, em parte, a proteção social construída no segundo pós-guerra, baseada na reforma beveridgiana.

Entretanto, *O plano Beveridge* teve também seus pontos fracos, e, entre eles, podem ser citados:

> O estabelecimento de um mínimo nacional como padrão de sobrevivência, sendo que a definição desse padrão tinha conotação de ínfimo de provisão. Além disso, essa provisão mínima estava baseada no princípio da contribuição e de benefícios uniformes, referentes ao seguro; isto é, todos pagavam a mesma quantia para receber a mesma cobertura. Tal medida gerou déficit de recursos, além de baixo atendimento às necessidade sociais. Nesse sentido, o mínimo concebido por Beveridge, como um direito de todos, tinha o velho ranço liberal e, por conseguinte, deveria funcionar apenas como um incentivo ao trabalho e à autoprovisão. (Pereira, 2008, p. 94)

Apesar dessas limitações, o Relatório de Beveridge foi norteador das mudanças ocorridas na proteção social dos países europeus, no segundo pós-guerra. Uma das principais mudanças diz respeito à forma de financiamento das políticas sociais, particularmente da seguridade social, ao instituir a tributação progressiva, significando que a maior parte dos recursos advém de impostos diretos sobre a renda e o patrimônio das camadas mais ricas da população, em detrimento da tributação indireta e regressiva.

De acordo com Durand (1991), o Plano Beveridge teve profunda influência sobre o continente europeu, onde diversos países reformaram seus sistemas de proteção social, anteriormente limitados à cobertura de riscos sociais no modelo de seguro social contributivo. O Plano Beveridge aponta para um novo paradigma de seguridade social oposto à lógica de seguro social, que entende a previdência social, por exemplo, limitada a um seguro e com funcionamento igual ao de um plano privado, para o que passa a ser fundamental a apropriação dos recursos do fundo público.

No período do apogeu do Estado Social, os países capitalistas desenvolvidos coordenaram e expandiram seus sistemas de seguridade social com incremento de benefícios. A Europa Ocidental ampliou a cobertura social de forma integral e universal, enquanto nos Estados Unidos a seguridade social foi expandida de forma gradual. Em quase todos os países, os gastos com educação e saúde cresceram em termos absolutos, como em proporção do PIB (Johnson, 1990).

1.4 A importância do fundo público na construção do Estado Social

O fundo público ocupa um papel relevante na articulação das políticas sociais e na sua relação com a reprodução do capital. A presença dos fundos públicos na reprodução da força de trabalho e gastos sociais é uma questão estrutural do capitalismo. Para Francisco de Oliveira (1998, p. 19-20), "o fundo público, em suas diversas formas, passou a ser o pressuposto do financiamento da reprodução da força de trabalho, atingindo globalmente toda a população por meio dos gastos sociais".

Existe uma miríade de formas de gastos sociais e de financiamento, incluindo a questão da manutenção e da valorização dos capitais pela via da dívida pública. A formação do capitalismo seria impensável sem a utilização de recursos públicos, que, muitas vezes, funcionam como uma "acumulação primitiva".[22]

22. O capitalismo na visão de Marx pressupõe a dissociação entre trabalhadores e proprietários dos meios pelos quais realizam o trabalho. O processo que cria o sistema capitalista implica a retirada do trabalhador da propriedade de seus meios de trabalho, um processo que transforma em capital os meios sociais de subsistência e os de produção e converte os assalariados em produtores diretos.

> O que torna o fundo público estrutural e insubstituível no processo de acumulação de capital, atuando nas duas pontas de sua constituição, é que sua mediação é absolutamente necessária pelo fato de que, tendo desatado o capital de suas determinações autovalorizáveis, detonou um agigantamento das forças produtivas de tal forma que o lucro capitalista é absolutamente insuficiente para dar forma, concretizar, às novas possibilidades de progresso técnico abertas. Isto somente se torna possível apropriando parcelas crescentes da riqueza pública em geral, ou mais especificamente os recursos públicos que tomam a forma estatal nas economias e sociedades capitalistas. (Francisco de Oliveira, 1998, p. 32)

De acordo com Behring (2004, p. 164):

> Há no argumento de Oliveira um elemento indiscutível: o lugar estrutural do fundo público no capitalismo contemporâneo, como expressão da sua maturidade e imensas contradições. A produção e a realização do valor vão requisitar que o Estado se aproprie de parcela bastante significativa da mais-valia socialmente produzida para assegurar as condições gerais de produção e reprodução; dentro desse processo comparece o desenvolvimento de políticas sociais como lugar relevante de alocação do fundo público, a pender, claro, da correlação de forças políticas e de elementos culturais em cada formação nacional.

O Estado assumiu um importante papel no sentido de garantir infraestrutura para produção em massa e a viabilização da demanda, em consequência do consumo em massa, por meio do controle dos ciclos econômicos mediante combinação apropriada de políticas fiscais e monetárias.

> Com intento de iniciar, fortalecer ou modernizar unidades que operam nos ramos mais avançados da indústria, o Estado dota agora as empresas com verbas colossais, obtidas de receitas públicas, para serem empregadas de acordo com a lógica do lucro — ainda intrinsecamente uma lógica "privada", sejam quais forem os termos sob os quais as empresas operam e as verbas são concedidas. Além disso, o dispendioso esforço do Estado para ampliar e modernizar o sistema de instrução pública, sejam quais forem as finalidades abertamente declaradas desse esforço, serve basicamente

---

"A chamada acumulação primitiva é apenas o processo histórico que dissocia o trabalhador dos meios de produção. É considerada primitiva porque constitui a pré-história do capital e do modo de produção capitalista" (Marx, 1987a, p. 830).

> ao propósito (nem sempre conseguido) de suprir a indústria com mão de obra treinada e sofisticada de *know-how* científico, tecnológico e gerencial, de que ela precisa para funcionar e progredir. Do lado dos resultados, também o interesse do Estado num "crescimento estável", no "pleno emprego" etc., faz com que se empenhe em gastos maciços para sustentar a demanda de produtos industriais — com efeitos inflacionários colaterais, é de se prever. (Poggi, 1981, p. 137)

Durante os anos do keynesianismo/fordismo, os recursos dos fundos públicos, particularmente o "fundo previdenciário", foram canalizados para cumprir duas missões: garantir a aposentadoria dos trabalhadores e, durante o processo de acumulação financeira (quando os trabalhadores ativos superam o número de beneficiários), canalizar as reservas para investimentos, sobretudo no setor de infraestrutura (Maia, 2003).

Harvey (2001) destaca os investimentos públicos nos setores de transporte e equipamentos sociais, que foram vitais para o crescimento da produção e do consumo de massa, assim como do pleno emprego. As políticas sociais na área de seguridade social, assistência médica, educação e habitação foram fundamentais para os acordos salariais e para viabilizar a demanda, particularmente a seguridade social, que em momentos de inatividade dos trabalhadores permitia o acesso ao consumo.

> [...] A norma social de consumo baseada no consumo privado de mercadorias, produzidas em grande escala e constituídas por bens de consumo duráveis, só podia se desenvolver caso existissem formas sociais de financiamento, tanto como procedimentos para assumir os riscos e, ainda, os gastos em infraestrutura social. É tão somente nessa perspectiva que se pode compreender o significado dos Fundos Públicos no contexto do capitalismo do século XX. (Maia, 2003, p. 16)

O fundo público exerce uma função relevante para a manutenção do capitalismo na esfera econômica e na garantia do contrato social. Entre as principais motivações que orientaram o Estado de Bem-Estar Social nos países desenvolvidos encontra-se a natureza social-democrata. Essa vertente política, para Pochmann (2004), privilegiou a redistribuição da renda gerada por meio dos fundos públicos, com tributação sobre os mais ricos e transferências dos recursos dos fundos para os mais pobres. O Estado Social não tratou apenas de disponibilizar serviços sociais e garantir renda aos pobres, mas tratou principalmente de retirar das forças de mercado o monopólio da expansão econômica e da gestão sobre a força de trabalho.

De acordo com Pierson (1998), a mais importante acomodação foi a coalizão da social-democracia ascendente com o capital organizado. Assim, mais que perseguir a tradicional política socialista de pressão para imediata socialização da propriedade de capital, a social-democracia reconheceu o impasse entre o trabalho organizado e o capital organizado que sua eleição ocasionou, pressionando por uma formalização da divisão do controle econômico e político e pela divisão do espólio do continuado e consensual crescimento capitalista.

Este celebrado "compromisso histórico" assegurou que o capital mantivesse intactas suas prerrogativas gerenciais dentro do local de trabalho, ficando sujeito apenas a garantir direitos à sindicalização e a incorporar o crescimento econômico capitalista.

Ao mesmo tempo, o governo social-democrata perseguiu políticas econômicas keynesianas para sustentar o pleno emprego e o uso progressivo de taxação para reduzir desigualdades econômicas e promover a provisão de necessidades coletivas, como educação, saúde e habitação (Pierson, 1998).

Para Vianna (1998, p. 18):

> Nos pós-guerra, o Estado de Bem-Estar consolida-se como modelo de democracia social dominante nas economias capitalistas avançadas, malgrado diferenças não desprezíveis entre as tradições nacionais. Seus traços marcantes estão no papel desempenhado pelo fundo público no financiamento da reprodução da força de trabalho e do próprio capital, na emergência de sistemas nacionais públicos ou estatalmente regulados de políticas sociais e na expansão do consumo de massa, padronizado, de bens e serviços coletivos.

Para Offe (1984), a convivência entre capitalismo e democracia só foi possível graças a dois princípios mediadores: a) os partidos políticos de massa e a competição partidária; e b) o *Welfare State Keynesiano* (WSK). O autor enfatiza que o WSK implicou, além do *boom* econômico no segundo pós-guerra, acordo que transformou o conflito industrial e de classe em acordo entre o capital e o trabalho, de forma que o radicalismo político e até mesmo revolucionário foi substituído por um conflito economicista: o movimento sindical aceitou a lógica do lucro e do mercado em troca da garantia de padrões mínimos de vida e de direitos democráticos, assegurados também pelo pleno emprego e pelo aumento da renda real de acordo com os níveis de produtividade.

Como ressaltam Behring e Boschetti (2006, p. 89),

> Na base do ciclo de expansão que se abre após 1945 estiveram: a situação excepcional da guerra e do fascismo, a terceira revolução tecnológica, com a introdução da microeletrônica, e, sobretudo, a derrota histórica do movimento operário, ensejada com o fascismo e a guerra, mas também pelo destino da experiência socialista. Cabe sinalizar, ainda, que o acordo keynesiano-fordista só se viabilizou com a capitulação de muitas lideranças operárias, a exemplo da social-democracia e dos partidos comunistas europeus, às demandas imediatas e corporativistas, especialmente no setor monopolista.

Na visão de Offe (1984), houve um estímulo mútuo do crescimento e das relações de classe pacíficas, de forma que a classe trabalhadora deixou de pôr em xeque o modo de produção capitalista para discutir o volume de sua produção. Os conflitos eram pacificamente resolvidos no âmbito da competição partidária, sem riscos para o sistema. Havia consenso em dois pontos básicos da economia política: o crescimento econômico e a segurança social.

O desenvolvimento da democracia de massa e a chegada ao poder de partidos políticos de base operária em aliança com a classe média, inicialmente no Legislativo e posteriormente no Executivo, propiciaram a realização de reformas importantes para a consolidação do fundo público como estratégico na configuração do Estado Social. No âmbito Legislativo, esses partidos defenderam e aprovaram as primeiras legislações sociais e trabalhistas para o conjunto dos ocupados na sociedade capitalista, não somente empregados das grandes corporações. No Poder Executivo lideraram reformas, como a tributária, a social e a trabalhista.

> Pela primeira vez, os ricos passaram a pagar impostos, especialmente com o mecanismo da progressividade sobre a renda e patrimônio, assim como a população pauperizada passou a ser beneficiada tanto pelo acesso aos serviços públicos básicos (educação, saúde, transporte e moradia) como pelos programas de garantia de renda para estudo (bolsa de estudos), aposentadoria (inatividade por velhice), situação de invalidez ocupacional (pensão para deficientes físicos e mentais e doenças profissionais) e condição de desemprego (seguro-desemprego). Em resumo, consolidou-

-se uma nova estrutura secundária (fundo público) de redistribuição da renda, que veio a se sobrepor à já existente estrutura distributiva primária constituída pela própria dinâmica capitalista (lucros, juros, aluguéis de imóveis, salários e remunerações). Enquanto os ricos passaram a ser tributados consideravelmente (impostos sobre a renda, patrimônio e herança), foi possível formar fundos públicos capazes de financiar a transferência de renda para a população de menor rendimento, permitindo reduzir a pobreza, o desemprego e a desigualdade social no centro do capitalismo mundial. (Pochmann, 2004, p. 5-6)

Mas essa visão de que a consolidação do Estado Social é promotora de transferência de renda das camadas mais ricas para os diversos estratos que compõem a classe trabalhadora recebeu críticas.

Ninguém tem muita certeza a respeito da função "Robin Hood" do Estado do Bem-Estar, que tiraria dos ricos para dar aos pobres. Tampouco se essa hipotética redistribuição vertical de renda seria mero resultado da ação racionalizadora do Estado ao promover a acumulação e defender o capitalismo contra sua própria falsa consciência, ou se seria produto de luta política da classe trabalhadora. Dúvidas, entretanto, que não impedem que estudiosos concluam pela identificação total entre o Estado do Bem-Estar e a ação partidária da social-democracia [...]. (Coelho, 2001, p. 68)

A crítica de Coelho (2001, p. 67) é a ausência de uma análise concreta sobre quem paga os custos das políticas sociais do *Welfare State* dos países desenvolvidos. Para a autora:

O que podemos acrescentar serve para explicar, embora não justifique, por que os diversos estudos sobre o Estado do Bem-Estar europeu ignoram o aspecto decisivo da origem de recursos que financiam o *Welfare State*, permanecendo restritos a dados e explicações oficiais em que, invariavelmente, contribuições descontadas mensalmente dos salários são colocadas na mesma categoria de impostos sobre ganhos do capital. A lacuna torna-se ainda maior no que diz respeito à origem do financiamento dos dois componentes que, para a classe trabalhadora, são definidores do *Welfare*: o seguro-desemprego e a aposentadoria integral (ou melhor, vinculada ao salário anteriormente recebido ou ao custo de vida).

Mesmo o detalhado estudo de Esping-Andersen, que reconstitui uma cronologia histórica e política de implantação da legislação relativa aos serviços que compõem os *Welfares* europeus, é alheado na análise sobre o funcionamento completo do Estado do Bem-Estar. Para Coelho (2001), é falho porque se concentra na fase final de "consumo" dos serviços sociais, esquecendo o processo de composição dos fundos que financiam as políticas sociais.

A autora também reconhece que o desafio de analisar a incidência tributária é complexo nele mesmo, devido à espinhosa tarefa de compreender o funcionamento do sistema tributário, ou seja, a arrecadação de taxas, impostos e contribuições compulsórias mediante o intricado conjunto de leis nas diversas esferas de competências dos governos municipais, estaduais e nacional.

Contudo, as mudanças na legislação social permitiram uma ampliação sem precedentes na história do capitalismo e o relevante papel do fundo público, possibilitando medidas de cunho keynesiano para sustentação da acumulação, paralelamente à proteção do emprego e de algumas demandas dos trabalhadores (Behring e Boschetti, 2006).

Uma das características do capitalismo durante a ampliação da legislação social é a ocorrência de "uma redistribuição considerável do valor socialmente criado em favor do orçamento público, que tinha de absorver uma percentagem cada vez maior dos rendimentos sociais a fim de proporcionar uma base material adequada à escala ampliada do Estado do capital monopolista" (Mandel, 1982, p. 339).

O autor argumenta que no capitalismo tardio há uma tendência inevitável de que o Estado incorpore um número crescente de setores produtivos e reprodutivos às condições gerais de produção que financia. Sem essa socialização dos custos, esses setores não seriam nem mesmo remotamente capazes de satisfazer as necessidades do processo capitalista de trabalho. Com isso, ocorre o uso crescente do orçamento do Estado para o financiamento de pesquisas e dos custos do desenvolvimento, e as despesas estatais são destinadas a financiar ou subsidiar grandes projetos industriais.

Ao analisar a crise do Estado do Bem-Estar, a partir da década de 1970, Offe (1984, p. 369-70) questiona até que ponto o WSK foi capaz de assegurar a estabilidade da demanda macroeconômica do sistema capitalista. À medida que se resolvem os problemas de demandas, o problema da oferta começa a ser ampliado. A questão passa a ser de difícil solução com as regras mais rígidas de contratação assegurada pelo arranjo do WSK. De forma que,

> Como o capital, tanto o pequeno como o grande, passou a depender dos efeitos estimulantes e reguladores das políticas intervencionistas aplicadas a ambos os lados, da demanda e oferta, e como a mão de obra depende do *Welfare State*, os parâmetros dos incentivos, das motivações e das expectativas dos investidores e dos trabalhadores, igualmente, foram afetados de forma que alterou e solapou a dinâmica do crescimento econômico. As pressões para o ajuste às forças de mercado em mutação foram reduzidas tanto para o capital como para a mão de obra, *graças à disponibilidade dos recursos providos pelo Estado*, que ajuda tanto a evitar quanto a retardar a adaptação, ou à expectativa de que uma grande parte dos custos da adaptação deve ser subsidiada pelo Estado. (grifos nossos)

Com isso a disputa pelo fundo público passa a ser acirrada,

> As demandas crescentes feitas em relação ao orçamento do Estado, tanto pela mão de obra como pelo capital, tanto pelos setores em crescimento como pelos setores estagnados da economia, não podem levar senão a níveis sem precedentes da dívida pública e aos esforços constantes do governo para terminar ou reduzir os programas estatais de bem-estar social. (Offe, 1984, p. 370)

As políticas constitutivas do *Welfare State* transformaram-se no padrão de financiamento público da economia capitalista, e o fundo público, na opinião de Francisco de Oliveira (1998, p. 19-20), "passou a ser o pressuposto do financiamento da acumulação de capital, de um lado, e, de outro, do financiamento da reprodução da força de trabalho, atingindo globalmente toda a população por meio dos gastos sociais".

Na visão do autor, a formação do sistema capitalista é historicamente dependente de recursos públicos, e a diferença no *Welfare State* é que deixa de ser provisório e passa a ser, no capitalismo contemporâneo abrangente, estável e marcado por regras pactuadas pelos principais grupos sociais e políticos.

A ideia principal de Francisco de Oliveira (1998, p. 21) é de que

> o fundo público é agora um *ex-ante* das condições de reprodução de cada capital particular e das condições de vida, em lugar de seu caráter *ex-post*, típico do capitalismo concorrencial. Ele é a referência pressuposta principal, que no jargão de hoje sinaliza as possibilidades da reprodução.

O autor revela que o fundo público é um conceito construído para investigar os processos pelos quais o capitalismo perdeu sua capacidade regulatória, e paralelamente sintetiza o complexo que tomou o lugar da autorregulação. Na definição de Francisco de Oliveira (1998, p. 53):

> O conceito de fundo público tenta trabalhar essa nova relação na sua contraditoriedade. Ele não é, portanto, a expressão apenas de recursos estatais destinados a sustentar ou financiar a acumulação de capital; ele é um *mix* que se forma dialeticamente e representa na mesma unidade, no mesmo movimento, a razão do Estado, que é sociopolítica, ou pública, se quisermos, e a razão dos capitais, que é privada. O fundo público, portanto, busca explicar a constituição, a formação de uma nova sustentação da produção e da reprodução do valor, introduzindo, mixando, na mesma unidade, a forma valor e o antivalor, isto é, um valor que busca mais-valia e o lucro, e uma outra fração, que chamo de antivalor, que por não buscar valorizar-se *per se*, pois não é capital, ao juntar ao capital, sustenta o processo de valorização do valor.

O processo de entendimento do fundo público é o da luta de classes; o deslocamento da esfera privada para a esfera pública. Ocorre para Francisco de Oliveira (1998, p. 53) um "deslocamento da luta de classes da esfera da produção, do chão da fábrica ou das oficinas ou ainda dos escritórios, para o orçamento do Estado". Nesse sentido, Maar (2006) defende a necessidade da disputa e do controle popular dos fundos públicos vinculados ao trabalho, retirando-os do alcance capitalista e fortalecendo a luta contra o espírito privatizante.

O argumento de Francisco de Oliveira (1998, p. 27) é de que o fundo público "implodiu o valor como único pressuposto da reprodução ampliada do capital, desfazendo-o parcialmente enquanto medida da atividade econômica e da sociabilidade em geral". Com o financiamento público, as regras de reprodução ficaram mais estáveis e a competição capitalista passou a ser segmentada. O fundo público é o elemento especial dessa segmentação, pois retirou o capital constante e variável e colocou em seu lugar a relação de cada capital em particular com o próprio fundo público. Para o autor (1998, p. 29):

> Essa relação *ad hoc* leva o fundo público a comportar-se como um anticapital num sentido muito importante: essa contradição entre um fundo

público que não é valor e sua função de sustentação do capital destrói o caráter autorreflexivo do valor, central na constituição do sistema capitalista enquanto sistema de valorização do valor. O valor, não somente enquanto categoria central, mas práxis do sistema, não pode, agora, reportar-se apenas a si mesmo: ele tem que necessariamente reportar-se a outros componentes; no caso, o fundo público, sem o que ele perde a capacidade de proceder à sua própria valorização.

No lado da reprodução da força de trabalho, o autor explica que os bens e serviços sociais públicos funcionam como antimercadorias sociais, pois sua finalidade não é a de gerar lucros, e na ação do fundo público não ocorre a extração da mais-valia. Ao indexar benefícios sociais aos salários, torna-se o salário parâmetro básico da produção (bens e serviços públicos sociais), sendo oposto da mais-valia.

Assim, na visão de Francisco de Oliveira (1998, p. 35):

> O fundo público, em resumo, é o antivalor, menos no sentido de que o sistema não mais produz valor, e mais no sentido de que os pressupostos da reprodução do valor contêm, em si mesmos, os elementos mais fundamentais de sua negação. Afinal, o que se vislumbra com a emergência do antivalor é a capacidade de passar-se a outra fase em que a produção do valor, ou de seu substituto, a produção do excedente social, toma novas formas.

Coelho (2001) também ressalta a centralidade do pensamento de Francisco de Oliveira sobre o fundo público enquanto pressuposto do financiamento da acumulação capitalista. Entretanto, a autora critica a tese de Oliveira no que diz respeito à ideia do antivalor, ou melhor, a relação entre o antivalor e a desmercantilização da força de trabalho enquanto transferência vertical de renda no sentido estrito. A questão levantada pela autora é sobre quem recai o financiamento do fundo público, se ele é de fato constituído por impostos cobrados pelo Estado sobre os ganhos do capital.

Nesse sentido, os dados apresentados por Francisco de Oliveira (1998) ficam limitados somente à participação dos gastos públicos no PIB, faltando evidências empíricas e conclusivas sobre a transferência de renda entre as classes. Coelho argumenta que a desmercantilização da força de trabalho, como elemento estruturante do antivalor, não se concretiza. O que ocorre é um aumento da exploração e da mais-valia por vias indiretas, principalmente pelo financiamento dos fundos públicos por meio de tributos pagos pela população em geral, particularmente os trabalhadores. Portanto, Coelho (2001) questiona o padrão de financiamento do *Welfare State* enquanto redistributivo de renda.

Nos "anos de ouro" do capitalismo, o Estado exerceu um papel diferencial em relação à força de trabalho, pois "a intervenção estatal *desonera* o capital de boa parte dos ônus da preservação da força de trabalho, financiados agora pelos tributos recolhidos da massa da população — financiamento que assegura a prestação de uma série de serviços públicos (educação, transporte, saúde, habitação etc.)" (Netto e Braz, 2006, p. 204-5).

A tese de Francisco de Oliveira do fundo público enquanto uma espécie de antivalor é criticada também por Behring e Boschetti (2006, p. 176). Na visão das autoras, o fundo público não pode ser considerado um antivalor, pois ele participa direta e indiretamente do ciclo de produção e reprodução do valor:

> O fundo público não gera diretamente mais-valia, mas, na tensão pela contradição entre a socialização da produção e apropriação privada do produto, atua apropriando-se de parcela da mais-valia, sustentando num processo dialético a reprodução da força de trabalho e acumulação do capital, socializando os custos de produção e agilizando os processos de realização da mais-valia, base da taxa de lucros.

Cipolla (1995) destaca em suas "perguntas sobre o antivalor ou o capital no meio de caminho", por meio de uma sistematização marxista da produção da mais-valia e da reprodução do capital em Marx, duas críticas à análise de Francisco de Oliveira: a primeira diz respeito ao fato de que o fundo público, ao se inserir na reprodução da força de trabalho, libera o capital privado do custo variável como referência para mudanças tecnológicas. O questionamento de Cipolla é por que o capital privado continua a acelerar o progresso técnico. Então, ele lembra que Marx sugere uma tendência à mecanização, independentemente da taxa de salário, o que prejudicaria o argumento de Francisco de Oliveira. A segunda crítica é que, pelo viés do capital, o fundo público não diminui a taxa de mais-valia global do capitalismo. O fundo público só pode sobreviver sobre a base do excedente global.

Para compreender a configuração do fundo público no capitalismo contemporâneo, é preciso resgatar o esquema central da teoria de Marx

(1987a, 1987b) sobre o processo de criação de valor no modo de produção capitalista.

Na economia capitalista, o lucro é criado na esfera da produção, tendo como base fundante a divisão social do trabalho e a propriedade privada dos meios de produção. O capitalista é o proprietário dos meios de produção e ele compra a força de trabalho para produzir mercadorias, de forma que, no capitalismo, o único objetivo dos proprietários do meio de produção é o lucro. No esquema de Marx (1987b, p. 170), assim se processa:

D (dinheiro) ——► M (mercadoria) ——► D′ (dinheiro acrescido)

D′ é igual à soma inicial de dinheiro originalmente adiantada pelo capitalista mais um acréscimo, que Marx (1987b) denomina de mais-valia (valor excedente). O valor que é originalmente adiantado (D) se mantém na circulação do capital, como se altera de magnitude, acrescentado de uma mais-valia, ou seja, valoriza-se. E esse movimento transforma-o em capital.

Na análise da economia política marxista, Netto e Braz (2006) lembram que o valor de uma mercadoria é determinado pelo tempo de trabalho socialmente necessário investido na sua produção e que, expresso em dinheiro, aparece como seu preço. A lei do valor destaca o fato de que as mercadorias são trocadas conforme a quantidade de trabalho socialmente necessário nelas investido.

Os autores recuperam e detalham o esquema marxista de produção capitalista. Por meio do capital sob a forma de dinheiro (D), que é o ponto de partida da produção capitalista, uma parcela é investida na compra (ou aluguel) de instalações, máquinas, equipamentos, matérias brutas e matérias-primas e insumos, como energia e combustível. Portanto, uma parcela de "D" o capitalista investe nos meios de produção. Durante o processo de produção, os meios de produção não criam valores, apenas transferem o seu valor à mercadoria que está sendo produzida. Marx (1987b) vai denominar esse investimento de capital constante (c). Com a outra parte de "D", o capitalista compra uma mercadoria especial: a força de trabalho, que Marx denomina de capital variável (v). Sem a força de trabalho, os meios de produção seriam inúteis. Ela é especial porque possui uma qualidade única, um traço que a distingue de todas as outras mercadorias: a criação do valor, pois a força de trabalho produz mais valor que o necessário para reproduzi-la, e assim gera um valor superior ao que custa (Netto e Braz, 2006; Marx, 1987a, 1987b).

Feita a breve recuperação do esquema de produção capitalista fica mais evidente por que o fundo público não pode ser considerado o antivalor. O fundo público está presente na reprodução do capital:

1. Como fonte importante para a realização do investimento capitalista. No capitalismo contemporâneo, o fundo público comparece por meio de subsídios, de desonerações tributárias, por incentivos fiscais, por redução da base tributária da renda do capital como base de financiamento integral ou parcial dos meios de produção, que viabilizam, como visto anteriormente, a reprodução do capital.
2. Como fonte que viabiliza a reprodução da força de trabalho, por meio de salários indiretos, reduzindo o custo do capitalista na sua aquisição. Além disso, é a força de trabalho a responsável diretamente, no capitalismo, pela criação do valor.
3. Por meio das funções indiretas do Estado, que no capitalismo atual garante vultosos recursos do orçamento para investimentos em meios de transporte e infraestrutura, nos gastos com investigação e pesquisa, além dos subsídios e renúncias fiscais para as empresas.
4. No capitalismo contemporâneo, o fundo público é responsável por uma transferência de recursos sob a forma de juros e amortização da dívida pública para o capital financeiro, em especial para as classes dos rentistas.

Portanto, o fundo público participa indiretamente da reprodução geral do capital, seja por meio de subsídios, negociação de títulos e garantias de condições de financiamento dos investimentos dos capitalistas, seja como elemento presente e importante na reprodução da força de trabalho, única fonte de criação de valor na sociedade capitalista.

1.5 A financeirização da riqueza e as mudanças na proteção social

Entre o final dos anos 1960 e o começo da década de 1970, o desenvolvimento fordista, as políticas keynesianas e o projeto de Estado Social, que vigorou nos países centrais, são postos em xeque, juntamente com os direitos derivados da relação salarial. A exploração sobre a força de trabalho com as novas técnicas produtivas elevou a extração da mais-valia relativa à égide do *Welfare State*, ainda que o Estado Social tenha assegurado avanços aos trabalhadores, como a redução do desemprego e a garantia de direitos sociais. A ofensiva do capital vai trazer sérios riscos à proteção social e às conquistas sociais do período após a Segunda Guerra. A nova fase de acumulação capitalista vai ser capitaneada pela esfera financeira, e no campo ideológico o velho liberalismo se veste com a "nova" roupagem, rebatizado de neoliberalismo.

O quadro revela as limitações das políticas keynesianas diante da internacionalização do capital, com sinais de esgotamento do padrão de financiamento das políticas sociais e a reação do capital à queda das taxas de lucro, na sua sanha pela acumulação e, portanto, por superlucros. Os capitalistas se armam para revogar as conquistas sociais do pacto social- democrata investindo contra os trabalhadores, em busca de restabelecer um novo padrão de acumulação para saída da crise. O desenvolvimento de novas tecnologias aumenta a composição orgânica do capital, reforçando a tendência decrescente da taxa de lucros.

Para Mandel (1990), como a força de trabalho está reduzida em relação à reprodução automatizada, ocorre uma queda no valor unitário das mercadorias, desvalorizando o capital. Há uma superprodução global, aumentando o excedente, o que corrobora para a crise clássica do capitalismo, elevando a possibilidade de estagnação.

Os novos investimentos para atender à demanda elevam a capacidade produtiva, chegando ao apogeu com a realização da produção. Mas o sistema capitalista não funciona em equilíbrio. Assim, quando a expansão se encerra e a capacidade ociosa surge, não há realização do consumo. A produção de mercadorias para além do seu valor de uso entra em choque com sua realização enquanto valor de troca, gerando uma crise de superprodução (Mandel, 1990).

A crise se manifesta juntamente com a reação do capital contra o Estado Social. A onda de expansão do capitalismo expõe também a contradição do próprio sistema e o avanço tecnológico com uso intensivo de capital vem acompanhado de economias com a força de trabalho, solapando o pacto dos anos de crescimento com pleno emprego e o arranjo da social democracia para as políticas sociais. A inflação a partir dos anos 1970 é um desestímulo ao aquecimento da demanda global e incentivadora da especulação financeira. A recessão após 1974 põe fim ao "sonho" de que a crise do capitalismo seria contornável por políticas de cunho keynesiano (Mandel, 1990).

Um dos sintomas da crise foi o avanço da produtividade que começou a perder velocidade na maioria dos ramos industriais dos países capitalistas desenvolvidos. E isso enquanto a organização dos trabalhadores, via sindicatos, conseguia repor perdas salariais e conquistar aumentos reais de salários, o que pressionava os custos das empresas. O quadro era propício à pressão sobre a taxa de lucro (Lipietz, 1991).

Destaca-se, entre as raízes da crise, um aperto dos lucros graças a uma aceleração dos aumentos do poder de compra dos trabalhadores, que resultaria de um acréscimo do custo salarial unitário. Mas o aumento dos salários reais não pode ser a principal explicação da crise, pois, nesse caso, bastaria um ajuste, como a desaceleração dos aumentos salariais diretos e indiretos. O componente importante da crise é a manutenção da lucratividade do capital, que exigiria um aporte de capital fixo, isto é, de investimento. A desaceleração do investimento, combinada com decréscimo do nível de emprego decorrente do investimento, gerou um desemprego e um aumento dos gastos do Estado Social. Nesse sentido, a crise não nasce da falta de mercado, mas é uma crise de valorização de capitais (Lipietz, 1988 e 1991).

A crise é resultado de um conjunto complexo de elementos, não podendo ser reduzida a uma única causa como a superprodução ou subconsumo. Mandel (1990) destaca a queda tendencial na taxa de lucros e o aumento da composição orgânica do capital como intensificação de uma crise com múltiplas dimensões. A busca pela expansão global de mercados aumenta a concorrência capitalista, acentuando a redução nos preços e, portanto, no valor das mercadorias, obrigando a intensificação da extração da mais-valia, que tem certos limites em função da redução do quantitativo de trabalhadores na produção. O baixo retorno dos investimentos produtivos, ou seja, a queda na rentabilidade, leva a uma fuga do capital do setor produtivo para a esfera financeira, agindo de forma especulativa.[23]

---

23. De acordo com Aglietta (2004a), o conceito de especulação foi definido, em 1939, pelo economista Nicholas Kaldor: "a compra (ou venda) de mercadorias tendo em vista uma revenda (ou recompra) em data posterior, onde o móbil de tal ação é antecipação de uma mudança dos preços

Então, para Mandel (1990, p. 214):

> A queda da taxa média de lucros significa simplesmente que, com *relação ao conjunto do capital social,* a mais-valia total produzida não foi mais suficiente para manter a antiga taxa média de lucros. Tal queda não significa necessariamente que as principais empresas industriais ou os principais bancos tenham imediatamente diminuída sua taxa de lucro. Manifesta-se, em primeiro lugar, sob a seguinte forma: uma fração do capital *recentemente acumulado* não pode mais ser investida produtivamente nas condições de rentabilidade "normalmente esperadas"; é cada vez mais retida para atividades especulativas, arriscadas, menos rentáveis. (grifos do autor)

Nesse quadro, há um redirecionamento de capitais para setores improdutivos: militar e financeiro especulativo. Mandel (1990) ressalta que, na crise de superprodução, a queda na taxa média de lucros cria um ambiente propício para expansão e aprofundamento da especulação. O crédito incessante leva ao agravamento do endividamento das empresas, gerando resistência para ajustes tempestivos de preços e de lucros, apesar de encargos financeiros crescentes combinados com queda na rentabilidade, o que produz uma "bomba" de efeito retardado. A expansão do crédito é a forma encontrada pelos bancos para evitar as bancarrotas em cadeia. Com isso, de acordo com Mandel, durante o *boom* do superaquecimento, fica mais encoberto, no curto prazo, o inexorável *crash.*

A especulação financeira vai ganhar novos contornos a partir de meados da década de 1970, com a criação dos novos "produtos" financeiros. Convém relembrar que um aspecto relevante da instabilidade econômica mundial dos anos 1970, a questão financeira, tem a ver com os problemas financeiros experimentados na economia norte-americana: "foi nos Estados Unidos, na década de 60, que nasceram os determinantes da instabilidade estrutural que tem atingido as economias nacionais e internacionais nas últimas décadas" (Braga, 1993, p. 27). A economia americana conviveu nesse período com um processo inflacionário cercado de incertezas financeiras, gerando uma instabilidade internacional das taxas de juros e de câmbio. Para Braga (1992

---

em vigor, e não uma vantagem resultante de seu uso, ou uma transformação ou transferência de um mercado para outro" (Aglietta, 2004, apud Kaldor, 1987, p. 44). Completa Aglietta (2004a, p. 44): "especular, portanto, é antecipar em condições nas quais as variáveis que participam na formação do preço são incertas. É uma atividade orientada para a percepção do futuro".

e 2000), já estão presentes, nessa crise da economia americana, a ampliação da natureza financeira da riqueza no capitalismo e a busca da rentabilidade acelerada, o que se aplica tanto às corporações quanto à construção de posições por parte do sistema financeiro, na trajetória em direção à preponderância dos ativos líquidos e rentáveis.

Na década de 1960, quando os Estados Unidos passaram a conviver com inflação ascendente e com incertezas financeiras, que levaram à extinção da conversibilidade do dólar em ouro[24] e, por consequência, à explosão da instabilidade mundial das taxas de juros e de câmbio, a moeda deixou de ser plenamente estável, mesmo nos países desenvolvidos. Com isso, os países do centro do capitalismo passaram a perseguir uma articulação entre inovações financeiras e inovações técnico-produtivas que possibilitasse o crescimento com inflação controlada e a realização dos investimentos industriais (Braga, 1992 e 2000).

No novo cenário econômico mundial, há uma busca irrestrita de mobilidade global por parte do capital para a qual a flexibilização e as políticas liberalizantes são imperativas. Em verdade, a expansão do capitalismo, na busca de um mercado global, não é novidade na história desse modo de produção. Marx e Engels (1982, p. 110), em 1872, já falavam nesse processo que hoje é designado de globalização:

> A necessidade de um mercado em constante expansão para os seus produtos persegue a burguesia por todo o globo terrestre. Tem de se fixar em toda a parte, estabelecer-se em toda a parte, criar ligações em toda a parte. A burguesia, pela sua exploração do mercado mundial, deu uma forma cosmopolita à produção e ao consumo de todos os países.

Uma das novidades no processo de globalização, no século XX, é a acentuação da esfera financeira no processo de acumulação capitalista, em que as alterações em curso trazem maior instabilidade econômica e taxas de

24. Refere-se ao fim do acordo de Bretton Woods, que permitiu, a partir de julho de 1944, a condução do dólar norte-americano à condição de moeda referencial do sistema financeiro internacional, estabelecendo a hegemonia norte-americana no sistema monetário, pois nos EUA estava a maior parte do ouro que lastreava o dólar. Em 15 de agosto de 1971, o presidente dos Estados Unidos, Richard Nixon, anunciou ao mundo o fim da conversibilidade do dólar em ouro, acabando com o acordo de Bretton Woods, rompendo com o sistema de câmbio fixo, que regulava as economias dos países centrais e, portanto, os fluxos financeiros e de comércio que funcionavam desde o segundo pós-guerra.

crescimento medíocres ou negativas. Por outro lado, são realizadas com o aprofundamento da globalização financeira (Fiori e Tavares, 1993), evidente com a crescente autonomia do capital financeiro relativamente ao setor produtivo industrial e à maior dependência dos investimentos dos fluxos internacionais de capitais, que se tornam mais voláteis e atomizados, trazendo sérias consequências ao "mundo do trabalho" (Mattoso, 1996). Para Santos Filho (1993, p. 9), "a fase atual não criou um novo tipo de capital financeiro (internacional), mas aprofundou até as últimas consequências as formas de reprodução desse capital".

A análise da macroeconomia financeira feita por Aglietta (2004a) revela que a partir dos anos 1980 ocorreu uma forte expansão financeira, paralelamente à desaceleração do crescimento econômico nos países desenvolvidos. O novo ambiente financeiro foi propício para acumulação patrimonial das famílias mais ricas.

Na análise do ciclo de vida e da transição demográfica, Aglietta (2004a) explica que os adultos em idade madura (entre 40 e 60 anos), nos países que lograram uma sociedade salarial, poupam bastante para pagar suas dívidas passadas e para acumular uma riqueza financeira e imobiliária visando à aposentadoria. Uma parcela crescente dessa poupança é aplicada em seguros de vida e nos fundos de pensão administrados pelos investidores institucionais.

Para Aglietta (2004a, p. 25):

> A desregulamentação das finanças abriu novas perspectivas para a poupança, que saiu de seus refúgios tradicionais, nos bancos e nas cadernetas de poupança, rumo a mercados de títulos e a aquisições imobiliárias. Esse redirecionamento foi canalizado pelos investidores institucionais (companhias de seguros e fundos de pensão) que foram forçados pela concorrência a realizar administrações mais dinâmicas das carteiras que lhes eram confiadas. Ele também foi acelerado por novos intermediários do mercado, fundos de participação e negociadores de títulos de todos os tipos. A atração das famílias foi garantida pelas esperanças de ganhos de capital suscitados pelos mercados abertos, desregulamentados e vitaminados por *incentivos fiscais*. (grifos nossos)

O autor observa que a liberalização financeira pavimentou o caminho para acumulação da riqueza privada de forma mais rápida que em outras épocas do capitalismo. Contudo, a "riqueza" não veio por meio da economia real, ou seja, pela produção de novos bens e serviços, já que a taxa de crescimento da produção decresceu sensivelmente a partir de meados dos anos 1970. A "riqueza" foi resultado de uma inflação do preço dos ativos reais (terrenos urbanos e propriedades imobiliárias) e financeiros (ações), que cresceram acima da média dos preços da economia, o que tornava insustentável esse padrão, pois era incompatível com os fluxos de rendimentos futuros.

Para Aglietta (2004a, p. 29), as finanças não são neutras, pois elas influenciam a alocação de poupança entre esse dois tipos de aplicação. Em conjuntura de crescimento endógeno, implica o deslocamento da poupança para aplicações improdutivas, afetando desfavoravelmente o crescimento econômico. "As mais-valias esperadas das transferências de propriedade desencorajam as apostas das empresas na inovação e forçam a taxa de juros real a elevar-se acima do nível que torna o rendimento sobre os créditos competitivos com o dos ativos especulativos."

Chesnais (1996, p. 17) desenvolve o conceito de "mundialização" para compreender a nova dinâmica de acumulação do capital:

> A expressão "mundialização do capital" é a que corresponde mais exatamente à substância do termo inglês "globalização", que traduz a capacidade estratégica de todo grande grupo oligopolista voltado para a produção manufatureira ou para as principais atividades de serviços de adotar, por conta própria, um enfoque e condutas "globais". O mesmo vale, na esfera financeira [...]. A integração internacional resulta, sim, da liberalização e desregulamentação que levaram à abertura dos mercados nacionais e permitiram sua interligação em tempo real.

As transformações que vêm ocorrendo no sistema financeiro internacional têm levado os bancos, a partir dos anos 1980, a adotar estratégias que possam garantir formas de acumulação de capital num quadro de maior concorrência no setor bancário. Nesse contexto nascem os novos instrumentos financeiros, como a securitização das dívidas e os derivativos. Esses produtos ganham agilidade com os avanços tecnológicos em informática e telecomunicações no sistema financeiro (Aglietta, 2004a, p. 29).

> Uma dimensão importante da liberalização financeira foi o desenvolvimento de novos produtos de mercado: títulos negociáveis e contratos associados a esses títulos (instrumentos derivados). Pode-se considerar

> que eles influenciam positivamente o financiamento do investimento de três maneiras: trazendo novos meios de aplicar a poupança, reduzindo o custo do capital, facilitando a diversificação dos riscos.

O desenvolvimento desses mercados especulativos permitiu um enriquecimento privado, sem encorajar o investimento produtivo. Aglietta (2004a, p. 27) destaca que nos anos 1980 ocorre uma "orientação da poupança rumo aos investidores institucionais, graças ao desenvolvimento de regimes de aposentadoria por capitalização em numerosos países, estimulado pelas perspectivas do envelhecimento demográfico".

Por outro lado, a vulnerabilidade do sistema financeiro pode levar à existência do risco sistêmico, ocasionando a reestruturação global das instituições financeiras, dada a natureza especulativa da atuação destas, dos preços dos ativos financeiros extremamente flexíveis e de política monetária restrita à taxa de juros. Com isso, o "efeito dominó" mundial é de risco permanente em tempos de globalização financeira. Aglietta (2004b) chama a atenção para a ausência de regulamentação e supervisão por parte do Estado dos mercados derivativos, que reforça o risco sistêmico, pois os instrumentos derivados estão fora dos balanços dos bancos, enquanto a regulamentação preventiva dos bancos centrais é focada nos balanços das instituições financeiras. A complexidade dos novos produtos financeiros e as interdependências dinâmicas que eles têm entre si os fazem propagadores do risco global, em contexto de instabilidade macroeconômica.

Historicamente, os recursos financeiros centralizados pela dívida sempre foram cativos dos mercados financeiros. Com a nova etapa da acumulação financeira, os dividendos tornam-se também um mecanismo importante de transferência de riqueza e de acumulação. A pressão dos mercados sobre os grupos industriais impõe novas normas de rentabilidade e exigências de redução de custos salariais, aumento de produtividade e flexibilidade nas relações de trabalho.

Conforme Chesnais (2005, p. 43), "os empréstimos às sociedades (empresas e bancos) mediante obrigações hipotecárias aos particulares completam a panóplia da apropriação, cuja força última se encontra na produção". Os empréstimos são mecanismos articulados com taxas de juros interbancárias baixas e com criação de créditos, formando a base da política de estímulo às despesas, que para o autor é "característica da macroeconomia do regime de acumulação financeirizada".

A desregulamentação financeira em voga nos tempos neoliberais também abriu espaço para a onda de fusões e aquisições de empresas, sob a ameaça de tomada de controle por parte de interesses financeiros externos. A doutrina neoliberal advoga que um dos benefícios das fusões e aquisições é o de aumentar o valor das empresas negociadas nas bolsas de valores, uma vez que a capitalização e a reestruturação implicariam elevação da produtividade global. As fusões e aquisições teriam assim o efeito inovador dos fundos de risco na criação de novas empresas guiadas e promovidas pelos mercados financeiros (Aglietta, 2004a).

Contudo, esse discurso neoliberal de legitimação da desregulamentação e de mudanças capitaneadas pelos mercados financeiros não corresponde à realidade. Aglietta (2004a, p. 72) destaca o fato de que "a onda extraordinária de fusões que varre a economia mundial na virada do século XXI tem objetivos diferentes que os de melhorar o bem-estar social por meio de uma maior eficácia econômica".

A privatização de empresas públicas, especialmente aquelas consideradas monopólios naturais (transportes aéreos, água, gás, eletricidade, telefone, ferrovias, correios), desenvolvida sobre escombros do controle bancário não trouxe maior desenvolvimento econômico e social e muito menos ganhos econômicos. Pelo contrário, trouxeram somente benefícios para os operadores dos mercados financeiros. Eles foram os grandes beneficiados, visto que com "as altas nas bolsas de valores e com as comissões tiradas das manipulações financeiras associadas a essas operações constituem a motivação essencial dos bancos, que são intermediários ativos para buscar presas, propô-las a predadores e organizar os procedimentos jurídico-financeiros adequados" (Aglietta, 2004a, p. 73).

O corolário da liberalização financeira é a ressurreição de ciclos econômicos, que são intensamente influenciados pelos preços dos ativos financeiros. Aglietta (2004a) observa que, no início dos anos 1990, os países da Organização para Cooperação e Desenvolvimento Econômico (OCDE) sofreram uma recessão de duração inabitual que foi caracterizada por enormes problemas financeiros com repercussões sobre a economia real. A interligação entre a valorização dos ativos e o crédito é a força determinante do ciclo financeiro, pois a exposição ao risco provoca volatilidade do investimento e ocorrem também novos arranjos patrimoniais orientados pela busca da liquidez. Assim, conclui o autor, quanto maior é a liberalização financeira, mais a instabilidade financeira afeta um número cada vez maior de economias. Com isso, o tamanho, a intensidade e o tempo da recessão estão diretamente relacionados com a desestabilização dos sistemas financeiros nos anos 1980.

Aglietta (2004a) compara os cinquenta anos anteriores à Primeira Guerra Mundial, que foram marcados pela abertura financeira internacional e elevado desenvolvimento dos mercados financeiros, em contraponto ao período pós-depressão de 1930 até meados dos anos 1970, que foram marcados por finanças administradas em estruturas nacionais.

A partir da década de 1980, a economia norte-americana passa a conviver com crises bancárias repetidas, além de um *crack* da bolsa (outubro de 1987) e de crise imobiliária ao final do século XX. E que vem a se repetir em 2008. Aglietta[25] (2004b) destaca o fato de que a política econômica nos Estados Unidos se tornou mais expansiva em 1991 e em 1992 para salvar os bancos e tirar o país da recessão.

Com crises financeiras recorrentes, a principal função dos bancos torna-se impossível, pois o efeito delas é exatamente a desorganização da intermediação financeira. Diante disso, os bancos não têm mais informações sobre seus devedores, o que leva ao estrangulamento do crédito, o qual tem rebatimento sobre toda a economia, acarretando, por consequência, a depressão econômica.

Aglietta (2004b), ao relatar as crises financeiras mais recentes, lembra que os bancos americanos passaram por dificuldades em 1987, com aumento do volume de créditos duvidosos. A reestruturação dos balanços dos bancos nos EUA, naquele período, durou 18 meses e foi conduzida pelas autoridades públicas. Os países escandinavos também vivenciaram crises financeiras no início da década de 1990, que o autor chama de "coquetel explosivo de liberalização financeira brutal", em que os créditos aumentaram consideravelmente no setor imobiliário, sendo financiados no mercado monetário. A situação só foi resolvida por meio da intervenção governamental, com elevado custo social de resgate do sistema financeiro, pois as perdas bancárias custaram 8% do PIB na Suécia e 15% na Finlândia. O socorro veio do fundo público:

---

25. O capítulo 1 do livro *Macroeconomia financeira*: crises financeiras e regulação monetária, de Michel Aglietta (2004b), é dedicado à análise das crises da globalização financeira. Ele analisa as experiências das crises financeiras tanto dos países desenvolvidos como as crises mexicana, asiática, russa e brasileira ocorridas na última década do século XX.

"uma agência de Estado foi criada em cada um dos países escandinavos para gerenciar a assistência financeira liberada pelo parlamento do orçamento público" (Aglietta, 2004b, p. 22).

No mesmo caminho seguiram os países em desenvolvimento, agora rebatizados de "emergentes" a partir da adesão ao Consenso de Washington. Lembrando que esses países tinham se endividado gravemente após os dois choques do petróleo (1973 e 1978). O endividamento bancário foi arquitetado por meio de sistemas dos grandes bancos internacionais no mercado interbancário do eurodólar, que reciclava os chamados petrodólares. O aumento do endividamento externo dos países da América Latina e do serviço da dívida em relação à capacidade de exportações desses países marca a primeira onda de crises financeiras nesses países.

Na realidade, uma das razões para a crise financeira generalizada pode ser encontrada na mudança de rumo da política monetária norte-americana, em 1979, com o aumento brutal das taxas de juros reais, que se tornaram esmagadoras, sobretudo em relação aos preços das exportações dos países endividados, que estavam em declínio por decorrência da recessão econômica mundial. Na nova conjuntura, os bancos reduziram os prazos para empréstimos, bem como sua emissão, agora então com taxas flutuantes e mais elevadas, aumentaram brutalmente o custo com o serviço da dívida nesses países, ao mesmo tempo que as receitas com exportações estavam em declínio.

O choque monetário transformou crises localizadas das dívidas nacionais em crises sistêmicas, tendo como marco a moratória mexicana de agosto de 1982. A crise da dívida vai promover o FMI ao papel de tutor das políticas econômicas dos países em desenvolvimento. Após longo percurso objetivando o aumento das receitas visando a honrar os serviços da dívida, ou seja, o pagamento de juros e amortização, chega-se em 1989 ao plano Brady, que permite novamente o acesso ao mercado de títulos dos países em desenvolvimento, após a moratória do México. A abertura financeira ocorre justamente no momento em que as instituições financeiras estão desejosas de encontrar novos clientes para compensar a perda de rentabilidade decorrente da crise imobiliária (início dos anos 1990) dos países desenvolvidos.

Então, uma das primeiras dimensões do processo de internacionalização das finanças foi o arresto dos países devedores da periferia do capitalismo, iniciado ainda na década de 1960 e intensificado nos anos 1970, culminando com a introdução de regimes cambiais liberalizados.

Assim, o ajuste estrutural foi a cartilha econômica associada à liberalização financeira, conforme Aglietta (2004b, p. 12):

> Na última década do século XX, a liberalização financeira chegou aos países em desenvolvimento. Os governos das grandes potências que se debatiam com as sequelas da crise imobiliária 1990-1991 e as grandes instituições financeiras que buscavam novos terrenos de expansão elaboraram uma doutrina batizada de "Consenso de Washington". Por intermédio do FMI, tratava-se de persuadir os governos dos países em desenvolvimento e dos países desorientados pelo desabamento do comunismo a se engajarem rapidamente na liberalização financeira para um ajuste estrutural rumo à economia de mercado. Os países que responderam com entusiasmo a essa solicitação receberam o rótulo de "mercados emergentes". Eles foram logo em seguida alvo para os grandes intermediários financeiros internacionais de uma convenção financeira otimista e atraíram uma avalanche de capitais. Essa foi a origem das mais graves crises financeiras desde a grande depressão. O México no início de 1995, a Ásia na segunda metade de 1997, a Rússia em agosto de 1998 e o Brasil no final de 1998 foram os focos de crises violentas cujas repercussões internacionais foram extensas.

O mundo das finanças globalizadas tem sido marcado por uma sucessão de crises financeiras. A fragilidade sistêmica das crises, conforme Chesnais (2005), está no volume elevado de créditos sobre a produção futura que os detentores de ativos financeiros consideram pretender, assim como na busca de resultados das aplicações financeiras dos administradores de fundos de pensão. Em contexto de baixo crescimento econômico comparativamente aos capitais que buscam se valorizar nos mercados financeiros, as crises financeiras decorrentes da especulação e da instabilidade sistêmica são inevitáveis.

Chesnais (2005, p. 63) observa que os investimentos financeiros podem inicialmente ter alguma base racional calcados, por exemplo, na produção ou na inovação tecnológica. Contudo, os especuladores se aventuram coletivamente nas "tentativas para valorizar a diferença entre as possibilidades da economia e as expectativas dos mercados, que surgem da fantasmagoria própria ao dinheiro, que se acredita dotado da capacidade de gerar lucro por si só". Com o predomínio da desintermediação financeira e da concorrência dos investidores institucionais, os bancos e as sociedades seguradoras desenvolveram comportamento de alto risco em operações com derivativos que são originárias exclusivamente da especulação. Com isso, as crises financeiras assumem, a partir da liberalização financeira, as características de crises simultâneas em vários mercados financeiros (câmbio, bônus do tesouro, ações) e no sistema bancário. Em seguida, de forma abrupta, contagiam a produção.

A liberalização financeira tem sido marcada por sucessivas crises, na realidade como lembra Lordon (2007):

> Desde que ela se impôs, tem sido difícil passar mais de três anos seguidos sem um incidente de envergadura. Quase todos poderiam figurar nos livros de história econômica: 1987, quebra dos mercados de ações; 1990, quebra dos "junk bonds" ("títulos podres") e crise das "savings and loans" (instituições financeiras de poupança e empréstimos) norte-americanas; 1994, crise de debêntures norte-americanos; 1997, primeira fase da crise financeira internacional (Tailândia, Coreia, Hong Kong); 1998, segunda fase (Rússia, Brasil); 2001-2003, estouro da bolha da Internet.[26]

As crises financeiras nos anos 1990, nos chamados países emergentes (Rússia, México, Argentina, Brasil, Tailândia, Indonésia e Filipinas), são resultados diretos da liberalização e da desregulamentação comercial e privatização dos sistemas produtivos desses países. Para Chesnais (2005), os investidores institucionais incorporaram esses países à mundialização financeira, mas também perceberam a submissão completa às políticas neoliberais para a captação dos fluxos de renda.

Com isso, a violência e a velocidade das crises nesses países que se propagaram em direção à produção e ao emprego revelaram não só incompetência dos governos locais que apostaram na liberalização financeira para a entrada na economia de mercado, como também mostraram que a propagação é decorrente das políticas neoliberais que enfraqueceram o Estado e o conjunto do sistema produtivo.

---

26. Refere-se ao estouro da bolha especulativa das empresas "pontocom". Conforme Duménil e Lévy (2008): "Após as recessões de 1982 e 1990, a atividade foi efetivamente sustentada pelo impulso miraculoso das novas tecnologias, ditas 'da informação'. Lentamente no começo, mas de modo particularmente tenaz, a onda agigantou-se na segunda metade da década de 1990: quatro anos de *boom*, durante os quais os valores tecnológicos foram propelidos a alturas sem precedentes: a bolsa Nasdaq, que negociava ações de 1.053 empresas em janeiro de 1996, passou a abrigar 5.132 em março de 2000. O capital estrangeiro afluiu precipitadamente para aproveitar a inesperada vantagem. Mas ao *boom* seguiu-se o *crack* estrondoso: em outubro de 2002, o número de empresas com ações na Nasdaq havia despencado para 1.114."

Assim, assistiu-se à formação de elevados déficits comerciais, à degradação do saldo de contas-correntes, sob o efeito dos juros do serviço da dívida, e ao aumento das remessas de lucros e dividendos para o exterior — rumo à matriz das empresas sediadas no centro do capitalismo. Os devotos do neoliberalismo omitem quanto custou, aos assalariados, o pagamento da conta da embriaguez financeira em cada ocasião. Os abalos dos mercados financeiros atingem primeiro os bancos, em seguida o crédito, com isso os investimentos, e, por fim, a conta sobra para o crescimento da economia e o emprego (Lordon, 2007).

Para Duménil e Lévy (2008), o cerne dos mecanismos que culminaram na crise econômica atual está além da ausência de regulamentação dos mercados financeiros. Trata-se da trajetória neoliberal da economia dos Estados Unidos, iniciada nos primeiros anos da década de 1980.

A desregulamentação financeira está casada na esfera ideológica com o neoliberalismo. No começo dos anos 1980, uma nova proposição econômica entrou em cena em substituição ao keynesianismo, orientada pelo neoliberalismo, ou seja, o liberalismo econômico revisitado e adaptado ao capitalismo globalizado e à produção flexível. Com forte oposição aos pilares do Estado Social (pleno emprego, serviços sociais universais e proteção social básica garantida), os princípios da política de regulação econômica e social do pós-guerra são questionados (Pereira, 2001), de forma que a solução apontada pelos defensores do neoliberalismo para evitar a crise generalizada das economias do mercado passava por:

> [...] manter um Estado forte, sim, em sua capacidade de romper o poder dos sindicatos e no controle do dinheiro, mas parco em todos os gastos sociais e nas intervenções econômicas. A estabilidade monetária deveria ser a meta suprema de qualquer governo. Para isso seria necessária uma disciplina orçamentária, com a contenção dos gastos com bem-estar, e a restauração da taxa "natural" de desemprego, ou seja, a criação de um exército de reserva de trabalho para quebrar os sindicatos. Ademais, reformas fiscais eram imprescindíveis, para incentivar os agentes econômicos. (Anderson, 1998, p. 11)

No plano ideológico, o neoliberalismo traz a proposta de desregulamentação dos mercados financeiros, de produtos e do trabalho. Com isso, a dimensão financeira comanda as decisões das empresas a partir dos países centrais do capitalismo, enquanto os países periféricos passam a depender cada vez mais de sua capacidade de pagamento de investimentos e de empréstimos externos absorvidos domesticamente. Estes ficam sujeitos à lógica dos países centrais que têm o poder de definir a circulação do capital, sobretudo a partir das decisões das matrizes das empresas transnacionais.

O neoliberalismo ressuscitou a doutrina da escola econômica neoclássica,[27] que estava enfraquecida após a grande depressão capitalista da década de 1930, quando seus postulados não apresentaram respostas satisfatórias para a retomada do crescimento econômico, acreditando que a "naturalidade" do mercado no "longo prazo" resolveria a crise. Os neoclássicos, assim como os neoliberais, concebem o desemprego como uma decisão voluntária dos trabalhadores, que não desejam se submeter ao salário real em vigor no mercado.

Navarro (1998) destaca quatro teses neoliberais:

1. Os déficits orçamentários estatais são intrinsecamente negativos para a economia, uma vez que absorvem a poupança nacional, aumentando todos os tipos de taxas de juros e diminuindo as taxas de investimentos financiadas com a poupança doméstica.
2. As intervenções do Estado regulando o mercado de trabalho são também intrinsecamente negativas, pois impõem rigidez para as contratações, dificultando o livre funcionamento do mercado e, com isso, a criação de empregos.
3. A proteção social garantida pelo Estado de Bem-Estar Social por meio de políticas redistributivas é considerada perniciosa para o desenvolvimento econômico, ao aumentar o consumo e diminuir a poupança da população.
4. O Estado nem deveria intervir na regulação do comércio exterior nem na regulação do mercado financeiro, pois o livre fluxo de capitais garante mais eficiência redistributiva de recursos em escala internacional.

27. "Escola de pensamento econômico predominante entre 1870 e a Primeira Guerra Mundial, também conhecida como escola marginalista, por fundamentar-se na teoria subjetiva do valor da utilidade marginal para reelaborar a teoria econômica clássica" (Sandroni, 2001, p. 217).

A doutrina neoliberal começou a ser formulada logo depois da Segunda Guerra Mundial, na região da Europa e da América do Norte onde predominava o capitalismo. Essa doutrina nasceu em forte oposição e como reação ao Estado Social. A partir da crise do modelo keynesiano-fordista, em 1973, o mundo capitalista caiu em uma profunda recessão e a doutrina neoliberal passou a ser hegemônica com sua adoção, a partir de 1979, por Margareth Thatcher na Inglaterra e Ronald Reagan nos Estados Unidos (Anderson, 1998).

Para Navarro (1998), a política neoliberal acentuou o desemprego e a desigualdade social, com taxas recordes nos anos 1980 e 1990. Além disso, esse aumento do desemprego foi acompanhado por um aumento da desigualdade dos salários da massa laboral, como resultado de uma liberalização do mercado de trabalho, em todos os países da OCDE. O aumento da desigualdade social caminhou conjuntamente com a redução da progressividade fiscal na maioria dos países europeus. Na Europa, em diversos países, houve uma redução do imposto de renda para os salários mais elevados paralelamente ao aumento da carga de impostos indiretos, que reforçou as desigualdades sociais existentes.

Laura Tavares destaca o fato de que o modelo neoliberal, com seu princípio da "naturalização" das desigualdades, remete o conflito para o seio de uma sociedade fragmentada, na qual os "atores" se individualizam, ao mesmo tempo que os sujeitos coletivos perdem identidade.

> Muda, portanto, a orientação da política social: nem consumos coletivos nem direitos sociais, senão que assistência focalizada para aqueles com "menor capacidade de pressão" ou os mais "humildes", ou ainda, os mais "pobres". Dessa forma o Estado Neoliberal ou de "mal-estar" inclui, por definição, uma feição assistencialista (legitimação) como contrapartida de um "mercado livre" (acumulação). [...] Se a concepção hegemônica que orienta finalmente a transformação do Estado define a sociedade como um mero agregado de indivíduos que realizam seus interesses individuais, as ações que interfiram nesses interesses não podem ser legitimadas. Assim, a saúde, a educação, a alimentação, o trabalho, o salário perdem sua condição de direitos — constitutivos de sujeitos coletivos — e passam a ser recursos (ou mercadorias) regulados unicamente pelo mercado. O não acesso a eles deixa de ser um problema do Estado, torna-se um problema a ser resolvido no âmbito privado. (Soares, 2000, p. 73)

Em 2008, o mundo foi novamente abalado por uma crise financeira de proporções ainda não dimensionadas, mas para muitos comparada ao que o capitalismo vivenciou nos anos 1930. O cataclismo econômico tem como epicentro os Estados Unidos.[28] A crise teve origem nos empréstimos hipotecários norte-americanos, se arrastando inicialmente para os bancos de investimentos, seguradoras e mercados financeiros, enfim, a crise se espalhou rapidamente pela economia dos EUA e atingiu todos os continentes. Por consequência, a economia global registra uma das maiores recessão da história do capitalismo.

O mercado imobiliário nos EUA passou por uma fase acelerada de crescimento, após o estouro da bolha especulativa das empresas "pontocom", em 2001. O banco central norte-americano reduziu consideravelmente sua taxa de juros, até mesmo com juros reais negativos, encorajando os empréstimos, financiamentos e consumo. O setor imobiliário, aliado ao mercado financeiro e aos novos "produtos", foi um dos maiores beneficiados.

Lordon (2007) destaca o fato de a bolha especulativa nos mercados financeiros ser muito próxima à fraude, que requer a atração e a entrada constante de novos investidores para manter o mercado em alta e a ilusão de que ganharão sempre.[29] O segredo é a adesão especulativa por meio de produtos financeiros de alta rentabilidade que atraem aplicadores cada vez mais comuns e numerosos, porém cada vez menos esclarecidos.

Para prolongar o crescimento do mercado imobiliário norte-americano, se possível eternamente, era necessário que as famílias fossem levadas a procurar o mercado de empréstimos hipotecários, seduzidas pelo sonho norte-americano da propriedade. Como os cidadãos daquele país já estavam escaldados pelo estouro da bolha da internet, a procura de outras formas de investimentos, no caso imobiliário, também serviu de atração. Com as instituições financeiras ávidas por novos clientes, as linhas de créditos foram

---

28. Uma análise jornalística crítica da crise financeira de 2008 pode ser lida em *Le Monde Diplomatique* (edição brasileira), escrita pelo jornalista Antonio Martins com o título "Para compreender a crise financeira", em 7/10/2008. Disponível em http://diplo.uol.com.br/2008-10,a2623.

29. Assemelha-se ao efeito Ponzi (sobrenome de um estelionatário americano da década de 1920), que consiste na rolagem perpétua da dívida por um devedor, cobrindo os juros e o principal da sua dívida passada com mais dívida no presente, ou seja, os encargos da dívida existente são ampliados com mais dívidas, não existindo garantias em ativos reais, mas simplesmente dívida futura, ou capacidade de endividamento (Sandroni, 2001).

generalizadas, ao mesmo tempo que os preços dos imóveis disparavam. A criatividade do sistema fez surgir as hipotecas de segunda linha (*subprime mortgages*) com beneficiários de duvidosa capacidade de pagamento. Mesmo que existam dificuldades de honrar os empréstimos, os tomadores e os emprestadores avaliam que o imóvel poderá ser vendido com valorização para uns e comissão para outros, honrando assim o pagamento da hipoteca.

A criatividade do mercado financeiro para se desfazer do risco aumentou consideravelmente com a liberalização financeira e a falta de regulamentação do mercado. Os bancos ficam com os lucros e socializam os possíveis prejuízos. Assim, os novos produtos financeiros, como os derivativos — absolutamente sem regulação e controle do Estado —, levaram os bancos dos EUA a se livrar do problema de créditos de duvidosa liquidação (empréstimos imobiliários), que ficam registrados nos balanços, por meio da securitização das dívidas.

Como explica Lordon (2007, p. 3):

> A grande vantagem dessa operação, adequadamente chamada de "securitização", é o fato de que os títulos assim "fabricados" podem ser vendidos nos mercados em pequenos lotes a múltiplos investidores (institucionais). E eis que, então, os créditos duvidosos saem do balanço do banco. Compreende-se agora que ele os conceda com tanta facilidade: pode livrar-se deles assim que forem securitizados!

Os investidores institucionais, entre eles os fundos de pensão que devem honrar o pagamento de aposentadorias, são um dos clientes desses produtos, que apesar do alto risco oferecem elevado retorno, obviamente quando tudo vai bem. Os investidores fazem isso por meio de fundos de investimentos aplicados em diversos mercados, visando a diminuir riscos e reduzir eventuais prejuízos ao mesmo tempo (*hedge funds*). Mas na crise o contágio será global. O pacote dos produtos derivados do mercado imobiliário prometendo elevado retorno foi vendido no mercado financeiro globalizado, encontrando-se nas mãos de inúmeros portadores. Porém, o início da história está no mundo real, ou seja, nos créditos imobiliários que devem ser honrados.

Enquanto o mercado imobiliário seguir em alta e as famílias continuarem honrando o pagamento dos empréstimos, sempre haverá interessados nos retornos espetaculares da jogatina global, com base nos "produtos" inovadores. Lordon (2007) ressalta o fato de que os *hedge funds* levantam os fundos de investimentos a taxas mais baixas para aplicar em títulos de alto risco, que remuneram proporcionalmente muito. Assim, os lucros faraônicos mascaram os riscos objetivos, que ninguém quer enxergar, para que a ciranda gire o maior tempo possível.

O Banco Central dos EUA, para combater a inflação, vinha subindo lentamente os juros, sobretudo no 1º trimestre de 2007, encarecendo o crédito e afastando os potenciais compradores de imóveis, além de encarecer os empréstimos já tomados, aumentando a inadimplência. Com isso, menos pessoas se dispõem a entrar no mercado imobiliário e aqueles que estão veem suas dívidas multiplicadas. A consequência é que os preços dos imóveis nos EUA entram em rota descendente e a menor liquidez tem impacto direto na economia.

O primeiro sinal da crise foi dado pelo banco francês BNP Paribas, em agosto de 2007, que congelou fundos de investimentos (cerca de € 2 bilhões) lastreados nos empréstimos imobiliários da linha *subprime* nos EUA. O efeito foi devastador no mercado imobiliário norte-americano levando à concordata uma das maiores empresas daquele país, a American Home Mortgage (AHM) e, em seguida, atingindo grupos financeiros com atuação global como Citigroup, UBS, Bear Stearns e outros que perderam bilhões com os títulos *subprime*.

A crise financeira se instala primeiro nos bancos; a partir disso, há uma grande perda e o colapso tem seu início. Com a globalização financeira, a situação não se limita às fronteiras norte-americanas, uma vez que a securitização dos títulos gerou créditos espalhados em vários mercados financeiros no mundo. Quando a crise se instala, todo o discurso e a defesa da eficiência do mercado, da privatização, da desregulamentação se "desmancham no ar", e chamem o Estado, ou melhor, o fundo público para socializar os prejuízos.

Em 2008, o Tesouro americano socorre as grandes empresas hipotecárias americanas, que respondiam por 50% dos US$ 12 trilhões em empréstimos habitacionais, injetando US$ 200 bilhões de recursos públicos. A partir disso, os recursos do fundo público dos EUA começam a ser canalizados no socorro a instituições financeiras, sociedades hipotecárias e seguradoras. Com a aprovação do plano de socorro pelo parlamento americano, em 3 de outubro de 2008, as entidades financeiras de *Wall Street* receberam o montante de US$ 700 bilhões e mais US$ 152 bilhões em incentivos fiscais, além de instrumentos para os reguladores federais lidarem com a crescente crise econômica – o fundo público, nos EUA, fez um aporte superior a US$ 1 trilhão no mercado financeiro, comprando ativos "podres" das instituições financeiras. Um conjunto de medidas para socializar os prejuízos das instituições financeiras, com o dinheiro público, sem proteger as famílias endividadas

Como a crise se alastrou para os cinco continentes, em diversos países, o fundo público passou a introduzir dinheiro dos contribuintes no socorro ao sistema financeiro privado, como foi o caso do Japão com US$ 10 bilhões; na Alemanha com € 50 bilhões; na Holanda, Bélgica e Luxemburgo com injeção de € 6,4 bilhões na nacionalização de bancos; na Irlanda, com a garantia de 100% dos depósitos bancários por meio dos recursos do Tesouro local, evitando uma "corrida bancária". Na Inglaterra, o orçamento público injetou US$ 88 bilhões para socorrer o sistema bancário. Na Islândia, os bancos foram estatizados, em decorrência da crise de desconfiança dos depositantes.

Rapidamente o discurso da eficiência dos mercados parece ter sido esquecido:

> A esta altura, todas as análises sérias coincidem em que não é possível prever nem a duração, nem a profundidade, nem as consequências da crise. Nos próximos meses, vai se abrir um período de fortes turbulências: econômicas, sociais e políticas. As montanhas de dinheiro despejadas pelos bancos centrais sepultaram, em poucas semanas, um dogma cultuado pelos teóricos neoliberais durante três décadas. Como argumentar, agora, que os mercados são capazes de se autorregular, e que toda intervenção estatal sobre eles é contraproducente?
>
> Mas há uma imensa distância entre a queda do dogma e a construção de políticas de sentido inverso. Até o momento, tem prevalecido, entre os governos, uma postura um tanto curiosa: eles abandonam às pressas o discurso da excelência dos mercados, apenas para [...] desviar rios de dinheiro público às instituições dominantes destes mesmos mercados. (Martins, 2008, p. 2)

No Brasil, o governo brasileiro, já vislumbrando os efeitos da crise, tomou algumas medidas para liberar mais recursos ao sistema bancário, flexibilizando as exigências dos depósitos compulsórios das instituições financeiras, além da edição, em 6 de outubro de 2008, da MP n. 442, que "dispõe sobre operações de redesconto pelo Banco Central do Brasil e autoriza a emissão da Letra de Arrendamento Mercantil".

Na prática, a MP n. 442 é uma espécie de "cheque em branco" para autoridades monetárias assegurarem níveis adequados de liquidez no sistema financeiro, por meio de operações de redesconto em condições especiais aos bancos, aceitando como pagamento ativos das instituições financeiras, sendo os possíveis prejuízos apropriados no balanço do Banco Central do Brasil (Bacen). A rapidez e a agilidade do fundo público brasileiro usadas para socorrer o mercado financeiro são uma amostra da influência dos bancos no domínio da agenda econômica do nosso país.

Salama (1998) faz uma articulação entre a financeirização e a flexibilização do trabalho. Para o autor, o crescimento das finanças impulsionado pelo surgimento de sofisticados produtos financeiros vai permitir um desenvolvimento aprofundado do capital. Mas o ciclo do capital só pode deslanchar caso as atividades financeiras permitam que o capital produtivo se desenvolva.

> A rigor não existe uma antinomia entre financeirização e neoprodutivismo. Na verdade, a financeirização não é antípoda à centralidade da produção sob a mundialização do capital. A autonomia do setor privado não pode ser senão relativa. O capital que se valoriza na esfera financeira nasceu — e continua nascendo — da esfera produtiva. A esfera financeira alimenta-se da riqueza gerada pelo investimento e pela mobilização de uma força de trabalho com múltiplos níveis de qualificação. (Alves, 2000, p. 63)

Salama (1998, p. 232) destaca a semelhança com a análise de Marx sobre as atividades de comércio, que são classificadas como "indiretamente produtivas".

> Elas custam e esse custo é tomado da mais-valia, mas elas permitem que seja obtida mais-valia. [...]. As forças que conduzem à autonomia do capital da esfera produtiva, a procurar mais e mais lucro na esfera financeira, a tomar a forma de um capital "fictício", são muito poderosas.

As novas formas de financeirização, muito mais abertas à mundialização financeira, produzem importantes pressões sobre as modalidades de valorização do capital e estimulam a introdução de maior flexibilização na gestão da força de trabalho (Salama, 1998). Nesse contexto ocorrem importantes modificações na relação capital-trabalho. Os grandes grupos oligopolistas são os beneficiados pelas novas oportunidades geradas pelo desenvolvimento de tecnologias informacionais aplicadas à produção e às atividades de gestão e finanças. E, simultaneamente, o novo quadro neoliberal é decisivo para impor a desregulação e a flexibilização das relações de trabalho, permitindo a espetacular recuperação da rentabilidade do capital investido, graças à combinação de fatores tecnológicos e organizacionais (Chesnais, 1996).

No "mundo do trabalho", a palavra de ordem é a flexibilização. Com a crise do fordismo, o capital deflagrou várias transformações no próprio processo produtivo, por meio da constituição de diversas formas de acumulação flexível, do *downsizing*, das formas de gestão organizacional, do avanço tecnológico e dos modelos alternativos ao binômio taylorismo-fordismo, entre as quais se destaca, particularmente, o toyotismo[30] (Antunes, 2001).

O toyotismo mesclou-se com outras vias de racionalização do trabalho, para dar maior eficácia à lógica da flexibilidade. Alves (2000) revela que o aspecto novo do toyotismo é assegurar a continuidade da racionalização do trabalho, típica do taylorismo e do fordismo, com as novas necessidades de acumulação do capital.

Entre as saídas para a crise do fordismo estavam a busca de uma racionalização da produção, a reestruturação e a intensificação do controle da força de trabalho. No espaço social fruto das oscilações e incertezas, aparece uma série de novas experiências em termos de organização industrial, da vida social e da política que começam a tomar forma. As novas experiências são os primeiros sinais da passagem para um regime de acumulação inteiramente novo, associado com um sistema de regulamentação política e social bem diferente do período anterior (Harvey, 2001).

De acordo com Chesnais (1996), a nova dinâmica de acumulação de capital ocorre pelas formas de centralização de "gigantescos" capitais financeiros (fundos mútuos e fundos de pensão), cuja função é se valorizar no interior da esfera financeira. A esfera financeira passa a comandar cada vez mais a repartição e a destinação social da riqueza. A importância da esfera financeira na acumulação de capital, sobretudo a partir da década de 1980, é revelada pelo crescimento em ritmos qualitativamente superiores aos dos índices de crescimento dos investimentos produtivos, do PIB e do comércio exterior.

---

30. O toyotismo é uma forma de organização do trabalho que nasce na Toyota, no Japão, após 1945, e que rapidamente se propaga pelas grandes empresas daquele país. O toyotismo vai se universalizar a partir da crise do fordismo, principalmente nos países centrais do capitalismo. Os princípios do toyotismo foram adotados por várias empresas transnacionais nos EUA, na Europa, na Ásia e na América Latina, principalmente no setor industrial e estendido ao setor de serviços.

Chesnais (1996, p. 15) afirma que essa nova dinâmica própria das finanças é alimentada por dois mecanismos:

> Os primeiros referem-se à "inflação do valor dos ativos", ou seja, à formação de "capital fictício". Os outros baseiam-se em transferências efetivas de riqueza para a esfera financeira, sendo o mecanismo mais importante o serviço da dívida pública e as políticas monetárias associadas a este. Trata-se de 20% do orçamento dos principais países e de vários pontos dos seus PIBs, que são transferidos anualmente da esfera financeira. Parte disso assume então a forma de rendimentos financeiros, dos quais vivem camadas sociais rentistas.

Na sua análise crítica do pensamento neoliberal, Pereira (2001, p. 36) ressalta que essa corrente ideológica elegeu o "*Welfare State Keynesiano* e seus pilares (pleno emprego, serviços sociais universais e proteção social básica garantida) como grandes responsáveis pela crise econômica iniciada no final dos anos 70".

De acordo com a autora, nos argumentos da corrente neoliberal, dominante *mainstream* econômico, a partir dos anos 1980, destaca-se o entendimento do *Welfare State* como o responsável pelo déficit orçamentário devido ao excessivo gasto do governo com as políticas sociais. Esse déficit orçamentário seria nefasto para a economia, porque enfraqueceria a poupança interna, levando ao aumento das taxas de juros e à diminuição do investimento privado. Por conseguinte, o déficit gera a emissão de moeda ou a concessão de crédito pelo sistema financeiro, ampliando a "criação de moeda", portanto a oferta monetária e a inflação. A receita para enfrentar o déficit é um brutal corte dos gastos públicos, liberando recursos para a inversão privada. Um segundo argumento, destacado por Pereira (2001), é a crítica à regulação do mercado pelo Estado, que desestimularia o capitalista a investir, impedindo o desenvolvimento econômico e a geração de empregos. A alternativa indicada é a desregulação do mercado de trabalho. Por fim, a crítica neoliberal acentua a noção de que a proteção social pública, sob a forma de política redistributiva, onera as classes possuidoras, aumentando o consumo das classes populares em detrimento da poupança interna. A solução é reduzir ao máximo o efeito distributivo das políticas sociais.

A promoção de políticas neoliberais, no último quartel do século XX, com modificações do papel do Estado na economia, e a desregulação dos mercados de capitais, financeiros e do trabalho vêm contribuindo para o acirramento da competição intercapitalista, que permanece com baixas taxas de crescimento econômico. O "mundo do trabalho" sofre o impacto do novo cenário em curso na economia mundial. A partir dos anos 1970, a economia passou a gerar um maior excedente de mão de obra. Para uma População Economicamente Ativa estimada, em 1999, em 3 bilhões de pessoas, havia cerca de 1 bilhão de trabalhadores no mundo vivendo com sua capacidade de trabalho subutilizada. Portanto, um a cada três trabalhadores se encontrava na situação de desemprego ou exercendo atividades de sobrevivência (Pochmann, 2001).

Navarro (1995) também observa que, como corolário da desigualdade social, ocorreu um aumento da pobreza em 5 de 11 países da Comunidade Econômica Europeia (CEE), particularmente na Grã-Bretanha e também nos Estados Unidos, assim como aconteceu um decréscimo da massa salarial em percentual do PIB.

De fato, "ao contrário do que apregoa, o pensamento neoliberal não obteve o êxito desejado, nem mesmo no setor econômico, para o qual apresentava soluções mais elaboradas" (Pereira, 2001, p. 37). Em que pese o "sucesso" do neoliberalismo no aumento significativo do desemprego e o êxito no controle da inflação, o principal objetivo do receituário, que era "a reanimação do capitalismo avançado mundial, restaurando taxas altas de crescimento estáveis, como existiam antes da crise dos anos 70", teve resultado decepcionante. Nos anos 1970 e 1980, a taxa de crescimento econômico média foi muito baixa nos países da OCDE, bem inferior àquelas apresentadas no período de 1950 a 1960 (Anderson, 1998, p. 15).

Com isso, ressalta Navarro (1998, p. 80):

> Na realidade, a experiência acumulada questiona um dos dogmas mais persistentes do pensamento neoliberal, a saber que existe uma relação entre as taxas de lucro empresarial, por um lado, e as taxas de investimentos produtivos, por outro. É parte do discurso liberal que o aumento da primeira leva a um crescimento da segunda. Os anos 80 viram aumentar as taxas de crescimento dos lucros empresariais sem que fossem acompanhadas por um aumento nas taxas de investimentos produtivos.

Navarro (1995 e 2002) refuta a validade científica dos postulados neoclássicos assinalando o fato de que o neoliberalismo não obteve êxito no crescimento econômico e de que apresentou taxas inferiores de evolução do PIB nos países da OCDE, no período de 1980 a meados dos anos 1990, menores que no período keynesiano (1945 a 1975). Mas o neoliberalismo obteve êxito na redução da inflação dos países da Comunidade Europeia e nos EUA, assim como propiciou elevada lucratividade para o setor empresarial privado. Porém, o notável crescimento dos lucros das empresas privadas não implicou elevação do investimento privado na economia. Além disso, a desregulamentação dos mercados financeiros levou à crise financeira mundial dos dias atuais.

Esse novo cenário também implica mudanças nas relações capital-trabalho, que trazem consequências para o financiamento de fundos públicos da seguridade social, uma vez que as poupanças financeiras, ou melhor dizendo, as contribuições de empresas e empregados passam a ser canalizadas, por exemplo, para os fundos de pensão fora da órbita estatal, assim como a compra de "saúde" no mercado implica uma canalização de recursos para seguradoras privadas que pertencem ao sistema financeiro.

Nesse contexto, Granemann (2006) destaca o fato de que a previdência privada[31] é uma forma privilegiada de realização do capital portador de juros no capitalismo contemporâneo, não sendo uma expressão da luta do trabalho contra o capital por melhores condições de vida e de trabalho e por proteção na velhice. Para a autora, constitui uma estratégia do alargamento das bases de acumulação capitalista e de financeirização das lutas e dos direitos dos trabalhadores, reforçando uma "aristocracia operário-trabalhadora" que passa a administrar partes do capital financeiro.

Sauviat (2005) analisa os receptáculos da poupança financeira dos assalariados das grandes corporações e de famílias abastadas ao longo das décadas de 1980 e 1990, destacando que isso ocorre paralelamente ao aumento das desigualdades de renda, sendo os fundos de pensão os principais atores dos mercados financeiros, transformando o tamanho, a estrutura e o funcionamento desses mercados. O estudo da autora é sobre os países desenvolvidos, observando a mudança da proteção social com a criação de regimes de previdência por capitalização nos países anglo-saxões (EUA, Canadá, Grã-Bretanha e Austrália) e vários países europeus (Holanda e Suíça, espe-

31. Para uma análise da gênese e das necessidades da "previdência privada" fechada com interpretação marxista, consultar a tese de doutorado de Sara Granemann (2006).

cialmente), firmemente apoiados por incentivos fiscais, nos quais os recursos das caixas de aposentadorias na forma de fundo de pensão são acumulados e valorizados nos mercados financeiros. Lembra a autora que essas reservas devem servir para pagar as aposentadorias dos assalariados, sendo a gestão dos fundos de pensão pressionada a obter elevada rentabilidade no retorno dos ativos aplicados no mercado financeiro.

A característica comum a todas as crises financeiras dos últimos trinta anos é o comparecimento do fundo público para socorrer instituições financeiras falidas durante as crises bancárias, à custa dos impostos pagos pelos cidadãos. A financeirização implica pressão sobre a política social, especialmente as instituições da seguridade social, pois aí está o nicho dos produtos financeiros. Com isso, as propostas neoliberais incluem a transferência da proteção social do âmbito do Estado para o mercado, a liberalização financeira passa pela privatização dos benefícios da seguridade social. É no mercado que deve ser comprado o benefício de aposentadoria, o seguro-saúde, que são setores dominantes nos investidores institucionais. Ou seja, benefícios da seguridade social são transformados em mais um "produto" financeiro, alimentando a especulação financeira e tornando as aposentadorias de milhares de trabalhadores refém das crises financeiras internacionais.

Com a financeirização da riqueza, os mercados financeiros disputam mais recursos do fundo público pressionado por destinação cada vez mais elevada de recursos para a esfera financeira, que passa pela remuneração dos títulos públicos emitidos pelas autoridades monetárias e negociados no mercado financeiro, os quais se constituem importante fonte de rendimentos para os investidores institucionais, além da transferência de recursos do orçamento público para o pagamento de juros da dívida pública que é combustível alimentador dos rendimentos dos rentistas.

Nesse bojo, também se encontram generosos incentivos fiscais e isenção de tributos para o mercado financeiro à custa do fundo público, tudo isso em um contexto de "crise" fiscal, que será analisada no próximo capítulo.

2

O PAPEL DO FINANCIAMENTO NA CONSTITUIÇÃO DAS POLÍTICAS DE SEGURIDADE SOCIAL

2.1 A constituição das políticas sociais no capitalismo desenvolvido

Pierson (1998), na sua busca das origens e do desenvolvimento do *Welfare State*, que variou bastante entre as nações, observa no seu estudo a importância do financiamento nas várias medidas de seguro social. O conjunto de países analisados pelo autor apresentou uma grande variação nos critérios dos gastos sociais e na constituição dos fundos públicos.

Para Pierson (1998, p. 104-5):

> Entre diferenças o mais importante talvez seja identificar se a provisão é baseada em impostos[1] (distributiva) ou contributiva. Estes procedimentos também podem esconder a importância que políticas alternativas (por exemplo: trabalhos públicos ou retreinamento, ao invés de compensação ao desemprego) representam em termos de compromisso da sociedade para com a reparação das consequências das desutilidades do mercado. Mesmo assim, essas iniciativas revelam um impressionante padrão histórico. (tradução nossa)

1. No original *tax-funded* (p. 104).

Titmuss (1976), na sua famosa tipologia de *Welfare State* (residual, meritocrático-particularista e institucional redistributivo), reconhece a existência de três categorias principais na divisão social do *Welfare State*: a social, a fiscal e a ocupacional. A análise do autor refere-se ao Estado de proteção social da Inglaterra. O chamado *Welfare* social é o conjunto de serviços sociais que evoluiu da *Poor Low* até a proposta de Beveridge, avançando no reconhecimento de responsabilidades coletivas na prestação de uma miríade de programas para vasta maioria da população. Com isso, envolve os serviços de saúde, os programas e proteção aos trabalhadores desempregados, a regulação do mercado de trabalho (via aposentadoria e limite de idade para ingresso), os serviços habitacionais e educacionais. O *Welfare* ocupacional refere-se aos direitos derivados do trabalho, incluindo: serviços de saúde, planos de aposentadorias e pensões, seguros, empréstimos subsidiados, auxílios educacionais, entre outros.

O *Welfare* fiscal é o padrão de proteção social via questão tributária, envolvendo um sistema de transferência de renda por meio da progressividade dos impostos[2] e um conjunto de incentivos fiscais, por meio das deduções no imposto de renda devido, para os gastos com dependentes, filhos portadores de deficiência e gastos na área educacional. Titmuss (1976) observa que a tributação sobre renda também respeita a capacidade contributiva do cidadão e não incide sobre o mínimo existencial.

O esboço histórico feito pelo autor revela que as características do *Welfare* fiscal apontam para o crescimento do interesse público (Estado) na responsabilização pelos dependentes, pela família e até por parentes próximos. Mas também mostra que a extensão da tributação como propósito da política social não se limita mais a uma simples forma de beneficiar os pobres à custa dos ricos, implica também economia de impostos que funciona como uma transferência de renda.

Johnson (1990, p. 29), ao comentar o modelo de Titmuss (1976), revela:

> O bem-estar fiscal compreende um amplo conjunto de subsídios e deduções do imposto sobre a renda, por exemplo, o que se faz com os juros dos empréstimos hipotecários para os proprietários-ocupantes das habitações,

2. A defesa do imposto fortemente progressivo foi feita por Marx e Engels, em 1848, no *Manifesto comunista*, publicado em diversas línguas. A obra já é de domínio público e pode ser encontrada em <www.dominiopublico.gov.br/download/texto/cv000042.pdf>.

subsídios sobre os prêmios do seguro de vida e as contribuições para a aposentadoria; subsídios relacionados às pessoas idosas ou incapacitadas dependentes; subsídios por convênios e outros subsídios personalizados adicionais para aqueles que têm filhos sob seu encargo.

Conforme as abordagens dos partidos políticos — democrata cristão, que apoia a "economia social de mercado", ou social-democrata, que tem orientação "economia socialista de mercado" —, são definidas as políticas de financiamento da seguridade social. Uma "economia social de mercado" limita a intervenção do Estado e apoia-se na iniciativa privada e na responsabilidade individual sobre o bem-estar. A chamada "economia socialista de mercado" insiste na fraternidade e no dever do Estado para assegurar o bem-estar a todos os cidadãos. A democracia cristã entende que o financiamento da seguridade social deve ser baseado em contribuições dos potenciais beneficiários e os benefícios guardam relação com a contribuição efetuada. A orientação social-democrata compreende que o financiamento da seguridade social deve ter o seu maior aporte no imposto sobre a renda (Rimlinger apud Johnson, 1990).

Johnson (1990) destaca a Grã-Bretanha, a Suécia e a Itália como os países em que os serviços nacionais de saúde são baseados em financiamentos, quase na totalidade, por meio de impostos do orçamento fiscal. Para o autor, Beveridge e Keynes estavam convencidos de que o Estado Social não significava uma ameaça ao capitalismo, ao contrário, é uma base de apoio e de complemento. Isso ocorre não somente por meio da contribuição ao crescimento econômico, mas também recuperando as perdas dos sistemas e o fazendo desse modo mais palatável.

Calvet (1995) destaca quatro razões econômicas para justificar a existência e a instituição de políticas sociais públicas: a falha do mercado capitalista; a distribuição de renda pelo sistema de seguridade social; a redução da flutuação e das instabilidades econômicas; e a melhoria da eficiência do sistema econômico. Neste último elemento, o autor observa a importância da proteção social para estabilização anticíclica automática em momento de desemprego. Isso acontece porque a seguridade social permite manter um elevado nível de demanda efetiva por meio do pagamento de pensões, aposentadorias, rendas mínimas, programas da assistência social, que geram uma maior estabilidade ao sistema capitalista.

Nos autores que trabalham com tipologias, classificações e modelos para análise de políticas sociais há, em geral, indicativos da forma de financiamento dos benefícios do Estado Social e da seguridade social.

Behring e Boschetti (2006) criticam os limites metodológicos dessas análises que engessam os países em supostos modelos com características homogêneas. Nessas abordagens há uma primazia do dimensionamento das especificações econômicas ou políticas da questão social. Para as autoras, as tipologias e classificações, na análise das políticas sociais, limitam o debate a um processo descritivo, por meio de uma excessiva quantidade de dados técnicos, sem um aprofundamento analítico de suas causas e inter-relações e da origem econômica e política das informações, além de contribuir para despolitização da análise, pois a transfere para uma dimensão instrumental e técnica, aliviando as tensões políticas e sociais que marcam a produção e a cobertura das políticas sociais.

Em que pesem as críticas, alguns autores levam em consideração nas suas classificações o critério do financiamento.

Abrahamson (1995 e 2004) classifica os modelos típicos ideais de Estados de Bem-Estar por regiões geográficas: Sul da Europa, Continental, Atlântico e Escandinavo. No tocante ao financiamento o autor destaca:

> Tanto o modelo de bem-estar escandinavo quanto o continental são tidos como extensivos, aplicadores de muitos recursos, enquanto o modelo atlântico e o do sul são considerados mais restritos ou parcimoniosos. Pequeno ou grande, o financiamento do bem-estar provém de diferentes fontes. Idealmente, os modelos escandinavo e atlântico são financiados por impostos gerais; o continental, por contribuições dos inseridos no mercado de trabalho, e o do sul, por coletas e doações de organizações religiosas. (Abrahamson, 2004, p. 110)

A conhecida tipologia desenvolvida por Esping-Andersen (1991), que distingue três regimes de *Welfare State* (liberal, conservador e corporativista, social-democrata), não faz nenhuma alusão específica aos mecanismos de financiamento do fundo público. Na tipologia do autor, nos países (Estados Unidos, Canadá e Austrália) que são caracterizados pelo *Welfare State* liberal, a política de assistência é focalizada nos comprovadamente mais pobres, com reduzidas transferências universais e planos modestos de previdência. Existem rígidos critérios para acessos aos benefícios, e as regras de acesso são muitas vezes associadas ao estigma. Nesses países, o Estado incentiva a solução via mercado, pois garante benefícios mínimos e limitados e subsidia esquemas privados de previdência.

Na tipologia classificada, pelo autor, como conservadora e corporativista, que seria predominante na Áustria, França, Alemanha e Itália, há um legado histórico do corporativismo estatal, cuja eficiência de mercado sempre foi secundária. Assim, os direitos preservariam as diferenças de *status* ligado às classes sociais. Nesses países, conforme Esping-Andersen (1991), há uma importância da Igreja e da preservação da família tradicional. Neste modelo, os benefícios são destinados às famílias e devem encorajar a maternidade, com o Estado interferindo somente quando a capacidade da família de servir seus membros se exaure. Behring e Boschetti (2006) entendem que o modelo conservador e corporativista de Esping-Andersen teria como base o paradigma bismarckiano e, portanto, a base do financiamento da seguridade social é a folha de salário, tipicamente as contribuições de empregados e empregadores.

Por fim, o regime social-democrata, predominante nos países escandinavos, é fundado no universalismo e na desmercadorização dos direitos sociais, com promoção da igualdade com os melhores padrões de qualidade e não somente uma igualdade das necessidades mínimas. Neste regime há um predomínio de serviços sociais e benefícios elevados, garantindo aos trabalhadores plena participação na qualidade dos direitos desfrutados pelos mais ricos da sociedade. Esse regime é orientado pela busca do pleno emprego.

Conforme Esping-Andersen (1991, p. 95), "este modelo exclui o mercado e, em consequência, constrói uma solidariedade essencialmente universal em favor do *Welfare State*. Todos se beneficiam; todos são dependentes; e supostamente todos se sentirão obrigados a pagar". Esse regime pode ser identificado com o modelo beveridgiano, predominando o financiamento da seguridade social por meio dos impostos pagos pela sociedade em geral.

O autor fez "uma nova análise comparativa dos distintos regimes de bem-estar" em livro publicado em 1999.[3] Esping-Andersen (2000) explica que sua tipologia dos "três mundos" reflete a situação dos países desenvolvidos nas décadas de 1970 e 1980 e que, perante as inúmeras críticas recebidas, ele compreende existir argumentos suficientes a favor de uma reconsideração.

3. Trata-se do livro *Social foundations of postindustrial economies*. A referência utilizada nesta pesquisa é a tradução publicada, em 2000, em espanhol, *Fundamentos sociales de las economías postindustriales*.

O autor classifica as críticas em dois tipos: o questionamento em relação à existência de somente três regimes de bem-estar e que deveria ser incluído um "quarto mundo"; e outros questionamentos sobre critérios básicos usados na elaboração da tipologia. Esping-Andersen (2000) defende sua tipologia argumentando que ela é estática no sentido de refletir determinadas condições socioeconômicas de então.

Há alguns aspectos que se destacam no "novo" estudo de Esping--Andersen, como a inclusão de outros países na tipologia desenvolvida pelo autor, isto é, nos chamados três regimes de bem-estar: liberal, conservador e social-democrata. Além disso, maiores exemplificações em relação à forma de financiamento de algumas políticas do Estado Social; uma classificação alternativa dos regimes de bem-estar a partir das tendências de gestão dos riscos sociais pelos diversos países; e o debate acerca de um "quarto mundo" de bem-estar.

No tocante à classificação dos países — além da ampliação da amostra com a inclusão da Nova Zelândia, Holanda e Japão —, ocorreu o "deslocamento" da Inglaterra para o regime de bem-estar liberal. Esping-Andersen (2000) destaca que, na década de 1950, os resultados das políticas de bem-estar social na Inglaterra não eram diferentes dos países escandinavos (regime social-democrata), mas com as modificações ocorridas a partir da década de 1980, sob o comando de governos de orientação neoliberal, passaria a integrar o bloco de países de regimes de bem-estar liberal.

Esping-Andersen (2000) destaca o fato de que no regime liberal de bem--estar há uma restrição dos riscos que devem ser considerados sociais. Esse regime é caracterizado por política residual. O maior exemplo é a ausência de uma política de saúde universal nos EUA, limitada a uma ajuda focalizada nos riscos dos incapazes, por meio dos programas *Medicaid* (ajuda médica estatal para os pobres), *Medicare* (ajuda médica para os idosos) e AFDC (ajuda às famílias com filhos dependentes e para mães que vivem sozinhas com filhos dependentes) e por meio das deduções fiscais para as famílias de renda baixa com filhos. O autor observa que o financiamento dessa política ocorre, sobretudo, pela adoção do imposto de renda negativo, proposto originalmente por Milton Friedman[4] e que, na atualidade, vem se expandindo na Austrália, Canadá e Inglaterra.

---

4. Conforme Sandroni (2001, p. 292): "o conceito de imposto de renda negativo surgiu como um dos mecanismos de transferência de renda inseridos no plano mais geral dos esforços de reformas

Essa proposição, seguida por diversos Estados contemporâneos, sobretudo de inspiração neoliberal, que adotam a renda mínima em dinheiro como substituta da forma estatal de produção de serviços e bens sociais, significa uma visão residual do fundo público e de sua política social. Assim, o fundo público nesses países deve proporcionar somente aquilo que o indivíduo não pode obter via "mercado" ou via recursos familiares, ou ainda da "comunidade". Nessa concepção, o Estado assume a renda mínima (também chamada de "imposto negativo", "renda mínima diferencial", ou "dividendo social") e repassa para o setor privado os demais serviços sociais. Com isso a renda mínima tem um dado limite, pois além dele tenderia a significar o desestímulo ao trabalho (Soares, 2001).

Nos países de regime conservador, na tipologia de Esping-Andersen (2000), ocorre uma ênfase na seguridade social obrigatória, complementada por um benefício específico para os trabalhadores que não tiveram um vínculo salarial ao longo de sua vida laboral, de forma que a participação do mercado privado continua sendo marginal.

Umas das conclusões do autor é a apresentação de uma forma alternativa de classificar a sua tipologia de regimes de bem-estar por meio das tendências dominantes na gestão dos riscos sociais do mercado de trabalho, do Estado e da família. Assim, no tocante ao mercado de trabalho, Esping-Andersen (2000) vai distinguir os países conforme o nível de intervenção, enquanto em relação ao Estado as diferenciações dizem respeito aos modelos residual, universalista e aqueles baseados na seguridade social. Por fim, há uma diferenciação entre os países que consideram ou não a família como a referência principal na provisão do bem-estar ("familiarismo").

Então, ele apresenta o debate sobre a existência de um quarto regime do bem-estar, com argumentos para classificar a situação do Estado Social na Austrália e na Nova Zelândia (os antípodas) no modelo liberal, por entender que existe uma proteção mínima do Estado para os riscos sociais, que devem ser resolvidos pelo mercado. Os países da Ásia Oriental (Japão, Coreia e Taiwan) são classificados pelo autor mais próximos ao modelo conservador.

---

dos sistemas de bem-estar, durante os anos 60, nos Estados Unidos". A ideia central é a fixação de um nível de renda mínimo, de forma que todos aqueles que não atingissem esse patamar receberiam uma quantia em dinheiro para complementar sua renda, substituindo inclusive quaisquer outros benefícios concedidos *in natura*. Milton Friedman apresentou esquematicamente a ideia, em 1962, no livro *Capitalism and freedom*.

Devido às peculiaridades, Esping-Andersen (2000) entende que na Europa Meridional há um regime específico de bem-estar, que depende em última instância do papel central das famílias, o qual ele vai denominar de regime "familiarista". Na Europa Meridional (Itália, Portugal e Espanha), as políticas do Estado de Bem-estar têm elevados níveis de encargos assumidos pelas famílias. O autor revela que os gastos públicos em serviços familiares, cobertura de serviços de creches para crianças até três anos e assistência domiciliar são ínfimos na Itália, Portugal e Espanha, comparativamente aos países do regime social-democrata e da Europa continental.[5] Assim, na Europa Meridional há um elevado percentual de idosos vivendo com seus filhos, de jovens desempregados vivendo com seus pais e horas semanais de trabalho não remuneradas das mulheres.

A utilização de tipologias, como a desenvolvida por Esping-Andersen, é vista com criticidade por Moreno (2000, p. 71). No entendimento deste autor, os exercícios acadêmicos que têm pretensão de analisar uma realidade social complexa por meio de um esquema nominalista e simplificador acabam exagerando em um idealismo teórico e a-histórico.

> Existe uma dimensão cultural e axiológica no desenvolvimento dos sistemas de bem-estar, geralmente desprezada nas análises comparativas, cuja evidência é complexa de sintetizar estatisticamente, mas cuja importância é equivalente, quando não maior, que outros elementos objetivos e mensuráveis. A autopercepção das necessidades e estilos de vida diferentes influi sobremaneira na configuração das opções estratégicas dos principais atores ou coalizões de atores favorecidos pelo desenvolvimento do bem-estar (famílias, governos, associações civis, sindicatos ou corporações lucrativas, que escolhemos por acaso). Tais elementos não são sempre reduzidos a variáveis numéricas ou representações interpostas (*proxy*). Entretanto, em inúmeras ocasiões são constituídos de traços comuns (comunalidades) entre os países [...].

No quadro analítico das "Europas do bem-estar", Moreno (2000) analisa uma série de características dos regimes de bem-estar dos países europeus, mas não os individualiza epistemologicamente. O objetivo é identificar as lógicas internas e a natureza dos modelos de solidariedade como fatores que

5. Na classificação do autor: Áustria, Bélgica, França, Alemanha e Holanda.

conformam as "últimas redes" de proteção social. Para tanto, ele analisa os grandes regimes de bem-estar e proteção que se desenvolveram na Europa durante o século XX.

A análise de Moreno (2000) tem como referência os países da OCDE nas distintas "Europas do bem-estar": a continental, a anglo-saxã, a nórdica e a mediterrânea. Na investigação das suas diferentes características e formas de proteção social são revelados os traços da evolução dos níveis de legitimidade social, política e grau de solidariedade que dão forma e edificam as instituições responsáveis pelas "últimas redes" de proteção social aos cidadãos "precários".

A definição de "última rede" de proteção social é a categoria adotada por Moreno para se referir àqueles recursos e meios que proveem o mínimo de subsistência e inserção de cidadãos que não podem cuidar de si mesmos. Trata-se de uma rede de proteção para os cidadãos que, no transcorrer de suas vidas, não dispõem de outros pontos de apoio para evitar sua morte física ou social.

A categoria "últimas redes" ou "*mallas de seguridad*" tem origem no termo inglês "*safety net*", ou seja, uma "rede de proteção", na qual se tem como referência um conjunto de recursos e meios que asseguram uma provisão de fundos mínimos de subsistência e de inserção aos cidadãos que não têm como fazê-lo por si próprios (Moreno, 2000 e 2004).

Conforme Moreno (2004), as redes de proteção têm como fundamento moral uma filosofia de compaixão cidadã, com diferentes pressupostos nos diversos países. Em alguns países foram construídas de forma incompleta, deixando os cidadãos em maior grau de precariedade; em outros países, as redes permitem um forte apoio aos pobres necessitados.

A rede de proteção da seguridade social é que permite a manutenção do nível de renda que protege o cidadão ou a família contra as situações de incapacidade de trabalhar ou de diminuição da capacidade laboral derivada dos ciclos vitais. Moreno (2000) compreende o Estado do Bem-Estar como um conjunto de instituições estatais provedoras de políticas sociais direcionadas a melhorar as condições de vida e a promover a igualdade de oportunidades dos cidadãos. A cidadania social confere um *status* de acessos aos recursos básicos para o exercício de direitos e deveres. Umas das tarefas da política social, por meio de intervenções públicas, é a diminuição dos riscos vitais dos cidadãos e o aumento do seu bem-estar.

Retomando a análise do financiamento do Estado Social, identificou-se no estudo de Moreno (2000) como ocorre o provimento do fundo público nos regimes de bem-estar europeus, particularmente as formas de provisão da seguridade social. Os programas de seguridade social na Europa foram desenvolvidos na Alemanha, a partir de 1883, durante o período da monarquia prussiana, sob a coordenação do chanceler Otto von Bismarck. Esses programas buscavam neutralizar as reivindicações revolucionárias das organizações socialistas e operárias. As motivações originárias da seguridade social tinham motivos ideológicos com características conservadoras, mas com efeitos de proporcionar benefícios a setores da população trabalhadora.

A filosofia fundante do sistema de seguridade social foi o princípio contributivo pelo qual empregadores e empregados cotizavam obrigatoriamente para os fundos de previsão amparados e garantidos pelo Estado, a fim de cobrir situações de riscos derivadas do mercado de trabalho assalariado. Essas contribuições aos fundos da seguridade asseguravam um benefício monetário para os trabalhadores perante os riscos do mercado de trabalho, como nos casos de acidente, doença ou incapacidade.

Em países como Alemanha e França, a gestão dos programas de bem-estar está sob encargo dos principais agentes produtivos, ou seja, uma característica típica dos regimes continental-corporativistas. Empresários e sindicatos são considerados atores legítimos na elaboração e provisão de políticas públicas. Como corolário, esses atores têm uma atuação que procura proteger os interesses subjetivos de seus representados e, por outro lado, a preservação da função de gestores do sistema contributivo da seguridade social (Moreno, 2000).

Essa característica vem permitindo certa margem de manobra na hora de negociar limitações orçamentárias aos programas de bem-estar já existentes nesses países. Os programas de seguridade social, como de atenção à saúde, estão sob a responsabilidade de comitês paritários de gestão compostos por representantes dos empresários e dos sindicatos. Conforme Moreno (2000), o protagonismo desses agentes sociais nos regimes corporativistas é determinante, pois os cidadãos e seus dependentes familiares são incluídos no sistema de previdência social graças à condição de trabalhador contributivo inserido no mercado de trabalho formal.

Para os que não conseguem acessar o sistema contributivo da seguridade social, o chamado regime continental de bem-estar dispõe de rede básica de proteção social assegurada por programas de assistência social, que operam com características semelhantes às do regime anglo-saxão: comprovação de carência por meio de teste de meio e, nos últimos anos, os programas de renda mínima com grande protagonismo social. Entretanto, Moreno (2002) destaca que na França a implantação da Renda Mínima de Inserção (RMI), na década de 1980, foi realizada após longo debate sobre os princípios republicanos da solidariedade entre os indivíduos e grupos e como fomento de inclusão sob o signo do Estado, em uma perspectiva de cidadania de direitos não estigmatizantes.

Uma das diferenças essenciais entre o modelo beveridgiano e o bismarckiano é o financiamento das políticas sociais, em sua maior parte, por meio de impostos gerais. O que justifica o financiamento por meio do orçamento fiscal no modelo beveridgiano é o princípio do universalismo das políticas sociais.

Mas é importante também observar que no chamado modelo residual de bem-estar, que predomina nos países de tradição anglo-saxão, o financiamento das políticas sociais é feito, na maior parte, por meio dos impostos gerais arrecadados junto à população. A justificativa para essa forma de financiamento é o baixo comprometimento do fundo público com o financiamento das políticas sociais, que são residuais, pois a perspectiva é de que o cidadão contrate junto ao mercado privado o seu "bem-estar social".

Nos últimos anos foram realizadas reformas que passaram para o mercado a provisão dos serviços sociais, paralelamente a uma desregulação do mercado de trabalho e também a maior flexibilidade nas relações de trabalho, que afetou de forma considerável a proteção social das famílias residentes nos países anglo-saxões. A ênfase é na função ativa do mercado na provisão dos serviços, especialmente nas áreas de educação e saúde. Há incentivos fiscais para que os cidadãos complementem seus benefícios públicos (que são mínimos) de aposentadorias no mercado privado ou prefiram receber integramente aposentadorias dos fundos de previdência privados. Moreno (2000) destaca o fato de que há maior participação de setores lucrativos (privados) na cobertura de riscos que tradicionalmente são organizados e geridos pelas instituições estatais: aposentadorias e seguros de acidentes de trabalho.

Em que pese a avalanche neoliberal, nos anos 1980 e 1990, os gastos sociais permanecem relevantes na maioria dos países da OCDE, conforme demonstra a tabela 2. A década de 1990 é marcada por uma redução no ritmo de crescimento desses gastos, que se expandiram durante os trinta anos depois da Segunda Guerra Mundial, edificando a construção do Estado Social nos países desenvolvidos. No período de 1990 a 2001, os seguintes países da OCDE reduziram suas despesas com política social: Canadá, -4%; Irlanda, -26%; Países Baixos, -21%; Nova Zelândia, -15%; Noruega, -3%; e Suécia, -3%. De acordo com a tabela 2, os países que têm as menores proporções de gastos de governo com política social em relação ao PIB são: Coreia (6,1%); México (11,8%); Irlanda (13,8%); e EUA (14,8%).

Porém, a média geral de 21 países da OCDE, com informação para todos os anos do período de 1990 a 2001, é de um crescimento de 6% nas despesas com proteção social. O montante dos gastos sociais permanece relevante em proporções do PIB. Na média de 21 países da OCDE ocorreu um crescimento de 24% no período de 1980 a 2001 (tabela 2).

Tabela 2
Total dos gastos públicos com política social (em % do PIB)

Países	1980	1989	1990	2001	80-89	90-01	80-01
Austrália	11,3	12,7	14,2	18,0	12%	27%	59%
Áustria	22,5	m	24,1	26,0		8%	16%
Bélgica	24,1	25,2	26,9	27,2	4%	1%	13%
Canadá	14,3	17,2	18,6	17,8	20%	-4%	24%
República Checa	m	m	17,0	20,1		18%	
Dinamarca	29,1	29,5	29,3	29,2	1%	0%	1%
Finlândia	18,5	23,1	24,8	24,8	25%	0%	34%
França	21,1	25,2	26,6	28,5	19%	7%	35%
Alemanha	23,0	23,0	22,8	27,4	0%	20%	19%
Grécia	11,5	17,5	20,9	24,3	53%	16%	112%
Hungria	m	m	m	20,1			
Islândia	m	m	16,4	19,8		21%	
Irlanda	17,0	18,4	18,6	13,8	9%	-26%	-19%
Itália	18,4	21,9	23,3	24,4	19%	5%	33%
Japão	10,2	10,9	11,2	16,9	7%	51%	66%
Coreia	m	m	3,1	6,1		96%	
Luxemburgo	23,5	21,7	21,9	20,8	-8%	-5%	-11%
México	m	2,7	3,8	11,8		208%	
Países Baixos	26,9	26,2	27,6	21,8	-3%	-21%	-19%
Nova Zelândia	17,2	21,5	21,9	18,5	25%	-15%	8%
Noruega	17,9	25,1	24,7	23,9	40%	-3%	33%
Polônia	m	m	15,5	23,0		48%	
Portugal	10,9	11,9	13,9	21,1	10%	52%	94%

Continua

Países	1980	1989	1990	2001	80-89	90-01	80-01
Eslováquia	m	m	m	17,9			
Espanha	15,9	18,5	19,5	19,6	16%	0%	23%
Suécia	28,8	29,9	30,8	28,9	4%	-6%	0%
Suiça	14,2	15,3	17,9	26,4	8%	47%	86%
Turquia	4,3	6,4	7,6	m	47%		
Reino Unido	17,9	18,6	19,5	21,8	4%	12%	22%
Estados Unidos	13,3	13,0	13,4	14,8	-2%	10%	11%
OECD-21*	17,7	19,4	20,5	21,9	10%	6%	24%
OECD 23*	17,9	m	20,9	22,1		6%	24%
OECD-28*	m	m	19,1	21,1		10%	
OECD-30*	m	m	m	21,2			
EU-15	20,6	m	23,4	24,0		3%	16%
EU-19	m	m	m	23,2			

Fonte: OECD (2004). Social expenditure database 2004. Disponível em: <www.oecd.org/els/social/expenditure>. Acesso em: 10 mar. 2007. (Elaboração própria.)

* Dados de 1999 para a Turquia. Para as médias OCDE de 2000 e 2001. As médias OCDE excluem os países cujos dados não estão disponíveis para os anos em questão. OCDE-28 exclui a República Checa e Eslováquia; OCDE-23 exclui a República Checa, a Hungria, a Islândia, a Coreia, o México, a Polônia e a Eslováquia; e OCDE-21 exclui a Áustria, a República Checa, a Hungria, a Islândia, a Coreia, o México, a Noruega, a Polônia e a Eslováquia; e OCDE-30 refere-se os atuais 30 países-membros integrantes da Organização.

De acordo com Moreno (2002), existe uma crescente insatisfação da população, sobretudo de setores da classe média, no pagamento de suas obrigações fiscais, gerando questionamentos sobre a qualidade dos serviços públicos e seu nível de gestão inferior à alta carga tributária requerida para sua manutenção. O autor ressalva que a carga tributária no Reino Unido e na Irlanda situa-se, desde a década de 1990, em torno de 35%, bem inferior a de países como França (46%), Itália (45%) e Alemanha (38%).

A chamada Europa nórdica de bem-estar, na classificação de Moreno (2002), guia a sua política econômica em harmonia com os ideais de igualdade com crescimento econômico e pleno emprego. Os sistemas de proteção social dos países do norte da Europa (Dinamarca, Finlândia, Islândia, Noruega e Suécia) são financiados mediantes impostos gerais, o que implica fortes redistribuições fiscais e com acesso universal para todos os cidadãos. Nesses países ocorre a provisão pública direta de serviços de bem-estar, em vez de transferências monetárias. Os programas de bem-estar não são discriminatórios e não obedecem a critérios seletivos de classes sociais ou de gênero.

Por fim, na análise de Moreno (2002), a Europa do bem-estar mediterrâneo, incluindo a Espanha, Grécia, Itália e Portugal, é identificada com um modelo misto entre princípios bismarckianos de manutenção de renda aos ocupados e princípios beveridgianos de cobertura universalista. Nessa conjunção entre universalismo e seletividade das políticas sociais há uma forte correlação com o desempenho do mercado de trabalho. Os sistemas de seguridade social, nesses países, são comparáveis aos de países da Europa continental devido à filosofia contributiva. Porém, nos últimos anos, vem ocorrendo uma maior intervenção do governo, visando a assegurar o acesso universal aos programas de saúde, pensões e serviços sociais para aqueles cidadãos à margem da economia formal, geradora de direitos sociais.

Um dos aspectos relevantes do financiamento do fundo público observado por Moreno (2002, p. 103) no regime de bem-estar dos países do sul da Europa diz respeito às chamadas economias submersas (informais):

> Isso comporta uma desigualdade das cargas financeiras entre os diversos grupos ocupacionais. Os cotizantes e contribuintes cumpridores com seus deveres de cidadão e de renda mais baixa são penalizados e vice-versa. [...] Isso dificulta a intervenção pública na hora de selecionar políticas dirigidas a grupos (*targeting*), circunstância que trata de resolver o acesso a serviços e benefícios, porém com comprovação de meios dos beneficiários na maioria dos casos.

Em síntese, nos diversos países capitalistas da Europa, que no segundo pós-guerra implantaram um Estado Social — que garantiu um conjunto de políticas sociais: previdência, saúde, assistência social, habitação, seguro-desemprego, educação etc. —, as formas de financiamentos são diferentes, conforme o modelo de benefícios assegurado pelo Estado. Nos países com larga tradição de proteção social aos seus cidadãos (como no caso dos países escandinavos), as políticas sociais (incluindo a previdência) são financiadas por impostos gerais, enquanto nos países desenvolvidos que têm um modelo corporativo há uma mistura, com uma participação importante das contribuições sociais, sobretudo as previdenciárias. Por fim, em países cuja forma de acesso à seguridade social é feita pelo mercado, principalmente no caso da previdência, há uma maior importância dos impostos gerais, pois os gastos são residuais.

As análises realizadas pela maioria dos autores estrangeiros estudados nesta seção trazem enfoques importantes para entender a questão do financiamento das políticas sociais, mas insuficientes e limitados a uma perspectiva social-democrata do capitalismo. Nesse sentido, as abordagens buscam encontrar, na maioria das vezes, uma solução técnica nos modelos de políticas sociais, sem questionar os limites da justiça social e da equidade sob a égide do sistema capitalista. A crise vivenciada pelo Estado Social não é uma crise de modelo de política social, mas uma crise estrutural do capitalismo.

Como ressaltam Behring e Boschetti (2006, p. 36), a partir de uma abordagem marxista, as políticas sociais devem ser vistas como ações continuadas e "resultado de relações complexas que se estabelecem entre Estado e sociedade, no âmbito dos conflitos e luta de classes que envolvem o processo de produção e reprodução do capitalismo". A política social é contraditória e está sujeita a sofrer guinadas decorrentes das relações conflituosas entre novos tipos de Estado e sociedade, pois, quando se "fala de 'crise' do Estado de Bem-Estar, tudo leva a crer que a política social entrou em falência, o que não corresponde à realidade" (Pereira, 2008, p. 44).

Com essa perspectiva crítica, a próxima seção analisa a crise fiscal e o financiamento da seguridade social.

2.2 Crise fiscal e financiamento da seguridade social

As políticas de cunho fordista/keynesiano foram incapazes de conter as contradições inerentes ao capitalismo. As dificuldades devem ser compreendidas pela rigidez dos investimentos de capital fixo de longo prazo, em sistemas de produção em massa, que impediam maiores flexibilidades de planejamento, pois têm como hipótese o crescimento estável do mercado de consumo. Além disso, há forte pressão sobre o fundo público, que passa a ser cada vez mais demandado, diante da crise capitalista dos anos 1970, de um lado, por aumento dos gastos sociais, em consequência do desemprego e, por outro lado, pelo fato de o capital invocar mais uma vez o Estado para assegurar a continuidade da acumulação capitalista.

No mercado de trabalho buscam-se tentativas de superar a "rigidez" dos anos fordistas, mas que esbarravam na

> força aparentemente invencível do poder profundamente entrincheirado da classe trabalhadora — o que explica as ondas de greve e os problemas

> trabalhistas do período 1968-1972.[6] A rigidez dos compromissos do Estado foi se intensificando à medida que os programas de assistência (seguridade social, direitos de pensão etc.) aumentavam sob pressão para manter a legitimidade num momento em que a rigidez na produção restringia expansões da base fiscal para gastos públicos. (Harvey, 2001, p. 135-6)

Nesse sentido, é importante uma análise da chamada "crise fiscal do Estado". Um destacado estudo crítico acerca da "crise fiscal do Estado" foi realizado por James O'Connor no livro *The fiscal crisis of the State*, de 1973, publicado no Brasil, em 1977, com o título *USA*: a crise do Estado capitalista. A pesquisa de O'Connor (1977) é uma referência importante para a compreensão da dinâmica das finanças públicas no capitalismo e do comportamento das políticas sociais diante da crise fiscal do Estado. A problemática desenvolvida pelo autor situa-se na socialização do financiamento dos custos de capital, ao passo que o excedente social continua a sofrer apropriação privada. Portanto, a socialização dos custos e a apropriação privada dos lucros geram uma crise fiscal entre as despesas do Estado. "O resultado é uma tendência para as despesas públicas crescerem mais rapidamente do que os meios para financiá-las" (O'Connor, 1977, p. 22).

A propensão para os gastos superarem as receitas gera a "crise fiscal do Estado", cuja causa essencial é antagonismo elementar do capitalismo entre a produção social e a apropriação privada dos meios de produção. Não existe uma norma determinando o crescimento das despesas mais rapidamente que as receitas, mas o fato é que as demandas crescentes, cujas soluções estão ao alcance do Estado, criam pressões cada vez maiores sobre o orçamento público. A preocupação central da política fiscal é a descoberta dos princípios que governam o volume e a alocação das finanças e das despesas públicas e a distribuição do encargo fiscal nas diversas classes econômicas (O'Connor, 1977).

O Estado capitalista busca desempenhar duas atribuições básicas, que na maioria das vezes são contraditórias: acumulação e legitimação. O mesmo Estado que cria condições para acumulação lucrativa do capital deve fazê-la mitificando sua política, denominando-a de algo que não é, ou ocultá-la, por

6. Uma leitura sobre a eclosão das revoltas do operário-massa e a crise do *Welfare State* pode ser encontrada em Antunes (2001), principalmente no capítulo III — "As repostas do capital a sua crise estrutural".

exemplo, transformando temas políticos em administrativos. Com a contradição entre o processo de acumulação do capital monopolista e a ampliação das despesas sociais de produção, ocorre a necessidade, por parte do capital monopolista, da intervenção do Estado para que, por meio dos gastos com o capital social,[7] eleve a produtividade ou reduza os custos de reprodução da força de trabalho. Paralelamente, a expansão do capital monopolista produz desequilíbrios econômicos e sociais, como o desemprego, exigindo maiores gastos sociais para manter harmonia social. A tensão permanente do gasto estatal para garantir a coesão social *versus* aquele destinado à acumulação do capital monopolista é fator gerador de crises, de forma que os gastos sociais não são autônomos e sim inseridos na crise geral do Estado capitalista (O'Connor, 1977).

Nesse sentido, ressalta Mandel (1982, p. 337):

> *As funções econômicas asseguradas por essa "preservação da existência social do capital"* incluem a manutenção de relações legais universalmente válidas, a emissão de moedas fiduciárias, a expansão do mercado local ou regional, e a criação de um instrumento de defesa dos interesses competitivos específicos do capital nativo contra os capitalistas estrangeiros — em outras palavras, o estabelecimento de leis, moeda, mercado, Exército e barreiras alfandegárias a nível nacional. Mas o custo dessas funções indispensáveis deve ser mínimo. Os impostos necessários à manutenção do Estado pareciam à burguesia triunfante puro desperdício de uma parcela da mais-valia que, caso contrário, poderia estar sendo empregada produtivamente. A burguesia industrial ascendente sempre tentou, portanto, controlar rigorosamente as despesas do Estado e questionar ou recusar qualquer aumento nessas despesas.

Na avaliação de O'Connor, o Estado pode financiar os crescentes gastos orçamentários de três formas: a) criando empresas estatais que produzam excedentes a serem usados para cobrir o capital social e as despesas sociais;

7. O'Connor aborda a crise fiscal em termos de categorias econômicas marxistas adaptadas aos problemas por ele estudados. O autor entende que as despesas estatais têm um duplo caráter correspondente às funções básicas do Estado capitalista: capital social e despesa social. Nesse sentido, capital social "é a despesa exigida para acumulação privada lucrativa; indiretamente é produtivo (em termos marxistas, o capital social aumenta indiretamente o valor excedente). Há dois tipos de capital social: investimento social e consumo social (em termos marxistas: capital social constante e capital social variável)" (O'Connor, 1977, p. 20).

b) emitindo títulos da dívida e tomando empréstimos por conta de futuras receitas fiscais; e c) elevando os impostos ou criando novos tributos.

> As finanças tributárias (e isto vale para todas as épocas) são formas de exploração econômicas e, portanto, um problema que requer análise de classe. [...] O Estado deve tentar criar formas tributárias equitativas para esconder o conteúdo não equitativo da estrutura dos tributos e a natureza exploradora da estrutura classista. A história tem mostrado que quando o Estado não pode mais dissimular a exploração tributária, ou justificá-la ideologicamente, corre o risco de uma revolta tributária (e, portanto, de uma revolta classista) e de uma intensificação dos problemas fiscais que já tem e dos consequentes problemas políticos. (O'Connor, 1977, p. 203)

O que ocorre no âmago da "crise fiscal do Estado" é uma disputa entre os recursos destinados à reprodução do capital e os fundos destinados à manutenção das políticas sociais. É importante analisar essa dicotomia no âmbito da forma de financiamento do Estado e sobre quem recai o peso do sistema tributário na acumulação do capital sobre o regime de financeirização. Assim,

> A financeirização não só tem produzido uma hierarquia à parte nas rendas e patrimônios das pessoas (que provocou uma enorme desigualdade entre as elites e as camadas populares urbanas), com sua "produção", ou valor agregado, como não é suscetível de ser medida nem tributada nacionalmente de forma progressiva. Agreguem a isso os componentes rentista e patrimonial da especulação financeira que estão amarrados a uma enorme valorização territorial-urbana, igualmente difícil de tributar a partir do balanço das empresas, para se ter uma ideia do que foi a concentração privada na década de 80. Se adicionarmos os "paraísos fiscais" para os agentes transnacionais, fica claro que o enorme incremento e riqueza na última década não só foi apropriado privadamente de forma muito concentrada, como não tem bases territoriais sólidas, a despeito de que a infraestrutura social e física tem sida paga pelos Estados Nacionais. (Fiori e Tavares, 1993, p. 66)

De acordo com Francisco de Oliveira (1998), mesmo com a internacionalização produtiva e financeira da economia capitalista, o padrão de financiamento público do *Welfare State* permanece dentro das fronteiras nacionais. No padrão keynesiano, o pressuposto era de que os ganhos fiscais correspondentes ao investimento e à renda fossem articulados e financiados pelo fundo público; a crescente internacionalização abocanhou parte dos ganhos fiscais, entretanto permanece a incumbência dos fundos públicos domésticos de articular e financiar a reprodução do capital e da força de trabalho. Portanto, a internacionalização retira uma parte dos ganhos fiscais.

As empresas transnacionais são usuárias contumazes do planejamento tributário, ou seja, escapam da tributação doméstica por meio de arranjos legais e ilegais, fazendo uso da elisão e sonegação fiscal, de forma que o sistema tributário em países da periferia torna-se cada vez mais regressivo, aumentando a carga sobre a classe trabalhadora e as camadas de menor poder aquisitivo.

> A escala da fuga de capital para a economia *offshore* é imensa. Em março de 2005, a Rede para a Justiça Fiscal publicou os resultados de uma pesquisa mostrando que US$ 11,5 trilhões de dólares de riqueza pessoal são controlados *offshore*. Uma grande proporção desta riqueza é gerenciada por aproximadamente 70 paraísos fiscais com o objetivo de minimizar ou até mesmo de evitar completamente o pagamento de impostos. Se a renda proveniente desta riqueza fosse tributada nos países de residência de seus proprietários ou no lugar de origem da riqueza, a receita adicional gerada que poderia estar disponível para custear os serviços públicos e os investimentos ao redor do mundo seria de aproximadamente US$ 255 bilhões de dólares por ano. É importante considerar que esta estimativa de perda de renda não inclui a elisão fiscal realizada por empresas transnacionais ou a redução da receita causada pela guerra fiscal. (Tax Justice Network, 2005, p. 4)

Para Coelho (2001, p. 81), "Não surpreendem, portanto, as *tax revolts* das classes trabalhadoras, exatamente porque assalariados constituem a massa de contribuintes cativos, uma vez que estes são os únicos que não dispõem de mecanismos de fuga à cobrança de impostos determinada pelos respectivos governos [...]".

De acordo com Francisco de Oliveira (1998, p. 32), o fundo público, na forma de títulos públicos e dos diversos incentivos e subsídios, agiliza a circulação do capital e pode cumprir, em muitos casos, o papel da ponte invisível entre quem poupa e quem investe da teoria keynesiana.

> O que torna o fundo público estrutural e insubstituível no processo de acumulação de capital, atuando nas duas pontas de sua constituição, é

> que sua mediação é absolutamente necessária pelo fato de que, tendo desatado o capital de suas determinações autovalorizáveis, detonou um agigantamento das forças produtivas de tal forma que o lucro capitalista é absolutamente insuficiente para dar forma, concretizar, as novas possibilidades de progresso técnico abertas. Isto somente se torna possível apropriando parcelas crescentes da riqueza pública em geral, ou mais especificamente os recursos públicos que tomam a forma estatal nas economias e sociedades capitalistas.

A crise do *Welfare State* tem sido associada à produção de bens sociais públicos e muito menos à presença do fundo público na reprodução do capital, o que revela o caráter ideológico da crítica à crise fiscal do Estado. Para Francisco de Oliveira (1998), é a disputa pelos fundos públicos destinados à reprodução do capital e os fundos que são destinados aos gastos sociais o revelador da crise. Trata-se de um jogo de soma zero: o que um perde é outro que ganha.

2.3 O financiamento das políticas de saúde, previdência e assistência social no Brasil

O fundo público no Brasil cumpriu funções e efeitos distintos dos ocorridos nos países do capitalismo central. A presença do Estado no desenvolvimento capitalista brasileiro transformou-se em um componente essencial e indispensável no processo de valorização do capital. De acordo com Fiori (1995, p. 46):

> Aqui o Estado aparece, desde o início, atuando numa direção distinta, na medida em que, tratando como iguais capitais que não são desiguais, produz e fortalece a desigualdade, agenciando um desdobramento peculiar da lei do valor, onde reprodução e acumulação convivem com uma desigualdade assegurada pela ação Estatal.

Para o autor, ao contrário dos países desenvolvidos, o Estado periférico brasileiro não logrou propiciar condições de reproduções sociais da totalidade da força de trabalho, não assumindo a plena responsabilidade pelos marginalizados. A população tende a estar imersa no mercado capitalista, mas como consumidora limitada de bens e serviços, incluída aí a aspiração ao bem-estar, típico de um capitalismo desenvolvido. Contudo, "nunca na condição de população trabalhadora, com todas as suas implicações socioeconômicas, nem na condição de cidadã, com todas as suas implicações ideológicas" (Fiori, 1995, p. 46).

De acordo com Behring e Boschetti (2006), a formação do Estado nacional é marcada pela ausência de compromisso com qualquer defesa mais categórica dos direitos dos cidadãos brasileiros, por parte das elites econômicas e políticas, que vai ser uma marca importante para analisar a configuração da política social no Brasil.

A movimentação no mercado de trabalho tem imbricações diretas na estruturação da previdência social brasileira, visto que o modelo de seguros instituído no Brasil a partir do início do século XX, baseado no modelo bismarckiano alemão, tinha por objetivo garantir maior segurança ao trabalhador assalariado e à sua família, em situações de inatividade, numa sociedade urbana na qual não era mais possível manter os vínculos de solidariedade que existiam na estrutura econômica rural.

No capitalismo, o desenvolvimento industrial, caracterizado pelo regime assalariado, extingue os vínculos predominantes no feudalismo e "mercantiliza" a classe trabalhadora, que deve vender sua força de trabalho no mercado. Os períodos de não inserção no mercado de trabalho (em decorrência de velhice, invalidez, desemprego ou doença), entretanto, põem em risco a reprodução dessa força de trabalho, absolutamente necessária à produção e reprodução do capital. A industrialização provoca a divisão cada vez mais intensa das tarefas, a complexificação das situações salariais e torna as condições de trabalho mais penosas e insuportáveis.

As situações de risco não são mais cobertas pelos mecanismos tradicionais da sociedade familiar e das ligações pessoais (Faleiros, 2000a). Em outras palavras, as indústrias nascentes necessitam que os trabalhadores retornem o mais breve possível para os postos de trabalho de maneira a não prejudicar a produtividade e passam a cobrar do Estado a cobertura do custo da ausência dos trabalhadores na produção. Por outro lado, os trabalhadores começam a se organizar e reivindicam melhores condições de trabalho.

O reconhecimento legal de direitos ligados e derivados do trabalho por meio da previdência social (aposentadorias, pensões, seguro-saúde, seguro-desemprego) impõe-se como uma resposta "apropriada" ao capitalismo, já que não coloca em questão a propriedade dos meios de produção (e, portanto, a propriedade privada), ao mesmo tempo que assegura a reprodução da força de trabalho. Como direito condicionado ao trabalho, a previdência derivou do processo de industrialização e do assalariamento decorrente. Ligada diretamente ao trabalho, a previdência social estabelece, paradoxalmente, as condições necessárias para o homem se liberar da hegemonia do trabalho. Foi com a previdência social que os trabalhadores puderam estar fora de uma relação de trabalho sem estar necessariamente em situação de ausência de proteção social (Boschetti, 1998).

A previdência social, regida pela lógica do seguro social, é a forma encontrada pelo capitalismo para garantir um mínimo de segurança social aos trabalhadores "não proprietários", ou seja, àqueles que só dispõem de sua força de trabalho para viver. Mas essa lógica só se materializa se os trabalhadores estiverem inseridos em relações estáveis de trabalho que assegurem o acesso aos direitos previdenciários. Para os trabalhadores excluídos do acesso ao emprego e para aqueles que não contribuem com a previdência estabelece-se uma clivagem social: eles não têm proteção previdenciária porque não contribuem e não têm acesso à assistência social porque esta é reservada aos pobres "incapacitados" de exercer uma atividade laborativa: idosos, crianças e pessoas portadoras de deficiência (Boschetti, 1998 e 2001). Nesse sentido, é importante compreender as especificidades do processo de industrialização no Brasil e a construção do mercado de trabalho assalariado e sua vinculação com o sistema previdenciário.

Os países da América Latina, entre eles o Brasil, adotaram após a grande depressão mundial de 1930 uma estratégia de desenvolvimento econômico baseada na substituição das importações. No caso brasileiro, essa estratégia ganhou fôlego durante a primeira fase do processo de industrialização, que esteve vinculado à instauração da grande indústria no governo Kubitschek. O período de 1956 a 1961 foi marcado pelo desenvolvimento de um complexo industrial de matiz taylorista-fordista.

O modelo de substituição de importações significou a tentativa de inverter as receitas das exportações primárias na indústria de bens de consumo com a compra de bens de capital (máquina e equipamentos) dos países desenvolvidos e a proteção da indústria nascente por meio de fortes barreiras alfandegárias. Trata-se de um processo interno de desenvolvimento, estimulado pelo desequilíbrio externo e que resulta na dinamização, crescimento e diversificação do setor industrial. No período de 1968 a 1973, o Brasil registrou índices de crescimento econômico impressionantes no denominado "milagre brasileiro", que contribuíram para o desenvolvimento do mercado de trabalho urbano estruturado com ocupações de caráter assalariado.

Porém, a estratégia de industrialização não obteve êxito na inserção do país no círculo virtuoso do fordismo dos países centrais. Lipietz (1988) destaca o fato da adoção parcial do modelo de produção e consumo, mas sem a adoção das relações sociais correspondentes, o que levou ao fracasso da inserção. No lado do processo de trabalho, a importação de máquinas e equipamentos não era garantia da transferência do *know-how*, ou seja, de qualificação e de ganhos de produtividade, e, do lado dos mercados, foram raros os casos de ampliação significativa do poder aquisitivo dos operários.

Nessa lógica é que Lipietz (1988) desenvolve o conceito de fordismo periférico para se referir ao modo de acumulação de capital nos países subdesenvolvidos no segundo pós-guerra, destacando-se a não generalização da condição de assalariamento para toda a PEA e a manutenção de uma elevada concentração de renda.

A consequência é a não vigência das características básicas do modelo, como a criação de um mercado de consumo de massa, o compromisso de negociação sindical — a troca da elevação do nível de produtividade por elevação no padrão de vida. Ainda "no fordismo periférico" estão presentes o baixo nível de qualificação da mão de obra, a baixa escolarização da força de trabalho, o alto índice de rotatividade e o baixo valor real dos salários (Lipietz, 1988).

Contudo, apesar das limitações, foi nesse período da história, entre o segundo pós-guerra e o fim dos anos 1970, que o mercado de trabalho brasileiro gerou um maior número de relações de trabalho assalariadas, com a criação de empregos por empresas tipicamente capitalistas, sobretudo do setor industrial, que geravam postos de trabalhos mais homogêneos, ao mesmo tempo que se reduziram as inserções de vínculos de trabalhos precários, no âmbito das relações informais de trabalho.

As relações de trabalho envolvem um conjunto de arranjos institucionais e informais que modelam as relações sociais de produção no local de trabalho. As decisões sobre a forma de execução do trabalho envolvem relações de poder, que regulam e transformam o trabalho. No capitalismo, as grandes empresas transnacionais, as políticas adotadas pelos estados e os acordos multilaterais alteram as formas existentes de regulação de trabalho e o poder de barganha dos sindicatos. Na perspectiva marxista, as relações de trabalho são relações de exploração, de extração pelo capitalista do sobretrabalho realizado pelos trabalhadores, propiciando a realização do valor, isto é, a acumulação de capital (Liedke, 1997).

Apesar do movimento de estruturação do mercado de trabalho brasileiro, propiciado pelo projeto de industrialização e pela institucionalização das relações de trabalho de caráter assalariado em torno do estatuto do trabalho (CLT), o país não alcançou o mesmo nível de assalariamento dos países desenvolvidos.

De acordo com o Departamento Intersindical de Estatística e Estudos Socioeconômicos (DIEESE, 1994), nos 40 anos do processo de industrialização brasileira (1940 a 1980), a economia brasileira gerou cerca de 29 milhões de novas ocupações, das quais 25 milhões no meio urbano (86,2%) e 4 milhões no meio rural (13,8%). Do total de ocupações urbanas, 21,9 milhões dizem respeito aos empregos assalariados (75,5%), dos quais 14,5 milhões referentes ao assalariamento com carteira assinada. Esses 14,5 milhões de empregos, que representam quase 50% do total dos postos de trabalho criados ao longo de quatro décadas, estiveram diretamente associados ao desempenho do núcleo dinâmico da economia brasileira e foram os responsáveis pela generalização dos empregos regulares e regulamentados em todo o país.

A década de 1920 é marcada por mudanças em relação à postura do Estado brasileiro, que no período de 1881 a 1919 foi notadamente de cunho liberal. As alterações passam por uma maior intervenção do Estado nas questões sociais em resposta à pressão dos trabalhadores, de forma que, em 1919, é instituída a primeira legislação sobre indenização por acidente de trabalho no Brasil.

As primeiras medidas de proteção social nascem no Brasil com mais de trinta anos de atraso em relação aos países centrais do capitalismo. Essa defasagem, na avaliação de Barbosa e Moretto (1998), pode ser explicada por três motivos: a) a falta da industrialização do país; b) o limitado poder de pressão dos sindicatos, restritos a algumas atividades; e c) a estrutura política assentada em poderosas oligarquias estaduais.

A conjuntura dos anos 1920 é marcada por pressões externas, como a Revolução Russa e a assinatura do Tratado de Versalhes. Esse tratado, assinado ao final da Primeira Guerra Mundial, do qual o Brasil é signatário, recomendava a necessidade de implantação de medidas sociais. No plano interno, ocorriam as greves de 1917 e 1919, nas quais os trabalhadores, entre outras coisas, reivindicavam o cumprimento do Tratado de Versalhes (Fleury, 1994; Cabral, 2000).

No Brasil, embora os antecedentes do sistema previdenciário possam ser encontrados desde os tempos da Colônia, como as Santas Casas de Misericórdia, os montepios e as sociedades beneficentes (Teixeira, 1990), alguns mecanismos de seguro social e proteção à saúde, criados no século XIX, como os montepios e as Caixas de Socorros (Moreau, 2005), foi durante as duas primeiras décadas do século XX que surgiu uma quantidade significativa de associações e sociedades de socorro mútuo, vinculadas às ligas e às uniões operárias.

As iniciativas de proteção social do Estado brasileiro foram bastante limitadas nos primeiros 25 anos do século XX. Com a saída do Império (1889) e com uma economia fundada na escravidão até 1888, o Brasil começou o século XX sob a supremacia econômica liberal e baseada no clientelismo político.

> Não se deve esquecer, todavia, que o Brasil foi o último país a abolir o trabalho escravo, impondo uma transição extremamente conservadora para o assalariamento, através da imigração de mão de obra europeia e asiática, deixando a população negra excluída da possibilidade de imediata integração pelo emprego salarial. Da mesma forma, a implantação do regime republicano não foi nenhum caso esplêndido de participação popular e avanço seguido de maior democratização política do país. (Pochmann, 2004, p. 7)

A economia profundamente dependente de um único produto, o café, que representava 80% da pauta de exportação brasileira, teve associada à sua dinâmica as condições de infraestrutura do país, com a construção de ferrovias e portos voltados para a exportação, além de um Estado capturado pela oligarquia rural que impunha as políticas econômicas de seu interesse, destacando, sobretudo, a política cambial, os incentivos fiscais e os subsídios.

Para o entendimento da configuração do mercado de trabalho no Brasil, Theodoro (2005) remonta às raízes históricas que vão marcar a transição para o trabalho livre, analisando o período que vai do início do século XIX até 1888, quando a economia brasileira era baseada na escravidão. O autor destaca a decisiva participação do Estado na conformação do mercado de trabalho no Brasil, chamando a atenção para dois pontos fundamentais: a) o enquadramento legal que permitiu a utilização do trabalho escravo como eixo central da economia exportadora, garantindo a produção econômica de grande escala e voltada para os mercados europeus; e b) a transição para o trabalho livre, que ocorreu por meio do financiamento da imigração por parte do Estado e com medidas de estímulo à introdução da força de trabalho migrante (Theodoro, 2005).

Para Boschetti (2006), a votação da primeira lei previdenciária no país se deu num contexto de emergência do movimento operário, formado por uma classe trabalhadora de maioria estrangeira, que reivindicava o fim da degradação das condições de vida e de trabalho e da exploração da mão de obra feminina e infantil, assim como das longas jornadas de trabalho; e de crise política das oligarquias até então predominantes.

Em 1923, entrou em vigor a Lei Eloy Chaves (Decreto Legislativo n. 4.682, de 1923), que cria as primeiras Caixas de Aposentadorias e Pensões (CAPs), considerada o marco do sistema de previdência no Brasil (Fleury, 1994). Conforme Malloy (1976, p. 57),

> A Lei Eloy Chaves é um aspecto da herança de atitudes e programas que apontavam para uma abordagem mais ampla da questão social. Mas definida em 1920, essa herança promoveu as bases para uma futura articulação de políticas sociais e trabalhistas definidas pela elite, a lei de 1923, especificamente, estabeleceu a base para a elaboração de um sistema geral de previdência social.

Essa noção "paternalista" de Malloy para explicar o nascimento da legislação trabalhista e social é contestada por Oliveira e Teixeira (1985, p. 49):[8]

> Estes acontecimentos não resultam, como o autor citado [Malloy] dá a entender, de uma surpreendente doação "paternalista", "elitista", por parte das classes dominantes, vistas como seguras de si e isoladas na cena política. Ao contrário, são o produto da pressão operária interna; reforçada pela ameaça que esta mesma classe colocava no ar com sua ação no plano internacional; e num contexto de início da crise da própria forma de dominação burguesa até então vigente no país.

8. Ver nesse sentido o apêndice do capítulo 1 da obra de Oliveira e Teixeira (1985), que traz as reivindicações dos trabalhadores para o início do século XX.

O Decreto n. 5.109/26[9] estendeu a criação de CAPs para os marítimos e portuários, depois estendeu a outras categorias vinculadas à infraestrutura nascente no país e aos servidores públicos. As CAPs são organizações de natureza privada financiadas pelas contribuições das empresas e dos empregados e pela cobrança de um tributo adicional sobre o tráfego ferroviário e o marítimo, que era repassado diretamente à administração das Caixas.

O Estado não participava diretamente da administração das CAPs, mas exercia um controle a distância e *a posteriori* no julgamento de recursos das decisões do Conselho de Administração. Apesar da não participação direta do Estado no plano administrativo e financeiro, as CAPs só foram viabilizadas por meio da imposição legal (Oliveira e Teixeira, 1985).

No tocante ao financiamento das CAPS, devido a sua natureza jurídica privada, as contribuições eram devidas pelos empregados e empregadores, pois ao Estado cabia apenas o papel de controle externo e de intervenção, em caso de existência de conflitos entre as partes. Com isso, as contribuições dos empregados se baseavam na folha salarial para a qual os trabalhadores contribuíam com 3% do salário e as empresas aportavam recursos com base em duas fontes de incidência: 1% sobre a receita bruta anual e 1,5% de um imposto anual cobrado sobre os serviços prestados pelas empresas. Esses recursos eram recolhidos pelas empresas e depositados na conta-corrente da respectiva CAP (Oliveira e Teixeira, 1985).

De acordo com Boschetti (2006, p. 17):

> O princípio do financiamento apresentava uma contradição: apenas os empregados das empresas e seus dependentes tinham direito aos benefícios, embora estes fossem financiados não só pela contribuição direta dos empregados, mas também por *todos os usuários dos serviços, visto que os impostos sobre tais serviços eram repassados aos preços.* (grifos nossos)

O modelo previdenciário da década de 1920 é marcado por uma amplitude nas suas atribuições com a união de serviços médicos e farmacêuticos aos benefícios pecuniários. As CAPs tinham liberalidade na definição dos beneficiários desses serviços (que, em geral, incluíam o atendimento à família do trabalhador) e na definição dos critérios de concessão da aposentadoria.

---

9. O artigo 43 desse decreto apresenta uma importante conquista da classe trabalhadora que foi a estabilidade no serviço, aos dez anos de trabalho.

Também não eram limitados a benefícios pecuniários de aposentadorias e pensões, pois existia uma gama de benefícios, como, por exemplo, o pagamento de 50% dos vencimentos dos segurados chamados a prestar serviço militar legal (Oliveira e Teixeira, 1985).

Em 1930, a revolução liderada por Getúlio Vargas pôs fim à chamada República Velha. Getúlio Vargas foi presidente da República no período de 1930 a 1945, fase marcada por profundas transformações sociais e econômicas no país. Esse período é dividido historicamente como governo provisório (1930 a 1934); governo constitucional, com eleição pelo Congresso Nacional (1934 a 1937); e ditadura do Estado Novo (1937 a 1945). Nos 15 anos do primeiro governo Vargas foi produzida uma ampla legislação social e trabalhista.[10]

Ao longo dos anos 1930, o país passa por um conjunto de modificações na ordem econômica, destacando-se a industrialização, a regulamentação do mercado de trabalho e o estabelecimento de novas relações salariais. Em relação à política previdenciária, as CAPs, de natureza privada e organizadas por empresas, são transformadas e substituídas progressivamente pelos Institutos de Aposentadoria e Pensões (IAPs), organizados por ramos de atividade e de natureza estatal.

O primeiro IAP criado foi o dos marítimos em 1933. Conforme a organização e a inserção econômica das diversas categorias, progressivamente elas conquistavam a implantação dos seus respectivos institutos de aposentadorias.[11]

O processo de industrialização significou a entrada de novos trabalhadores no sistema previdenciário, implicando, no curto prazo, a elevação da arrecadação e uma diminuição nas despesas *per capita*. Um dos motivos dessa relação financeira positiva são os prazos de carências exigidos para a obtenção dos benefícios previdenciários, que significaram a redução dos gastos no período de 1930 a 1945. A análise da legislação previdenciária feita desse período por Oliveira e Teixeira (1985) indica, também, uma marcante orientação de caráter contencionista nos gastos previdenciários. A legislação procurou

---

10. Getúlio voltou a governar o país no período de 1951 a 1954, dessa vez como presidente eleito pelo voto direto.

11. Cronologicamente: bancários (1934), industriários (1936), servidores do Estado (1938), trabalhadores em transporte de carga (1938) e comerciários (1940). Esta última categoria, na realidade, teve seu IAP criado em 1934 e reorganizado em 1940.

demarcar "benefícios" (previdência) e "serviços" (assistência), obrigando os institutos a definir orçamentos rígidos e tetos para gastos com a assistência médico-hospitalar e com produtos farmacêuticos. A lógica dominante era de que apenas os benefícios pecuniários de longo prazo eram obrigações contratuais de previdência social. De acordo com os autores, essa política contencionista, aliada a aumento da arrecadação nas CAPs e depois no IAPs, produziu superávits equivalentes a mais de 70% das receitas arrecadadas.

A partir de 1930, quando o Estado brasileiro passa a intervir e regulamentar a organização econômica e social é que surgem maiores distinções entre os vocábulos "assistência" e "previdência".

A Constituição de 1934, no capítulo IV, que trata da ordem econômica e social, dispõe no artigo 121 que a lei deve tratar do amparo à produção e do estabelecimento das condições do trabalho, tendo em vista a proteção social do trabalhador e os interesses econômicos do país. Sendo assim, a letra "h" desse artigo inclui como proteção social: "assistência médica e sanitária ao trabalhador e à gestante, assegurando a esta descanso antes e depois do parto, sem prejuízo do salário e do emprego, e instituição de previdência, mediante contribuição igual da União, do empregador e do empregado, a favor da velhice, da invalidez, da maternidade e nos casos de acidentes de trabalho ou de morte",[12] de forma que a embrionária legislação social, ao se referir ao seguro social, adota o termo "previdência" como sinônimo de "seguro" para designar o pagamento dos benefícios de aposentadorias e pensões. Os outros benefícios e serviços dos institutos de previdência recebiam a designação de "assistência médica" e "auxílios". Com isso, historicamente as prestações pecuniárias referem-se à "previdência", enquanto os "serviços" englobavam a assistência social e os serviços médicos e "auxílios" à assistência social temporária em dinheiro, como os auxílios natalidade e funeral (Boschetti, 2006), embora todas essas medidas integrassem o mesmo sistema previdenciário e fossem financiadas na lógica contributiva.

Braga e Paula (1981) destacam o fato de que as poucas unidades de saúde pública eram vinculadas aos governos estaduais e limitavam-se às capitais e às principais cidades do interior, ao passo que o financiamento dessas unidades provinha basicamente dos orçamentos dos governos estaduais e com ínfimas contribuições federais e filantrópicas. Já os trabalhadores assalariados

12. Essa redação permaneceu até a Emenda n. 1 de 1969.

contavam com os benefícios de assistência médica curativa e o fornecimento de médicos das caixas e institutos de aposentadorias.

Uma marca do período de 1930 a 1945 é a reafirmação da lógica do seguro privado e o apogeu do regime financeiro de capitalização. O modelo teórico de "seguro social" entendia que o Estado não deveria custear, por meio do orçamento fiscal, os gastos previdenciários, ou seja, a garantia de renda aos trabalhadores e aos seus dependentes em caso de doença, invalidez, velhice e morte, e muito menos garantir serviços, no âmbito do sistema previdenciário, como o de assistência médica. Nessa lógica, caberia aos próprios trabalhadores organizar mutuariamente seus próprios recursos para a previsão desses eventos (Oliveira e Teixeira, 1985).

Paradoxalmente, apesar do processo de contenção das despesas e aumento das contribuições dos empregados e empregadores, ocorre a implantação de uma contribuição do Estado, por meio do Decreto n. 20.465 (de 1° de outubro de 1931), para o financiamento da previdência, na mesma proporção, das outras duas fontes de receitas: empresa e trabalhador. Na realidade, a contribuição do Estado ocorria por meio das alíquotas (quotas previdenciárias) pagas pelos consumidores de bens e serviços de empresas vinculadas aos IAPs. Esses impostos sobre serviços e produtos das empresas (tributação sobre consumo), embora denominados de contribuição do Estado, não integravam o orçamento fiscal e eram repassados diretamente pelas empresas para os institutos de previdência. A arrecadação que anteriormente era repassada diretamente aos cofres das CAPs passa então a ser centralizada pelo Estado.

Esse novo formato de financiamento com maior intervenção do Estado, na prática tripartite, e posteriormente legalizado na Constituição de 1934, é marcado também por elevação e diversidade nos índices de contribuição entre os trabalhadores e por modificações na forma de contribuição dos empregadores (Boschetti, 2006). Um simbólico dispositivo na legislação segundo o qual as contribuições empresariais não poderiam ser menores que a dos trabalhadores foi a salvaguarda para que os empresários, na prática, não adotassem o faturamento como referência de recolhimento previdenciário e sim o mesmo volume de recursos recolhidos pelos trabalhadores (Oliveira e Teixeira, 1985).

Os autores também advertem para o fato de que o repasse dos recursos, que deveria correr para os institutos de previdência, estipulados por lei, era desviado para outras finalidades, e o Estado nem cumpria os prazos nem repassava a totalidade do montante arrecadado. Na prática, a previdência permanecia sem ônus para o Estado e, ainda, tornava-se um importante instrumento de acumulação de recursos, que foram destinados ao financiamento do processo de industrialização brasileira.

Conforme Maia (2003), após a Segunda Guerra Mundial, foi comum os governos recorrerem às reservas financeiras dos fundos previdenciários, principalmente nos regimes financeiros de capitalização ainda não maduros, como foi o caso dos IAPs, alocando superávits significativos para dinamizar a economia, por meio de investimento. De acordo com a autora, esses recursos na ótica do planejamento estatal eram registrados como fundos de capital e seguiam em conformidade com os planos de desenvolvimento, alocados em consonância com as prioridades nacionais. A destinação de fundos previdenciários para investimentos produtivos ocorreu até mesmo em conjuntura de contas deficitárias, quando não se formavam reservas, priorizando o fomento de setores de infraestrutura, mediante o crédito subsidiado e, em geral, na contramão de assegurar solvência ao sistema e garantias aos interesses dos trabalhadores contribuintes.

Para Boschetti (2006, p. 24): "Os IAPs permitiram ao governo acumular fundos de capitalização fundamentais para a política de substituição de importações e estimulação da indústria".

> Do ponto de vista econômico, neste período instaura-se um processo de industrialização, ou seja, o motor da acumulação passa a ser o capital industrial. Trata-se da industrialização limitada, restrita, dada a insuficiência técnica e financeira do próprio capital industrial. Isto é, as bases de acumulação industrial estavam "restringidas" porque não se implantara um setor industrial com produtos de meios de produção (máquinas, equipamentos, insumos básicos) que desse maior concretude ao progresso tecnológico e impusesse a partir de seus investimentos uma dinâmica especificamente capitalista ao conjunto da sociedade. Ou seja: uma dinâmica endógena de reprodução ampliada do capital consubstanciada nas relações entre os departamentos produtivos — de meios de produção e de bens de consumo — pela qual se reconstitui e se amplia, contínua e ciclicamente, o capital constante da sociedade (máquinas, equipamentos e insumos em geral) e o capital variável (meios de consumo destinados à reprodução da força de trabalho) com o que, ademais, se reproduzem relações sociais de produção própria do regime capitalista de produção. Esta dinâmica especificamente capitalista só se implanta definitivamente no Brasil a partir de 1956 com o bloco de investimentos produtivos que compunha o chamado Plano de Metas do período JK. (Braga e Paula, 1981, p. 50)

No Brasil, o projeto nacional-desenvolvimentista começado em Vargas contou sensivelmente com recursos dos fundos previdenciários, com uma previdência social que já estava em funcionamento há mais de 20 anos. Assim, os institutos de previdência foram utilizados como instrumentos de captação de poupança para realização de investimentos eleitos como estratégicos pelo governo no processo de industrialização.

De acordo com Oliveira, Beltrão e David (1999), as instituições previdenciárias participaram do financiamento de inúmeros hospitais e ambulatórios, bem como da Companhia Vale do Rio Doce, da Companhia Hidroelétrica do Vale de São Francisco, e possuíam igualmente ações da Companhia Siderúrgica Nacional. Conforme os autores, houve investimentos de um dos maiores IAPs, o Instituto de Aposentadorias e Pensões dos Industriários (IAPI), em empresas de economia mista até o ano de 1954. Ressalta-se que, em valores atualizados para real de setembro de 2007, pelo IGP-DI, os investimentos em empresa de economia mista do IAPI chegaram a R$ 150 milhões (tabela 3). Os investimentos feitos na construção de Brasília, em unidades residenciais e em imóveis para o próprio funcionamento, pelos IAPs, alcançaram a soma de R$ 465 milhões,[13] a valores de setembro de 2007.

Tabela 3
Investimentos do IAPI em empresas de economia mista — 1954
(Em R$ de setembro de 2007)

Títulos de Empresas	Valor em R$[1]
Cia. Siderúrgica Nacional	90.805.425,06
Cia. Vale do Rio Doce	3.515.048,72
Cia. Instituto Resseguros	1.923.024,56
Cia. Hidroelétrica de São Francisco	8.787.621,77
Bônus do Banco do Brasil	3.632.802,83
Recolhimento para Tomada de Bônus do Banco do Brasil	41.578.944,11
Total	150.242.867,05

Fonte: Oliveira, Beltrão e David (1999, p. 4).

(1) Valores atualizados para setembro de 2007 pelo IGP-DI, a partir dos dados originais de Oliveira, Beltrão e David (1999, p. 4), que são referentes a junho de 1998.

13. Os institutos são: IAPI, IAPC, IAPB, IAPFESP, IAPM, IAPETC. De acordo com Oliveira, Beltrão e David (1999, p. 4), os investimentos dos IAPs em Brasília totalizaram R$ 188.959.414,60, referentes a junho de 1998. O valor de R$ 465 milhões é atualizado pelo IGP-DI para setembro de 2007.

Com elevado volume de investimento nas empresas estatais, a previdência social foi transformada em um dos mais importantes "sócios" da União e das empresas estatais criadas no governo Getúlio Vargas. Contribuiu também o fato de que os IAPs, ao contrário das CAPs, foram instituídos sob a forma de autarquias, possibilitando o maior controle do Estado sobre o sistema, além de permitir a organização corporativa do movimento sindical (Andrade, 1999). Assim, o sistema previdenciário por ter sido concebido como

> um seguro social não pode prescindir do vínculo contributivo, trazendo consigo uma estratificação dos assalariados urbanos quanto aos benefícios e direitos sociais a que estes têm acesso. Esses direitos não só são atribuídos apenas a alguns setores assalariados, como são altamente diferenciados para cada um destes. [...]. Dado que a previdência social foi instituída como parte integrante de uma série de medidas de regulação capital/trabalho, a própria legislação sindical obedece aos cânones do corporativismo. (Cohn, 1995, p. 55)

Para Fleury (1994), o fato de o Estado assumir a responsabilidade da organização da classe trabalhadora, via instrumentos de política social e trabalhista, não significou no Brasil uma política redistributiva. Pelo contrário, os mecanismos corporativos instrumentalizados pela política previdenciária e de trabalho estavam direcionados para a incorporação seletiva e controlada de parte dos trabalhadores dos setores dinâmicos da economia, que tinham maior poder de barganha.

O período de 1930 a 1945 é marcado pelo atraso nos repasses da arrecadação, bem como pela elevação da dívida dos empregadores e do governo com os fundos previdenciários. Ao final de 1945, no governo Dutra, a dívida da União com as instituições previdenciárias era correspondente a 85% das despesas das instituições naquele mesmo ano ou, ainda, à metade da arrecadação no período, conforme destacam Oliveira e Teixeira (1985).

Em síntese, se por um lado o início do processo de assalariamento no Brasil permitiu o desenvolvimento da previdência social e os benefícios e serviços a ela associados (aposentadorias, auxílios e serviços médicos), por outro lado, o recolhimento das contribuições previdenciárias era administrado sob o regime financeiro de capitalização servindo de *funding* para o financiamento da indústria nascente. No aspecto político, a previdência contribui com a gestão e o controle da força de trabalho, reforçando a posição hegemônica do "Estado Novo".

A política de saúde, apesar de aparecer como prioridade no chamado Plano Salte (das primeiras letras de saúde, alimentos, transporte e energia), no governo Dutra, em 1948, não se concretiza de fato entre as opções prioritárias da política de gasto do governo. De acordo com Braga e Paula (1981, p. 56):

> Em primeiro lugar, porque nesta etapa de industrialização brasileira o Estado concentrou seus recursos relativamente escassos nos requisitos básicos para o próprio avanço do processo de industrialização. E, em segundo lugar, esse fenômeno explica-se pela própria estreiteza da base financeira deste Estado, reflexo do limitado desenvolvimento industrial, mas também reflexo da ausência de suporte e pressões sociais que o levasse a uma radical reforma tributária. Nestas condições, os serviços de saúde pública padeceram (e padecem, até hoje) de uma carência crônica de recursos, a comprometer sempre o atendimento à população.

Braga e Paula (1981) ressaltam o fato de que o financiamento da política de saúde era dependente basicamente da arrecadação previdenciária, e o parâmetro para acesso aos benefícios previdenciários era conferido pela obrigatoriedade da carteira profissional, numa estrutura sindical corporativa de sindicato único (Teixeira, 1990). O Estado, via institucionalização dos IAPs, exercia uma ação discriminatória na identificação dos cidadãos. O estatuto da cidadania era válido apenas para os trabalhadores que tinham ocupações regulamentadas em lei. Os restantes eram "pré-cidadãos", ou seja, um contingente representativo de trabalhadores urbanos, como os autônomos e empregados domésticos ou, ainda, os trabalhadores rurais. Nesse sentido, Wanderley Santos (1979) formulou a expressão "cidadania regulada" para caracterizar esse período, o que reforçou a estrutura de desigualdades sociais do país: cidadãos estratificados em categorias profissionais, benefícios desiguais. Consagrou, ademais, a excludente vinculação entre acumulação e equidade (Vianna, 1998).

Seguindo a análise de Reis (1990), Boschetti (1998) aponta dois problemas da abordagem "cidadania regulada":

1) a começar pela imprecisão semântica do termo cidadania: o que deve garantir os direitos sociais é a condição de cidadão e não o fato de ter ou não um trabalho assalariado. Caso a lógica de Santos seja tratada com precisão,

só terão *status* de cidadão aqueles que participarem do processo produtivo. A autora questiona se os direitos são de cidadania ou do trabalho; e

2) o segundo problema refere-se à noção de "cidadania universal" trabalhada por Wanderley Santos (1979), uma vez que, ao apontar a impossibilidade de a origem dos direitos ser vinculada proporcionalmente ou condicionada a uma contribuição direta do cidadão, propõe a garantia de "direitos essenciais" e de benefícios "em função de carências", além da impossibilidade de definir o que são e o que não são direitos essenciais, pois as chamadas carências individuais seriam seletivas e restritas à população que se encontra carente, propondo, então, a seletividade e a focalização, que são contraditórias à ideia de cidadania universal.

A estrutura do financiamento do modelo de proteção social também era regressiva, conforme demonstra Pochmann (2004, p. 10):

> Ao mesmo tempo, a estrutura tributária implementada naquele momento demonstrou ser regressiva, dependendo de impostos e contribuições sobre o custo do trabalho. Assim, parte importante do sistema de proteção social foi financiada por base contributiva, por tributos indiretos e subvenções fiscais, que, na maior parte das vezes, é regressiva, pois onera justamente a renda dos pobres. Parte importante dos gastos sociais passou a estar atrelada ao comportamento dos salários e da folha de pagamento (fpag.) formal das empresas, como nos casos da educação pública, que depende do salário-educação (2,5% da fpag.), da qualificação profissional (1,6% da fpag.), do entretenimento (1,5% da fpag.), da invalidez por acidente de trabalho (2,0% da fpag.), da previdência e assistência social (20,0% da fpag. e até 11,5% do salário) e da proteção ao desemprego (8% da fpag.). Na totalidade, o financiamento geral da proteção social representou em torno de 1/3 do custo total do empregado urbano, o que tornou o acesso ao contrato formal de trabalho mais difícil e um problema para o acesso e difusão de uma cidadania de natureza regulada.

A legislação da previdência após 1945 é marcada por mudanças em relação ao período de 1930 a 1945. As alterações são no sentido de mudar a política contencionista dos anos anteriores com medidas que ampliam benefícios e os serviços prestados pelas instituições de previdência, além da majoração da contribuição dos segurados.

Com o movimento de pressão social e redemocratização do país após 1945 e o fim do Estado Novo, os trabalhadores pressionavam, no âmbito da previdência, para manter em patamares mínimos suas contribuições e, por outro lado, exigiam a valorização dos planos de benefícios e serviços.

Contribuiu para isso a repercussão no Brasil de *O plano Beveridge*, publicado na Inglaterra em 1942, o qual aponta para um modelo de seguridade social oposto à lógica de seguro social, que entende a previdência social limitada a um seguro e com uma lógica de funcionamento igual à de um plano privado.

O ideário dos defensores da seguridade social, na síntese de Oliveira e Teixeira (1985), passa pela defesa das seguintes proposições:

a) um sistema para o qual cada um deve colaborar (ou mesmo não colaborar) de acordo com sua capacidade contributiva e que exista a garantia para qualquer cidadão, em momentos de inatividade, de uma renda que garanta um padrão mínimo de bem-estar;

b) a concessão da renda deve estar desvinculada das justificativas que levaram o indivíduo a requerê-la e independentemente da sua contribuição; e

c) a ampliação da política de seguridade social para além da previdência social, incluindo ações na área de saúde, assistência social, higiene, educação, habitação, garantia de pleno emprego e distribuição de renda.

O plano Beveridge teve influência sobre a tecnocracia brasileira; contudo, em nenhum momento da nossa história a concessão de benefícios previdenciários deixou de exigir uma contribuição dos "segurados" e os valores das aposentadorias sempre foram vinculados diretamente às contribuições vertidas.

Nesse sentido, a influência das ideias de Beveridge

> [...] foi parcial, lenta, gradual e limitada. Parcial porque muitos princípios bismarckianos foram mantidos e nem todos os princípios do modelo beveridgiano foram incorporados, de modo que a seguridade social permanece entre o seguro e assistência. Lenta e gradual porque, ainda que tenhamos iniciado a instituição de políticas sociais de cunho mais nacional na década de 30, o processo de ampliação da cobertura e de expansão dos direitos, programas e serviços se deu de forma gradativa e jamais chegou a assegurar direitos iguais a todos os cidadãos. E limitada porque, ainda hoje, permanece a tensão entre consolidar uma seguridade social pública e ampla e universal ou restringir sua função pública às camadas mais pobres da população. (Boschetti, 2001, p. 43)

Uma questão importante do período de 1945 a 1964 — classificado por especialistas (Malloy, 1976; Oliveira e Teixeira, 1985) como o período da democracia populista em que a previdência social foi intensamente influenciada pela ideologia populista — é o aumento explosivo da dívida da União com as instituições da previdência, que chegou a atingir o mesmo montante do pagamento dos benefícios previdenciários de 1948. Esse processo estendeu-se até o começo da década de 1960 e os resultados ficaram conhecidos como "a crise financeira da previdência".

Andrade (1999) demonstra que se o saldo resultante da capitalização entre 1945 e 1980 (equivalente a 41% do PIB de 1980) da previdência social fosse capitalizado, assim como os saldos resultantes do fluxo de arrecadação e despesas a partir de 1981, chegar-se-ia, no ano de 1997, a um montante de quase R$ 600 bilhões.

Para resolver a situação da redução dos saldos financeiros, seria necessário o devido retorno das aplicações de patrimônio e de capital, resultado da acumulação do capital e patrimônio de um sistema que vinha superavitário desde sua criação. Entretanto, ocorre que os saldos financeiros não foram destinados a um fundo excedente complementar e exclusivo para questões da área previdenciária. Os recursos excedentes foram indevidamente apropriados pelo Estado para financeirização de acumulação de capital no Brasil (Andrade, 1999).

A situação de crise também se revela pelo "amadurecimento" do sistema. No início, o sistema gerava superávits, pois o número de contribuintes era muito superior ao número de inativos, garantindo a viabilidade do pagamento dos benefícios mesmo em conjunturas econômicas desfavoráveis. À medida que a proporção de contribuintes e inativos se aproxima, a relação tendeu a ser deficitária; e associada aos desvios dos saldos de caixa para outros fins, gestou-se a "primeira" crise financeira da previdência brasileira.

Na realidade, a crise ocorre também pelo acesso limitado dos trabalhadores à previdência social, pois mesmo com o processo de incorporação de inúmeras categorias ficavam de fora os trabalhadores inseridos em relações precárias e informais no mercado de trabalho, pois o Brasil não generalizou a condição de assalariamento para toda a PEA.

Por isso, a solução adotada foi o aumento no percentual das alíquotas de contribuição dos trabalhadores e dos empregadores, que evoluíram de 3% (1945) para 8%, à época da promulgação da Lei Orgânica da Previdência

Social, em 1960. Ou seja, o financiamento das políticas de previdência e de saúde permanece tendo como base de sustentação os salários dos trabalhadores e a folha de pagamento das empresas, não se expandido para outras receitas tributárias.

Uma ressalva digna de registro: assim como hoje,[14] naquela época a classe empresarial brasileira contava com os benefícios e a passividade do Estado brasileiro no tocante às dívidas das empresas com a previdência social. Oliveira e Teixeira (1985) registram um conjunto de leis que concedem anistias aos empresários em débito com a previdência social. Um exemplo é o Decreto Legislativo n. 9 (de maio de 1954), que concedeu anistia aos empresários em débito com a previdência social, suspendendo as cobranças judiciais em curso, perdoando multas e juros, caso efetuassem o recolhimento até 60 dias após a publicação do decreto. O favorecimento da lei referia-se não somente à parte da contribuição patronal, mas também àquela descontada do salário do trabalhador e indevidamente apropriada pela empresa e não repassada para a previdência social.

Fleury (1994) destaca o fato de que a LOPS,[15] aprovada no governo Kubitschek, seguiu a tendência de racionalização dos governos anteriores. A LOPS uniformizou benefícios e ampliou cobertura, mas manteve excluídos do sistema de previdência social os trabalhadores rurais e os trabalhadores sem vínculo formal de relação trabalhista.

> [...] a LOPS coincide com um novo período de incorporação de contribuintes ao sistema, resultado da recuperação econômica promovida pelo Plano de Metas. De fato, sendo a fonte de recursos da previdência social basicamente uma função da massa salarial e sendo o vínculo com o mercado formal de trabalho o critério de inclusão no sistema, períodos de crescimento econô-

14. Ver nesse sentido a edição da MP n. 107 (10 de fevereiro de 2003), convertida na Lei n. 10.684 (30 de maio de 2003), que dispõe sobre o parcelamento de débitos junto à Secretaria da Receita Federal (SRF) e ao Instituto Nacional de Seguro Social (INSS), garantindo uma anistia de 15 anos aos devedores da previdência social.

15. Fleury (1994) ressalta que essa perspectiva de racionalização, implicando unificação e universalização, já tinha sido tentada em 1945 com a criação de um único Instituto de Seguridade Social Brasileiro (ISSB). A proposta "mofou" por quase 20 anos no Congresso Nacional e não foi aprovada, sendo promulgada por decreto em 1945 e não efetivada com a queda de Vargas. Para a autora, a LOPS só foi aprovada após a desistência de unificação administrativa do sistema, o que representaria retirar as bases do poder de barganha das burocracias sindicais e partidárias.

> mico e de criação de novos empregos favorecem medidas de racionalização do sistema previdenciário, ao contrário do que ocorre em períodos de recessão e de não criação de empregos, como é o caso da atual conjuntura. Persiste, no entanto, a exclusão dos trabalhadores rurais e dos pobres e marginalizados, que continuam a contar basicamente com a assistência de entidades filantrópicas, privadas ou públicas, ambas bastantes precárias. Reafirma-se, por essa via, um sistema dual de proteção social, em que o critério básico de inclusão no sistema previdenciário — e, portanto, de acesso a determinados direitos sociais — continua sendo o vínculo empregatício e a capacidade contributiva do trabalhador. (Cohn, 1995, p. 56)

A LOPS marcou o fim do sistema de capitalização no regime financeiro da previdência evoluindo para um regime de repartição simples.[16] A nova lei também apresenta uma modificação no que tange à contribuição da União, rompendo com trinta anos da ideia de "contribuição tripartite", em que pese fosse meramente formal e sistematicamente violada (Oliveira e Teixeira, 1985). Enquanto a contribuição de empregados e empregadores foi fixada em 8%, a contribuição da União passa a ser definida a partir dos gastos administrativos e de pessoal, que na época da aprovação da LOPS, segundo os autores, correspondia apenas a 14% do orçamento, reduzindo substancialmente a parcela da contribuição legalmente devida pelo Estado.

A LOPS uniformizou os benefícios concedidos a todos os contribuintes urbanos do setor privado sem, contudo, mexer na estrutura administrativa dos IAPs. Estes foram extintos por decreto-lei de 21 de novembro de 1966 e suas estruturas foram fundidas, formando o Instituto Nacional de Previdência Social (INPS), marcando o início de uma nova fase na previdência brasileira.

Entretanto, em 1960, à época da aprovação da LOPS, somente 23,1% da PEA estava segurada pela previdência, ou o equivalente a 7,4% da população. Conforme Boschetti (2006, p. 48),

> Essa desigualdade e a exclusão do acesso da maioria da população são frequentemente explicadas com base nas particularidades e nos objetivos

16. Um sistema de repartição simples, ou seja, um regime baseado no crescimento das despesas de acordo com o aumento das receitas, que não prioriza a formação de reservas ou fundos. Esse sistema é conhecido como "pacto de gerações", também chamado de "solidariedade entre intragerações", no sentido de que os benefícios de uma geração são garantidos pelas contribuições da geração seguinte.

do sistema implementado a partir de 1930. Mas foi sobretudo a existência de uma flagrante contradição entre o "modelo" predominantemente bismarckiano e a estrutura econômica e social do país que instituiu, desde o início, essa tendência de exclusão que perdura até hoje.

O golpe de 1964 imprimiu características particulares à integração do Brasil à ordem internacional nos anos 1970,

> [...] preservando e fortalecendo os laços de dependência econômica dos centros hegemônicos, ao mesmo tempo que necessitava quebrar a resistência organizada da sociedade e construir as bases de um "consenso passivo", legitimador daquela ordem. (Mota, 2000a, p. 137)

A estratégia da ditadura militar foi usar as políticas sociais como amortecedoras de uma conjuntura muito desfavorável aos trabalhadores. Em outras palavras, uma forma de obtenção de "harmonia social" junto a uma classe que tivera seus direitos trabalhistas reduzidos e até mesmo extintos (por exemplo, a estabilidade no emprego) e estava impedida de organizar e participar da vida política do país.

A previdência tem uma expansão selecionada após 1964, em consequência do processo de assalariamento, mas manteve a seletividade definida pela formalização do emprego (Mota, 2000a). O modelo econômico dos anos 1970 foi centrado no crescimento das grandes empresas de capital intensivo, ampliando, assim, o fosso das condições de trabalho e da cobertura previdenciária entre os trabalhadores das grandes empresas comparativamente aos trabalhadores precarizados. As modificações ocorridas, apesar de indicarem a expansão dos benefícios, não alteram os princípios estruturantes da previdência social, que manteve a sua lógica de seguro, ou seja, o acesso ao benefício somente via contribuição.

> Na verdade, a expansão da cobertura, tanto dos benefícios quanto da assistência, não rompeu o modelo estreito de financiamento baseado nos padrões do seguro, desde que a incorporação de categorias e benefícios não contributivos não foi acompanhada de uma inovação em termos das fontes de financiamento e mesmo da garantia de maior aporte estatal. Ao contrário, observou-se uma retração dos recursos que caberia à União aportar, ao mesmo tempo que os novos mecanismos de concessão de benefícios na área rural tornam-se cativos dos políticos e de sua clientela, enquanto a prestação da assistência médica passava a orientar-se em

função da lucratividade dos prestadores privados de serviços. (Fleury, 1994, p. 200)

A ditadura militar sem legitimidade política buscou obter apoio da população via adoção de algumas medidas sociais. O modelo adotado "foi sendo implantado como um complexo *assistencial-industrial-tecnocrático-militar*" (Faleiros, 2000b, p. 48). Não se constituiu como um projeto universal de cidadania. No tocante à política previdenciária, em que pese a manutenção da lógica de seguro, foram unificados os institutos de previdência em um único organismo: o INPS, com administração centrada na tecnocracia do Estado.

A previdência social foi ampliada aos trabalhadores rurais, aos empregados domésticos, aos jogadores de futebol e aos ambulantes. No caso dos trabalhadores rurais, o benefício era de meio salário mínimo e sem contribuição direta, com uma pequena parcela do financiamento desse benefício vindo da taxa de comercialização dos produtos rurais.

Em 1977, foi criado o Sistema Nacional de Previdência e Assistência Social (SINPAS), que agrupou o INPS e o Instituto de Administração Financeira da Previdência e Assistência Social (IAPAS). Na área da saúde, em torno de 40 milhões de brasileiros permaneciam sem acesso a serviços médicos. O sistema consistia na existência de um setor privado de saúde para o atendimento dos ricos; os planos de saúde destinados para um grupo seleto de trabalhadores assalariados; o seguro público somente para aqueles que contribuíam para a previdência social; e os pobres ficavam à mercê da caridade alheia (Faleiros, 2000b).

Braga e Paula (1981) observam que com acumulação industrial ocorreu a formação no interior da economia de um setor de produção de bens de capital relacionado com a diversificação do consumo; ao mesmo tempo, ocorreu a constituição capitalista de um setor de atenção à saúde. Os autores afirmam que a produção privada de bens e serviços de saúde é crescente e aceleradamente financiada pelo Estado, via arrecadação previdenciária.

Uma das principais características que esteve presente nas políticas sociais durante a ditadura militar (1964 a 1985) foi o padrão regressivo de financiamento. Isso implicou a restrita utilização de recursos de natureza fiscal, com o predomínio de fontes tributárias autossustentáveis e parafiscais (Fagnani, 2005). As políticas integrantes do complexo previdenciário (previdência, assistência médica e assistência social) tiveram como principal base financeira, no período, o Fundo de Previdência e Assistência Social (FPAS), mantido pelas contribuições dos assalariados, dos empregadores e dos trabalhadores autônomos, denotando as características regressivas dessas fontes de financiamento. Além disso, o gasto social não podia pressionar o orçamento fiscal (Braga e Paula, 1981; Fagnani, 2005).

As mudanças adotadas durante a ditadura militar passaram longe de atingir um padrão de bem-estar social. A expansão dos programas sociais foi seletiva e com o favorecimento do setor privado nas áreas de saúde e previdência (seguros), habitação e educação. Durante o período ditatorial foi criada a medicina empresarial (grupo) e a previdência complementar privada, além da extinção dos mecanismos que garantiam a participação dos trabalhadores no controle dos sistemas existentes anteriormente (Mota, 2000a; Soares, 2001).

Soares (2001, p. 209) chama atenção para o fato de que o longo período autoritário consolidou um arcabouço político-institucional das políticas sociais brasileiras com os seguintes princípios: "1. extrema centralização política e financeira no nível federal das ações sociais do governo; 2. fragmentação institucional; 3. exclusão da participação social e política da população nos processos decisórios; 4. autofinanciamento do investimento social; e 5. privatização". Corrobora para isso a não generalização da condição salarial no Brasil, conforme Theodoro (2005, p. 121):

> Apesar de alguns esforços, mais ou menos isolados, a ação estatal sobre o mercado de trabalho parece ter estado marcada pela ideia do crescimento econômico como única política de emprego relevante. O Estado assumiu, de fato, uma posição de corresponsabilidade no que se refere à manutenção das desigualdades e suas consequências: a pobreza, o desemprego e a informalidade. É a forma mesma de reprodução da sociedade ou, colocado de outro modo, a maneira como se realiza a sua regulação que parece estar no centro da questão. Se, de um lado, o Estado conseguiu forjar as bases da organização do assalariamento no país, este, por seu turno, não se universalizou. Uma parte significativa da força de trabalho manteve-se fora do assalariamento, reproduzindo assim a pobreza. A ação estatal junto aos pobres tampouco se organizou em prol do combate às desigualdades, ou em prol da mudança. Pela via da "gestão da pobreza", assegurou-se uma "modernização sem mudança".

A década de 1980 é marcada pelo agravamento da economia capitalista decorrente, sobretudo, da instabilidade macroeconômica: hiperinflação, recessão, ciranda financeira e crise da dívida externa. É sob esse prisma que ocorre a reestruturação produtiva no Brasil, vinculada aos paradigmas de organização industrial desenvolvidos nos países centrais para superar a crise do capitalismo.

Na política de trabalho, com as inovações tecnológicas e organizacionais nas principais indústrias do país, surge aos poucos um padrão de flexibilidade, vinculado ao toyotismo. Nesse sentido, Alves (2000) adota os conceitos de "toyotismo restrito" e "toyotismo sistêmico" para explicar as alterações na base produtiva do país nos últimos vinte anos. Quanto ao primeiro conceito, o autor explica que, a partir da crise dos anos 1980, se inicia um novo processo de reestruturação produtiva. Em plena recessão, a política econômica era de incentivo às exportações, que obrigou as grandes empresas, particularmente as indústrias, a adotar, ainda que de modo restrito, novos padrões organizacionais para enfrentar a competitividade internacional. Os novos padrões organizacionais e tecnológicos são inspirados no toyotismo, só que adotados de forma seletiva e com objetivos de aumentar a qualidade, a precisão e a flexibilidade da produção. O toyotismo surgia articulado com o aprofundamento do fordismo, o que debilitava a nova hegemonia do capital na produção. Era o que o autor denomina de "toyotismo restrito" (Alves, 2000).

É necessário resgatar que, apesar da crise econômica nos anos 1980, novas e profundas mudanças ocorrem no âmbito da previdência social, das políticas de saúde e da assistência social, assim como dos direitos trabalhistas.

Essas mudanças vão resultar em capítulo da Constituição de 1988 dedicado a Ordem Social, em especial, a seguridade social.

2.4 A seguridade social no Brasil

As reivindicações e pressões organizadas pelos trabalhadores na década de 1980, em período de redemocratização no país, provocam a incorporação, pela Constituição Federal, de muitas demandas sociais de expansão dos direitos sociais e políticos. Um dos maiores avanços dessa Constituição, em termos de política social, foi a adoção do conceito de seguridade social, englobando em um mesmo sistema as políticas de saúde, previdência e assistência social.

Para viabilizar as inovações propostas e permitir a efetiva implementação de um sistema de seguridade social no Brasil, a Carta Magna estabeleceu uma ampliação das bases de financiamento para além da folha de pagamento, que passaria a ser composta também pelos impostos pagos pela sociedade e por contribuições sociais vinculadas.

A conferência de 1944 da Organização Internacional do Trabalho (OIT, 2002, p. 1) já reconhecia a obrigação da instituição de apoiar todas as nações do mundo na aplicação "[...] de programas próprios que visem [...] a extensão de medidas de segurança social de forma a assegurar um rendimento de base a todos aqueles que necessitem deste tipo de proteção bem como de cuidados médicos completos". A sessão de 2001 da OIT reafirma que o momento atual é propício para a organização lançar uma nova campanha com intuito de estender a cobertura da seguridade social a todos que necessitam.

No governo da Nova República (1985 a 1989), a expressão "seguridade social" é retomada, após cinquenta anos no Brasil, sendo incorporada aos debates teóricos e políticos que visavam a uma ampla reorganização sobre bases mais igualitárias das políticas de previdência, assistência social e saúde. No grupo de trabalho criado por decreto do presidente Sarney, em maio de 15 de maio de 1986,[17] surgiu "a proposta de reorganizar as políticas de previdência e assistência social em um sistema de seguridade social" (Boschetti, 2006, p. 114). O esboço do sistema de seguridade social a ser inscrito na Constituição Federal vai ocorrer nesse período e teve como eixos orientadores para a área social: ações emergenciais de combate à fome e à miséria e as propostas de reformas sociais expressas no I Plano Nacional de Desenvolvimento da Nova República. Com isso, é possível identificar alguns princípios que deveriam reorientar as políticas sociais, como: a universalização da saúde, a seletividade dos benefícios previdenciários e a integração e racionalização de diversos programas assistenciais. Uma das questões destacada pela autora são os princípios relativos à universalização e à organização financeira e institucional da saúde, pois

> o que estava em jogo não era simplesmente a criação de novos programas, mas sim a instituição de um sistema público universal, em que a cidadania fosse fonte determinante do direito à saúde, e não mais o mérito individual.

---

17. Decreto n. 92.654, de 15 de maio de 1986, que cria o Grupo de Trabalho de Reestruturação da Previdência Social.

> Tal reorientação pressupunha estabelecer novas fontes de financiamento, as quais até aquele momento sustentavam-se quase exclusivamente nas contribuições diretas e individuais de trabalhadores e empregadores. Estabelecer um financiamento baseado em imposto não era tarefa fácil, visto que significava, na prática, romper com a lógica securitária na área de saúde. (Boschetti, 2006, p. 106)

Os anos de 1985 e 1986 são marcados pela instalação de diversos grupos de trabalho e comissões que discutem, elaboram diagnósticos e propostas de reformulações das configurações das políticas sociais herdadas do período autoritário. Esses grupos[18] contam com a presença dos representantes do governo, dos empresários, dos trabalhadores e de especialistas. Com relação às políticas de saúde, previdência e assistência social, são constituídos três grupos: o grupo de trabalho de reestruturação da previdência social, que tinha como missão propor a reorganização das políticas que integravam o SINPAS (previdência, saúde e assistência social) e mais dois subgrupos vinculados ao Ministério da Saúde e ao Ministério da Previdência e Assistência Social (Boschetti, 2006).

Na análise dos padrões de financiamento das políticas sociais, o diagnóstico dos grupos e comissões estabelecidas no período, de acordo com Soares (2001, p. 210-11), revela que:

> Quanto ao financiamento, foram levantados os problemas de regressividade, do autofinanciamento, da distorção no destino efetivamente social de fundos e recursos arrecadados para tal fim, entre outros. O padrão organizacional identificado caracterizava-se pela centralização excessiva, pela fragmentação institucional, pela sobreposição de órgãos e programas, entre outras características. Tudo isso configurava uma "herança" pesada de um enorme e mal financiado aparelho institucional, cujos problemas vinham reiterando-se e ampliando-se ao longo do tempo, para dar conta de um igualmente enorme e complexo universo de problemas sociais não resolvidos.

Particularmente, no âmbito do esboço da seguridade social destaca-se o papel do grupo de trabalho de reestruturação da previdência social, que

---

18. Uma análise detalhada desses grupos de trabalho instituído no período pode ser vista em Boschetti (2006, capítulo IV) e em Fagnani (2005).

era composto majoritariamente por representantes governamentais e com participação minoritária de entidades representativas de trabalhadores urbanos, rurais, aposentados e pensionistas. Os representantes do governo eram especialistas em previdência social dos diversos ministérios e da Presidência da República. Além de especialistas da sociedade civil, entre eles, estava o sociólogo Wanderley Guilherme dos Santos. O intenso debate do grupo de trabalho foi reforçado pela apresentação dos técnicos do antigo Ministério da Previdência e Assistência Social (MPAS) de um documento propondo o novo plano de seguridade social, que implicava discussões acerca dos seus princípios fundadores e de uma reestruturação completa das políticas sociais (Boschetti, 2006).

Conforme Boschetti (2006), o documento sugeria a instituição da seguridade social com dois planos distintos: o primeiro denominado de "plano de base único" de caráter contributivo destinado aos trabalhadores urbanos e rurais em condições de contribuir para a previdência social, seguindo a lógica de seguro e limitado a cobrir os riscos da existência e limitando os auxílios (nascimento, funeral e o salário-maternidade) aos segurados de baixa renda; o segundo de caráter não contributivo, intitulado "plano assistencial", destinado àqueles que não pudessem contribuir, cujos benefícios seriam financiados pelo orçamento fiscal, cobrindo apenas dois riscos sociais: idade e invalidez, mas em valor inferior ao do plano contributivo. Portanto, agora os cidadãos eram classificados em duas classes:[19] os com capacidade contributiva e os "outros" sem condições de manter a sua própria proteção social.

O detalhamento da proposta do MPAS para a previdência social incluía a seletividade dos benefícios previdenciários, restringindo benefícios não diretamente ligados ao risco social (como o salário-família) aos contribuintes de baixa renda e a limitação do valor das aposentadorias e pensões a um teto previamente definido, que poderia ser complementado por planos de seguros facultativos, além da extinção do benefício de aposentadoria por tempo de trabalho. Essas propostas dos técnicos foram aprovadas quase inteiramente pela maioria do grupo de trabalho, com votos contrários dos representantes

19. Interessante notar o apoio de Wanderley Guilherme do Santos a essa proposta "argumentando sobre a necessidade de garantir um mínimo de proteção social a todos os cidadãos, mesmo que isso significasse criar 'duas classes de cidadãos' — o que ele mesmo havia criticado em seu livro *Cidadania e Justiça* (1987)" (Boschetti, 2006, p. 124-5).

dos trabalhadores, que tiveram pequenas sugestões acatadas, mas que não alteravam o cerne do projeto governamental. Em relação à política da assistência social houve consenso no sentido de excluí-la do SINPAS, mas mantê-la vinculada ao MPAS, destacando que seu financiamento fosse específico, com o custeio previsto no orçamento fiscal. Porém, o plano de seguridade social do grupo de trabalho do MPAS não virou projeto de lei como previsto inicialmente, sendo seus princípios e proposições encaminhados à Assembleia Constituinte para serem debatidos (Boschetti, 2006).

Na visão de Soares (2001), o período da Nova República influenciará os princípios e reformas nas políticas sociais que serão inscritas na Constituição de 1988, resultante de um movimento reformista no governo e na sociedade. O governo Sarney, apesar de avanços no período de 1985 a 1987, em diversos e importantes setores das políticas sociais, que marcaram uma inflexão importante em relação à ditadura militar, não logrou fazer modificações nas bases de financiamento que poderiam consolidar uma nova estrutura político-social no país, de forma que "as mudanças necessárias na estrutura do financiamento do setor público não foram feitas, e, o que é pior, ainda no governo Sarney, a política econômica modificou-se dando lugar a teses e medidas mais ortodoxas" (Soares, 2001, p. 213), além do abandono das reformas na política social e da redução dos gastos em diversas áreas sociais, corroborando para o enorme retrocesso que foi feito no governo Collor.

Os trabalhos legislativos da Assembleia Constituinte duraram quase dois anos (de 1º de fevereiro de 1987 a 5 de outubro de 1988), sendo o primeiro ano de intensa participação popular nas subcomissões temáticas e na apresentação de emendas populares. O ano de 1988 foi marcado por discussões internas no Parlamento e com forte reação conservadora para evitar aprovação das conquistas sociais obtidas nas fases precedentes de elaboração da Constituição. De acordo com Boschetti (2006), foi na Subcomissão de Saúde, Seguridade e Meio Ambiente que foram esboçados os princípios da seguridade social brasileira. Contudo, foi a Comissão de Ordem Social que, a partir dos pré-projetos das subcomissões, redigiu e aprovou a seguridade social como um conjunto integrado pelas políticas de saúde, previdência e assistência social. O texto final aprovado no plenário da Assembleia Constituinte expressa o grande acordo político realizado entre forças de esquerda e de direita.

Merece destaque o projeto final aprovado pela Comissão de Ordem Social, cujo relator, o senador Almir Gabriel, incorporou os princípios fundamentais aprovados pelas subcomissões e consolidou-os sob o título "seguridade social". Ainda, contrariando a proposição da Subcomissão de Saúde, Seguridade e Meio Ambiente, ampliou o conceito de seguridade social ao incluir o direito à saúde juntamente com a assistência social e a previdência. A integração dessas políticas era mais intensa, pois o relatório não separava as fontes de financiamento e estabelecia complementaridade entre os benefícios, de forma que haveria um fundo de seguridade social com recursos das contribuições dos empregados, dos empregadores, do orçamento fiscal e das receitas de concursos e prognósticos (Boschetti, 2006).

A seguridade social na Constituição brasileira de 1988 é um conjunto integrado de ações do Estado e da sociedade voltadas a assegurar os direitos relativos à saúde, à previdência e à assistência social, incluindo também a proteção ao trabalhador desempregado, via seguro-desemprego. Pela lei, o financiamento da seguridade social compreende, além das contribuições previdenciárias, também recursos orçamentários destinados a este fim e organizados em um único orçamento.

Com isso, a seguridade social para a OIT (2002) é fundamental para a garantia do bem-estar dos trabalhadores e das suas famílias, assim como de toda a coletividade. Para a organização, trata-se de um direito essencial do ser humano e importante para promover a paz e a inserção social. Quando bem gerida, a seguridade social favorece a produtividade via política de saúde, garantia de renda e acesso aos serviços sociais. Ainda, quando associada às políticas ativas do mercado de trabalho, torna-se um instrumento poderoso de desenvolvimento econômico e social sustentável, sobretudo na atual conjuntura.

No Brasil, o desenho da seguridade social, ainda que de forma limitada, guarda alguma semelhança com o conteúdo e com a orientação das políticas do Estado Social dos países centrais. Porém, as características do nosso mercado de trabalho com o predomínio de relações informais de trabalho a partir dos anos 1980 e a elevada concentração de renda tornaram mais difíceis a universalização dos benefícios sociais (Salvador e Boschetti, 2003). Em nosso país, as políticas sociais não transitaram para o nível de um contrato social, nos moldes do Estado Social dos países desenvolvidos, materializando os princípios e meios para assegurar amplos direitos fundados na cidadania (Mota, 2000a).

As políticas de saúde, previdência e assistência social — englobadas no conceito de seguridade social da Constituição brasileira de 1988 — passam a ser regidas por novos princípios e diretrizes, associando, ao mesmo tempo, universalidade e seletividade, centralização e descentralização, distributividade e redistributividade, gratuidade e contributividade. A saúde orienta-se por princípios como universalidade, gratuidade, redistributividade e descentralização. A política de assistência social rege-se pelos preceitos da seletividade, gratuidade, redistributividade, centralização na gestão de certos benefícios (um salário mínimo mensal para idosos com mais de 65 anos e para pessoas pobres portadoras de deficiências, que são geridos pelo INSS) e descentralização (para os programas, projetos e serviços). A previdência, por sua vez, continua a ser assegurada mediante contribuição direta de trabalhadores e empregadores[20] e sua gestão é centralizada no governo federal (Boschetti, 1998 e 2006).

Teixeira (1990, p. 26) destaca que as conquistas da Constituição de 1988, palco de intenso jogo de pressões e contrapressões, acabaram por incorporar demandas corporativas que "mantiveram sua natureza híbrida, não rompendo definitivamente com o conceito de previdência enquanto seguro nem eliminando, nem mesmo no plano da lei, com as práticas atrasadas nele introjetadas".

Convém observar que no "mundo do trabalho", a partir da década de 1990, no Brasil, desenvolve-se um novo complexo de reestruturação produtiva na busca do "toyotismo sistêmico", o que significa a adoção, em maior amplitude, dos princípios do toyotismo, tais como *just in time*, *kanban*, gerenciamento pela qualidade total e terceirização. A partir do plano real, em 1994, tem-se um impulso no aprofundamento da automação microeletrônica nos polos industriais mais desenvolvidos. Conforme Alves (2000, p. 202), "o objetivo principal do novo complexo de reestruturação produtiva é instaurar, de modo sistêmico, a acumulação flexível no Brasil".

Do ponto de vista ideológico, o neoliberalismo apregoa a flexibilidade dos mercados, sobretudo do mercado de trabalho, dando ênfase aos mercados financeiros. O jogo global é comandado pela decisão das empresas transnacionais que têm suas sedes nos países centrais do capitalismo, cabendo

20. Algumas exceções são reconhecidas pela Lei Orgânica da Previdência Social para os "segurados especiais", em geral os trabalhadores rurais. Mas para esses segurados não contribuintes diretos, os benefícios são em menor número e em montantes fixos (um salário mínimo). Ver artigo 11 da LOPS; Lei n. 8.213, de 24 de julho de 1991, atualizada pela Lei n. 9.032, de 28 de abril de 1995, publicada no *Diário Oficial da União*, 11 abr. 1996, seção 1, p. 5.929.

aos países periféricos um papel secundário e dependente dos empréstimos internacionais.

Pochmann (2001, p. 8-9) afirma que, ao contrário da propaganda oficial, a globalização não vem produzindo um mundo mais homogêneo, com melhor repartição de riqueza, produção, trabalho e poder. Na realidade, diz o autor:

> As economias não desenvolvidas transformaram-se em uma grande feira mundial de concorrência pelos menores custos de trabalho possíveis, a ser visitada por compradores de força de trabalho que representam grandes corporações transnacionais. Quanto mais dóceis os governos, e submissos à lógica de exploração intensiva de trabalho, mais dependentes são suas políticas macroeconômicas nacionais. De um lado, são colocados em marcha os programas macroeconômicos de integração subordinada e passiva, por meio da adoção de políticas neoliberais de liberalização comercial sem critério, de desregulamentação financeira, de enxugamento do Estado [...], de desnacionalização econômica e de especialização produtiva. Com isso, pretende-se estimular a atração de investimentos estrangeiros, o que muitas vezes desincentiva o melhor aproveitamento das oportunidades nacionais.

O tratamento analítico feito por Pochmann (2001) para compreender a questão do (des)emprego na globalização considera que o comando nacional da nova divisão internacional do trabalho está na dimensão financeira, mas existem dois vetores estruturais que têm ascendência nos países do centro do capitalismo. O primeiro vetor está associado ao processo de reestruturação empresarial, acompanhado da maturação da revolução tecnológica. Ele destaca maior importância ao papel das grandes corporações transnacionais, conformado por oligopólios mundiais. Atualmente, o comércio intrafirmas, mais precisamente entre matriz e filiais das corporações transnacionais, supera as trocas realizadas entre nações. O segundo vetor diz respeito ao Investimento Direto Estrangeiro (IDE). Apesar do avanço no fluxo de recursos estrangeiros em países semiperiféricos, o IDE permanece muito concentrado no centro do capitalismo. Ou seja, os países de baixa renda (periferia) continuam perdendo espaço no fluxo de recursos internacionais, sem alterar a parte que fica nas economias avançadas. Os programas das agências multilaterais como o FMI e o Banco Mundial, em geral, impõem aos países periféricos a exigência de menor custo da mão de obra e a desregulamentação do mercado de trabalho.

As décadas de 1980 e 1990 podem ser consideradas como perdidas para o mercado de trabalho. Nesses vinte anos, as ocupações vinculadas ao núcleo estruturado do mercado de trabalho reduziram-se de 49% da PEA, em 1980, para 36%, em 2000. Enquanto isso, a taxa de desemprego calculada nos censos do IBGE subiu de 3% para 15%, no mesmo período. O Censo 2000 revelou a existência de 11,5 milhões de desempregados.

As ocupações de caráter assalariado (empregado de carteira de trabalho assinada e sem carteira de trabalho assinada mais empregados militares e funcionários públicos), que, em 1980, representavam 63% da PEA, decrescem, em 2000, para 57%. Portanto, um mercado de trabalho cada vez mais desestruturado, incapaz de proporcionar empregos formais e de longa duração para a maioria dos ocupados e com a maior difusão de postos de trabalho não assalariados.

Um estudo divulgado pelo DIEESE (2001) mostra que nas regiões metropolitanas onde é realizada a PED ocorreu, nos anos 1990, um aumento das contratações flexibilizadas nas empresas. Um dado que chama atenção na pesquisa é a contratação do trabalhador diretamente pela empresa como assalariado sem carteira de trabalho assinada; por exemplo, na Região Metropolitana de São Paulo ocorreu aumento dessa categoria, no setor privado da economia, que representava 11,6% em 1989 para 17,9% em 1999.

No plano ideológico entra em cena no Brasil uma nova hegemonia burguesa, de cunho neoliberal, que potencializará novas e antigas dificuldades para consolidar a seguridade social no Brasil.

> Do ponto de vista da lógica do capitalismo contemporâneo, a configuração de padrões universalistas e redistributivos de proteção social vê-se fortemente tensionada: pelas estratégias de extração de superlucros, com a flexibilização das relações de trabalho, onde se incluem as tendências de contração dos encargos sociais e previdenciários, vistos como custos ou gastos dispendiosos; pela supercapitalização — com a privatização explícita ou induzida de setores de utilidade pública, onde incluem-se saúde, educação e previdência; e, especialmente, pelo desprezo burguês para com o pacto social dos anos de crescimento, agora no contexto da estagnação, configurando um ambiente ideológico, consumista e hedonista ao extremo. (Behring, 2002, p. 276)

A partir dos anos 1990, consolida-se no país uma cultura da crise (Mota, 2000a), no sentido da disputa ideológica da política burguesa de constituição da hegemonia. Os componentes dessa cultura da crise, propagados pelas classes dominantes, são o pensamento privatista e a "criação" do cidadão-consumidor, assegurando a adesão às transformações no "mundo do trabalho" e dos mercados de bens e serviços. Para Behring (2002), o eixo central do convencimento repousa em que há uma nova ordem à qual todos devem se integrar, e que é inevitável a ela se adaptar, constituindo o quadro de uma contrarreforma do Estado, nos anos de neoliberalismo tardio do Brasil.

O artigo 194 da CF, como já relatado, estatui a seguridade social como um conjunto integrado de ações de iniciativas dos poderes públicos e da sociedade para garantir os direitos relativos à saúde, à previdência e à assistência social. Além da não implantação do Orçamento da Seguridade Social nos moldes determinados pela Carta Magna, a seguridade não logrou uma existência formal do ponto de vista administrativo. Nos anos 1990, a previdência, a saúde e a assistência social foram regulamentadas por leis distintas e organizadas administrativamente de forma separada. Ao invés do fortalecimento, ocorreu a fragilização das três políticas sociais (Vianna, 1999).

Behring (2003) vai caracterizar o período como "a contrarreforma do Estado no Brasil", justificando a adoção da categoria "contrarreforma" por dois elementos. Um primeiro diz respeito ao fato de que a constituição do Estado Social, no século XX, nos países centrais do capitalismo, significou uma reforma dentro do capitalismo; sob a pressão dos trabalhadores, formatou-se um amplo conjunto de regras que permitiram, de um lado, a viabilidade da demanda e do processo de acumulação e, de outro, a adoção de políticas de proteção ao emprego e de garantias sociais. O neoliberalismo significou uma reação conservadora de natureza claramente regressiva, na qual se situa a "contrarreforma" do Estado. O segundo elemento diz respeito à reforma anunciada na Constituição brasileira de 1988,[21] que em alguns aspectos indicou o caminho, ainda que mínimo, de uma estratégia de natureza social-democrata, especialmente no capítulo Ordem Social. Então, a partir dos anos 1990, as propostas reformistas acabam por solapar as possibilidades,

21. Para a autora "[...] a Constituinte foi um processo duro de mobilizações e contramobilizações de projetos e interesses mais específicos, configurando campos definidos de forças. O texto constitucional refletiu a disputa de hegemonia, contemplando avanços em alguns aspectos, a exemplo dos direitos sociais, humanos e políticos [...]. Mas manteve fortes traços conservadores, como a ausência de enfrentamento da militarização no Brasil [...], a manutenção de prerrogativas do Executivo, como as medidas provisórias, e na ordem econômica" (Behring, 2002, p. 162).

ainda que limitadas, da plena aplicação dos direitos sociais da Carta Magna, podendo-se, então, falar em contrarreforma, iniciada com as chamadas "reformas" estruturais no governo Collor e aprofundadas nos oito anos de governo Fernando Henrique Cardoso.

A autora faz uma densa análise da contrarreforma no Brasil, a partir de um mapeamento das medidas reformistas que foram sugeridas e sua vinculação com a macroeconomia do Plano Real, tendo como cerne de sua análise e crítica o Plano Diretor da Reforma do Estado de 1995[22] e as expressões particulares desse projeto: flexibilização das relações de trabalho, as privatizações e a relação com o capital estrangeiro, as condições da seguridade social, particularmente as perdas e as restrições dos direitos sociais.

A origem das "reformas" nos países periféricos está nas recomendações de "ajuste" dos organismos multilaterais (Banco Mundial, FMI), que inclui, entre outras medidas, a abertura comercial indiscriminada, o rigor fiscal e um conjunto de "reformas" no âmbito do Estado. As políticas patrocinadas por esses organismos têm como corolário um retrocesso social (Soares, 2003a).

As consequências sociais do ajuste neoliberal nos países da América Latina configuram um *desajuste social*, agravando condições anteriores de desigualdade estrutural e com a generalização da precariedade e da insegurança para amplos segmentos sociais, anteriormente "incluídos" pela sua inserção no mercado de trabalho e pela proteção social historicamente construída (Soares, 2001), de forma que a tendência geral é de redução de direitos, sob a alegação da crise fiscal, transformando as políticas sociais em ações pontuais e compensatórias dos efeitos mais perversos da crise. Assim, no "melhor" do ideário neoliberal para as políticas sociais, ou seja, o tripé: privatização, focalização e descentralização (Behring, 2002).

As "reformas" realizadas nos sistemas previdenciários da maioria dos países latino-americanos foram inspiradas nas orientações do Banco Mundial, que explicitou suas propostas no estudo "Envelhecer sem crise". Nesse documento, recomendava-se a substituição do modelo de repartição (redistributiva) por um novo, caracterizado pela implantação de um plano privado e obrigatório de capitalização por cotas definidas individualmente para os trabalhadores. As aposentadorias passam a ser baseadas em contribuições definidas e os benefícios dependem da acumulação dos recursos, sem prévia

22. A esse respeito consultar capítulo 4 de Behring (2002; 2003).

garantia dos valores a receber. Na América Latina, além do Brasil, entre 1981 e 2001, os seguintes países seguiram as recomendações do Banco Mundial: Chile, Peru, Colômbia, Argentina, Uruguai, México, El Salvador, Bolívia, Venezuela, Equador, Costa Rica, Nicarágua e República Dominicana.

O sistema recomendado pelo Banco Mundial é baseado em "três pilares". Um "primeiro pilar", gerenciado pelo governo e financiado a partir dos impostos, deve ser mínimo e focalizado para os idosos. A fórmula dos benefícios deve ser baseada em um exame da situação financeira e dos ativos dos beneficiários (contribuição ao longo da vida laboral), e, neste caso, o Estado pode garantir um benefício previdenciário, desde que seja mínimo. O "segundo pilar", considerado como essencial e mais "inovador", é gerenciado pelo setor privado e plenamente capitalizado para fins de poupança (*fully funded*). Trata-se de uma alteração radical no sistema de repartição simples, que deve ser substituído por um plano privado de contribuição obrigatória com um vínculo atuarial entre os benefícios e as contribuições; o regime financeiro deve ser de Contribuição Definida (CD).[23] O "terceiro pilar" é de poupança voluntária para as pessoas que desejam maior poder de consumo na aposentadoria, ou seja, uma renda previdenciária suplementar ao plano do "segundo pilar" (James, 2001).

No caso brasileiro, a contrarreforma da previdência é classificada pelos analistas como "não estrutural" ou paramétrica, por nem ter eliminado o sistema público de previdência nem ter introduzido um sistema privado como organizador geral da previdência. As mudanças, nesse caso, foram no sentido de modificar a abrangência e a estrutura do plano de benefícios, mantendo o regime de repartição simples e o modelo de benefícios definidos (Boschetti, 2008).

Apesar de a "reforma" brasileira não ter significado adoção integral de um regime de capitalização privado como ocorreu, por exemplo, no Chile, passos importantes foram dados nessa direção. No Brasil, a adoção do fator

23. O valor do benefício em um plano previdenciário de regime de capitalização pode ser de dois tipos: Benefício Definido (BD) ou Contribuição Definida (CD). No primeiro caso, trata-se de um plano mutualista, em que o benefício é previamente definido, geralmente relacionado à função ou ao salário do empregado. No caso do CD, é um plano individualista, em que o valor do benefício não é estabelecido, mas sim o valor da contribuição; as pessoas contribuem e somente no dia da aposentadoria saberão do valor do benefício, conforme foi a capitalização no período, com aplicações em ativos financeiros diversos (títulos públicos, bolsa de valores) e imobiliários.

previdenciário na regulamentação da "reforma" significou a introdução de critérios atuariais na concessão dos benefícios de aposentadorias. Destaca-se a volta, em parte, do regime financeiro de capitalização na previdência social, que passou a exigir dos seus segurados o cumprimento de uma complexidade de critérios, envolvendo a combinação do tempo de contribuição, a expectativa de vida e a idade.

As mudanças foram no sentido contrário à necessidade de melhor aparelhar o sistema contra os riscos sociais crescentes: o envelhecimento da população sem uma proteção social adequada e um mercado de trabalho mais precário, incapaz de proporcionar empregos formais e de longa duração para a maioria dos ocupados. As novas regras não trouxeram soluções sociais a esses riscos, limitando-se a propor medidas a serem adotadas individualmente pelos segurados, pautadas por restrições no acesso e no teto dos benefícios. Portanto, não foi uma reforma inclusiva, no sentido da ampliação do acesso ao sistema previdenciário para trabalhadores excluídos da previdência social. Ao contrário, as modificações realizadas são antônimas dos direitos assegurados na Constituição de 1988, que, embora tenha mantido a lógica do seguro previdenciário, possibilitou a ampliação dos benefícios de aposentadorias para um conjunto maior de trabalhadores. A duas contrarreformas previdenciárias (1998 e 2003) foram conduzidas privilegiando o enfoque do equilíbrio das contas públicas e da sustentabilidade financeira do sistema, em contexto de profundas modificações no sistema tributário brasileiro, que será estudado no próximo capítulo.

3

ORÇAMENTO E FINANCIAMENTO TRIBUTÁRIO DO FUNDO PÚBLICO PÓS-REAL

3.1 O processo e ciclo orçamentário no Brasil

O estudo do orçamento deve ser considerado como um elemento importante para compreender a política social, pois é uma peça técnica que vai além da sua estruturação contábil, refletindo a correlação de forças sociais e os interesses envolvidos na apropriação dos recursos públicos, bem como a definição de quem vai arcar com o ônus do financiamento dos gastos orçamentários. O dimensionamento desses gastos permite compreender e mensurar a importância dada a cada política pública no contexto histórico da conjuntura econômica, social e política vivenciada no país.

Antes de 1988, o orçamento estava todo centralizado no Poder Executivo, com esvaziamento do Poder Legislativo. Ocorria que o OGU aprovado pelo Legislativo deixava de fora importante parcela das despesas federais, como os encargos da dívida mobiliária, os gastos com subsídios e a quase totalidade das operações de crédito sob a responsabilidade do Tesouro Nacional.

De acordo com Piscitelli, Timbó e Rosa (2006, p. 86):

> Para o modelo de Administração Pública brasileiro, principalmente as atribuições de controle se revelaram desnecessárias, por isso inúteis e,

> naturalmente, incômodas. O resultado é devastador a longo prazo; em grande parte, a alocação de recursos se dá de forma irracional e sua aplicação, de forma irresponsável. O modelo de planejamento e orçamento centralizado em cada ministério e no nível do governo como um todo [...] se amoldou perfeitamente ao processo irreversível de centralização de decisões e de concentração de poderes (e, por extensão, de prerrogativas e privilégios) imposto pelo regime, cuja mobilização maciça de recursos era também requisito para o ambicioso projeto de "modernização", com estabelecimento de alianças e dependências que desembocariam no projeto do "Brasil-potência". De resto, a mesma tendência centralizadora e concentradora se observou no relacionamento dos Três Poderes e das três esferas da administração brasileira.

Durante a ditadura militar (1964-1985) ocorreu uma desfiguração do processo orçamentário no Brasil, com os princípios que devem basilar o orçamento público sendo desrespeitados, entre eles, os da unicidade, da universalidade, da transparência e do equilíbrio. De forma resumida, esses princípios, organizados em peça legal única, indicam que o orçamento dos órgãos e unidades do governo devem incorporar a totalidade das receitas e das despesas, de forma a assegurar a avaliação, o acompanhamento e a fiscalização das contas públicas pela sociedade e por seus representantes no Poder Legislativo. O orçamento espelhando os interesses das classes comandantes do regime foi um instrumento funcional da política econômica em curso durante o regime ditatorial.

Um dos instrumentos que excluía a participação do Legislativo em matéria orçamentária era a Lei Complementar n. 12/71, que retirou do Congresso Nacional o poder de legislar concretamente sobre assuntos financeiros e transferiu essa prerrogativa para o Poder Executivo. Essa lei autorizava as operações com títulos do Tesouro Nacional, decorrentes da dívida pública interna e seus encargos, assim como com os títulos emitidos pelo Banco Central para a execução da política monetária, serem realizadas pelo Conselho Monetário Nacional (CMN), sem que as receitas e despesas referentes a essas operações transitassem pelo OGU.

De fato, um montante considerável das despesas públicas ficava de fora do Orçamento da União, pois esses gastos eram executados pelo Bacen e pelo Banco do Brasil, por meio do Orçamento Monetário (OM). O instrumento para funcionamento desse mecanismo era a Conta Movimento, que permitia ao Banco do Brasil acessar os recursos do Bacen de forma automática e sem limites para realizar as operações de responsabilidade do Tesouro, mas sem a transferência de recursos do OGU. Os desequilíbrios decorrentes da execução de fundos, programas e contas fiscais eram assegurados, em última instância, por meio da emissão primária de moeda ou pela expansão da dívida mobiliária federal (Guardia, 1997).

O OM era basicamente a programação financeira do governo. Piscitelli (1988) observa que sua existência decorria da não adoção do princípio da universalidade na elaboração do orçamento fiscal da União, excluindo várias operações realizadas pelo Tesouro. De acordo com Giacomoni (2008), era por meio do OM que o governo atendia aos subsídios diretos das operações comerciais de produtos como trigo, açúcar e álcool, além de servir para a fixação da política de preços mínimos, de estoques reguladores, assim como de concessão de subsídios ao setor exportador da economia. Esses encargos eram cobertos, sobretudo, por meio da colação de títulos públicos no mercado e da emissão de moedas. No OM transitavam, além das operações de crédito e subsídios, as subvenções ou transferências realizadas para entidades (que hoje são) da esfera da seguridade social. Conforme Piscitelli, Timbó e Rosa (2006, p. 71), "As entidades que não recebiam recursos à conta do orçamento fiscal ficavam inteiramente à margem do processo legislativo-orçamentário, inclusive as da seguridade social".

Em 1985, tem início o processo que redefiniu as relações entre o Tesouro Nacional, o Bacen e o Banco do Brasil. De acordo com Guardia (1997), a partir da Nova República inicia-se a unificação do OM com o orçamento fiscal. Para tanto, no exercício financeiro de 1986, algumas medidas foram tomadas: o projeto de lei orçamentária passou a incluir parte das operações de responsabilidade do Tesouro Nacional; o congelamento da Conta Movimento do Banco do Brasil, que foi substituída por uma de suprimentos específicos do Ministério da Fazenda; a criação da Secretaria do Tesouro Nacional (STN); a transferência da administração e do controle da dívida mobiliária federal para o Ministério da Fazenda; a criação do orçamento das operações de crédito, administrado pela STN, e que a partir de 1988 passou a integrar o OGU, sob forma de anexo; a proibição da emissão líquida de títulos da dívida mobiliária sem autorização legislativa; e a transferência para o Ministério da Fazenda dos fundos e programas administrados pelo Bacen.

A CF de 1988 confirmou, no campo das finanças públicas, os processos de reordenamento institucional e de unificação do orçamento, além de ampliar o fortalecimento da Federação e do papel do Congresso Nacional, recuperando as prerrogativas do Poder Legislativo em matéria orçamentária.[1] Guardia (1997) destaca três grupos de modificações introduzidas pela Constituição no processo orçamentário: a) a tentativa de recuperar o papel de planejador do Estado com a integração entre plano e orçamento; b) a conclusão do processo de unificação orçamentária; e c) a recuperação da competência do Congresso Nacional para dispor de matéria orçamentária.

No tocante à questão do planejamento, isso ocorre pela criação de duas peças orçamentárias: o Plano Plurianual e a Lei de Diretrizes Orçamentárias. Com isso, a partir da CF, o ciclo orçamentário é composto pelo PPA, pela LDO e pela LOA. O objetivo principal dessas leis é integrar as atividades de planejamento e orçamento visando a garantir a execução das políticas governamentais nos municípios, estados e em âmbito nacional.

O PPA assume o *status* de um plano de governo (Guardia, 1997), definidas as prioridades governamentais por um período de quatro anos. Pela Constituição Federal (artigo 165, parágrafo 1º): "A lei que instituir o plano plurianual estabelecerá, de forma regionalizada, as diretrizes, objetivos e metas da administração pública federal para as despesas de capital e outras delas decorrentes e para as relativas aos programas de duração continuada".

Portanto, o PPA define estratégias, diretrizes, metas e objetivos de cada esfera de governo (federal, estadual e municipal) pelo período de quatro anos. O PPA é um mecanismo interessante criado na CF de 1988 que deve ser elaborado no primeiro ano de mandato do governante para vigorar no segundo ano do mandato até o primeiro ano da gestão seguinte. Esse procedimento tem por objetivo assegurar a continuidade das políticas públicas nas mudanças de governos.

O PPA é constituído por um conjunto de programas, por meio dos quais os governos tentam alcançar os objetivos estabelecidos no plano. O programa é um conjunto de ações articuladas voltadas para a solução de problemas e para o atendimento das demandas da população, sendo desenvolvido com propósito específico e inscrito no PPA (INESC, 2006). De acordo com Piscitelli,

---

1. Ver nesse sentido o quadro comparativo do orçamento público nas Constituições Federais de 1967 e 1988 elaborado por Piscitelli, Timbó e Rosa (2006, p. 60-9), capítulo 4.

Timbó e Rosa (2006), o programa é importante instrumento de organização da atuação do governo, permitindo articular um conjunto de ações que concorrem para objetivos estabelecidos no plano plurianual.

O programa também deve conter pelo menos um indicador quantitativo que serve para mensurar a situação que se pretende modificar, e com isso se apresenta a referência antes da execução do PPA e após o seu encerramento. Apenas os programas que estão previstos no PPA podem receber recursos nos orçamentos anuais ou ser priorizados na LDO. Além disso, é com base no programa que são definidas as ações[2] necessárias para atingir o objetivo desejado, especificando os recursos, as metas e as unidades orçamentárias, que serão responsáveis por sua realização (INESC, 2006).

Para Piscitelli, Timbó e Rosa (2006), a LDO foi a maior novidade em matéria de orçamento trazida com a Constituição de 1988, funcionando como ligação entre o PPA e o orçamento. Os autores destacam a contribuição da LDO para a racionalização e o disciplinamento das finanças públicas no Brasil. A LDO anualmente estabelece as prioridades e as metas da administração pública para o ano seguinte e orienta a elaboração da LOA. Na peça legislativa da LDO são estabelecidos e especificados os programas e ações governamentais prioritários a serem executados e a meta concreta quantificada a ser atingida até o final do ano subsequente.

De acordo com a CF, a LDO vai dispor sobre as alterações na legislação tributária, estabelecer a política das agências financeiras de fomento, estabelecer critérios para reduzir as autorizações de despesas, formas de utilização da reserva de contingência e as condições para transferência de recursos para entidades públicas e privadas, além de definir regras para admissão de pessoal, concessão de vantagem ou aumento de remuneração e criação de cargos públicos.

A LDO pode ser vista como uma prévia do orçamento, antecipando a discussão sobre as prioridades e diretrizes para o exercício financeiro subse-

---

2. As ações são compostas de atividades, projetos e operações especiais. As atividades são destinadas a fornecer produtos (bens e serviços) para a sociedade de modo contínuo e permanente. Os projetos são ações novas que são executadas em períodos definidos e limitados no tempo, devendo resultar em um produto que deve contribuir para aperfeiçoar ou expandir a atuação do governo. Já as operações especiais não geram produtos nem representam prestação de serviços, como, por exemplo, as despesas com pagamento de juros e amortização da dívida pública. Para cada ação, o PPA deve definir a meta a ser atingida e estimar o montante de recursos necessários para que isso ocorra (INESC, 2006).

quente. Guardia (1997) destaca que a LDO permite definir as regras gerais para elaboração do orçamento e sua execução antes do início da elaboração propriamente dita da lei orçamentária. Além disso, o autor destaca como vantagem a redução do excesso de detalhamento no PPA, limitando-o à definição geral de diretrizes, objetivos e metas, enquanto a LDO vai especificar as ações do plano de governo prioritárias para cada exercício financeiro.

A inovação trazida pela LDO na Constituição permitiu ordenar a participação do Poder Legislativo na elaboração do orçamento, alongando o prazo de discussão do orçamento no Parlamento, além de assegurar a participação de deputados e senadores durante todo o processo orçamentário.

A LDO também significou inovações em matéria orçamentária em comparação com outros países, conforme Guardia (1997, p. 272-3):

> Internacionalmente, a busca de consenso em torno dos principais agregados orçamentários, em consonância com objetivos macroeconômicos do governo, tem sido uma prática constante no início do ciclo orçamentário de diversos países desenvolvidos. Porém, é interessante notar que em vários países desenvolvidos, sobretudo Alemanha, Inglaterra, França, Canadá e Japão, o Poder Legislativo não participa formalmente do processo de definição de diretrizes gerais para elaboração da lei orçamentária anual, inexistindo, portanto, um instrumento legal de natureza semelhante à LDO.

Piscitelli, Timbó e Rosa (2006) observam que as dificuldades relacionadas hoje ao cumprimento da LDO dizem respeito à falta de determinação quanto à obediência às leis. Os autores revelam a precariedade no acompanhamento da execução orçamentária e a falta de parâmetros que estabeleçam com clareza os objetivos e os compromissos da programação financeira.

A partir da Lei Complementar n. 101/2000 (conhecida com Lei de Responsabilidade Fiscal),[3] a LDO teve sua importância ampliada. Um dos motivos é a exigência de informações e anexos que passam a integrar a LDO, entre eles o anexo de metas fiscais, que deve vir acompanhado de memória e metodologia de cálculo, justificando os resultados pretendidos pelos governos. O anexo de metas fiscais deve trazer os resultados pretendidos para o exercício a que se refere a LDO e para os dois seguintes, assim como

3. Ver no capítulo 6 deste livro uma análise crítica da LRF.

a comparação com as metas fixadas nos três exercícios anteriores. A partir da LRF, a LDO passou a ser a peça legislativa de planejamento com maior abrangência em número de exercícios financeiros.

Na LDO é que são estipulados os limites para o refinanciamento e o pagamento de juros e encargos da dívida dos municípios, dos estados e da União. O refinanciamento é o pagamento do principal da dívida por meio da emissão de títulos da dívida pública, o que significa a realização de novos empréstimos. Também na LDO é que são estipuladas as metas do resultado primário de cada orçamento, ou seja, é nesta peça orçamentária que é estabelecida a meta de superávit primário, utilizada a partir de 1999 para o pagamento de juros e amortização da dívida.

Ressalta-se que passados vinte anos da promulgação da Constituição, ainda não foi editada a lei complementar prevista no artigo 163 da Carta Magna, que deverá estabelecer a norma geral das finanças públicas no Brasil e também dispor sobre a dívida pública externa e interna, incluída a das autarquias, fundações e demais entidades controladas pelo Poder Público. Hoje o Poder Legislativo está proibido de apresentar emendas ao projeto de lei do orçamento anual que modifiquem as despesas com o serviço da dívida, isto é, sobre a dotação orçamentária estabelecida pelo Poder Executivo para o pagamento de juros, encargos e amortização da dívida pública.

Essa lei complementar também deverá regulamentar vigência, prazo, elaboração e organização do ciclo e do processo orçamentário no país. Nobre e Piscitelli (2008) destacam que, desde a Constituição, somente para o exercício financeiro de 1997 é que o orçamento foi aprovado em dezembro do ano anterior. De acordo com os autores, em 1996, 2000 e 2006, a lei orçamentária entrou em vigor apenas em maio do ano seguinte e, em 1994, chegou-se ao absurdo de aprovar a proposta do Executivo no dia 9 de novembro do ano a que se referia o orçamento, ou seja, aprovou-se a lei somente para efeito de balanço, logo em seguida.

O orçamento não se limita a uma peça técnica e formal ou a um instrumento de planejamento; ele é, desde suas origens, uma peça de cunho político, conforme Fabrício de Oliveira (2001), ou seja, ele serve para orientar as negociações sobre quotas de sacrifício sobre os membros da sociedade no tocante ao financiamento do Estado e é utilizado como instrumento de controle e direcionamento dos gastos. O autor ressalta que a decisão sobre os objetivos de gastos do Estado e a fonte dos recursos para financiá-lo não é somente econômica, mas principalmente são escolhas políticas, refletindo a correlação de forças sociais e políticas atuantes e que têm hegemonia na sociedade. Os gastos orçamentários definem a direção e a forma de ação do Estado nas suas prioridades de políticas públicas.

Assim, para Fabrício de Oliveira (2001), o orçamento deve ser visto como o espelho da vida política de uma sociedade, à medida que registra e revela, em sua estrutura de gastos e receitas, sobre que classe ou fração de classe recai o maior ou o menor ônus da tributação e as que mais se beneficiam com os seus gastos, de forma que não se restringe a uma peça técnica e instrumental de política econômica e de planejamento, por meio da qual o Poder Executivo procura cumprir determinado programa de governo ou viabilizar objetivos macroeconômicos. A escolha do programa a ser implementado pelo Estado e dos objetivos de política econômica e social reflete os interesses das classes, envolvendo negociações de seus representantes políticos, em que o orçamento é expressão das suas reivindicações.

A CF, ainda que tenha seus limites, contemplou avanços em alguns aspectos relacionados aos direitos da cidadania, sobretudo os direitos trabalhistas e sindicais, às políticas de previdência, assistência social e saúde, que vão edificar a seguridade social no país, aos direitos educacionais, entre outros. A efetivação dessas conquistas e a perspectiva da consolidação de um sistema de bem-estar social no Brasil deveriam implicar aporte prioritário e considerável de recursos no orçamento público, além da elaboração de um conjunto de legislações complementares. Contudo, esse direcionamento vai ser frustrado a partir da década de 1990, marcada pelo predomínio da ideologia neoliberal e da contrarreforma do Estado, em cenário claramente desfavorável à efetivação das mudanças propostas pela Carta Magna.

Um exemplo dessa lógica é o PPA 2000-2003 aprovado no governo FHC. Esse PPA estava assentado em um conjunto de "reformas" administrativa, previdenciária, tributária e política, em meio a qual o plano seria executado, segundo a mensagem presidencial, por meio "de uma verdadeira revolução gerencial". O eixo central do plano era a consolidação da "estabilidade econômica", que seria garantida por um efetivo "ajuste fiscal", adequando as despesas às receitas disponíveis com os programas voltados para a melhoria da arrecadação tributária de responsabilidade fiscal. Além disso, o PPA também afirmava que o governo executaria e construiria os programas previstos por meio de "parcerias" com estados, municípios, organismos internacionais, organizações não governamentais e empresas privadas.

O Brasil ratificou, em 1991, o Pacto Internacional dos Direitos Econômicos, Sociais e Culturais (PIDESC) da ONU, que foi promulgado pelo Decreto Legislativo n. 592, 6 de julho de 1992, passando a integrar o ordenamento jurídico do país. O artigo 2º do PIDESC dispõe que os Estados nacionais devem destinar a maior quantidade de recursos disponíveis (humanos e financeiros) para a implementação dos direitos previstos no pacto e que essa implementação deve se dar de maneira progressiva e não pode haver retrocessos, o que na prática não ocorreu nos anos 1990. Os Estados que ratificaram o PIDESC estão obrigados a incorporar esses princípios na legislação nacional.

A Constituição Federal de 1988 contém um conjunto de princípios e regras relativos aos direitos humanos, além da incorporação dos direitos enunciados nos tratados internacionais ratificados pelo Brasil, pois o artigo 5º, parágrafo 2º, da Carta Magna assegura que os direitos e garantias expressos na Constituição não excluem aqueles enunciados nos tratados de que o Brasil seja parte.

Além da necessidade dos marcos normativos, leis, instituições legítimas e sistema judicial, as políticas no âmbito dos direitos, para serem implementadas, necessitam de recursos financeiros. O orçamento público é um instrumento de realização desses direitos. Existem outros instrumentos, mas o orçamento é um instrumento privilegiado, que deve assegurar e expressar os requisitos de cumprimento dos direitos, refletindo as prioridades definidas pelo governo na execução e na escolha das políticas públicas. O orçamento público é a expressão concreta da efetivação dos tratados internacionais ratificados pelo Brasil, que são também expressos na Carta Magna e na legislação infraconstitucional do país.

O orçamento público deve ser estudado para além da divisão equitativa dos recursos disponíveis, sendo planejado para arrecadar recursos para implementar políticas que efetivem os direitos humanos. A receita pública, composta principalmente por tributos, deve servir para efetivação de um amplo conjunto de direitos. Todo um conjunto de serviços — segurança, educação, saúde, previdência, assistência social, transporte, entre outros — depende, em larga medida, da ação do Estado. Se a receita tributária, por exemplo, for insuficiente, o risco é de que esses serviços essenciais não sejam prestados na medida necessária ou venham a ser financiados por emissão de moeda ou endividamento público. O sistema tributário é que vai assegurar os recursos para a construção de um Estado de Direito Democrático e Social, destinado a assegurar o exercício dos direitos.

O primeiro PPA do governo Lula, 2004-2007, denominado "Plano Brasil de Todos", traz inovações na estratégia de desenvolvimento do país, propondo: i) inclusão social e desconcentração de renda com vigoroso crescimento do PIB e do emprego; ii) crescimento ambientalmente sustentável, redutor das disparidades regionais, dinamizado pelo mercado de consumo de massa, por investimentos e por elevação da produtividade; iii) redução da vulnerabilidade externa por meio da expansão das atividades competitivas que viabilizam esse crescimento sustentado; e iv) fortalecimento da cidadania e da democracia (INESC, 2004b). Mas os possíveis avanços do PPA estavam descolados das proposições orientadoras da política macroeconômica de estabilidade dos preços internos e da taxa de câmbio — com políticas monetária e cambial conduzidas por um Banco Central independente na prática — e rigorosa disciplina fiscal, obtidas por elevado superávit primário (PPA — Lei n. 10.933, de 2004, Anexo I). Como afirma a Nota Técnica do INESC (2004b), "cabeça para um lado, pés para outro", o rigor cada vez maior em relação à política fiscal e o superávit primário como um dogma significariam na prática que a implementação do PPA ficaria constrangida pelas escolhas de governo que hierarquizam as diversas políticas públicas do Estado, preferindo o mercado à efetivação dos direitos.

O próprio investimento público em infraestrutura, apesar de ser um dos desafios colocados, tinha aporte de recursos no PPA 2004-2007 baixo em relação às outras despesas da União, principalmente em relação aos gastos com a dívida pública, de forma que a execução dos orçamentos desse período seria realizada sob a égide da dimensão econômica, subjugando a estratégia de desenvolvimento do PPA.

Na orientação estratégica do plano, a concepção idealizada de desenvolvimento do governo Lula é apresentada de forma ampla (INESC, 2004b). Entretanto, quando o PPA se materializa por meio das leis orçamentárias, a estratégia de desenvolvimento com ênfase no acesso a direitos e na garantia de liberdades é minimizada em favor dos compromissos com os credores financeiros da dívida pública — é o que se pretende ilustrar a partir da breve análise da execução orçamentária do período de 2004 a 2007 —, com a perspectiva de que o orçamento público deve alocar recursos suficientes e de forma progressiva para a concretização dos direitos, expressando as prioridades em volume financeiro para o cumprimento dos tratados internacionais de que o Brasil é signatário e, principalmente, a efetivação dos direitos expressos na Constituição e na legislação infraconstitucional.

A tabela 4 apresenta as 28 funções[4] orçamentárias executadas no PPA 2004-2007 no orçamento da União (Orçamentos Fiscal e da Seguridade Social), em valores deflacionados pelo IGP-DI. Adotou-se o conceito de despesa liquidada[5] nas funções, excluindo a rolagem da dívida. Cada uma dessas funções tem subfunções que abrangem diversos programas e ações, conforme a concepção assumida pelo Poder Executivo para essas políticas. A fonte das informações do orçamento é o sistema SIGA Brasil, que a disponibiliza dos dados do SIAFI.

Tabela 4
Funções orçamentárias em valores liquidados (2004-2007) deflacionados pelo IGP-DI

Função (Cod./Desc.)	2004	2005	2006	2007	Total	Part.	Var. %
01 — Legislativa	4.381,24	4.311,99	5.088,05	5.204,03	18.985,30	0,61%	18,78%
02 — Judiciária	13.050,02	12.091,25	15.528,51	16.875,19	57.544,96	1,85%	29,31%
03 — Essencial à justiça	2.634,65	2.640,16	3.284,15	3.923,99	12.482,95	0,40%	48,94%
04 — Administração	11.074,23	10.291,14	11.839,89	14.821,21	48.026,47	1,54%	33,84%
05 — Defesa nacional	16.820,16	17.469,14	18.009,67	20.559,19	72.858,15	2,34%	22,23%
06 — Segurança pública	3.429,95	3.418,58	4.181,60	5.561,98	16.592,11	0,53%	62,16%
07 — Relações exteriores	1.625,55	1.731,39	1.493,20	1.554,21	6.404,34	0,21%	-4,39%
08 — Assistência social	**17.179,51**	**17.903,75**	**23.040,64**	**25.969,38**	**84.093,27**	**2,70%**	**51,16%**
09 — Previdência social	**205.100,65**	**213.522,48**	**227.648,20**	**246.284,39**	**892.555,73**	**28,64%**	**20,08%**
10 — Saúde	**40.860,27**	**41.325,04**	**43.374,79**	**48.036,14**	**173.596,23**	**5,57%**	**17,56%**
11 — Trabalho	**13.267,88**	**14.404,60**	**17.695,06**	**20.756,11**	**66.123,65**	**2,12%**	**56,44%**
12 — Educação	**18.009,32**	**18.336,00**	**21.022,92**	**25.584,52**	**82.952,76**	**2,66%**	**42,06%**

Continua

4. Função é a classificação da despesa orçamentária que tem por finalidade registrar a finalidade da realização da despesa. A função pode ser traduzida como o maior nível de agregação das diversas áreas de atuação do setor público. Está relacionada com a missão institucional fundamental do órgão executor, por exemplo, cultura, educação, saúde ou defesa. A especificação das funções é fixada, em nível nacional, pela Portaria MPOG n. 42, de 14 de abril de 1999 (*Diário Oficial da União*, 15 abr. 1999).

5. A liquidação da despesa no orçamento consiste na verificação do direito adquirido pelo credor ou entidade beneficiária, tendo por base os títulos e documentos comprobatórios do respectivo crédito ou da habilitação ao benefício, conforme o artigo 63 da Lei n. 4.320/64 e o Decreto n. 93.872/86.

Função (Cod./Desc.)	2004	2005	2006	2007	Total	Part.	Var. %
13 — Cultura	**401,41**	**559,67**	**621,07**	**795,84**	**2.377,98**	**0,08%**	**98,26%**
14 — Direitos da cidadania	**681,99**	**938,63**	**1.050,83**	**994,70**	**3.666,16**	**0,12%**	**45,85%**
15 — Urbanismo	**1.478,01**	**2.391,63**	**2.299,41**	**4.654,10**	**10.823,16**	**0,35%**	**214,89%**
16 — Habitação	**606,47**	**645,56**	**1.247,42**	**630,71**	**3.130,16**	**0,10%**	**4,00%**
17 — Saneamento	**94,86**	**99,98**	**60,16**	**1.634,17**	**1.889,17**	**0,06%**	**1622,69%**
18 — Gestão ambiental	**1.478,92**	**2.256,37**	**1.720,45**	**3.404,85**	**8.860,59**	**0,28%**	**130,22%**
19 — Ciência e tecnologia	3.230,72	3.709,02	4.081,25	4.547,66	15.568,64	0,50%	40,76%
20 — Agricultura	9.462,29	9.432,83	10.848,63	11.920,39	41.664,14	1,34%	25,98%
21 — Organização agrária	**3.243,78**	**4.058,73**	**4.542,01**	**5.099,86**	**16.944,39**	**0,54%**	**57,22%**
22 — Indústria	1.918,94	1.693,13	2.209,37	2.963,54	8.784,98	0,28%	54,44%
23 — Comércio e serviços	2.583,04	3.220,94	2.984,31	3.021,66	11.809,95	0,38%	16,98%
24 — Comunicações	615,20	545,09	511,52	951,98	2.623,79	0,08%	54,74%
25 — Energia	490,79	533,46	480,29	570,30	2.074,84	0,07%	16,20%
26 — Transporte	4.525,03	7.615,16	7.445,01	12.854,84	32.440,04	1,04%	184,08%
27 — Desporto e lazer	**336,34**	**479,22**	**788,60**	**1.486,64**	**3.090,80**	**0,10%**	**342,00%**
28 — Encargos especiais	295.343,59	291.881,11	429.410,90	401.452,74	1.418.088,34	45,51%	35,93%
Total	673.924,81	687.506,02	862.507,90	892.114,30	3.116.053,04	100,00%	32,38%
Funções DHESCAS (1)	302.739,43	316.921,65	345.111,58	385.331,39	1.350.104,05	-	27,28%
Part. no Orçamento em %	44,92%	46,10%	40,01%	43,19%	43,33%	-	-
Excluindo Previdência em %	14,49%	15,04%	13,62%	15,59%	14,68%	-	-

Fonte: SIAFI/SIGA Brasil. (Elaboração própria.)

(1) Refere-se à soma das funções (8) assistência social, (9) previdência social, (10) saúde, (11) trabalho, (12) educação, (13) cultura, (14) direitos da cidadania, (15) urbanismo, (16) habitação, (17) saneamento, (18) gestão ambiental, (21) organização agrária e (27) desporto e lazer.

Na tabela 4 são ilustradas (em negrito, vide nota 1 da tabela) as funções cujas despesas estão relacionadas diretamente à efetivação dos Direitos Humanos, Econômicos, Sociais, Culturais e Ambientais (DHESCAs). Esse período equivale à realização do último Plano Plurianual (PPA, 2004-2007).

No período de 2004 a 2007, as funções orçamentárias relacionadas à efetivação dos direitos apresentaram um crescimento real de 27,28% pelo

IGP-DI. Essa evolução foi aquém do crescimento do montante total dos gastos orçamentários, no mesmo período, que cresceram 32,38%, fornecendo pistas de que outras despesas foram mais prioritárias que aquelas arroladas para a concretização dos direitos. O conjunto dos gastos orçamentários liquidados nas funções selecionadas na tabela 4 representava 44,92% do montante dos orçamentos fiscal e da seguridade social, em 2004, reduzindo a participação para 43,33%, em 2007, ao passo que no anterior a participação tinha sido de 40,01%. Entre as três funções típicas da seguridade social[6] — assistência social, previdência e saúde —, somente a assistência social apresentou uma evolução acima do crescimento geral dos gastos orçamentários do período (ver tabela 4).

A função previdência social, que no orçamento da União representa o pagamento dos benefícios no âmbito do Regime Geral da Previdência Social e do Regime Próprio da Previdência do setor público, respondeu por 66,11% do montante dos gastos selecionados como representativos dos Direitos Humanos, Econômicos, Sociais, Culturais e Ambientais. Desconsiderando a função previdência, as despesas orçamentárias representativas desses direitos representam apenas 14,68% dos valores liquidados no orçamento público da União. Quando a comparação é em relação ao PIB, as funções orçamentárias selecionadas têm um acréscimo no período de 12,58%, em 2004, para 14,33%, em 2007, em patamar inferior ao conjunto dos gastos orçamentários. Excluindo a função previdência, as despesas no âmbito dos direitos equivalem apenas a 5,17% do PIB, em 2007 (tabela 5), uma alocação de recursos financeiros em volume insuficiente para a concretização dos Direitos Humanos, Econômicos, Sociais, Culturais e Ambientais.

Os dados da tabela 4 e 5 revelam que a função saúde é a segunda mais representativa no âmbito dos gastos relacionados aos DHESCAs. Apesar do aumento de 17,56%, em valores deflacionados pelo IGP-DI, ocorre um pequeno acréscimo de 1,70% do PIB, em 2004, para 1,79%, em 2007. Os gastos públicos em saúde no Brasil são insuficientes para estabelecer um sistema de saúde público e universal, como será detalhado na análise realizada no capítulo 4.

---

6. As funções previdência, saúde e assistência no orçamento serão analisadas com mais detalhes nos capítulos 4 e 5.

Tabela 5

Funções do orçamento[1] em % do PIB

Função (Cod./Desc.)	2004	2005	2006	2007
01 — Legislativa	0,18%	0,18%	0,20%	0,19%
02 — Judiciária	0,54%	0,50%	0,62%	0,63%
03 — Essencial à justiça	0,11%	0,11%	0,13%	0,15%
04 — Administração	0,46%	0,42%	0,47%	0,55%
05 — Defesa nacional	0,70%	0,72%	0,72%	0,76%
06 — Segurança pública	0,14%	0,14%	0,17%	0,21%
07 — Relações exteriores	0,07%	0,07%	0,06%	0,06%
08 — Assistência social	**0,71%**	**0,74%**	**0,92%**	**0,97%**
09 — Previdência social	**8,52%**	**8,78%**	**9,13%**	**9,16%**
10 — Saúde	**1,70%**	**1,70%**	**1,74%**	**1,79%**
11 — Trabalho	**0,55%**	**0,59%**	**0,71%**	**0,77%**
12 — Educação	**0,75%**	**0,75%**	**0,84%**	**0,95%**
13 — Cultura	**0,02%**	**0,02%**	**0,02%**	**0,03%**
14 — Direitos da cidadania	**0,03%**	**0,04%**	**0,04%**	**0,04%**
15 — Urbanismo	**0,06%**	**0,10%**	**0,09%**	**0,17%**
16 — Habitação	**0,03%**	**0,03%**	**0,05%**	**0,02%**
17 — Saneamento	**0,00%**	**0,00%**	**0,00%**	**0,06%**
18 — Gestão ambiental	**0,06%**	**0,09%**	**0,07%**	**0,13%**
19 — Ciência e tecnologia	0,13%	0,15%	0,16%	0,17%
20 — Agricultura	0,39%	0,39%	0,44%	0,44%
21 — Organização agrária	**0,13%**	**0,17%**	**0,18%**	**0,19%**
22 — Indústria	0,08%	0,07%	0,09%	0,11%
23 — Comércio e serviços	0,11%	0,13%	0,12%	0,11%
24 — Comunicações	0,03%	0,02%	0,02%	0,04%
25 — Energia	0,02%	0,02%	0,02%	0,02%
26 — Transporte	0,19%	0,31%	0,30%	0,48%
27 — Desporto e lazer	**0,01%**	**0,02%**	**0,03%**	**0,06%**
28 — Encargos especiais	12,28%	12,00%	17,22%	14,93%
Total	28,01%	28,27%	34,59%	33,18%
Funções DHESCAS	12,58%	13,03%	13,84%	14,33%
Funções DHESCAS — Previdência	4,06%	4,25%	4,71%	5,17%

Fonte: SIAFI/SIGA Brasil. (Elaboração própria.)

(1) Refere-se à soma das funções (8) assistência social, (9) previdência social, (10) saúde, (11) trabalho, (12) educação, (13) cultura, (14) direitos da cidadania, (15) urbanismo, (16) habitação, (17) saneamento, (18) gestão ambiental, (21) organização agrária e (27) desporto e lazer.

Os gastos com assistência social nos orçamentos de 2004 a 2007 superam as despesas orçamentárias com educação. Essa reversão ocorre a partir da execução orçamentária de 2006. No âmbito da assistência, a elevação dos gastos, que apresentaram um crescimento real de 51,16% no período, é decorrente de programa voluntário de transferência de renda, como o Bolsa-Família, além do aumento do quantitativo do Benefício de Prestação Continuada (BPC) decorrente da redução do limite de idade para acesso e da evolução do real do salário mínimo. Por outro lado, nesse período, no âmbito da educação houve restrições orçamentárias quanto aos investimentos e às demais despesas correntes no âmbito das universidades federais (Castro et al., 2008).

Os dados da tabela 4 e 5 também revelam que as funções que dependem dos gastos discricionários[7] do governo acabam recebendo menor dotação orçamentária que aquelas com gastos de natureza obrigatória. Isso também reflete a baixa execução orçamentária em algumas funções garantidoras de direito, como demonstra a tabela 6.

Uma ilustração dessa situação da execução orçamentária no período de 2004 a 2007 pode ser visualizada na tabela 6; os resultados apresentados referem-se à comparação das dotações orçamentárias autorizadas com aqueles que foram liquidados no orçamento. Os valores autorizados refletem as variações ocorridas (para maior ou para menor) no montante de dotações de recursos alocadas na LOA a uma função ao longo do exercício. Assim, é possível que a ação de uma unidade orçamentária tenha sua dotação aumentada em função de um maior ingresso de receita global, ou ser reduzida devido à abertura de crédito extraordinário em favor de um outro órgão. A comparação entre o autorizado e o liquidado das funções orçamentárias revela o ritmo da pretensão de cumprimento da LOA aprovada e também indica a priorização de gastos governamentais.

A execução orçamentária no período 2004 de 2007 vem aumentando, chegando a 92,46% do orçamento autorizado no último ano analisado. Mas adverte-se para o fato de que os resultados da execução orçamentária de 2006 e 2007 estão influenciados por uma mudança na contabilização das despesas liquidadas realizada pelo governo Lula, ao incluir na variável "liquidado" do orçamento público os restos a pagar não processados. Neste caso, o resto a

7. São as despesas discricionárias aquelas que o governo pode ou não realizar, sem imposição legal.

Tabela 6

Execução orçamentária em % — valores liquidados sobre valores autorizados

Função (Cod./Desc.)	2004	2005	2006	2007
01 — Legislativa	97,59%	87,33%	93,27%	91,86%
02 — Judiciária	98,91%	86,62%	98,73%	97,95%
03 — Essencial à justiça	97,94%	84,48%	96,05%	92,24%
04 — Administração	86,64%	83,56%	92,87%	89,44%
05 — Defesa nacional	97,71%	93,05%	95,12%	96,87%
06 — Segurança pública	86,14%	79,98%	89,35%	88,61%
07 — Relações exteriores	75,89%	89,50%	93,00%	82,08%
08 — Assistência social	**96,69%**	**98,41%**	**95,39%**	**99,39%**
09 — Previdência social	**99,46%**	**99,44%**	**99,76%**	**99,65%**
10 — Saúde	**95,81%**	**93,55%**	**95,95%**	**92,96%**
11 — Trabalho	**94,77%**	**97,40%**	**98,85%**	**98,91%**
12 — Educação	**93,67%**	**87,94%**	**96,23%**	**97,23%**
13 — Cultura	**74,63%**	**79,54%**	**83,97%**	**75,41%**
14 — Direitos da cidadania	**83,10%**	**78,76%**	**82,04%**	**72,24%**
15 — Urbanismo	**71,47%**	**66,77%**	**70,32%**	**82,64%**
16 — Habitação	**62,05%**	**79,10%**	**76,82%**	**58,75%**
17 — Saneamento	**39,58%**	**46,15%**	**36,09%**	**87,76%**
18 — Gestão ambiental	**76,38%**	**73,33%**	**67,68%**	**85,69%**
19 — Ciência e tecnologia	94,50%	83,94%	90,43%	94,01%
20 — Agricultura	61,89%	69,36%	75,88%	71,69%
21 — Organização agrária	**88,81%**	**87,39%**	**90,30%**	**94,26%**
22 — Indústria	40,61%	80,16%	86,09%	95,10%
23 — Comércio e serviços	70,34%	77,33%	76,44%	64,95%
24 — Comunicações	73,71%	48,17%	75,32%	87,08%
25 — Energia	52,31%	57,48%	79,72%	71,96%
26 — Transporte	65,83%	75,70%	77,18%	86,19%
27 — Desporto e lazer	**70,73%**	**61,75%**	**72,40%**	**89,79%**
28 — Encargos especiais	78,54%	84,13%	89,19%	88,92%
Total	86,53%	89,24%	92,41%	92,46%

Fonte: SIAFI/SIGA Brasil. (Elaboração própria.)

pagar não processado deveria ser liquidado e incluído no exercício seguinte, como até então vinha acontecendo. Essa modificação, na opinião do INESC (2007), contraria a Lei n. 4.320/64, pois a liquidação somente ocorre se há certeza absoluta de que uma obra prevista no orçamento foi concluída ou um serviço foi prestado. O fato de existir o empenho da dotação orçamentária não dá essa certeza, gerando dúvidas quanto ao que de fato foi executado ao final do exercício orçamentário.

Apesar desse "truque" contábil, algumas das funções relacionadas à garantia de direitos apresentam uma execução muito abaixo da média. A função saneamento, no período de 2004 a 2006, apresentou uma execução abaixo de 50% dos recursos autorizados.[8] A função habitação é outra que apresenta um baixo nível de execução e, em 2007, liquidou apenas 58,75% dos recursos autorizados a serem gastos no orçamento. No período de 2004 a 2007, os gastos com habitação e saneamento no orçamento totalizaram R$ 5.019,33 milhões, ou seja, uma irrisória média anual de R$ 1.254,83 milhão (tabela 4). O desempenho da função saneamento, em 2007, está relacionado com a reestruturação do marco legal do setor (Lei n. 11.445, de 5 de janeiro de 2007), que estabelece as diretrizes nacionais para o saneamento básico e para a política federal do setor. Tanto a função saneamento quanto a habitação vêm sendo contempladas com recursos do Programa de Aceleração do Crescimento (PAC), que tem sido umas das prioridades do governo Lula. Porém, os recursos alocados nessas duas funções têm uma baixa participação no montante do orçamento do período, apenas 0,45% do total, e o valor investido, em 2007, foi equivalente a 0,08% do PIB.

Isso tudo diante do quadro de caos urbanos, como revela o estudo do IPEA (2008), que faz uma análise da habitação e do saneamento no país com base nos dados da PNAD 2007. Na habitação, mesmo com avanços, o Brasil tem 56 milhões de pessoas morando em condições inadequadas, o que correspondia a 34,5% da população urbana em 2007. De acordo com o IPEA (2008), nessas habitações há pelos menos um destes fatores: falta de esgoto, falta de rede de água, as paredes não são duráveis, o banheiro é coletivo, domicílios em favelas, irregularidade fundiária ou adensamento excessivo (muita gente dividindo a mesma casa). O estudo do IPEA também revela que um a cada três brasileiros da área urbana não tem condições dignas de moradia.

Também apresentaram baixo nível de execução orçamentária no período cultura e direitos da cidadania. As funções que apresentam baixa execução orçamentária são exatamente aquelas que estão relacionadas a problemas cruciais para a população e que necessitam da intervenção do Estado, sendo

---

8. Foge ao objeto desta pesquisa uma análise das políticas que não integram a seguridade social. Quanto às políticas de habitação e de saneamento, uma referência de análise no período de 1964 a 2002, com reflexo sobre o PPA 2003-2007, pode ser vista na tese de doutorado de Fagnani (2005), especialmente nas páginas 486 a 527, que o autor dedicou ao estudo do estiolamento das políticas urbanas.

pontos nevrálgicos na conquista dos direitos da cidadania, na luta contra as desigualdades e por uma vida digna. Os gastos orçamentários com previdência, assistência, saúde, educação e trabalho conseguem preservar a sua execução, pois têm a maior parte dos recursos de natureza obrigatória, ou seja, sua execução está vinculada a preceitos constitucionais ou a alguma norma legal. O que obriga a sua aplicação ou impede, em tese, qualquer desvio, explicando os altos níveis de execução orçamentária (Graça e Salvador, 2008).

A política de ajuste fiscal e a aprovação da LRF (Lei Complementar n. 101/2000) são determinantes para maiores resultados positivos na contas primárias do governo, priorizando o pagamento de juros e amortização da dívida (Fagnani, 2005). Um dos instrumentos utilizados para "engordar" o superávit primário são os decretos de contingenciamento do orçamento, que reduzem os valores autorizados a serem gastos pelos órgãos do governo e atingem, sobretudo, aquelas funções orçamentárias que não têm gastos obrigatórios ou vinculados. O contingenciamento orçamentário é um recurso que vem sendo bastante utilizado nos últimos anos como meio de assegurar metas de superávit primário, funcionando como um apêndice da política econômica adotada pelo governo federal. Trata-se de um instrumento que limita o empenho, a movimentação financeira e os pagamentos de despesas discricionárias no âmbito federal.

Na prática, a liberação de recursos ocorre somente com o pagamento de juros e encargos de dívidas e com o cumprimento de metas econômicas (INESC, 2005), o que significa uma subordinação dos gastos que efetivam direitos para maioria da população à lógica do mercado financeiro.

Um exemplo da situação revelada pelo INESC (2005) é o Decreto de Contingenciamento (Decreto n. 5.379/2005), que limitou o empenho, a movimentação financeira e os pagamentos de despesas discricionárias (despesas não obrigatórias) do Executivo federal em R$ 15,9 bilhões na programação financeira anual do orçamento de 2005, tendo sido o maior contingenciamento realizado após 2005, superior em 50% em relação ao realizado em 2004. Também ultrapassou o recorde que tinha sido registrado em 2003, ano caracterizado por baixa realização de investimentos federais.

O contingenciamento e a liberação dos recursos orçamentários não se limitam a uma estratégia de compressão de determinadas despesas públicas, mas têm sido utilizados também na barganha política da relação do Poder Executivo com o Parlamento. Conforme Santos, Machado e Rocha (1997), o orçamento autorizativo serve também com instrumento de controle do Executivo para o conflito distributivo, sendo as emendas orçamentárias realizadas pelos parlamentares utilizadas no jogo de interesse das votações do governo no Congresso Nacional.

Além disso, a não execução integral da dotação orçamentária autorizada tem efeito semelhante ao contingenciamento dos recursos, pois os valores ficam retidos no caixa único do Tesouro Nacional, contribuindo para a realização do resultado financeiro do governo federal. Assim, a não liberação total de recursos orçamentários contribui também para reforçar o caixa e com isso alcançar a meta de superávit primário do governo, ao mesmo tempo que frustra o atendimento das demandas sociais em diferentes áreas.

Como destaca Garcia (2008, p. 304):

> Generalizam-se a prática dos contingenciamentos orçamentários, a aplicação de cortes lineares nas despesas, com danosos efeitos sobre a gestão pública e sobre a quantidade e qualidade das ações governamentais. A privatização às pressas e menos lucrativa do que poderia ser, o deplorável estado em que se encontra a rede viária, a insegurança sobre a oferta futura de energia elétrica, o desgaste material das Forças Armadas, a inadequação e desatualização dos portos, a precariedade da educação pública, os déficits em habitação e saneamento, o recrudescimento de doenças transmissíveis, o aumento acelerado da violência e criminalidade, a forte desaceleração no desenvolvimento científico e tecnológico, entre tantos outros problemas, podem ser, em larga medida, atribuídos ao célere e custoso endividamento público, aos seus efeitos fiscais e ao modo como foram enfrentados.

A não execução integral do orçamento autorizado também é consequência das deficiências no âmbito da burocracia brasileira decorrentes da escolha minimalista do papel do Estado, representado pela política fiscal restritiva, que impõe severas restrições ao funcionamento da máquina pública. Ainda que de fato tenha ocorrido a recomposição do Estado, com a realização de concursos públicos em várias áreas e instituições (Behring, 2008), temos um baixo quantitativo de servidores públicos, que traz consequências diretas para a economia e para a sociedade, assim como para todas as pessoas que ficam prejudicadas nos seus direitos. De acordo com Garcia (2008), o total de servidores ativos no Poder Executivo em 2006 é de 10,9% maior que o existente em 1995, enquanto a população cresceu 17,4% no mesmo intervalo de tempo; com isso a relação servidores/mil habitantes reduziu-se de 5,52 para 5,32 no período.

Por um lado, se o governo vem mostrando dificuldades de expansão e universalização dos gastos orçamentários que garantem a concretude para efetivação dos direitos, de outro, essa não tem sido a realidade para o cumprimento das metas das despesas financeiras no orçamento. O Brasil pagou mais de R$ 794,65 bilhões em juros, encargos e amortização da dívida no período de 2004 a 2007 (tabela 7). Esses recursos equivalem a 35% de um PIB médio do período em que foram transferidos ao setor financeiro da economia.

O pagamento de juros e encargos da dívida tem sido "um quase esquecido componente das despesas correntes" (Garcia, 2008, p. 300), ou seja, as chamadas discussões técnicas no interior do governo e os consultores econômicos privados prediletos da grande imprensa, quando o assunto é finanças públicas, adotam implicitamente um critério: comentar as despesas não financeiras. Portanto, exclui-se "o pagamento de juros, encargos e amortização da dívida pública. São intocáveis, impronunciáveis, inexistentes para a política fiscal, ainda que onerem pesadamente" (Garcia, 2008, p. 300).

De acordo com Garcia (2008), as despesas financeiras quadruplicaram entre 1995 e 2006, um crescimento de 359,77% maior que qualquer outro item no Orçamento da União (excluídos os refinanciamentos). Em termos de composição na participação do orçamento, o estudo do autor revelou que, no período de 1995 a 2006, as despesas correntes com o pagamento de juros e encargos da dívida foram as que mais aumentaram a participação nas despesas da União. A participação dos juros no montante do orçamento subiu 74% e as despesas com amortização da dívida, 160%, enquanto os benefícios previdenciários se mantiveram praticamente constantes, participando com 21% do orçamento, ao passo que as despesas com pessoal reduziram-se em 45%.

As despesas financeiras representavam 26,86% dos orçamentos da seguridade social e fiscal, em 2004; sobem para 30,77%, em 2007. Os valores pagos com juros e amortização da dívida nos quatro anos de execução do PPA 2004-2007 são duas vezes superiores ao montante do gasto da União com as funções assistência social, saúde, trabalho, educação, cultura, direitos da cidadania, habitação, saneamento, gestão ambiental, organização agrária, desportos e lazer.

Tabela 7

Despesas com a dívida — 2004-2007 (R$ milhões)

Ano	Juros e Encargos (a)	Amortizações (b)	Despesas Financeiras (c) = (a) + (b)	Refinanciamento
2004	74.373,39	71.677,57	146.050,96	364.418,01
2005	89.839,64	49.274,21	139.113,85	495.579,15
2006	151.151,88	120.929,46	272.081,34	376.832,92
2007	140.311,78	97.093,32	237.405,11	374.783,32
Total	455.676,70	338.974,55	794.651,25	–
	Participação no Orçamento em %			
2004	13,68%	13,18%	26,86%	
2005	14,80%	8,12%	22,92%	
2006	18,73%	14,99%	33,72%	
2007	18,18%	12,58%	30,77%	
Média	16,35%	12,22%	28,57%	
	Em valores deflacionados pelo IGP-DI			
Ano	**Juros e Encargos (a)**	**Amortizações (b)**	**Despesas Financeiras (c) = (a) + (b)**	
2004	92.164,11	88.823,43	180.987,54	
2005	101.762,45	55.813,49	157.575,93	
2006	161.572,94	129.266,85	290.839,79	
2007	147.442,01	102.027,31	249.469,33	
Total	502.941,50	375.931,08	878.872,59	
Média	125.735,38	93.982,77	219.718,15	
	Em % do PIB			
Ano	**Juros e Encargos (a)**	**Amortizações (b)**	**Despesas Financeiras (c) = (a) + (b)**	
2004	3,83%	3,69%	7,52%	
2005	4,18%	2,29%	6,48%	
2006	6,48%	5,18%	11,66%	
2007	5,48%	3,79%	9,28%	

Fonte: SIAFI/SIGA Brasil. (Elaboração própria.)

Por fim, chama-se atenção de um componente mostrado na tabela 7, que é o refinanciamento da dívida pública federal, que totalizou R$ 374.783,32 milhões em 2007. Trata-se da "rolagem" da dívida via emissão de novos títulos (operação contábil) para o pagamento dos que estão vencendo. Em 2007, quando somados os valores da rolagem com o pagamento de juros e encargos da dívida (R$ 140.311,78 milhões) e a amortização (R$ 97.093,32 milhões), chega-se ao montante de R$ 758,8 bilhões. Portanto, quase a metade do orçamento fiscal e da seguridade social do próximo ano (48%) está comprometida com os credores financeiros do governo.

A rolagem da dívida, apesar do efeito apenas contábil, tem consequências econômicas, pois implica despesas que o governo tem de liquidar semanalmente via emissão de novos títulos que precisam ser submetidos a um "teste de credibilidade" junto ao mercado financeiro. Em 2007, o governo refinanciou mensalmente cerca de R$ 31,23 bilhões, valor que é 25% superior ao gasto anual do orçamento da educação na esfera federal.

O compromisso dos últimos governos com as despesas financeiras foi honrado pelo aumento da carga tributária, em um quadro de alterações realizadas na estrutura do sistema tributário do país após 1994, que é objeto de análise das próximas seções.

3.2 Sistema tributário brasileiro pós-Constituição: a contrarreforma tributária

A Constituição, em 1988, estabeleceu um conjunto de princípios tributários (eles ainda estão lá escritos) que constituíam uma base importante para edificação de um sistema tributário baseado na justiça fiscal e social. A começar pela solidariedade que está subjacente a todos os princípios tributários (a isonomia, a universalidade, a capacidade contributiva, a essencialidade), a tributação deve ser, preferencialmente, direta, de caráter pessoal e progressiva.

A CF estabelece ainda que os contribuintes e os consumidores devem ser esclarecidos acerca dos impostos que incidam sobre mercadorias e serviços. Até hoje, esse preceito não foi regulamentado e não está sendo cumprido. O parágrafo 1°, do artigo 145, estabelece:

> Sempre que possível, os impostos terão caráter pessoal e serão graduados segundo a capacidade econômica do contribuinte, facultado à administração tributária, especialmente para conferir efetividade a esses objetivos, identificar, respeitados os direitos individuais e nos termos da lei, o patrimônio, os rendimentos e as atividades econômicas do contribuinte.

No artigo 150 da CF fica assegurada a isonomia tributária ao proibir o tratamento desigual entre contribuintes que se encontrem em situação equivalente, não sendo ainda permitida distinção em razão de ocupação profissional ou função por eles exercida, independentemente da denominação jurídica dos rendimentos, títulos ou direitos. Com isso, o *quantum* com que cada indivíduo vai contribuir para as despesas do Estado deve alcançar todos os cidadãos que se achem na mesma situação jurídica, sem privilégios de indivíduos ou classes sociais. A lei tributária deve ser igual para todos e a todos deve ser aplicada com igualdade (Hickmann e Salvador, 2006).

Contudo, os princípios constitucionais que permitiriam um novo desenho para o sistema tributário não foram postos em práticas por nenhum dos governos que ocuparam o Palácio do Planalto após a promulgação da Constituição. Ainda no governo Sarney foi reduzida a progressividade do Imposto de Renda (IR), na contramão do que seria estabelecido no texto constitucional. Das nove faixas existentes na tabela do IR, em 1988, ficaram apenas duas no ano seguinte.

Para Fabrício de Oliveira (2006), as mudanças na parte tributária da CF apontavam para a descentralização da arrecadação, em sentido oposto ao da centralização autoritária realizada na ditadura militar. O autor também destaca o maior compromisso do texto constitucional com a equidade, visando a tornar o sistema tributário mais justo do ponto de vista fiscal e com melhor distribuição do seu ônus entre os membros da sociedade. No campo da descentralização estava o aumento das competências tributárias das esferas subnacionais e o aumento expressivo dos fundos de participação de estados e municípios.

Contudo, a nova ordem neoliberal em curso nos anos 1990, no país, levou a legislação tributária a minar os avanços obtidos na Constituição. Os questionamentos sobre a intervenção do Estado na economia e a chamada "crise fiscal" estabeleciam novos condicionantes na extração de recursos da sociedade pela via tributária. O novo arranjo de políticas macroeconômicas sucumbia a qualquer tentativa de desenvolvimento econômico; a definição da regulação tributária seria elemento decisivo das "condições globais de inserção da economia brasileira no mercado internacional" (Biasoto Jr., 2006, p. 40). O próprio desenho da descentralização foi minado a partir de 1993, com a introdução de instrumento de desvinculação de recursos das contribuições sociais, que não são compartilhadas com os estados e os municípios.

No governo Collor, foram adotadas medidas de emergências para não cumprir a Carta Constitucional com pacotes fiscais. Antes do término do mandato do presidente cassado, foi elaborada uma proposta, em junho de 1992, que pretendia assegurar um superávit primário de US$ 20 bilhões (5,0% do PIB da época), conforme revela Munhoz (2003), de forma que, ao final do governo Collor, o sistema de tributação não tinha praticamente nenhuma condição de atenuar a concentração de renda no país e muito menos a capacidade de fomentar setores e induzir investimentos (Biasoto Jr., 2006).

Mas o legado mais perverso de mudanças no sistema tributário foi engendrado no governo do presidente Fernando Henrique Cardoso (FHC). Ao longo do governo FHC foi sendo alterada, paulatinamente, a legislação infraconstitucional, solapando ou tornando nulos os princípios básicos da reforma tributária realizada na Constituição de 1988, agravando as distorções e, sobretudo, aprofundando a regressividade do sistema tributário brasileiro. As modificações realizadas nos anos neoliberais no Brasil constituem verdadeira contrarreforma tributária, conduzida de forma sorrateira.

As modificações ocorreram nas leis ordinárias e nos regulamentos tributários, que transferiram para a renda do trabalho e para a população mais pobre o ônus tributário, alterando o perfil da arrecadação, como será mostrado na próxima seção. Hickmann (2003) observa que as mudanças foram no sentido de viabilizar o processo de mundialização do capital financeiro, sob a batuta do FMI, facilitando o livre fluxo de recursos financeiros, e, com isso, permitindo a realização de sucessivos superávits primários de forma a cumprir o ajuste fiscal acertado com o organismo multilateral.

A análise de Farias et al. (2006) destaca as principais mudanças realizadas no governo FHC que modificam o perfil da tributação no país e contribuem para a concentração de renda:

a) desoneração da tributação do lucro das empresas por meio da redução da alíquota do Imposto de Renda de Pessoa Jurídica (IRPJ) de 25% para 15% e da redução do adicional sobre os lucros.[9] Antes dessa mudança, a alíquota nominal era de 12% do lucro real que excedesse R$ 180 mil até R$ 780 mil; de 18% para parcela do lucro real acima de R$ 780 mil; e de 10% sobre parcela

9. A parcela do lucro real que exceder o valor resultante da multiplicação de R$ 20 mil pelo número de meses do respectivo período de apuração sujeita-se à incidência de adicional de imposto à alíquota de 10%.

do lucro real, presumido ou arbitrado, que excedesse R$ 240 mil ao ano ou R$ 20 mil/mês (Lei n. 9.249/95, artigo 3º, e Lei n. 8.981/95). A legislação acabou com a progressividade e reduziu a tributação dos lucros da empresa para uma alíquota única de 15%;

b) instituição dos "juros sobre capital próprio", que é a possibilidade de remunerar com juros o capital próprio das empresas, isto é, os juros pagos e creditados aos sócios, e deduzi-los como despesa. Na prática, isso significa uma redução da base tributária do Imposto de Renda e da Contribuição Social do Lucro Líquido, além de ser uma forma secundária de distribuição de lucros e dividendos (Lei n. 9.294/95, artigo 9º);

c) isenção de imposto de renda à distribuição de lucros a pessoas físicas, eliminando o imposto de renda na fonte sobre os lucros e dividendos distribuídos para os resultados apurados a partir de 1º de janeiro de 1996, seja o sócio capitalista residente no país, seja no exterior. Antes dessa mudança, a alíquota era de 15% (Lei n. 9.294/95, artigo 10);

d) eliminação da alíquota de 35% do Imposto de Renda de Pessoa Física (IRPF), reduzindo a progressividade do IR (Lei n. 9.250/95);

e) elevação da alíquota do IRPF de 25% para 27,5% (Lei n. 9.532/97, artigo 11);

f) aumento do número de declarantes de IR, o que ocorreu pela não correção da tabela de IR (1996 a 2001), fazendo que os trabalhadores de mais baixa renda fossem tributados (Lei n. 9.430/96). Não se trata de um aumento no quantitativo de contribuintes em função do aumento da renda tributável de elevado potencial contributivo.

Além dos benefícios que as mudanças trouxeram ao grande capital, que passou a pagar menos tributos sobre a sua renda, as pessoas físicas de maior renda, sobretudo profissionais liberais, funcionários de postos mais graduados nas empresas e executivos, passaram a partir das mudanças realizadas a constituírem "pessoas jurídicas (PJs)". O mecanismo é bastante simples: em vez de uma relação de contrato de trabalho regido pela CLT, o empregado monta uma empresa (PJ) que presta serviço para seu "antigo" empregador; em vez de salário, ele terá "lucro distribuído", agora isento de imposto de renda. Um mecanismo perverso de concentração de renda via sistema tributário.

As modificações sorrateiras na legislação não se limitaram a modificar a estrutura do sistema tributário; elas foram realizadas no sentido de enfraquecer o combate à sonegação tributária no país. A partir da vigência da Lei n. 9.249/95 (artigo 34) foi extinta a punibilidade do crime contra a ordem tributária, até mesmo sonegação de impostos previstos na Lei n. 8.137/90, via pagamento do tributo. Isso significa que o contribuinte que fizer apropriação indébita, por exemplo, de IR retido do trabalhador, da contribuição previdenciária, ou emitir nota fiscal fraudulenta, caso seja descoberto, basta pagar seu débito junto ao Fisco. Ele ficará livre da punição de seis meses a dois anos de prisão. A mudança realizada permite a conclusão que o crime tributário compensa.[10]

Farias et al. (2006) lembram que as autoridades fiscais estão impedidas de remessa de representação fiscal para fins penais relativos aos crimes contra a ordem tributária, no momento da autuação do contribuinte, pois a mudança decorrente da Lei n. 9.430/96 (artigo 83) postergou esse encaminhamento para depois da decisão final na esfera administrativa, o que na prática resulta na prescrição do crime, na maioria dos casos. Além disso, foram reduzidas drasticamente as multas das infrações fiscais, equiparando em alguns casos o sonegador ao inadimplente.[11] Com isso, a Receita Federal passou a dar ênfase, apenas, ao combate à inadimplência.

Convém também lembrar que, desde 2000, a cada dois anos, os governos têm lançado programas de parcelamentos de débitos tributários, tratando de forma igual o sonegador e o inadimplente do Fisco. O primeiro programa, chamado Refis, não estabeleceu um teto de anos para os parcelamentos, chegando ao seu primeiro ano de funcionamento a ter um prazo médio de pagamento de 110 anos. Os programas seguintes fixaram o prazo em até 15 anos. Todas essas mudanças diminuem o risco de sonegar: baixo valor de multas, não condenação penal e ainda o direito ao parcelamento dos débitos.

---

10. Vale lembrar que o ex-tesoureiro do presidente Fernando Collor de Melo, Paulo César Farias (PC), foi preso por crime contra a ordem tributária. Caso essa lei estivesse vigendo, em 1992, PC Farias não seria preso.

11. Antes, as multas, no caso de autuação pela Receita Federal, eram de 300% (no caso de fraude), 150% e 75%; após a lei, a multa se limita a 75% (fraude) e 37,5% nos outros casos. Ainda, se o contribuinte (ou sonegador) pagar o débito em até 30 dias após a autuação, tais multas ficam reduzidas em 50%.

No governo Lula também foram realizadas modificações na legislação tributária que caminham na contramão dos princípios constitucionais estabelecidos em 1988. Houve uma tentativa fracassada de reforma tributária, em 2003, quando o governo apresentou a Proposta de Emenda à Constituição (PEC) n. 41, que, ao final daquele ano, limitou-se à prorrogação da DRU e da CPMF. O governo seguiu o exemplo do anterior e tratou de promover alterações na legislação infraconstitucional para beneficiar o capital e seus sócios.

Nesse caminho da continuidade de mudanças sorrateiras no sistema tributário está o aperfeiçoamento do sistema de compensação de débitos dos contribuintes, vencidos ou vincendos, com créditos relativos a tributo ou contribuição administrados pela Secretaria da Receita Federal do Brasil (SRFB), que permite a compensação de impostos da esfera do orçamento fiscal (por exemplo, o IPI) com tributos pertencentes ao orçamento da seguridade social (por exemplo, a COFINS). Isso implica, muitas vezes, prejuízos para o financiamento da seguridade social (Salvador, 2008).

No governo anterior, a Lei n. 10.637/2002 criou uma nova forma de quitação de débitos tributários com a União, que consiste na entrega de uma declaração de compensação (Dcomp), na qual o contribuinte informa que está compensando seus débitos relativos a tributos ou contribuições federais com créditos por ele apurados, sem o prévio reconhecimento da certeza e liquidez pela SRFB. Tal declaração extingue o débito, sob condição resolutória de ulterior homologação.

A partir da entrada em vigor dessa nova legislação, os pedidos de compensação já protocolizados e pendentes de apreciação transformaram-se em Dcomp, produzindo os mesmos efeitos desta e submetendo-se ao rito processual instituído naquela oportunidade. O governo Lula aprovou a Lei n. 10.833, de 2003, estabelecendo um curtíssimo prazo de cinco anos para a Receita Federal apreciar a compensação declarada; findo tal prazo sem a devida apreciação, todo o procedimento estaria tacitamente homologado.

Dados do Unafisco Sindical (2006), com base em amostras das regiões fiscais, indicam que, em média, 80% dos créditos tributários compensados são improcedentes. Os resultados da Fiscalização da SRF corroboram para essas informações, pois a compensação fraudulenta de créditos tributários é motivo de autuação do Fisco. Em 2007, foram 521 mil contribuintes fiscalizados e R$ 108 bilhões de créditos tributários lançados, incluídos os valores de tributos, multas e juros, o que representou um crescimento de 80% no quantitativo e de 42% no volume de autuações, quando comparados com o ano de 2006. As principais infrações detectadas nas pessoas jurídicas foram omissão de receitas, falta de retenção ou recolhimento de tributos, apuração e compensação indevida de tributos, sendo o setor financeiro o maior responsável pelo volume de evasão tributária em 2007. Dos R$ 108 bilhões autuados, R$ 25,3 bilhões resultaram de fiscalização em bancos, cooperativas de crédito, seguradoras e outras empresas do setor.

Durante o debate legislativo de criação da chamada "Super-Receita", que resultou na criação da SRFB (Lei n. 11.457, de 16 de março de 2007), órgão resultante da fusão da Secretaria da Receita Federal (SRF) com a Secretaria da Receita Previdenciária (SRP), foram feitas emendas no Senado Federal para autorizar a compensação de débitos junto à previdência social com créditos tributários da extinta SRF. Contudo, as emendas foram aprovadas durante a votação final no Congresso Nacional. Com isso, hoje descabe a compensação de créditos tributários com débitos administrados pela extinta SRP, conforme parágrafo único do artigo 26 da Lei n. 11.457/2007. Contudo, diversas empresas têm impetrado mandado de segurança na tentativa de cancelar suas dívidas junto à previdência social, por meio de supostos créditos tributários, requerendo daqueles que defendem os direitos previdenciários um especial acompanhamento do desdobramento dessas ações judiciais.

Apesar de a lei assegurar a destinação das contribuições previdenciárias dos trabalhadores e dos empregadores para o pagamento dos benefícios previdenciários, creditados diretamente no FRPS sob a gestão do INSS (artigo 5º, inciso II), a política de arrecadação e gestão das receitas previdenciárias foi deslocada do Ministério da Previdência para o da Fazenda. Portanto, uma modificação relevante é o deslocamento de toda gestão das receitas do orçamento da seguridade social para o controle do Ministério da Fazenda, enfraquecendo ainda mais a institucionalidade da seguridade social.

O governo Lula também editou a MP n. 281 (15 de fevereiro de 2006), reduzindo a zero as alíquotas de IR e de CPMF para "investidores" estrangeiros no Brasil. As operações beneficiadas pela MP são cotas de fundos de investimentos exclusivos para investidores não residentes que possuam no mínimo 98% de títulos públicos federais. Novamente, os grandes beneficiados pela benevolência tributária do Estado brasileiro são os bancos. Após a MP n. 281 vem crescendo o interesse dos bancos estrangeiros com filiais no Brasil em emitir bônus indexados em reais no exterior. Eles emitem títulos em reais fora do país pagando juros abaixo do Depósito Interfinanceiro (DI) e depois ingressam com esses recursos como investidores estrangeiros no Brasil, comprando títulos públicos que pagam DI. Assim, ganham a diferença realizando uma operação de arbitragem (Lucchesi, 2006). Essa é mais uma modificação da legislação que fere a isonomia tributária entre as diferentes espécies de renda, conforme a Constituição Federal. A legislação atual não submete à tabela progressiva do IR os rendimentos de capital, que são tributados com alíquotas inferiores aos demais rendimentos (Hickmann, 2002).

A Lei n. 11.033, de 21 de dezembro de 2004, promoveu significativas alterações no tratamento tributário das aplicações financeiras, favorecendo os aplicadores do mercado financeiro e da bolsa de valores. Com isso, a alíquota do IR sobre os ganhos líquidos auferidos em operações realizadas em bolsas de valores, de mercadorias, de futuros e assemelhadas, foi reduzida de 20% para 15%. Além disso, estão isentos do IR os ganhos líquidos auferidos por pessoa física em operações no mercado à vista de ações, cujo valor das alienações realizadas em cada mês seja igual ou inferior a R$ 20 mil para o conjunto de ações.

Para as aplicações financeiras em chamados "fundos de investimento" e demais aplicações de renda fixa, foi adotado um sistema de tributação decrescente, de acordo com o prazo de permanência dos recursos na aplicação, variando de 22,5% (até seis meses) a 15% (nas aplicações acima de 24 meses). A título de exemplo, em 2007, a arrecadação de Imposto de Renda Retido na Fonte (IRRF) sobre rendimentos de fundos de renda fixa e aplicações de renda fixa alcançou o montante de R$ 15,8 bilhões, enquanto os trabalhadores assalariados tiveram retidos de IR na fonte-trabalho R$ 42,3 bilhões.

A contrarreforma tributária em curso após a Constituição de 1988 significou um conjunto de modificações em favor da renda capital, solapando os princípios constitucionais da isonomia tributária, da progressividade e da capacidade contributiva. Desde 1996, alguns bilhões de reais do fundo público brasileiro foram apropriados pelo grande capital, graças às medidas tomadas na área tributária. A seguir, serão estimados os impactos financeiros de algumas dessas "renúncias fiscais".[12]

---

12. A legislação tributária não classifica esses benefícios ao capital como renúncia fiscal.

Como destacado anteriormente, uma das renúncias fiscais implantadas em 1995 é a dedução dos juros sobre o capital próprio das empresas do lucro tributável do Imposto de Renda e da Contribuição Social sobre o Lucro Líquido (CSLL). A partir de 1996, a Lei n. 9.249/95, artigo 9°, permite às pessoas jurídicas tributadas pelo lucro real que remuneraram pessoas físicas ou jurídicas, a título de juros sobre o capital próprio, considerarem tais valores como despesas para fins de apuração do IRPJ e da CSLL. Trata-se, na verdade, de uma despesa fictícia.

O pagamento de juros sobre capital próprio vem sendo mecanismo de redução na arrecadação do IRPJ e da CSLL. De acordo com o jornal *Valor Econômico* (de 18 de agosto de 2005), enquanto o resultado antes do imposto de renda de 216 empresas de capital aberto saltou de R$ 3,99 bilhões, em 2002, para R$ 49,72 bilhões, em 2004, ou seja, um crescimento de 12 vezes, as provisões de IR e CSLL aumentaram apenas seis vezes (de R$ 2,19 bilhões para R$ 12,28 bilhões). O jornal destaca que "o motivo mais comum que contribui para a redução do volume de tributos pagos sobre o lucro foram os juros sobre capital próprio, alternativa adotada pelas empresas hoje para a distribuição de lucros" (Watanabe e Mandi, 2005, p. B-3). O valor distribuído de juros sobre capital próprio proporcionou uma redução nas despesas com encargos tributários dos cinco maiores bancos do país, em 2005, no montante de R$ 2,1 bilhões, implicando uma renúncia tributária do Estado a favor dos bancos no total de R$ 1,2 bilhão (Hickmann e Salvador, 2006).

No período de 2004 a 2007, estima-se que a distribuição de juros sobre capital próprio feita pelas empresas aos seus acionistas totalizou R$ 76 bilhões. Esse mecanismo permitiu uma redução nas despesas dos encargos tributários das empresas, no tocante ao recolhimento de IRPJ e CSLL, de R$ 25,8 bilhões, conforme demonstrado na tabela 8. Cerca de 27% desse valor seria destinado à seguridade social, por meio da CSLL. O recolhimento de 15% do IRRF pelo credor do recurso significou uma renúncia tributária do Estado brasileiro a favor do grande capital, especialmente os bancos, de R$ 16 bilhões, em valores atualizados pelo IGP-DI.

Entre os privilégios tributários concedidos ao grande capital, especialmente os bancos, está a isenção de imposto de renda da remessa de lucros e dividendos ao exterior. Os dados do Banco Central do Brasil (2008) revelam que a remessa de lucros e dividendos ao exterior alcançou, em 2007, o montante de US$ 22,4 bilhões, o maior volume desde 1947. Como as remessas de

Tabela 8

Benefícios tributários ao capital — juros sobre capital próprio (Valores em R$ milhões)

Ano	Base Tributária Estimada(1)	Redução nos Encargos Tributários sobre a Renda do Capital(2)	Imposto de Renda Retido na Fonte — (IRRF)(3)	Renúncia Tributária do Estado(4)	
				Valores Correntes	Valores Constantes (IGP-DI)
2004	16.500,00	5.610,00	2.475,00	3.135,00	3.884,92
2005	19.380,00	6.589,20	2.907,00	3.682,20	4.170,87
2006	22.026,67	7.489,07	3.304,00	4.185,07	4.473,60
2007	18.093,33	6.151,73	2.714,00	3.437,73	3.612,43
Total	76.000,00	25.840,00	11.400,00	14.440,00	16.141,82

Fonte: Receita Federal.

(1) Os valores foram estimados a partir dos Boletins de Arrecadação da Receita Federal de dezembro de cada ano. Nos boletins são divulgados apenas o IRRF pago sobre Juros sobre Capital Próprio. A base tributária é o montante estimado de recursos distribuídos aos sócios capitalistas.

(2) Significa o quanto as empresas deixaram de pagar de IRPJ e CSLL.

(3) As pessoas físicas pagam 15% de IR sobre o valor recebido com Juros sobre Capital Próprio.

(4) A renúncia tributária é calculada da seguinte forma: 25% de IRPJ + 9% de CSLL — 15% de IRRF.

lucros e dividendos estão isentas de imposto de renda, o Brasil vem abrindo mão de receitas tributárias em favor da renda do capital. Houve época em que a taxação sobre essas transferências internacionais chegou a 25%; na época da edição da Lei n. 9.249/95, a alíquota era de 15%. Convertendo o valor de US$ 22,4 bilhões à taxa de câmbio média de 2007, chega-se ao montante de R$ 43,5 bilhões, que se fossem tributados com uma alíquota de 15% possibilitaria uma arrecadação tributária de R$ 6,5 bilhões.

Conforme visto anteriormente, a distribuição de lucros e dividendos é isenta de IR, após 1995. Analisando o Relatório Consolidado das principais fichas da Declaração de Informações Econômico-fiscais das Pessoas Jurídicas (DIPJ) entregues em 2004, referentes ao ano-calendário de 2003 (último divulgado pela Secretaria da Receita Federal),[13] é possível afirmar que, caso a distribuição de lucros e dividendos fosse tributada na tabela do Imposto

13. Disponível no *site*: <www.receita.fazenda.gov.br/Publico/estudotributarios/estatisticas/DIPJ2004.pdf>. Acesso em: 10 dez. 2009. Na análise foram consideradas apenas as Pessoas Jurídicas (PJ) que apuram Imposto de Renda pelo regime tributário do lucro real.

de Renda a uma alíquota média efetiva de 15%, o Estado arrecadaria R$ 14,7 bilhões em 2007 (ver tabela 9).

Tabela 9

Estimativa de renúncia tributária sobre lucros e dividendos (R$ milhões — 2007)

Declarantes de IRPJ no Regime Tributário do Lucro Real	Frequência	R$ milhões (2003)	R$ milhões (2007)[1]	"Renúncia" tributária[2]
PJ em Geral e Corretoras	20.286	55.849,73	84.986,53	12.747,97
Instituições Financeiras	445	7.551,57	11.491,22	1.723,68
Seguradoras, Previdência e Capitalização	62	1.195,81	1.819,66	272,94
Total	20.793	64.597,11	98.297,41	14.744,60

Fonte: Receita Federal — Estatísticas Tributárias 11, Consolidada DIPJ. (Elaboração: INESC.)

(1) Valores atualizados pelo IGP-DI.

(2) Aplicando-se uma alíquota média de IR de 25% sobre os valores de 2003, atualizados pelo IPCA.

Em 2008, o governo Lula encaminhou uma nova proposta de reforma tributária ao Congresso Nacional.[14] Trata-se da PEC n. 233/2008, que "altera o Sistema Tributário Nacional e dá outras providências", trazendo graves consequências ao financiamento das políticas sociais no Brasil. A reforma altera de forma substancial a vinculação das fontes de financiamento exclusivas das políticas da seguridade social (previdência, saúde e assistência social), educação e trabalho.

A proposta de reforma tributária dá prosseguimento às medidas econômicas constantes do Programa de Aceleração do Crescimento (PAC) lançado em 2007. Naquela oportunidade, o governo anunciou que iria "retomar a discussão sobre a reforma tributária com os governadores, prefeitos, empresários, representantes dos consumidores e parlamentares, tendo como objetivo o aprimoramento do sistema tributário nacional".[15] Chama a atenção o fato de que a agenda não inclui o debate com as entidades representativas

14. Parte deste texto tem origem na Nota Técnica n. 140, que elaboramos para o INESC, com o título "Reforma Tributária desmonta o financiamento das políticas sociais", e no artigo que publicamos no periódico *Carta Social e Trabalho*, do CESIT/Unicamp, n. 8, jan./ago. 2008.

15. Vide <www.brasil.gov.br/pac/economicas/economicas/desoneracao/>.

da sociedade civil, organizações populares, movimentos sociais e sindicatos de trabalhadores.

De fato, a construção da proposta de reforma tributária, ao longo dos últimos 12 meses, incluiu uma ativa agenda de reuniões com os setores representativos do empresariado nacional, além de encontros com os governadores e prefeitos. O diálogo com o movimento social e sindical limitou-se às reuniões realizadas no âmbito do Conselho de Desenvolvimento Econômico e Social (CDES), que trataram da reforma tributária. Assim, a proposta de reforma tributária é um reflexo dos diversos interesses do setor empresarial e das questões federativas pautadas pelos governadores e prefeitos.

Com isso, a PEC da reforma tributária limita seus objetivos à simplificação, à eliminação de tributos e ao fim da "guerra fiscal" entre os estados.[16] O único princípio tributário que serve de base à PEC n. 233/2008 é o da neutralidade, esquecendo-se dos demais princípios tributários e constitucionais, especialmente da capacidade contributiva, da isonomia e da progressividade. A PEC da reforma tributária não pressupõe a construção de um sistema tributário progressivo, pautado pela tributação da renda e do patrimônio. Além disso, as modificações propostas afetam a estrutura de financiamento das políticas sociais, particularmente os recursos vinculados ao custeio da seguridade social, educação e trabalho.

Os principais pontos da atual proposta da reforma tributária são:

a) a criação de um Imposto sobre Valor Adicionado (IVA-F), com a extinção de quatro tributos federais (Contribuição para o Financiamento da Seguridade Social — COFINS; a contribuição para o Programa de Integração Social — PIS a Contribuição de Intervenção no Domínio Econômico incidente sobre a importação e a comercialização de combustíveis — CIDE; e a contribuição social do salário-educação);

b) a incorporação da CSLL ao IRPJ;

c) a redução gradativa da contribuição dos empregadores para previdência social, a ser realizada nos anos subsequentes da reforma, por meio do envio de um projeto de lei no prazo de até 90 dias da promulgação da PEC;

---

16. Lembrando que a PEC n. 41 da Reforma Tributária proposta em 2003 destacava em sua exposição de motivos, entre seus objetivos, "promover a justiça social, desonerando as pessoas de menor renda e ampliando a progressividade do sistema" (p. 13).

d) a unificação da legislação do Imposto sobre a Circulação de Mercadoria e Serviços (ICMS), a ser realizada por meio de lei única nacional e não mais por 27 leis das unidades da Federação;

e) a criação de um Fundo de Equalização de Receitas (FER) para compensar eventuais perdas de receita do ICMS por parte dos estados;

f) a instituição de um Fundo Nacional de Desenvolvimento Regional (FNDR), permitindo a coordenação da aplicação dos recursos da política de desenvolvimento regional.

O principal objetivo da reforma é a simplificação da legislação tributária, tanto por meio da redução das legislações do ICMS quanto pela eliminação de tributos, trazendo maior racionalidade econômica e reduzindo as obrigações acessórias das empresas com custos de apuração e recolhimento de impostos. Além disso, a cobrança do ICMS no estado de destino da mercadoria deverá eliminar a "guerra fiscal".

A criação do IVA-F vai reduzir a cumulatividade do sistema tributário. Hoje a CIDE-Combustíveis e parte da arrecadação da COFINS e da contribuição do PIS é cobrada diversas vezes sobre um mesmo produto, isto é, em todas as etapas de produção e circulação da mercadoria. O IVA-F vai tributar apenas o valor adicionado em cada estágio da produção e da distribuição. Assim, o valor do tributo vai poder ser definido pela diferença entre o preço de venda do produto e o custo da aquisição, nas diversas etapas da cadeia produtiva. Contudo, em ambos os modelos, o tributo é repassado ao preço de venda do bem e do serviço sendo pago, portanto, pelo consumidor final. Umas das implicações mais importante dessa proposta de reforma tributária diz respeito ao financiamento da seguridade social, do Fundo de Amparo ao Trabalhador (FAT) e da educação básica (salário-educação), que serão analisadas no capítulo 4.

3.3 O regressivo financiamento do fundo público no Brasil

A discussão sobre quem financia o Estado passa pelo debate teórico sobre o tamanho do Estado e a distribuição da carga tributária entre os membros da sociedade. As bases da atual matriz teórica que respalda a construção dos principais fundamentos das finanças públicas têm sua origem no pensamento dos economistas clássicos (Santos, 2001)[17] e são consolidadas na vertente neoclássica.

A concepção neoclássica tem como pressuposto uma economia dominada por estruturas de mercado concorrenciais com mecanismos que corrigem automaticamente os desequilíbrios de mercado, de forma que o Estado é compreendido erroneamente como um ente estranho ao sistema, ficando-lhe reservado um papel secundário de assegurar a ordem e a segurança interna e externa e a produção de alguns bens públicos não produzidos pelo mercado. A partir da concepção de Keynes, introduzida no debate na década de 1930, o Estado passa a ocupar um papel relevante na economia, com destaque para a importância da produção pública no processo de acumulação capitalista e para os efeitos da política fiscal e monetária na garantia do pleno emprego. Na teoria keynesiana ganham relevância as políticas de estabilização e as voltadas para a redução das desigualdades, incentivando e fortalecendo o Estado do Bem-Estar Social, conforme assinalado no capítulo 1.

Para a concepção econômica neoclássica, o sistema tributário não pode romper o equilíbrio de mercado, e os tributos devem obedecer aos princípios da "neutralidade" e da "equidade". No primeiro caso, os impostos não devem atingir as decisões dos agentes econômicos na alocação dos recursos nas economias, pois afetaria a eficiência. E o princípio da equidade prevê que os impostos devem ser distribuídos de forma equilibrada entre os membros da sociedade, de forma a não alterar a estrutura de distribuição de renda, pois essa é considerada no modelo neoclássico como ótima antes de sua incidência, portanto, o sistema tributário não pode romper o "equilíbrio" (Oliveira, Fabrício de, 2001).

Um princípio consagrado por estudiosos e escrito na nossa Carta Magna é o da capacidade contributiva — requisito essencial para o critério de justiça fiscal —, que, associado aos princípios da progressividade e da seletividade, tende a assegurar uma tributação proporcionalmente maior para quem aufere rendimentos mais elevados, detém maior patrimônio e consome produtos menos essenciais (Piscitelli, 2003). Nesse caso, os tributos diretos que incidem sobre a renda e o patrimônio são os que atendem melhor a esse requisito. Já os tributos indiretos que incidem sobre bens e serviços, independentemente

17. Para compreensão da discussão e dos aportes teóricos fornecidos pelas diferentes escolas do pensamento econômico sobre a questão tributária, ver Santos (2001).

da capacidade econômica de quem os adquire, acabam agravando mais pesadamente a renda de pessoas e famílias que destinam maior parcela de seus ganhos ao consumo.

Historicamente, os recursos fiscais no Brasil sempre foram usados para subsidiar e financiar a acumulação de capital, enquanto os recursos contributivos cobrados na folha de salários financiavam o social. Ao contrário dos países que financiam seus Estados de Bem-Estar com recursos fiscais, em geral impostos diretos, o Brasil permanece com arrecadação tributária centrada em tributos indiretos, significando que os mais pobres pagam proporcionalmente mais tributos em relação à sua renda que os mais ricos (Soares, 2005). Além disso, os impostos diretos no Brasil incidem predominantemente sobre a renda dos trabalhadores assalariados. Enquanto isso, os ricos que se encontram no topo da pirâmide social pagam cada vez menos impostos no Brasil, principalmente após 1994, com inúmeras modificações realizadas na legislação tributária que caminharam na contramão da justiça social, como visto anteriormente. A tributação sobre patrimônio é insignificante no país. Aliás, a tributação sobre a renda e o patrimônio tem sido um tema ausente na agenda de debates sobre reforma tributária após a Constituição de 1988.

O Brasil encontra-se entre as dez economias mais ricas do mundo (World Bank, 2007), no entanto, possui uma das maiores concentrações de renda do planeta. Apesar da melhoria no coeficiente de Gini, no período de 1995 a 2007, de 0,601 para 0,556, a Concentração de renda do nosso país é só comparada a de alguns países da África Subsaariana, uma das regiões mais miseráveis do mundo (PNUD, 2006).

Os dados que são utilizados no cálculo do Coeficiente de Gini são baseados na Pesquisa Nacional por Amostra de Domicílios (PNAD) do IBGE, que subestimam a renda do capital: juros, lucros e aluguéis. Os dados da PNAD acabam mensurando apenas a distribuição pessoal da renda do trabalho, os quais também revelam uma extrema concentração da renda na distribuição intrassalarial. A PNAD (2005) mostra que o 1% mais rico se apropriava de 12,48% da renda do trabalho, enquanto os 50% mais pobres ficavam com 14,74%. Há 54 milhões de pessoas pobres no Brasil, o que equivale a 30% da população (IPEA, 2007).

O sistema tributário brasileiro não colabora para reverter essa situação, pelo contrário, tem sido um instrumento a favor da concentração de renda, agravando o ônus fiscal dos mais pobres e aliviando o das classes mais ricas.

Como destaca Piscitelli (2003), o IR tem sido utilizado como instrumento de renúncias fiscais e favorecido a elisão e o planejamento tributário, além de dar tratamento mais gravoso aos rendimentos do trabalho e isentar os rendimentos do capital, como a distribuição do lucro, o que torna necessária uma profunda revisão do IR com o objetivo de restabelecer o seu verdadeiro significado, contribuindo para assegurar a equidade horizontal e vertical. No mesmo sentido, Dain (2006) destaca a importância da equidade horizontal para recuperar a progressividade do IR, submetendo todas as formas de renda ao mesmo tratamento tributário.

A política tributária foi uma determinante importante no bojo das políticas macroeconômicas que deram sustentação ao Plano Real. A engenharia macroeconômica que assegurou o relativo controle da inflação passou pela elevação do endividamento público, que assegurou a transferência de renda do setor real da economia para os detentores de excedentes financeiros, particularmente o capital bancário. A partir de 1999, por força dos acordos com o FMI, o Brasil comprometeu-se a produzir elevados superávits fiscais primários. A viabilidade dessa política foi obtida por meio do aumento da arrecadação de impostos, via modificações na legislação infraconstitucional.

O aumento da carga tributária brasileira foi obtido, basicamente, com tributos cumulativos sobre o consumo, como a COFINS e a CPMF, além do aumento não legislado do IRPF, congelando a tabela e as deduções do IR. A elevação da arrecadação tributária, no entanto, não se destinou para os serviços públicos, mas para cobrir — e apenas em parte — os juros e a amortização da dívida pública, que cresce exponencialmente nos últimos anos.

A carga tributária é um indicador que expressa a relação entre o volume de recursos, que o Estado extrai da sociedade sob a forma de impostos, taxas e contribuições para financiar as atividades que se encontram sob sua responsabilidade, e o PIB.

Diversos estudos revelam[18] que a carga tributária brasileira aumentou muito nos últimos anos, saltou de 29% para 35% do PIB no período de 1994 a 2006 (SRFB, 2007). De fato, já é mais alta que a de muitos países centrais. Mas o Brasil, ao contrário dos países desenvolvidos, tira a maior parte de sua receita de tributos indiretos e cumulativos, que oneram mais o trabalhador e

18. Ver nesse sentido Secretaria da Receita Federal (2005) e Amorim e Khair (2005). Além de Varsano et al. (1998), Afonso e Araújo (2004).

os mais pobres, pois tem uma alta carga tributária sobre o consumo — mais de metade da carga provém de tributos que incidem sobre bens e serviços — e uma baixa tributação sobre a renda — 28% da arrecadação tributária.

Situação inversa é a estrutura tributária dos países da OCDE: os impostos sobre o consumo representam 31,9% da tributação total, em média; o imposto sobre a renda 34,9% do total dos tributos arrecadados e tributação sobre propriedade 5,6%.[19] Em alguns países do capitalismo central, os impostos sobre patrimônio representam mais de 10% da arrecadação tributária como, por exemplo, Canadá (10%), Japão (10,3%), Coreia (11,8%), Grã-Bretanha (11,9%) e EUA (12,15), conforme revelam os dados compilados por Owens (2005).

Por outro lado, uma análise da carga tributária líquida com base nas contas nacionais, isto é, a carga tributária bruta menos os subsídios dados pelo governo aos produtores privados e as transferências de previdência e assistência social feitas pelo governo às famílias e às instituições privadas sem fins lucrativos, que significa uma transferência quase imediata de renda, mostra que esta é bem menor que a carga tributária bruta no período 1995 a 2007 (Santos, 2008). Se somarmos a isso o que fica retido pelos credores do Estado na forma de pagamento de juros, a carga tributária líquida tem permanecido, desde 2000, estabilizada em 12% do PIB, o que transforma em "mito" a elevada tributação no Brasil, na opinião de Pochmann (2008).

Khair (2008) adota o conceito de carga tributária útil, que corresponde à carta tributária bruta excluindo as despesas com juros no orçamento público. O autor, nesse sentido, repõe ao devido lugar o debate com comparações internacionais, sobretudo com os países da OCDE. As despesas líquidas com juros em 28 países de economia mais desenvolvida integrantes da OCDE, analisados pelo autor, são declinantes desde 1996, saindo de 3,5% do Produto Nacional Bruto (PNB) para se estabilizar em 1,7% desde 2005, aumentando a carga tributária útil nesses países, ou seja, recursos disponíveis para o fundo público nos gastos com custeio, investimentos e para as políticas sociais.

---

19. Dados da OCDE são da publicação da OECD (2007), *Revenue Statistics* (1965-2006), disponível em: <www.oecd.org>. Acesso em: 15 jan. 2008. Também podem ser vistos no informativo da OCDE, *Policy Brief* (OECD, 2007). Em Afonso e Meirelles (2006) há uma análise das metodologias do FMI, da OCDE e da CEPAL para apuração de informações tributárias. Uma amostra da tributação sobre patrimônio na América Latina pode ser vista em Cesare e Marín (2008).

Já no Brasil, Khair (2008) destaca que os recursos disponíveis para o Estado ficam bem inferiores à carga tributária bruta devido às elevadas despesas com juros da dívida pública. Os dados do autor mostram que nos últimos treze anos (1995 a 2007) os juros no Brasil representaram em média 7,8% do PNB. Em 2007, atingiram 6,3% do PNB contra 1,7% na OCDE, ou seja, 4,6 pontos percentuais a mais, ou 3,6 vezes mais que o ônus fiscal dos juros nos países mais desenvolvidos.

Fabrício de Oliveira (2006, p. 35) destaca a função realizada pelo sistema tributário brasileiro nos anos 1990, observando que, ironicamente, a brutal elevação da carga tributária tenha acontecido exatamente em governos que aderiram às fórmulas mágicas contidas nas recomendações do "Consenso de Washington" para "retirar" o Estado da economia. O caso brasileiro mostra que não se tratava apenas de "retirar" o Estado da participação da vida econômica, mas de transformá-lo em instrumento de valorização do capital financeiro, garantindo a "destinação de parcela substancial e crescente da riqueza produzida, e que, *inter alia*, o sistema tributário desempenharia papel fundamental nesse processo [...]".

O problema central que deve ser aprofundado não é somente o tamanho da carga tributária no Brasil, mas quem paga essa conta, ou seja, quem financia o Estado brasileiro?

A Teoria das Finanças Públicas preconiza que os tributos, em função de sua incidência e de seu comportamento em relação à renda dos contribuintes, podem ser regressivos, progressivos e proporcionais (Musgrave e Musgrave, 1980; Rezende, 2001).

Um tributo é regressivo à medida que tem uma relação inversa com o nível de renda do contribuinte. A regressão ocorre porque prejudica mais os contribuintes de menor poder aquisitivo. O inverso ocorre quando o imposto é progressivo, pois aumenta a participação do contribuinte à medida que cresce sua renda; isso significa mais progressividade e justiça fiscal, pois arcam com maior ônus da tributação os cidadãos em condições mais favoráveis de suportá-la, ou seja, aqueles que têm maior renda.

Para compreender a regressividade e a progressividade é necessário avaliar as bases de incidência, que são: a renda, a propriedade, a produção, a circulação e o consumo de bens e serviços. Conforme a base de incidência, os tributos são considerados diretos ou indiretos. Os tributos diretos incidem sobre a renda e o patrimônio, porque, em tese, não são passíveis de transferência para terceiros. Esses são considerados impostos mais adequados para a questão da progressividade. Os indiretos incidem sobre a produção e o consumo de bens e serviços, sendo passíveis de transferência para terceiros, em outras palavras, para os preços dos produtos adquiridos pelos consumidores. Eles é que acabam pagando de fato o tributo, mediado pelo contribuinte legal: empresário produtor ou vendedor.

Para Fabrício de Oliveira (2001) trata-se do "fetiche" do imposto: o empresário nutre a ilusão de que recai sobre seus ombros o ônus do tributo, mas se sabe que ele integra a estrutura de custos da empresa, terminando, via de regra, sendo repassado aos preços. Os tributos indiretos são regressivos.

A correlação das forças sociais é importante para compreender a composição do fundo público no Brasil. A partir do momento da definição do montante de recursos que o Estado terá de contar para o desempenho de suas tarefas, que são determinadas historicamente, a questão central passa a ser a distribuição desse ônus entre os membros da sociedade. Nessa perspectiva, O'Connor (1977, p. 203) considera as finanças tributárias como uma forma de exploração econômica que requer, por isso, análise de classe. Para o autor, "cada mudança importante no equilíbrio das forças políticas e classistas é registrada pela estrutura tributária. Dizendo-o de outro modo, os sistemas tributários são apenas formas particulares dos sistemas de classes", portanto, o gravame é definido na arena política:

> É neste sentido que a correlação das forças políticas e sociais atuantes no sistema encontra-se na base da determinação da distribuição dos impostos diretos e indiretos, ou seja, na composição da carga tributária. Caso essa correlação seja desfavorável aos trabalhadores, por exemplo, tenderão a predominar, na estrutura tributária, os impostos indiretos, que são caracteristicamente regressivos e instrumentos que contribuem para piorar a distribuição de renda, com baixas incidências sobre a renda, os lucros e o patrimônio. Caso a luta política se revele favorável para a atenuação das desigualdades sociais, certamente os impostos diretos adquirirão maior importância, como comprova a experiência dos países desenvolvidos. (Fabrício Oliveira, 2001, p. 128)

No Brasil, a população de baixa renda suporta uma elevada tributação indireta, pois mais da metade da arrecadação tributária do país advém de impostos cobrados sobre o consumo. Pelo lado do gasto do Estado, uma parcela considerável da receita pública é destinada para o pagamento dos encargos da dívida, conforme demonstrado anteriormente, o que acaba beneficiando os rentistas, também privilegiados pela menor tributação.

A tabela 10 mostra a arrecadação tributária de 2007 das três esferas de governo, por base de incidência econômica dos tributos (consumo, patrimônio e renda).[20] Estima-se que a carga tributária do Brasil alcançou 35,39% do PIB, em 2007, ou R$ 880.040 milhões.[21]

As informações da tabela 10 permitem as seguintes considerações:

a) os dados revelam que do montante de R$ 880,04 bilhões arrecadados no ano passado, a maior parte dos tributos tem como base de incidência o consumo, totalizando R$ 486,35 bilhões, equivalentes a 55,26% da arrecadação tributária das três esferas de governo (federal, estadual e municipal);

b) quando se agrega a tributação incidente sobre o consumo com aquelas imputadas sobre a renda dos trabalhadores, incluindo a contribuição previdenciária de empregados e servidores públicos, fica revelado que o fundo público no Brasil é financiado pelos trabalhadores assalariados e pelas classes de menor poder aquisitivo, que são responsáveis

---

20. Como explicado na metodologia desta pesquisa, interessa-nos identificar sobre quem recai o ônus do pagamento do tributo, pois nem sempre aquele que está legalmente a pagar o tributo arca com este ônus, principalmente as empresas que repassam para os preços de bens e serviços, incluindo a contribuição previdenciária (parte patronal) sobre folha de pagamentos. Siqueira, Nogueira e Souza (2001) corroboram a hipótese aqui adotada de translação total, isto é, de repasse aos preços de bens e serviços dos encargos tributários de responsabilidade das empresas. Neste livro há uma diferença essencial para diversos autores, que, ao classificar base de incidência, inclui a categoria "folha de pagamento" ou "salários e mão de obra" que não ajudam na identificação do ônus da carga tributária. Esse é o caso, por exemplo, de Afonso e Meirelles (2006), Siqueira e Ramos (2004), Khair e Amorim (2004), entre outros. Adota-se aqui a classificação do estudo clássico de Musgrave e Musgrave (1980) e de Rezende (2001). Um estudo baseado com modelos econométricos, que segue uma *proxy* dessa classificação, pode ser visto em Fullerton e Metcalf (2002). Disponível no *site*: <http://paper.nber.org/papers/w8829>. Acesso em: 10 dez. 2009.

21. Não inclui o Fundo de Garantia do Tempo de Serviço (FGTS), pois, no nosso entendimento, o FGTS compõe a remuneração do trabalhador. Trata-se de uma renda diferida. Ver nesse sentido: DIEESE (1997). Diversos autores e instituições oficiais incluem o FGTS na carga tributária. Santos, Ribeiro e Gobetti (2008, p. 15), apesar de considerarem o recolhimento do FGTS na carga tributária, ressalvam que "o FGTS é de propriedade dos trabalhadores, as contribuições para esse fundo não são formalmente receitas do governo e, portanto, não podem ser usadas para financiar gastos públicos correntes. O único motivo pelo qual essas contribuições são contabilizadas como 'carga tributária' pelo IBGE — e pela metodologia da Organização das Nações Unidas (ONU) — é o fato de o governo obrigar o setor privado a pagá-las".

por 67,03% das receitas arrecadadas pela União, estados, Distrito Federal e municípios;

c) quando se compara os impostos e contribuições incidentes sobre os lucros dos bancos aos impostos e às contribuições calculadas sobre a renda dos trabalhadores observa-se que, enquanto as entidades financeiras pagaram R$ 18,3 bilhões em CSLL e IPRJ, os trabalhadores pagaram quase seis vezes mais tributos diretos que os bancos (R$ 103,5 bilhões);

d) A carga tributária sobre patrimônio tem participação irrisória sobre o montante de tributos arrecadados, 3,36%, ou 1,16% do PIB.

Tabela 10

Estimativa da carga tributária brasileira, por base de incidência (em 2007)

CARGA TRIBUTÁRIA TOTAL	Em % PIB 34,39%	R$ milhões 880.040	Participação Em %
Consumo	**19,01%**	**486.350,74**	**55,26%**
Imposto sobre Importação	0,48%	12.252,87	1,39%
IPI — Total	1,32%	33.793,95	3,84%
Contribuição p/ Seguridade Social/COFINS	4,00%	102.462,98	11,64%
Entidades Financeiras	0,22%	5.543,74	0,63%
Demais Empresas	1,00%	25.621,19	2,91%
Contribuição para o PIS/PASEP	1,04%	26.709,43	3,04%
Entidades Financeiras	0,04%	1.088,25	0,12%
Demais Empresas	1,00%	25.621,19	2,91%
CIDE-Combustíveis	0,31%	7.938,40	0,90%
CPMF(1)	1,03%	26.267,86	2,98%
Imposto sobre Operações Financeiras	0,31%	7.833,25	0,89%
Contribuição Previdenciária das Empresas(2)	2,49%	63.819,00	7,25%
ICMS	7,33%	187.618,00	21,32%
ISS	0,69%	17.655,00	2,01%
Renda	**9,46%**	**242.092,79**	**27,51%**
Renda do Trabalho	4,05%	103.546,44	11,77%
I. Renda — Pessoa Física	0,53%	13.654,81	1,55%
IRRF — Rendimentos do Trabalho	1,65%	42.347,35	4,81%
Contribuição Previdenciária dos Trabalhadores(3)	1,46%	37.329,00	4,24%
CPMF(4)	0,40%	10.215,28	
Renda do Capital	4,07%	104.267,24	11,85%
I. Renda — Pessoa Jurídica	2,73%	69.856,19	7,94%
Entidades Financeiras	0,53%	13.572,39	1,54%
Demais Empresas	2,20%	56.283,80	6,40%

Continua

CARGA TRIBUTÁRIA TOTAL	Em % PIB 34,39%	R$ milhões 880.040	Participação Em %
Contribuição Social sobre o Lucro Líquido	1,34%	34.411,05	3,91%
Entidades Financeiras	0,19%	4.765,04	0,54%
Demais Empresas	1,16%	29.646,01	3,37%
Outras Rendas	1,34%	34.279,11	3,90%
Patrimônio	**1,16%**	**29.582,09**	**3,36%**
Imposto Territorial Rural (ITR)	0,01%	379,22	0,04%
IPVA	0,57%	14.690,00	1,67%
ITCD	0,05%	1.207,00	0,14%
IPTU	0,42%	10.747,05	1,22%
ITBI	0,10%	2.558,82	0,29%
Outros(5)	**4,77%**	**122.015**	**13,9%**

Fonte: SRF, STN, CONFAZ e IBGE. (Elaboração própria.)

(1) Adotou-se a informação do Ministério da Fazenda (2007) que revela que 72% da arrecadação da CPMF advém de contribuição das empresas e, portanto, é repassada aos preços de bens e serviços, incidindo sobre o consumo.

(2) Inclui as contribuições das empresas sobre segurados assalariados, o recolhimento do SIMPLES e outras contribuições de pessoas jurídicas.

(3) Inclui as contribuições dos assalariados, do contribuinte individual, do segurado facultativo, do segurado especial e a contribuições previdenciárias retidas sobre nota fiscal (sub-rogação), além da contribuição previdenciária dos servidores ativos, inativos da União e dos militares.

(4) De acordo com o Ministério da Fazenda (2007), 28% da arrecadação da CPMF incidia sobre pessoas físicas.

(5) Inclui outros tributos administrados pela SRFB, outros tributos estaduais, outros tributos municipais. Taxas. Inclui outras contribuições previdenciárias como entidades filantrópicas, segurados domésticos e contribuição patronal para a previdência dos servidores. Não inclui FGTS.

A marca principal do sistema tributário brasileiro, que tem permanecido indelével ao longo dos anos, é a sua enorme regressividade em função da preferência pela tributação indireta, que possui efeitos perversos sobre a camada mais pobre da população. Isso ocorre devido à elevada incidência de tributos sobre o consumo.

O consumo é proporcionalmente decrescente em relação à renda, pois as famílias com rendas baixas destinam uma parcela maior de seus ganhos para a aquisição de bens e serviços, enquanto os mais ricos poupam relativamente mais. Assim, os tributos sobre o consumo ou transferidos para os preços de bens e serviços têm características regressivas, pois incidem proporcionalmente mais sobre a renda dos mais pobres que dos mais ricos.

Estudo realizado com base na Pesquisa de Orçamento Familiar (POF) do IBGE, de 1996, revela que, no Brasil, quem ganha até dois salários mínimos gasta 26% de sua renda no pagamento de tributos indiretos, enquanto o peso da carga tributária para as famílias com renda superior a 30 salários mínimos corresponde apenas a 7% (Vianna et al., 2001). Com base nos dados da POF do IBGE de 2002-2003, estima-se que as famílias com renda de até dois salários mínimos arcam como uma carga tributária indireta de 46% da renda familiar, enquanto as famílias com renda superior a 30 salários mínimos gastam 16% da renda em tributos indiretos (tabela 11). O resultado é uma carga tributária regressiva, significando que o Estado brasileiro é financiado, em grande parte, pelas classes de menor poder aquisitivo e pelos trabalhadores, com a população de baixa renda suportando uma elevada tributação indireta (Zockun, 2005). Pochmann (2008) também destaca, com base nos dados da POF do IBGE 2002-2003, que o décimo mais pobre da população sofre uma carga total equivalente a 32,8% da sua renda, enquanto o décimo mais rico, apenas 22,7.

Tabela 11
Carga tributária direta e indireta sobre a renda total das famílias (em 1996 e em 2003)

Renda mensal familiar em Salários Mínimos (SM)	Em % da renda familiar						Acréscimo de carga tributária (em pontos de porcentagem)
	Tributação direta		Tributação indireta		Carga tributária total		
	1996	2003	1996	2003	1996	2003	
Até 2 SM	1,7	3,1	26,5	45,8	28,2	48,8	20,6
2 a 3	2,6	3,5	20,0	34,5	22,6	38,0	15,4
3 a 5	3,1	5,7	16,3	30,2	19,4	33,9	14,5
5 a 6	4,0	4,1	14,0	27,9	18,0	32,0	14,0
6 a 8	4,2	5,2	13,8	26,5	18,0	31,7	13,7
8 a 10	4,1	5,9	12,0	25,7	16,1	31,7	15,6
10 a 15	4,6	6,8	10,5	23,7	15,1	30,5	15,4
15 a 20	5,5	6,9	9,4	21,6	14,9	28,4	13,5
20 a 30	5,7	8,6	9,1	20,1	14,8	28,7	13,9
Mais de 30	10,6	9,9	7,3	16,4	17,9	26,3	8,4

Fonte dos dados primários: IBGE, POF 1995-1996, POF 2002-2003; Vianna et al. (2000); SRF, "A progressividade no consumo-tributação cumulativa e sobre o valor agregado". Elaborado por Zockun (2005).

Nota: Tributos considerados nas POFs: IPI, ICMS, PIS, COFINS (indiretos); IR, contribuições trabalhistas, IPVA, IPTU (diretos); ISS.

Nesse sentido:

O Estado brasileiro tornou-se cada vez mais um Robin Hood às avessas, dependendo pesadamente dos chamados impostos indiretos (sobre produ-

> tos) que incidem, também sobre produtos de consumo popular, utilizando uma proporção excepcionalmente alta dessas receitas para transferir rendas às classes médias e altas sob a forma de pagamento de juros. (Fernando Carvalho, 2005, p. 34)

Essa maior regressividade dos tributos no Brasil é consequência direta do conjunto de modificações na legislação tributária brasileira, a partir de 1995, que significou uma contrarreforma tributária, concedendo privilégios tributários à renda do capital e onerando os trabalhadores e os consumidores, como discutido anteriormente. As implicações na arrecadação tributária, decorrentes dessas modificações, são analisadas a seguir.

O aumento da carga tributária indireta ocorreu, principalmente, devido às modificações ocorridas na legislação da COFINS. Em 1998, diante do agravamento da crise financeira no Brasil, que nos levou a firmar um acordo com o FMI, o governo federal lançou um "pacote fiscal", incluindo um conjunto de medidas visando a aumentar a arrecadação e a assegurar superávit primário fiscal, em 1999, de R$ 31 bilhões (3,1% PIB). Entre as muitas medidas anunciadas no "pacote 51", que permitiu ao governo assegurar as chamadas "receitas extraordinárias", destaca-se a alteração da legislação da contribuição para o PIS e da COFINS.

No governo Lula, a Lei n. 10.833/2003 instituiu a não cumulatividade e elevou a alíquota conjunta do PIS e da COFINS de 3% para 7,6%, mas Belluzzo et al. (2006) destacam que essa mudança não implicou a adoção de imposto sobre valor adicionado, no sentido clássico, tendo efeitos reduzidos sobre a cumulatividade tributária. Isso ocorre em função da convivência de regime tributário distinto, aplicado à cobrança da COFINS e do PIS, de forma que a não cumulatividade ficou restrita às empresas que são tributadas pelo lucro real. Além disso, o exagero na calibragem das alíquotas resultou em aumento da carga tributária indireta.

As alterações realizadas na legislação tributária após 1996 agravam a regressividade da carga tributária brasileira. Com isso, vem aumentando a incidência tributária sobre bens e serviços (consumo), saltando de 15,91% do PIB, em 1996, para 19,01%, em 2007 (ver tabela 12).

Enquanto o montante da arrecadação de tributos federais cresceu, em termos reais, 78,37%, no período de 1996 a 2007, a COFINS evoluiu 120,62%, saindo de uma arrecadação de R$ 50,74 bilhões, em 1996, para R$ 107,60 bilhões, em 2007. A arrecadação da CPMF cresceu 111,07% no período de 1997

Tabela 12

Evolução da carga tributária sobre o consumo em % PIB

Principais Tributos	1996	1997	1998	1999	2000	2001	2002	2003	2004	2005	2006	2007
Imposto sobre Importação	0,50%	0,55%	0,67%	0,74%	0,72%	0,70%	0,54%	0,48%	0,47%	0,42%	0,43%	0,48%
IPI — Total	1,84%	1,79%	1,67%	1,55%	1,60%	1,49%	1,34%	1,16%	1,18%	1,23%	1,21%	1,32%
COFINS	2,12%	2,04%	1,91%	3,02%	3,38%	3,56%	3,54%	3,50%	3,95%	4,09%	3,91%	4,00%
Entidades Financeiras	0,00%	0,00%	0,00%	0,00%	0,00%	0,20%	0,25%	0,25%	0,25%	0,31%	0,21%	0,22%
Demais Empresas	0,00%	0,00%	0,00%	0,00%	0,00%	3,36%	3,29%	3,25%	3,70%	3,78%	3,70%	1,00%
PIS/PASEP	0,88%	0,81%	0,77%	0,92%	0,85%	0,88%	0,87%	1,02%	1,00%	1,03%	1,03%	1,04%
Entidades Financeiras	0,00%	0,00%	0,00%	0,00%	0,00%	0,04%	0,05%	0,05%	0,04%	0,05%	0,04%	0,04%
Demais Empresas	0,00%	0,00%	0,00%	0,00%	0,00%	0,83%	0,82%	0,97%	0,96%	0,98%	0,99%	1,00%
CIDE-Combustíveis	0,00%	0,00%	0,00%	0,00%	0,00%	0,00%	0,49%	0,44%	0,40%	0,36%	0,33%	0,31%
CPMF (1)	0,00%	0,53%	0,60%	0,54%	0,89%	0,95%	0,99%	0,98%	0,98%	0,98%	0,99%	1,03%
IOAF	0,34%	0,40%	0,36%	0,46%	0,27%	0,28%	0,27%	0,26%	0,27%	0,28%	0,29%	0,31%
Contribuição Previdenciária das Empresas	3,13%	2,94%	2,86%	2,63%	2,62%	2,68%	2,52%	2,10%	2,12%	2,24%	2,45%	2,49%
ICMS	6,60%	6,34%	6,22%	6,37%	6,98%	7,24%	7,06%	7,07%	7,12%	7,21%	7,38%	7,33%
ISS	0,52%	0,48%	0,54%	0,55%	0,50%	0,50%	0,49%	0,54%	0,50%	0,54%	0,66%	0,69%
Total da Carga sobre Consumo	15,91%	15,94%	15,66%	16,85%	17,90%	18,38%	18,22%	17,66%	18,09%	18,49%	19,07%	19,01%

Fonte: SRF, STN, CONFAZ. (Elaboração própria.)

(1) Adotou-se a informação do Ministério da Fazenda (2007) que revela que 72% da arrecadação da CPMF advém de contribuição das empresas e é, portanto, repassada aos preços de bens e serviços, incidindo sobre o consumo.

(início do recolhimento) a 2007. Os valores são deflacionados mensalmente pelo IGP-DI, a preços de dezembro de 2007.

Importante também lembrar que a CPMF, instituída por meio da Lei n. 9.311/96, era para ser provisória, mas acabou sendo prorrogada sucessivamente até o ano de 2007. Esse tributo teve alíquota majorada de 0,25% para 0,38%, no período de 1996 a 2007, que incidia sobre a movimentação ou transmissão de valores e de créditos e direitos de natureza financeira de qualquer operação liquidada ou lançamento realizado pelas instituições financeiras. A CPMF, na prática, era em parte um tributo direto incidente sobre a renda de natureza proporcional, na qual a tributação é de forma linear, independentemente da renda do contribuinte. Por outro lado, de acordo com o Ministério da Fazenda (2007), 72% da arrecadação era recolhida por PJ, o que significa repasse aos preços de bens e serviços, sendo então também um tributo indireto e regressivo.

Contudo, a CPMF foi um tributo importante como instrumento de fiscalização, pois permitia o cruzamento da movimentação financeira dos contribuintes com a declaração de renda. Esse cruzamento de informações permitia à Receita Federal do Brasil exercer a tarefa de combater a sonegação, a evasão fiscal e a lavagem de dinheiro. Assim, o tributo não deveria ser extinto, mas preservado com uma alíquota menor para fins de fiscalização patrimonial e de renda, além de isentar os contribuintes de menor poder aquisitivo.

Além disso, de acordo com a Nota Técnica n. 6/2007 do Unafisco Sindical, a CPMF foi desviada pelo governo da função para a qual foi arrecadada. De acordo com o estudo, no período de 1997 a 2006, do montante de R$ 185,9 bilhões arrecadados com a CPMF, R$ 29,3 bilhões foram desvinculados por meio da DRU, ou seja, 18% desse montante não foi aplicado nas políticas de saúde, previdência e assistência social, que justificaram a sua cobrança junto aos milhares de contribuintes brasileiros. A população imagina que está financiando as políticas da seguridade social, particularmente a de saúde, sem saber que o governo desvia parte dos recursos para o orçamento fiscal, engordando o superávit primário que tem de ser produzido, basicamente, para financiar o rolamento da dívida pública.

No tocante à tributação sobre a renda do trabalho é importante recordar que, em 1996, a tabela do IR parou de ser corrigida periodicamente e com isso milhares de trabalhadores de menor poder aquisitivo passaram a ser tributados na fonte. No período de 1996 a 2001, a tabela do IRPF ficou congelada, isto é, sem nenhuma correção. Foi somente em 2002 que a tabela voltou a ser corrigida em 17,5%. Após novamente dois anos sem reajuste, ela voltou a ser majorada em 10%, em 2005. Desde então, vem ocorrendo alguma correção da tabela do IR, contudo, os reajustes têm sido insuficientes para repor integralmente os efeitos da inflação no pagamento de IR, pois não refletem toda a variação de preços do período.

A inflação de janeiro de 1996 a dezembro de 2006, apurada pelo Índice de Preço ao Consumidor Amplo (IPCA-IBGE), foi de 110,18%, descontando os reajustes concedidos no período (39,59%), a tabela do IR, ainda, precisaria ser corrigida em 50,52%. Em 2007, a tabela do IR foi corrigida em 4,5%, o que deverá se repetir no período de 2008 a 2010. Porém, como a meta de inflação também é de 4,5%, significa que a defasagem histórica não será superada.

Em 1995, o limite de isenção da tabela do Imposto de Renda era equivalente a 10,48 salários mínimos. A falta de correção da tabela acabou transformando trabalhadores com renda acima de 3,9 salários mínimos[22] em contribuintes do IR, ferindo o princípio da capacidade contributiva estabelecido na CF. Além disso, os assalariados pagam em tributos diretos proporcionalmente o dobro do que pagam os empregadores. Os dados preliminares da POF do IBGE revelam que, no extrato da população com renda *per capita* superior a R$ 957,96 por mês, os trabalhadores pagam em impostos diretos 16% da renda, e donos de empresas pagam somente 8% (Lima, 2005).

Os tributos cobrados diretamente sobre a renda do trabalho, incluindo a contribuição previdenciária dos trabalhadores, representam 11,77% da carga tributária brasileira. A arrecadação do IRRF sobre os Rendimentos do Trabalho mais IRPF alcançou o montante de R$ 56 bilhões, em 2007, incluindo as contribuições previdenciárias pagas pelos trabalhadores, e a tributação direta sobre a renda do trabalho é equivalente a 4,05% do PIB (ver tabela 10).[23]

22. Se fossem desconsiderados os aumentos reais concedidos ao salário mínimo no período de janeiro de 1995 a abril de 2005, o limite de isenção em quantidade de salários mínimos subiria para 6,65.

23. No Brasil, os dois principais tributos incidentes sobre a renda das pessoas físicas são o IRPF e o Imposto de Renda sobre os rendimentos do trabalho. O primeiro caso se refere ao ajuste da declaração de renda feito anualmente pelas pessoas físicas junto à Receita Federal. Já o Imposto de Renda sobre os rendimentos do trabalho é recolhido mensalmente na fonte, principalmente sobre a folha de pagamento. Existem outras modalidades de Imposto de Renda retido na fonte, como por exemplo, o IRRF-rendimentos de capital e o IRRF-remessas para o exterior.

No Brasil, a tabela do IR vem perdendo progressividade em relação ao que foi no passado. No período de 1983 a 1985, a tabela progressiva do IRPF estabelecia 13 faixas de renda e alíquotas que variavam de 0% a 60%, com interstício de 5%. Em 1989, paradoxalmente ao estabelecido na Constituição Federal de 1988, ocorreu uma redução de nove faixas (alíquotas de 0% a 45%) para apenas duas, com alíquotas de 10% e 25% (ver tabela 13). Em 1995 vigoravam três faixas com alíquotas que variavam de 15% a 35%, esta última foi suprimida pelo governo anterior com o falso argumento de que havia poucos contribuintes nessa faixa (Hickmann, 2001). Desde 1998, vigoram no país duas faixas, com alíquotas de 15% e 27,5%. Portanto, 22 anos depois, a alíquota mínima triplicou de valor, passando de 5% para 15%, e a máxima foi reduzida em mais da metade, de 60% para 27,5%.

Segundo levantamento da Pricewaterhouse Coopers (2002) no seu painel, que reúne 26 países da Europa, Ásia e América, incluindo EUA, China, Japão, Alemanha, há uma média aritmética de cinco faixas com alíquota mínima de 12,9% e máxima de 42,2%. Apenas Brasil, Barbados e Peru apresentam duas faixas de progressão, e todos os demais têm um número de faixas superior. Somente Brasil e Canadá têm alíquota máxima inferior a 30% e mais da metade dos países tem alíquota máxima igual ou superior a 40%. A grande maioria dos países adota alíquotas nominais máximas que giram em torno de 50%, o dobro da brasileira, e alíquota mínima inferior à do Brasil.

Tabela 13
Alíquotas de IRPF no Brasil

Período de vigência	Quantidade de classes de renda (faixas)	Alíquotas
1979 a 1982	12	0% a 55%
1983 a 1985	13	0% a 60%
1986 e 1987	11	0% a 50%
1988	9	0% a 45%
1989 a 1991	2	10% a 25%
1992	2	15% a 25%
1995	3	15% a 35%
1996 e 1997	2	15% a 25%
1998 a 2007	2	15% a 27,5%

Fonte: Regulamento de Imposto de Renda, apud Hickmann (2001). (Elaboração própria.)

Essa maior tributação sobre os salários dos trabalhadores ocorre no período em que a renda do trabalho participa cada vez menos da distribuição da riqueza no país. A parte da renda nacional apropriada pelos salários caiu 10,60%, ou seja, de uma participação de 36,39% no PIB, em 1990, para 32,53%, em 2006, conforme dados atualizados do Sistema de Contas Nacionais do IBGE (2008). Por outro lado, a fatia da renda nacional (PIB) conquistada pelos rendimentos do capital cresceu 6,97%, no mesmo período.

Um aspecto particular da tributação sobre a renda no Brasil é que nem todos os rendimentos tributáveis de pessoas físicas são levados obrigatoriamente à tabela progressiva do IR e sujeitos ao ajuste anual de declaração de renda. Enquanto a tributação dos salários obedece às alíquotas anteriormente mencionadas (15% e 27,5%), os rendimentos decorrentes de renda fundiária variam de 0,03% a 20%, conforme o grau de utilização da terra e área total do imóvel; e os rendimentos de aplicações financeiras têm alíquotas que variam entre 0,01% e 22,5%, conforme o prazo e o tipo de aplicação, privilegiando os rentistas. Também os ganhos de capital na alienação de bens e direitos de qualquer natureza têm uma alíquota de 15%. Essa situação vigente no país evidencia uma maior tributação sobre as rendas derivadas do trabalho.

Uma das formas para estabelecer a isonomia tributária é a capacidade contributiva, independentemente da origem ou da natureza da renda, isto é, se de capital ou trabalho, pois a Constituição do país determina a capacidade econômica para graduação dos impostos. Assim, a existência de tributação exclusiva na fonte, com adoção de alíquotas diferentes daquelas vigentes na tabela progressiva do IR, viola os princípios constitucionais de isonomia, capacidade contributiva e progressividade (Hickmann, 2002).

Portanto, a legislação atual não submete à tabela progressiva do IR os rendimentos de capital e de outras rendas da economia, que são tributados com alíquotas inferiores ao imposto de renda incidente sobre a renda do trabalho. A legislação tributária, ao permitir a incidência exclusiva na fonte de determinados rendimentos, acaba estabelecendo discriminações na origem da renda dos contribuintes, pois estes acabam sendo tributados apenas proporcionalmente, fugindo da progressividade. Trata-se de um contraste com o que está estabelecido na Constituição, que não permite discriminação em razão da ocupação profissional ou função exercida pelos contribuintes, independentemente da denominação jurídica dos rendimentos, títulos ou direitos.

Nos anos de 2005 a 2007 registrou-se um crescimento da arrecadação dos tributos que tem como base de incidência o lucro das empresas. O IRPJ e a CSLL subiram, em 2007, 18,93% e 17,01%, respectivamente, em valores deflacionados pelo IGP-DI. Contudo, esse maior incremento na arrecadação do IRPJ e da CSLL não se deve a uma maior tributação dos grandes lucros, pois não ocorreram modificações na legislação desses tributos. O que explica esse incremento na arrecadação é a extraordinária multiplicação dos lucros das empresas. A análise divulgada pela SRF revela que os setores de combustíveis, telecomunicações, extração de minerais metálicos, eletricidade, metalurgia básica e comércio atacadista apresentam crescimento real acima da inflação e do crescimento econômico (Hickmann e Salvador, 2006).

Santos, Ribeiro e Gobetti (2008, p. 22) revelam que vem aumentando o peso das empresas estatais na carga tributária do Brasil, que subiu de 1,68% do PIB para 3,73%, no período de 1995 a 2006. "Em 1995, por exemplo, os tributos sobre resultado (IR/CSLL) recolhidos pela Petrobras somavam insignificantes 0,03% do PIB; em 2006 atingiram a cifra de 0,52% do PIB".

A tributação sobre patrimônio é uma das mais antigas formas de arrecadação tributária e é utilizada desde a Antiguidade, sendo a propriedade um importante indicador da capacidade de contribuição dos indivíduos (Khair e Melo, 2004).

Os impostos que têm incidência sobre o patrimônio, no Brasil, apresentam uma arrecadação insignificante, equivalente a 1,16% do PIB (tabela 10). Apesar da enorme concentração patrimonial no Brasil:

> Ao se considerar apenas o ínfimo estrato social composto pelas 5 mil famílias "muito ricas" do país — conforme estimativas de estoque de riqueza e acúmulo de fluxo de renda anual, a partir dos dados oficiais disponíveis — chega-se à escandalosa constatação de que este grupo (0,001% das famílias) apropria-se do equivalente a 3% da renda total nacional, representando o seu patrimônio algo em torno de 40% do PIB brasileiro. (Pochmann et al., 2004, p. 29)

O único tributo sobre a propriedade de responsabilidade da União é o Imposto Territorial Rural (ITR), que acumulou uma arrecadação de R$ 379,22 milhões em 2007, representando somente 0,04% do montante da carga tributária brasileira (tabela 10). A baixa arrecadação do ITR reflete as alterações realizadas pela Lei n. 9.393, de 19 de dezembro de 1996, que desonerou o patrimônio rural. Entre as modificações realizadas destacam-se: a supressão do dispositivo que impunha o pagamento do ITR com base no dobro da alíquota correspondente ao imóvel que, no segundo ano consecutivo e seguintes, apresentasse percentual de utilização efetiva da área igual ou inferior a 30%; redução da "progressividade no tempo", modificando a legislação anterior, com diminuição de alíquota de 36% para 20% do latifúndio improdutivo por mais de quatro anos; extinção do Valor da Terra Nua mínimo (VTNm); e a substituição das três tabelas previstas na lei anterior por apenas uma tabela de alíquotas, desconsiderando as profundas diferenças regionais (econômicas e fundiárias) existentes no país.

Isso tudo em um país com as terras rurais improdutivas respondendo por 63,8% da área ocupada pelos imóveis rurais conforme levantamento do DIEESE (2007), com base nos dados do Instituto Nacional de Colonização e Reforma Agrária (INCRA) de 1998, chegando esse percentual na Região Norte a 82,6%. A grande propriedade, apesar de representar menos de 3% dos imóveis, responde por 58,1% da área total, enquanto o minifúndio, que representa 62% do total de imóveis, ocupa apenas 7,5% da área total em hectares.

O ITR deixa de ser um instrumento importante para incentivar a reforma agrária no país. No tocante à legislação tributária, apesar de o governo, na época, anunciar que as modificações da legislação elevariam a arrecadação do ITR para a cifra de R$ 1,6 bilhão, o que aconteceu na prática foi a diminuição da arrecadação desse imposto. Muito aquém do previsto, a arrecadação do ITR tem uma trajetória decrescente em relação à legislação anterior. Em 1996, a arrecadação do ITR somou R$ 734,68 milhões, valor que se reduziu a R$ 392,14 milhões em 2007. Portanto, a preços constantes — de dezembro de 2007, com base no IGP-DI —, há uma variação negativa de 46,62%. O corolário de onze anos de vigência da Lei n. 9.393/96 é uma pífia arrecadação do ITR, muito abaixo do potencial, para um país de enorme concentração de terra, significando o abandono definitivo desse imposto como instrumento de desestímulo ao uso da terra como reserva de valor.

O Imposto Predial e Territorial Urbano (IPTU) de competência municipal incide sobre a propriedade urbana, sendo constituído por um percentual sobre o valor venal do imóvel, que é atribuído pela prefeitura com base na soma do valor do terreno ao da construção. Esse imposto, que tem a obrigação constitucional de ser progressivo (EC n. 29/2000), pode permitir a aplicação de maior justiça fiscal e cobrar com alíquota crescente de acordo com o valor e a localização do imóvel (Khair e Melo, 2004).

Contudo, de acordo com estudo realizado por Carvalho Jr. (2006), a progressividade não ocorre na prática. O autor revela que os contribuintes mais pobres comprometem uma parcela maior da sua renda com o pagamento do IPTU. O estudo analisou 223 Códigos Tributários dos municípios com população superior a 100 mil habitantes em 2000 e constatou que apenas 23,8% deles tinham progressividade ou alguma das seletividades em suas alíquotas.

Por fim, convém lembrar que a CF de 1988 prevê o Imposto sobre Grandes Fortunas (IGF) como de competência da União, a ser regulamentado por lei complementar. Passados vinte anos da Constituição, o IGP continua mofando no Congresso Nacional, sem iniciativa concreta para colocá-lo em prática. As simulações realizadas por Khair e Melo (2004) considerando três faixas de alíquotas médias efetivas de 0,5% para patrimônio até R$ 1 milhão, 1% para patrimônio entre R$ 1 e 10 milhões e 1,5% para patrimônios superiores a R$ 10 milhões, indicam a possibilidade de uma arrecadação de quase R$ 8 bilhões.

3.4 Sistema tributário brasileiro: o paraíso dos bancos

Ao mesmo tempo que vem taxando mais significativamente a renda dos trabalhadores assalariados e as classes de menor poder aquisitivo, via tributação sobre o consumo, ao longo dos últimos anos, o Estado brasileiro vem abrindo mão de receitas tributárias importantes em favor da renda do capital, sobretudo para os bancos.

No período de 2000 a 2006, os bancos recolheram de Imposto de Renda e CSLL apenas R$ 51,9 bilhões, enquanto os trabalhadores pagaram R$ 233,8 bilhões de Imposto de Renda (Imposto de Renda sobre Rendimentos do Trabalho Assalariado mais Imposto Renda de Pessoa Física), conforme dados levantados nos boletins de arrecadação da Receita Federal.

A tabela 14 apresenta a evolução do lucro do Sistema Financeiro Nacional (SFN) com base nos dados contábeis consolidados e elaborados trimestralmente pelo Bacen.[24] O Bacen inclui no montante do SFN os dados contábeis disponíveis dos conglomerados bancários e das instituições bancárias independentes em funcionamento normal. Os dados do SFN constantes na tabela 14 são referentes às instituições autorizadas a funcionar pelo Bacen — exceto Administradoras de Consórcios — agrupadas ou não em conglomerados. Os tributos que têm como base de incidência o lucro das instituições financeiras são o IRPJ e a CSLL. Os dados de arrecadação desses tributos são divulgados mensalmente pela Receita Federal sob a rubrica "entidades financeiras".[25]

No período compreendido entre 2000 e 2006, enquanto os lucros crescem 5,5 vezes, a tributação das instituições financeiras aumenta em ritmo bem menor, apenas 2,7 vezes. Ou, ainda, os lucros crescem de forma extraordinária: 446,32%, enquanto o imposto de renda sobre o resultado das instituições financeiras não acompanhou esse desempenho, pois o aumento foi de 196,58%. A CSLL das instituições financeiras, um dos tributos que financia a seguridade social, cresceu somente 122,76% (tabela 14).

Apesar do aumento expressivo dos lucros dos bancos e de o conjunto do sistema financeiro apresentar aumento de 446,32%, no período de 2000 a 2006, a arrecadação de tributos desse setor permanece pequena em relação aos demais setores da economia. Os dados do Banco Central revelam que os lucros dos bancos não cessam de aumentar.

A legislação brasileira permite que os prejuízos de exercícios anteriores sejam deduzidos no momento da apuração do lucro. Essa faculdade legal faz reduzir a base de incidência do IRPJ e da CSLL. O limite legal para compensar esses prejuízos está limitado a 30% do lucro. Os bancos vinham contestando esse limite na justiça sob a alegação de que os prejuízos representam perda de patrimônio e, sendo assim, esses tributos incidiriam sobre uma parte que

---

24. Disponível no *site*: <www.bcb.gov.br/top50/port/esc_met.asp>. Acesso em: 10 dez. 2009. De acordo com a Lei n. 4.595/64, as instituições financeiras devem apurar resultados em 30 de junho e 31 de dezembro de cada ano, obrigatoriamente, com observância das regras contábeis estabelecidas pelo Conselho Monetário Nacional.

25. As entidades financeiras compreendem o código 64 da Classificação Nacional de Atividades Econômicas (CNAE), que inclui as atividades com a finalidade de criar, coletar, intermediar e redistribuir recursos financeiros próprios ou de terceiros sob sua responsabilidade. Essas atividades são: Banco Central, Intermediação Monetária — Depósitos à Vista, Intermediação Não Monetária — Outros Instrumentos de Captação, Arrendamento Mercantil, Sociedades de Capitalização; Atividades de Sociedades de Participação, Fundos de Investimento e Atividades de Serviços Financeiros não Especificadas Anteriormente.

não é lucro, mas sim reposição de patrimônio. Esse ponto de vista vinha sendo acolhido pela justiça e muitas empresas, as financeiras, particularmente, estavam provisionando os recursos equivalentes em seus balanços, mas não os vinham recolhendo.

O Banco do Brasil, por exemplo, vinha compensando integralmente os prejuízos acumulados do IR e da CSLL e realizando o depósito judicial integral do montante devido (70% do valor compensado), até que sua reclamação judicial tenha sentença transitada em julgado. A partir de setembro de 2005, o Banco do Brasil consumiu todo o seu estoque de prejuízos passíveis de serem descontados e o valor dos dois tributos passou a ser recolhido integralmente à SRF, influenciando o desempenho da arrecadação desses tributos em 2006. Fato semelhante possivelmente ocorreu com outros bancos, o que automaticamente levou a um crescimento no recolhimento desses tributos, sem que necessariamente tenha ocorrido aumento na tributação sobre o setor ou maiores ações de fiscalização.

Tabela 14
Lucros e tributação do Sistema Financeiro Nacional (em R$ milhões)

Ano	Lucros	IRPJ (a)	CSLL (b)	Total (a) + (b)
2000	3.637.662,00	3.099,85	1.322,94	4.422,79
2001	5.327.910,00	2.361,41	946,93	3.308,34
2002	10.374.432,00	4.583,24	1.647,84	6.231,09
2003	12.562.654,00	5.871,26	1.805,64	7.676,90
2004	12.689.279,00	6.196,34	2.134,06	8.330,40
2005	18.291.464,00	7.325,89	2.525,48	9.851,37
2006	19.873.103,00	9.193,37	2.946,95	12.140,32
Variação (2000 a 2006)	446,32%	196,58%	122,76%	174,49%

Fonte: Banco Central e Receita Federal. (Elaboração própria.)

De acordo com Luchiezi Jr., Hickmann e Salvador (2007), as instituições financeiras têm aproveitado todas as brechas legais, até mesmo fazendo interpretações próprias da legislação, para escapar do seu dever tributário, mesmo que isso implique postergar o pagamento usando o expediente do depósito em juízo, como ocorreu em 2005. Se por um lado os bancos abandonaram algumas disputas judiciais em torno da tributação sobre lucro, por outro lado usam de sua criatividade para reduzir o recolhimento de PIS/PASEP e COFINS. Contribuições essas relevantes para o financiamento da seguridade social brasileira: assistência social, previdência e saúde.

O comportamento das instituições financeiras resultou em retração no recolhimento dessas contribuições, em 2006, comparativamente ao ano anterior. Em valores deflacionados pelo IPCA, ocorreu uma queda na arrecadação do PIS (5,74%) e da COFINS (13,08%). Isso significa um recolhimento a menor para os cofres do governo, em termos reais, de R$ 950,92 milhões comparativamente a 2005. A principal justificativa dada pela Receita Federal é a de que algumas instituições deixaram de recolher tais tributos de novembro de 2005 até outubro de 2006 por meio de compensação tributária. Entre as medidas do "pacote fiscal" de 1998, relatado anteriormente, encontra-se a alteração da legislação da Contribuição para o PIS/PASEP e da COFINS, com a edição da Lei n. 9.718/98.

Nesse sentido, é importante resgatar a polêmica em torno da Lei n. 9.718/98. Essa lei determina que as contribuições para o PIS/PASEP e a COFINS serão calculadas com base no faturamento das empresas, este entendido como a sua receita bruta, ou seja, todas as receitas por elas auferidas, independentemente do tipo de atividade que exerçam ou a classificação contábil que adotem para suas receitas (artigo 3º). Entre as modificações da base tributável da COFINS e do PIS/PASEP instituídas por essa lei, destacam-se a majoração da alíquota da COFINS de 2% para 3% e a ampliação da base de incidência dessas contribuições.

A modificação introduzida pela nova lei ampliou a base de cálculo a partir de 1º de fevereiro de 1999 em relação à Lei Complementar n. 70/91 e ao previsto à época no inciso I do artigo 195 da Constituição Federal, que estabelecia a contribuição social sobre o faturamento. Com a ampliação da base de cálculo, a COFINS e as contribuições para o PIS/PASEP passaram a incidir sobre todas as receitas operacionais e não operacionais das empresas, excetuando-se as receitas, rendimentos e ganhos previstos nos incisos II a IV do parágrafo 2º do artigo 3º da lei.

O montante de receitas operacionais de uma empresa não financeira é superior ao seu faturamento, pois inclui, além daquelas originadas diretamente pelo objeto do negócio, outras receitas auferidas por atividades não relacionadas às atividades-fins da organização, como os juros e multas cobrados de clientes por atraso no pagamento de títulos, as receitas financeiras, as receitas de aluguéis eventuais, as receitas de operações em bolsa de valores, as receitas de investimentos temporários, os rendimentos de aplicações financeiras etc.

Somente a partir da Emenda Constitucional n. 20, de 15 de dezembro de 1998, é que foi alterado o artigo 195 da Constituição, ao incluir no inciso I, "b", a incidência de contribuições sociais sobre "a receita ou faturamento". Portanto, depois de 19 dias de existência da lei ordinária é que o texto constitucional foi modificado. A Lei n. 9.718/98 não respeitou o artigo 110 do Código Tributário Nacional (CTN), que proíbe a lei tributária de alterar a definição, o conteúdo e o alcance de institutos, conceitos e formas de direito privado, utilizados, expressa ou implicitamente, pela Constituição Federal. No dia 9 de novembro de 2005, o Supremo Tribunal Federal julgou inconstitucional a modificação da base de cobrança do PIS e da COFINS, porque, quando foi editada a Lei n. 9.718/98, não havia o respaldo de nenhuma norma constitucional.

As instituições financeiras, fazendo uma interpretação própria do acórdão do Supremo Tribunal Federal, entenderam que as receitas financeiras, que constituem o grosso da atividade bancária, não se incluem nas receitas brutas dos seus serviços e que, portanto, a base de incidência do PIS/PASEP e da COFINS não as incluiria. A interpretação da SRF é de que a receita dos bancos, base de incidência desses tributos, é a receita operacional bruta e não a receita financeira. O recurso que deu origem à decisão da Suprema Corte foi impetrado por uma empresa do setor de saúde, portanto, não beneficia os bancos explicitamente.

Com isso, as instituições financeiras reduziram a base de cálculo das contribuições do PIS e da COFINS, deduzindo as despesas incorridas nas operações de intermediação financeira, as despesas de obrigações por empréstimos, o deságio na colocação de títulos, as perdas com títulos de renda fixa e variável e perdas com ativos financeiros e mercadorias, entre outras despesas. Assim sendo, a base de cálculo para incidência no recolhimento do PIS e da COFINS, na prática, não é o faturamento e sim o lucro operacional, o que implica redução da base tributável de até 80%.

Em linhas gerais, as principais tendências que marcam as modificações no financiamento tributário no Brasil, após 1994, são:

a) aumento da regressividade da carga tributária com a maior incidência de tributos sobre o consumo de bens e serviços;

b) apesar da baixa participação da renda dos salários sobre o total da renda nacional da economia, a tributação direta no Brasil tem se limitado e incidido cada vez mais sobre a renda dos trabalhadores assalariados, usando como mecanismo a não correção integral pela inflação da tabela do IR;

c) tratamento diferenciado da tributação das rendas no país, violando o princípio da isonomia tributária ao tratar com critérios diferenciados a renda do capital (lucros, dividendos e juros) e do trabalho, pois há concentração cada vez maior de imposto sobre a renda dos trabalhadores assalariados;

d) maior beneficiamento do sistema financeiro pelas modificações ocorridas nas legislações tributárias do período recente o faz que, com isso, seja proporcionalmente menos tributado que os trabalhadores e outros setores da economia.

4

O ORÇAMENTO VIRTUAL DA SEGURIDADE SOCIAL NO BRASIL

4.1 A (não) implementação do orçamento da seguridade social

O Orçamento da Seguridade Social (OSS), sob o formato quadripartite, chegou a ser elaborado nos primeiros anos após a regulamentação das leis de custeio e de benefício da seguridade social, mas que na realidade definiam o financiamento e os benefícios da previdência social, com raras passagens sobre a seguridade social no texto legal. Em 1993 e 1994, apareceu como proposta do Conselho Nacional da Seguridade Social (CNSS), mas essa orientação não prevaleceu. Na realidade, apesar da previsão constitucional de gestão quadripartite da seguridade social, o CNSS teve vida curta.

Essa opção de não implementação do OSS deve ser compreendida de forma mais ampla no contexto das opções de políticas econômicas, particularmente o quadro tributário e fiscal constituído nas últimas duas décadas no país. No bojo das políticas macroeconômicas que deram sustentação ao Plano Real, como se sabe, a política fiscal foi determinante e seguiu à risca as recomendações dos organismos multilaterais, como o FMI. Em 1993, os economistas formuladores do Plano Real, com a pretensa defesa dos equilíbrios das contas públicas brasileiras, defendem a criação de um Fundo Social de Emergência, que acabou sendo instituído por meio da Emenda Constitucional de Revisão n. 1, de 1994, permitindo a desvinculação de 20% dos recursos destinados às políticas da seguridade social. Nos exercícios financeiros de 1994 e 1995, por meio do Fundo de Estabilização Fiscal (EC n. 10 e EC n. 17 e, posteriormente, EC n. 27), que criou a Desvinculação de Receitas da União (DRU),[1] permitiu a desvinculação de 20% da arrecadação de impostos e contribuições sociais até o fim de 2003.

Dando sequência à mesma política fiscal do governo anterior, a equipe econômica do governo Lula, sob alegação de que a "economia brasileira ainda requer cuidados", manteve no âmbito da EC n. 42 (reforma tributária) a prorrogação da DRU[2] até 2007. A EC n. 56, aprovada em 2007, voltou novamente a prorrogar a DRU, desta vez até 2011. Portanto, teremos 17 anos de usurpação de recursos da seguridade social pelo orçamento fiscal.

A Lei n. 8.212/91, que "dispõe sobre a organização da seguridade social, institui plano de custeio e dá outras providências", estabelecia em seu artigo 6º o CNSS como órgão superior de deliberação colegiada do sistema nacional de seguridade social. O CNSS tinha a participação da União, dos estados, do Distrito Federal, dos municípios e de representantes da sociedade civil. Contudo, o conselho foi extinto na quinta edição da Medida Provisória (MP) n. 1.799-5/99, atual MP n. 2.216-37 de 2001, em tramitação na forma da EC n. 32/2001. Umas das principais atribuições do CNSS era a elaboração do orçamento da seguridade social. O conselho tinha a missão de articular e sistematizar um orçamento previamente debatido com as áreas responsáveis pela previdência social, saúde e assistência social, mas foi perdendo paulatinamente suas atribuições e acabou sendo extinto (Delgado, 2002).

A não implementação do orçamento da seguridade social também ajudou a criar o caldo de cultura da crise da seguridade social (Mota, 2000b), pois constituiu um elemento importante de justificativa da "reforma" da previdência social, em 1998, o fato de o governo, a imprensa e muitos analistas julgarem o sistema previdenciário brasileiro deficitário e causador do déficit público. Tais alegações se fundamentam nos valores previstos no OGU nos

---

1. Um aprofundamento da análise da DRU é empreendido no capítulo 6.

2. A DRU apresenta algumas modificações em relação ao FSE, pois ela não afeta a base de cálculo das transferências a estados, Distrito Federal e municípios, nem a das aplicações em programa de financiamento ao setor produtivo das regiões Norte, Nordeste e Centro-Oeste. Também não estão sujeitas à DRU: as contribuições sociais do empregador incidente sobre a folha de salários; as contribuições dos trabalhadores e dos demais segurados da previdência social; a parte da CPMF destinada ao Fundo de Combate e Erradicação da Pobreza; e a arrecadação do salário-educação.

últimos anos para as despesas previdenciárias, mas são controversos diante dos ditados constitucionais sobre o assunto.

Mesmo porque, do ponto de vista orçamentário, a Constituição brasileira definiu no seu artigo 165, para os três níveis de governo, que a LOA será composta pelo Orçamento Fiscal, Orçamento de Investimentos das Empresas Estatais e Orçamento da Seguridade Social, inexistindo no âmbito constitucional qualquer referência a um orçamento específico para a previdência social. O que tradicionalmente os dirigentes da previdência social brasileira divulgam é o resultado financeiro do RGPS por meio do contraste entre a arrecadação líquida e as despesas com benefícios previdenciários do INSS, pois a Constituição determina a criação de um orçamento com recursos próprios e exclusivos para as políticas da Seguridade Social (saúde, previdência e assistência social) distinto daquele que financia as demais políticas de governo.

Diante da falta de iniciativa oficial de implementação do OSS, alguns atores sociais têm pesquisado e divulgado o "balanço" da seguridade social: a ANFIP, o Instituto de Pesquisa Econômica Aplicada (IPEA), o TCU e o INESC, além de grupos de pesquisas vinculados às universidades, como o Grupo de Estudos e Pesquisas em Seguridade Social e Trabalho (GESST) da Universidade de Brasília e o Grupo de Estudos e Pesquisas do Orçamento Público e da Seguridade Social (GOPSS), ligado ao Centro de Estudos Octavio Ianni (FSS/UERJ).

No tocante à metodologia de apuração de uma proposta de orçamento da seguridade social, a ANFIP e o IPEA consideram no lado das receitas: COFINS, CSLL, CPMF, as contribuições de empregados e empregadores sobre a folha de salários e mais o SIMPLES. O IPEA inclui, ainda, a parte do PIS que financia o seguro-desemprego, a contribuição sobre a produção rural e a do Servidor Público (CSSP); no lado das despesas, o pagamento dos benefícios previdenciários urbanos e rurais, os benefícios assistenciais e as ações do SUS, saneamento e custeio do Ministério da Saúde. O IPEA inclui os gastos com a previdência de inativos e pensionistas da União, com ressalvas. O instituto divulgou até o n. 14 da publicação *Políticas Sociais — Acompanhamento e Análise* (fevereiro de 2007) a sua forma de apurar o resultado da seguridade social.

O TCU limita-se a analisar a execução orçamentária oficial, fazendo apenas alguns ajustes. Salienta, porém, que, se não houvesse a DRU, a seguridade social teria um resultado positivo de R$ 5,3 bilhões, em 2006, e R$ 17,1 bilhões, em 2007.

Após determinação da LDO de 2005 (Lei n. 10.934, de 11 de agosto de 2004), a STN passou a explicitar o montante de recursos desvinculados da seguridade social, mas permanece a falta de discriminação e clareza na divulgação dos dados da execução orçamentária, pois na rubrica "fonte 100" da execução orçamentária homogeneízam-se impostos e recursos oriundos da DRU. Desconsiderando os efeitos da desvinculação nas contas do órgão oficial, o resultado da seguridade social seria positivo em R$ 15,2 bilhões, em 2007.

Portanto, por meio da DRU ocorre uma perversa "alquimia" que transforma os recursos destinados ao financiamento da seguridade social em recursos fiscais para a composição do superávit primário e, por consequência, os utiliza para pagar juros da dívida (Boschetti e Salvador, 2006).

A tabela 15 apresenta os resultados da seguridade social. Seja qual for o critério, ao desconsiderar os recursos desviados por meio da DRU, o saldo é positivo variando, conforme o órgão ou entidade, de R$ 4,4 bilhões a R$ 62,7 bilhões, no período de 2004 a 2007.

Tabela 15
Projeção do orçamento da seguridade social (em R$ bilhões)

Entidades/órgãos	2004		2005		2006		2007	
	Saldo com DRU	Saldo sem DRU	Saldo com DRU	Saldo sem DRU	Saldo com DRU	Saldo sem DRU	Saldo com DRU	Saldo sem DRU
ANFIP	17,6	42,5	24,7	62,7	17,0	50,9	21,8	60,9
IPEA	0,3	27,7	0,1	27,7	1,6	33,5	nd	nd
TCU	-18,3	12,2	-14,1	19,1	-28,6	5,3	-22,0	17,1
Tesouro Nacional[1]	–	–	-14,4	17,6	-29,4	4,4	-23,4	15,2

Fonte: ANFIP, IPEA, TCU e STN. (Elaboração própria.)

(1) O Tesouro Nacional divulga as receitas, as despesas da seguridade social e as desvinculações da DRU, mas não apresenta o saldo da seguridade social. As contas apresentadas são elaborações próprias.

Até 2002, as propostas de leis orçamentárias encaminhadas pelo Poder Executivo e aprovadas pelo Congresso Nacional não tratavam das despesas e das receitas da seguridade social de forma separada do orçamento fiscal. A Lei Orçamentária, em cada ano, tratava de forma homogênea as despesas e receitas das esferas fiscal e da seguridade social, em uma única peça orçamentária denominada "orçamento fiscal e da seguridade social" — como afirma Dain (2001), um orçamento meramente virtual.

Em 2003, ou seja, após 15 anos de existência na Constituição, o projeto e a lei orçamentária aprovada trouxeram o montante das receitas e das despesas dos orçamentos fiscal e da seguridade social separados. Contudo, essa apresentação limitou-se a uma estrutura formal de orçamento, sem qualquer controle social, pois o CNSS tinha sido extinto quatro anos antes. Além disso, os orçamentos aprovados após 2003 não seguem o desenho constitucional da seguridade social, pois não explicitam a desvinculação das receitas que ocorre por meio da DRU, que é transformada em arrecadação do orçamento fiscal; assim as despesas não ficam limitadas àquelas previstas na Carta Magna para esfera da seguridade social (previdência, saúde, assistência social e seguro-desemprego).

No lado das receitas do Orçamento da Seguridade Social, ainda, ocorrem outras graves confusões para além da DRU. De acordo com Vaz e Martins (2008, p. 375), em descumprimento ao artigo 27, inciso I, da Lei n. 8.212/91, "parte das receitas provenientes de juros, multas, correção monetária e até mesmo a recuperação da dívida ativa de contribuições sociais, que são fontes do Orçamento da Seguridade Social, constam como receitas do Orçamento Fiscal". Além disso, os autores destacam a inusitada situação do Fundo de Saúde Militar, que tem suas receitas classificadas no orçamento fiscal e as suas despesas a cargo do OSS, apesar de não ser um gasto do SUS, mas um encargo do governo em benefícios dos integrantes das forças armadas.

Para Delgado (2008, p. 509-10):

> A virtual implosão das instituições criadas a partir da Constituição de 1988 — orçamento da seguridade social e Conselho Nacional da Seguridade Social deixaram às questões técnico-políticas de financiamento público e *accountability* do sistema ao sabor de uma prática fiscal inadequada, cujas consequências hoje estão ficando mais claras — produz enorme confusão no sistema de comunicação pública.

A falta de transparência na divulgação de informações orçamentárias e na elaboração das propostas encaminhadas ao Congresso Nacional continua sendo uma práxis. Em recente Nota Técnica divulgada pelo INESC, elaborada por Salvador, Graça e Bicalho (2008, p. 6), é destacado o fato de que a lógica de apresentar a seguridade social como deficitária repete-se no PLOA 2009.

A proposta do orçamento, no artigo 2º, diz que a seguridade social terá uma receita de R$ 387,7 bilhões. Contudo, as despesas projetadas são de R$ 425,7 bilhões para o ano de 2009 (inciso II, artigo 3º). A diferença de R$ 38 bilhões de acordo com o PLOA será coberta pelo orçamento fiscal.

Na realidade, "esta conta é uma falácia e não colabora para transparência dos dados orçamentários", pois, segundo o estudo do INESC, mesmo com a perda de recursos da CPMF (estimada em R$ 40 bilhões), a seguridade social permanece superavitária. Caso fossem respeitadas as fontes de financiamento exclusivas definidas no artigo 195 da CF, as receitas seriam suficientes para cobrir todas as despesas previstas no âmbito desse orçamento. Essa situação ocorre porque o governo não evidencia na proposta orçamentária os recursos que são desvinculados da seguridade social pela DRU e transferidos para o orçamento fiscal.

4.2 Quem financia a seguridade social brasileira?[3]

O debate sobre as formas de financiamento da seguridade social no Brasil após a CF de 1988 revela as divergências entre aqueles que defendem o princípio da totalidade estatuído na Carta Magna e os defensores da separação das fontes de custeio das políticas de previdência, assistência social e saúde.

Essas controvérsias entre os especialistas sobre o financiamento da seguridade social ficaram evidentes durante os debates sobre a Revisão Constitucional (1993 e 1994), com posições divergentes entre um orçamento com o custeio de receitas tributárias mais folha de pagamento e a separação efetiva de seus componentes: seguro social (previdência), saúde e assistência social — nos planos dos conceitos, de custeio e operacional (Dain, Tavares e Castilho, 1993; Beltrão et al., 1993).

A natureza das fontes de financiamento é um importante indicador na avaliação das políticas sociais. O estudo sobre o financiamento e os gastos sociais traz pistas sobre o alcance, os limites e o caráter redistributivo das políticas sociais. Do ponto de vista metodológico, o conceito de fonte de fi-

3. Parte das informações desta seção foi publicada por Boschetti e Salvador (2006) com dados até 2005.

nanciamento, adotado nesta pesquisa, é o mesmo utilizado na elaboração e na execução orçamentária da União, referindo-se à destinação dos recursos durante a execução do orçamento e não especificamente à sua arrecadação. Para tanto, adota-se o conceito de despesa liquidada nas funções: Assistência Social (8), Previdência Social (9) e Saúde (10) dos Orçamentos Fiscal e da Seguridade Social dos anos 2000 a 2007, que seguem uma classificação funcional, definida na Portaria/SOF n. 42 (de 14 de abril de 1999). Cada uma dessas funções tem subfunções que abrangem diversos programas e ações, conforme a concepção assumida pelo Poder Executivo para essas políticas.

A tabela 16 apresenta os dados referentes à importância relativa de cada fonte no financiamento dos gastos da seguridade social, no período de 2000 a 2007. As fontes de recursos que predominam nos anos estudados são as contribuições sociais,[4] em contraste com os recursos advindos de impostos. As contribuições obrigam o Estado a aplicar os recursos no destino estabelecido quando o tributo foi criado, ou seja, sua instituição deve atender a uma finalidade específica. Assim, as contribuições têm um caráter parafiscal no sentido de que seu objetivo não é arrecadar para fazer face às despesas fiscais do governo. As contribuições são arrecadadas pelo Poder Público em nome de entidades com atribuições específicas que possuem orçamento próprio, destacando-se aquelas destinadas ao financiamento do sistema de seguridade social (Araújo, 2005; ABOP, 1990).

Uma análise das fontes de financiamento da seguridade de forma desagregada revela que os recursos provenientes dos impostos em gerais representaram, na média do período analisado, apenas a sexta fonte de custeio da seguridade social, 6,45% do total, apesar do acréscimo de 30,96% (ver tabela 16). Os chamados recursos ordinários (impostos em geral) chegaram a representar 9,36% do total das fontes de financiamento das políticas de seguridade social, em 2003. Desde então, vem reduzindo a participação,

4. Informações detalhadas sobre as contribuições sociais podem ser encontradas na edição especial da *Revista da Associação Brasileira de Orçamento Público* (ABOP). A ABOP define que, a partir da CF, as contribuições sociais são consideradas tributos (artigo 195 da CF), instituídas em lei, com base no poder fiscal do Estado. "Como espécie tributária autônoma e específica, a contribuição se caracteriza por possuir um pressuposto de fato definido em lei, de forma típica, consistindo-se numa atividade estatal dirigida à coletividade, que atinge determinado grupo de pessoas. Essa contribuição distingue-se dos tributos fiscais por estar vinculada e por ser delegada a um órgão público favorecido" (ABOP, 1990, p. 30-1).

chegando a 4,85%, em 2007. Esse fato revela que a participação da fonte de recursos ordinários, ou seja, aqueles advindos de impostos federais — o IR e o IPI — e dos próprios recursos desvinculados das contribuições sociais, vem perdendo importância no financiamento da seguridade social e, no caso dos recursos desvinculados pela DRU, que aparecem na tabela como recursos ordinários, não estão retornando para a finalidade para a qual foram arrecadados. Portanto, os recursos provenientes de impostos apresentados na tabela 16 podem ser, na realidade, oriundos da desvinculação orçamentária, que, graças à "alquimia" possibilitada pela DRU, transformam-se em recursos ordinários, ou seja, do orçamento fiscal, o que reforça a hipótese da insignificante participação dos recursos do orçamento fiscal no financiamento da seguridade social no Brasil.

As contribuições sociais representaram em média 90,1% das fontes de financiamento da seguridade social no período de 2000 a 2007. Entre as contribuições mais significativas do período destacam-se a Contribuição dos Empregadores e Trabalhadores para a Seguridade Social (CETSS) (45,52%), a COFINS (26,28%) e a CPMF (8,08%). Isso significa que o orçamento da seguridade social, em grande parte, é financiamento direto dos próprios beneficiários da política (sobretudo na previdência social) e, por meio de tributos indiretos que são pagos, em última instância, pelos próprios usuários das políticas de assistência social e de saúde.

A arrecadação da COFINS representou 1/4 da arrecadação da seguridade social, em 2007. Porém, destaca-se o fato de que as instituições financeiras têm aproveitado todas as brechas legais, inclusive fazendo interpretações próprias da legislação para escapar do seu dever tributário, mesmo que isso implique postergar o pagamento, usando o expediente do depósito em juízo, como ocorreu em 2005. Os bancos usam de sua criatividade para reduzir o recolhimento da COFINS, conforme mostramos no capítulo 3.

O comportamento das instituições financeiras resultou em retração no recolhimento dessas contribuições, em 2006, comparativamente ao ano anterior. Em valores deflacionados pelo IGP-DI, ocorreu uma queda na arrecadação da COFINS (13,08%). Isso significa um recolhimento a menor para os cofres do governo, em termos reais, de R$ 886,06 milhões comparativamente a 2005, conforme os dados divulgados pelo boletim mensal de arrecadação da Receita Federal, em dezembro de 2006.

Tabela 16

Seguridade social: distribuição do percentual das fontes de recursos (2000-2007)

Fontes	2000	2001	2002	2003	2004	2005	2006	2007	Média sobre total	Variação 2000/07
1. Recursos Provenientes de Impostos	3,70%	9,24%	8,86%	9,36%	6,26%	5,57%	3,80%	4,85%	6,45%	30,96%
1.1 Recursos Ordinários	3,70%	9,24%	8,86%	9,36%	6,26%	6,30%	4,92%	4,85%	6,69%	30,96%
2. Contribuições Sociais	91,05%	87,96%	88,39%	88,79%	90,12%	91,09%	92,54%	90,89%	90,10%	-0,17%
2.1 Contribuições dos Empregadores e dos Trabalhadores para a Seguridade Social	47,53%	46,64%	45,54%	44,60%	44,32%	44,86%	46,24%	44,45%	45,52%	-6,47%
2.1.1 Contribuição dos Empregadores e outras contribuições PJ	30,74%	30,26%	28,96%	27,99%	27,43%	28,44%	29,41%	28,49%	28,96%	-7,31%
2.1.2 Contribuição dos Trabalhadores assalariados e outras contribuições PF	13,19%	13,08%	12,80%	11,62%	12,90%	12,38%	13,19%	13,61%	12,85%	3,14%
2.1.3 Outras contribuições previdenciárias	3,54%	3,29%	3,78%	4,98%	3,99%	4,03%	3,64%	2,35%	3,70%	-33,58%
2.1.4 Outros	1,10%	1,70%	1,50%	1,70%	0,00%	0,00%	0,00%	0,00%	0,75%	-100,00%
2.2 Contribuição Social sobre o Lucro Líquido (CSLL)	6,12%	4,79%	6,39%	6,80%	6,96%	7,45%	8,36%	8,15%	6,88%	33,10%
2.3 Contribuição para o Financiamento da Seguridade Social (COFINS)	25,33%	26,10%	25,99%	27,20%	28,33%	26,75%	25,59%	24,93%	26,28%	-1,58%
2.4 Contribuição para o Plano de Seguridade do Servidor	1,95%	2,39%	2,29%	1,99%	2,43%	4,37%	4,27%	5,47%	3,14%	179,99%
2.5 Contribuição para o Custeio Pensão Militares	0,00%	0,00%	0,00%	0,00%	0,39%	0,36%	0,39%	0,38%	0,19%	-
2.6 Contribuição Provisória sobre Movimentação Financeira (CPMF)	10,11%	8,04%	8,17%	8,18%	7,64%	7,31%	7,67%	7,48%	8,08%	-26,00%
2.7 Renda de Loteria e Concursos de Prognósticos	0,00%	0,00%	0,00%	0,02%	0,05%	0,00%	0,03%	0,03%	0,02%	-
3. Outras Fontes	5,25%	1,88%	1,69%	1,24%	1,33%	1,28%	1,30%	1,29%	1,91%	-75,44%
3.1 Recursos próprios financeiros	0,34%	0,30%	0,42%	0,17%	0,36%	0,01%	0,42%	0,22%	0,28%	-34,75%
3.2 Recursos próprios não financeiros	0,97%	0,91%	0,83%	0,78%	0,72%	0,65%	0,68%	0,88%	0,80%	-9,81%
3.3 Recursos próprios	1,31%	1,21%	1,25%	0,94%	1,08%	0,66%	1,10%	1,10%	1,08%	-16,26%
3.4 Operação de Crédito	0,52%	0,42%	0,36%	0,18%	0,13%	0,13%	0,08%	0,03%	0,23%	-93,79%
3.5 Outros	3,41%	0,25%	0,06%	0,11%	0,11%	0,48%	0,11%	0,16%	0,59%	-95,45%
3.6 Alienação de Bens Apreendidos	0,01%	0,01%	0,02%	0,01%	0,01%	0,01%	0,01%	0,01%	0,01%	-52,07%
4. Fundo de Combate e Erradicação à Pobreza	0,00%	0,93%	1,07%	0,61%	2,30%	2,06%	2,36%	2,97%	1,54%	-
5. Fundo de Estabilização Fiscal (FEF)	0,00%	0,00%	0,00%	0,00%	0,00%	0,00%	0,00%	0,00%	0,00%	-
Total	100,00%	100,00%	100,00%	100,00%	100,00%	100,00%	100,00%	100,00%	-	-
Total em R$ milhões correntes	118.119,28	136.476,37	155.165,87	181.065,74	212.345,62	240.088,81	275.097,25	304.800,84	202.894,97	158,04%
Total em R$ milhões constantes (IGP-DI)	256.163,64	260.147,52	268.004,82	275.530,58	263.140,43	271.951,49	294.063,64	320.289,91	276.161,50	25,03%

Fonte: SIAFI/SIDOR. (Elaboração própria.)

A análise das principais fontes de financiamento da previdência social, no período de 2000 a 2007, revela que, em média, 57,98% dos recursos para custeio das políticas do Sistema Previdenciário Brasileiro são provenientes da CETSS, ou seja, da arrecadação da Contribuição Previdenciária do Regime Geral da Previdência Social. Em 2007, esse tributo representou a principal fonte do financiamento da seguridade social.

Com base nos dados apresentados na tabela 17 é possível apurar a evolução dessa fonte de financiamento, em valores deflacionados pelo IGP-DI, com acréscimo de 17,07%, no período de 2000 a 2007. Em 2000, foram arrecadados R$ 121,6 bilhões, que subiram para R$ 142,4 bilhões, em 2007, ou seja, um incremento de R$ 20,8 bilhões, acima da inflação. Desde 2004, essa fonte de arrecadação vem em processo constante de crescimento, refletindo o melhor desempenho do mercado de trabalho no período. Prado (2008) aponta para uma revitalização do mercado de trabalho após 2004, destacando a queda na taxa de desemprego, a elevação na média de empregos formais (135 mil foi a média mensal de 2007) e o aumento do tempo médio de permanência no emprego.

Contudo, conforme Pochmann e Campos (2008), a dinâmica no mercado de trabalho brasileiro caracteriza-se por uma grande heterogeneidade, em função da elevada presença de postos de trabalhos sem carteira assinada e de formas de ocupações não assalariadas (trabalhado autônomo, independente, conta própria, cooperativado, sem remuneração, entre outros). De acordo com esses autores, no período de 1990 a 2006, 1.442,4 mil pessoas conseguiram obter uma nova ocupação a cada ano, resultando na geração de 23.078,3 mil novos postos de trabalho, no período. Porém, uma parte expressiva desses postos não foi assalariada (40,2%), enquanto outra parcela, mesmo que assalariada, caracterizou-se pela informalidade (20,3%), ou seja, sem carteira de trabalho assinada.[5]

Com o mercado de trabalho marcado por relações informais, mal remuneradas, o financiamento do atual sistema previdenciário baseado no modelo contributivo, dependente da folha salarial (ver tabela 17), acaba sofrendo fortes constrangimentos. Conforme Pochmann e Campos (2008, p. 90):

5. Em nossa dissertação de mestrado discutimos a relação entre a previdência social e o mercado de trabalho (Salvador, 2003).

Tabela 17

Previdência social: distribuição do percentual das fontes de recursos (2000-2007)

Fontes	2000	2001	2002	2003	2004	2005	2006	2007	Média sobre total	Variação 2000/06
1. Recursos Provenientes de Impostos	3,54%	8,06%	8,39%	9,20%	6,19%	5,69%	3,65%	5,10%	6,23%	44,26%
1.1 Recursos Ordinários	3,54%	8,06%	8,39%	9,20%	6,19%				7,07%	-100,00%
2. Contribuições Sociais	93,30%	90,86%	90,57%	90,10%	92,88%	93,49%	95,59%	94,25%	92,63%	1,02%
2.1 Contribuições dos Empregadores e dos Trabalhadores para a Seguridade Social	60,03%	59,18%	57,35%	55,51%	56,87%	57,35%	59,73%	57,80%	57,98%	-3,71%
2.1.2 Contribuição dos Empregadores e outras contribuições PJ	38,87%	38,41%	36,47%	34,84%	35,19%	36,36%	37,99%	37,05%	36,90%	-4,68%
2.1.3 Contribuição dos Trabalhadores assalariados e outras contribuições PF	16,68%	16,60%	16,12%	14,46%	16,55%	15,83%	17,03%	17,69%	16,37%	6,07%
2.1.4 Outras contribuições previdenciárias	4,48%	4,18%	4,76%	6,20%	5,12%	5,16%	4,70%	3,06%	4,71%	-31,69%
2.1.5 Outros (4)	0,00%	0,00%	0,00%	0,00%	—	—	—	—	0,00%	#VALOR!
2.2 Contribuição Social sobre o Lucro Líquido (CSLL)	4,71%	4,37%	2,75%	2,74%	2,02%	1,02%	1,17%	2,07%	2,61%	-56,07%
2.3 Contribuição para o Financiamento da Seguridade Social (COFINS)	20,80%	20,87%	25,81%	25,91%	27,00%	25,92%	25,46%	23,50%	24,41%	13,00%
2.4 Contribuição para o Plano de Seguridade do Servidor	2,47%	3,03%	2,88%	2,48%	3,12%	5,59%	5,51%	7,11%	4,02%	187,94%
2.5 Contribuição para o Custeio Pensão Militares	0,00%	0,00%	0,00%	0,00%	0,50%	0,45%	0,50%	0,50%	0,24%	--
2.5 Contribuição dos Programas PIS/PASEP	0,00%	0,00%	0,00%	0,00%	0,00%	0,00%	0,00%	0,00%	0,00%	#DIV/0!
2.6 Contribuição Provisória sobre Movimentação Financeira (CPMF)	5,29%	3,40%	1,78%	3,44%	3,32%	3,16%	3,17%	3,23%	3,35%	-38,93%
2.7 Renda de Loteria e Concursos de Prognósticos	0,00%	0,00%	0,00%	0,02%	0,06%	0,00%	0,05%	0,05%	0,02%	-
3. Outras Fontes	3,16%	1,08%	1,04%	0,70%	0,93%	0,82%	0,76%	0,65%	1,14%	-79,47%
Total	100,00%	100,00%	100,00%	100,00%	100,00%	100,00%	100,00%	100,00%	-	-
Total em R$ milhões correntes	93.407,56	107.544,25	123.218,08	145.477,54	165.509,44	187.799,51	212.965,46	234.374,19	-	150,92%
Total em R$ milhões constantes (IGP-DI)	202.571,69	204.997,91	212.824,13	221.375,46	205.100,65	212.722,76	227.648,20	246.284,39	216.690,65	21,58%

Fonte: SIAFI/SIDOR. (Elaboração própria.)

As informações mais recentes da PNAD mostram que apenas 15,1% dos trabalhadores por conta própria contribuem para a previdência social atualmente no Brasil. Tal porcentagem reduz-se ainda mais no caso dos empregados sem carteira (12,7%), dos empregados domésticos sem carteira (3,5%), dos trabalhadores não remunerados (3,4%), dos trabalhadores na produção para o próprio consumo (1,0%) e dos trabalhadores na construção para o próprio uso (1,7%).

As fontes oficiais de informações de orçamentos disponíveis (SIAFI/SIDOR e SIAFI/SIGA) não permitem a desagregação da arrecadação da CETSS (fontes 154 e 354 do Orçamento da Seguridade Social), mas com base nas informações disponíveis nos Anuários Estatísticos da Previdência Social (AEPS) e nas estatísticas da arrecadação de contribuições divulgadas pela STN foi possível averiguar a contribuição das empresas e dos empregados para a previdência social. Para tanto, os dados da tabela 17 apresentam três subníveis para a CETSS: contribuição dos empregadores e outras de Pessoas Jurídicas (PJ), contribuição dos trabalhadores assalariados e outras de Pessoas Físicas (PF) e outras contribuições previdenciárias.

O principal encargo dos empregadores para o financiamento da seguridade social (particularmente a previdência social) é a contribuição das empresas sobre segurados assalariados. A contribuição do empregador corresponde a 20% sobre o total das remunerações pagas ou creditadas, a qualquer título, no decorrer do mês, aos segurados empregados que lhes prestem serviços, acrescidos de alíquota de 1% a 3% para o financiamento das prestações por acidente do trabalho, conforme o índice de risco. Além disso, na tabela 17 somou-se a essa contribuição o recolhimento feito pelas empresas no SIMPLES, as contribuições decorrentes de decisões judiciais (como reclamatória trabalhista) e a dos regimes de parcelamentos e débitos.

No âmbito das Pessoas Físicas (PF) são os trabalhadores assalariados os principais contribuintes da previdência social. A contribuição é calculada mediante a aplicação da correspondente alíquota sobre o seu salário de contribuição mensal, limitado ao teto de R$ 318,37.[6] Além disso, em menor

6. Equivale à alíquota de 11% aplicada ao salário de contribuição máximo, R$ 22.894,28. Em dezembro de 2007, as faixa dos salários de contribuição eram: até R$ 868,29, alíquota de 7,65%; de R$ 868,30 até R$ 1.140,00, alíquota de 8,65%; de R$ 1.140,01 até R$ 1.447,14, alíquota de 9,00%; de R$ 1.447,15 até R$ 2.894,28, alíquota de 11,00%.

volume estão as contribuições individuais, do segurado facultativo e do segurado especial. Outra contribuição que incide sobre os trabalhadores é a contribuição previdenciária e retenção sobre nota fiscal ou fatura de prestação de serviços, que vem aumentando de importância, após 2004, em função das decisões judiciais favoráveis à legitimação da retenção de 11% sobre o valor bruto da nota fiscal ou da fatura de prestação de serviços, introduzida pelo artigo 31 da Lei n. 8.212/91, com a redação dada pela Lei n. 9.711/98.[7]

De acordo com os dados levantados (tabela 17) é possível afirmar que dos R$ 135,48 bilhões arrecadados na fonte CETSS, cerca de 2/3 do montante advém da contribuição dos empregadores e 1/3 dos empregados, excluindo-se do cálculo as outras contribuições previdenciárias (R$ 7,17 bilhões).

No caso dos empregadores, a contribuição previdenciária compõe os encargos sociais das empresas, e, muitas vezes, são repassados aos preços dos bens e serviços vendidos, podendo-se constituir um tributo sobre o consumo. A regressividade existe também no lado das contribuições dos trabalhadores, em função da existência do teto de contribuição. Isso significa que os contribuintes que recebem rendimentos abaixo do teto estão pagando proporcionalmente mais sobre sua renda. A título de exemplo, em dezembro de 2007, um trabalhador com renda mensal de R$ 4.160,00 pagou efetivamente de contribuição previdenciária o equivalente a 7,65% da sua renda, ou seja, exatamente o mesmo percentual que um trabalhador que recebeu o salário mínimo (R$ 380,00). Acima de R$ 4.160,00, a regressividade se agrava com trabalhadores de maior renda, contribuindo proporcionalmente menos que os empregados que recebem um salário mínimo.

---

7. De acordo com a Lei n. 9.711/98, artigo 31, "a empresa contratante de serviços executados mediante cessão de mão de obra, inclusive em regime de trabalho temporário, deverá reter onze por cento do valor bruto da nota fiscal ou fatura de prestação de serviços e recolher a importância retida até o dia dois do mês subsequente ao da emissão da respectiva nota fiscal ou fatura, em nome da empresa cedente da mão de obra, observado o disposto no § 5º do art. 33. § 1º O valor retido de que trata o *caput*, que deverá ser destacado na nota fiscal ou fatura de prestação de serviços, será compensado pelo respectivo estabelecimento da empresa cedente da mão de obra, quando do recolhimento das contribuições destinadas à Seguridade Social devidas sobre a folha de pagamento dos segurados a seu serviço. § 2º Na impossibilidade de haver compensação integral na forma do parágrafo anterior, o saldo remanescente será objeto de restituição. § 3º Para os fins desta Lei, entende-se como cessão de mão de obra a colocação à disposição do contratante, em suas dependências ou nas de terceiros, de segurados que realizem serviços contínuos, relacionados ou não com a atividade-fim da empresa, quaisquer que sejam a natureza e a forma de contratação".

A tabela 17 revela que, na função 9 (previdência social) do OSS, estão incluídas as contribuições dos Regimes Próprios de Previdência dos Servidores (RPPSs) dos servidores públicos federais e a contribuição dos militares.[8] A chamada contribuição para o Plano de Seguridade do Servidor vem aumentado sua participação no âmbito no montante do financiamento da previdência social, que é decorrente das mudanças realizadas nos últimos anos neste regime previdenciário. Destaca-se especialmente a "reforma da previdência" no governo Lula (EC n. 41/2003 e dos ajustes proporcionados pela EC n. 47/2005).

No tocante ao financiamento dos RPPS, realizou-se a unificação das regras de contribuição de todos os regimes existentes fixando a alíquota em 11% dos vencimentos de cada servidor, sem teto de contribuição. Além da contabilização em dobro por parte do empregador (União) e a cobrança previdenciária dos inativos, os servidores que se aposentaram ou se tornaram pensionistas a partir de 19 de dezembro de 2003 pagam 11% sobre os valores que superem o teto de benefício do RGPS, e os que já estavam nessa condição passaram a contribuir com 11% sobre a parcela de proventos que supere 60% do teto de aposentadoria do RGPS.

No tocante às fontes que financiaram a saúde, no período de 2000 a 2007, a tabela 18 revela que os recursos destinados a essa política foi o que apresentou o menor acréscimo, comparativamente às outras políticas que integram a seguridade social, apenas 9,27%, em termos reais. A média de volume de aporte de recursos, no período, foi R$ 43,48 bilhões. Comparando-se o PPA 2004-2007 com o executado no período 2000-2003, percebe-se que o último ciclo orçamentário, terminado em 2007, apresentou um encolhimento de R$ 700 milhões no aporte de recursos à saúde. De 2003 a 2006, durante o primeiro mandato do presidente Lula, os recursos destinados à saúde apresentam o volume de receitas anual menor que nos últimos três anos do governo FHC. O ano de 2004, em termos reais, foi o pior no financiamento da saúde, com montante de receitas bem inferior à média do período 2000-2007, apenas R$ 40,86 bilhões.

As contribuições sociais representaram, em média, 84,5% das fontes de financiamento da saúde na esfera federal. Entre elas se destacam a extinta CPMF, 34,49% e a CSLL, 29,96% (tabela 18). Nos anos analisados observa-se

8. Uma crítica sobre a inclusão da previdência dos servidores públicos no orçamento da seguridade social é realizada na próxima seção, que analisa o destino dos recursos da seguridade social.

Tabela 18

Saúde: distribuição do percentual das fontes de recursos (2000-2007)

Fontes	2000	2001	2002	2003	2004	2005	2006	2007	Média sobre total	Variação 2000/07
1. Recursos Provenientes de Impostos	4,95%	14,60%	12,30%	12,65%	7,67%	4,64%	6,38%	5,09%	8,53%	2,92%
2. Contribuições Sociais	80,73%	74,61%	79,83%	82,89%	87,53%	91,06%	89,19%	86,55%	84,05%	7,21%
2.2 Contribuição Social sobre o Lucro Líquido (CSLL)	13,51%	7,70%	25,03%	30,47%	33,69%	43,38%	44,04%	41,85%	29,96%	209,73%
2.3 Contribuição para Financiamento da Seguridade Social (COFINS)	32,66%	35,98%	13,60%	16,31%	21,27%	15,81%	9,81%	11,36%	19,60%	-65,22%
2.6 Contribuição Provisória sobre Movimentação Financeira (CPMF)	34,56%	30,93%	41,20%	36,11%	32,58%	31,87%	35,33%	33,34%	34,49%	-3,53%
3. Outras Fontes	14,32%	5,89%	5,15%	4,47%	3,80%	4,02%	4,43%	5,08%	5,89%	-64,55%
4. Fundo de Combate e Erradicação à Pobreza	0,00%	4,89%	2,72%	0,00%	1,00%	0,29%	0,00%	3,28%	1,52%	—
Total	100,00%	100,00%	100,00%	100,00%	100,00%	100,00%	100,00%	100,00%	100,00%	—
Total em R$ milhões correntes	20.270,12	23.633,85	25.434,63	27.171,84	32.972,89	36.483,27	40.577,22	45.713,13	—	125,52%
Total em R$ milhões constantes (IGP-DI)	43.959,52	45.050,20	43.931,08	41.347,82	40.860,27	41.325,04	43.374,79	48.036,14	43.485,61	9,27%

Fonte: SIAFI/SIDOR. (Elaboração própria.)

que a CSLL, que tinha uma participação relativa de 13,51%, em 2000, passou a representar 41,85%, em 2007, um patamar superior ao financiamento obtido por meio da CPMF (33,34%), que constituiu, até o ano de 2003, a principal fonte de financiamento da saúde.

Convém fazer duas importantes observações sobre essas contribuições. A CSLL é um único tributo a financiar a seguridade social com base de cálculo no lucro líquido das empresas, ajustado antes da provisão para o IR. A CSLL vem apresentando, desde 2005, um crescimento expressivo de arrecadação. O crescimento dessa contribuição não se deve a uma maior tributação dos grandes lucros, pois não ocorreram modificações na legislação desse tributo. A explicação está na extraordinária multiplicação dos lucros das empresas nos últimos anos (Hickmann e Salvador, 2006).

Em relação ao período em que vigorou a CPMF, destaca-se o fato de que, a partir de 1999, ela deixou de ser uma fonte de financiamento exclusiva da saúde, passando também a compor o financiamento das despesas previdenciárias e, após 2001, parte de sua arrecadação passou a ser destinada ao Fundo de Combate à Pobreza. Uma análise da arrecadação da CPMF e do seu destino evidencia que do montante de R$ 185,9 bilhões arrecadados com esse tributo, no período de 1997 a 2006, cerca de 18%, ou seja, R$ 33,5 bilhões não foram aplicados nas políticas de previdência social, saúde ou destinados ao Fundo de Combate e Erradicação da Pobreza (Hickmann e Salvador, 2007). Esses recursos não aplicados nas políticas sociais foram desvinculados por meio da DRU e não retornaram para as políticas sociais que justificaram sua arrecadação.

Ribeiro, Piola e Servo (2007), em análise realizada para o financiamento da saúde, observaram que os extintos FSE e o FEF, no período de 1995 a 1999, chegaram a representar entre 12% e 19,5% do montante de recursos do setor. Lembrando que esses fundos eram instrumentos de desvinculação de recursos anteriores à DRU, mas que apresentavam mais transparência no sentido de explicitar a separação em relação aos recursos ordinários e à parcela desvinculada que retornava para a seguridade social.

Somando-se a eles no mesmo período, as receitas ordinárias (de fato exclusivamente de impostos) também representaram entre 3,2% e 14,7% dos recursos destinados à saúde. A partir da DRU, essa distinção não é mais possível e acentua-se uma redução, após 2001, dos recursos decorrentes das receitas ordinárias na participação do financiamento da saúde de 14,60% para 5,09%, em 2007, conforme demonstra a tabela 18. Essa situação revela claramente a redução da participação dos recursos do orçamento fiscal no financiamento da saúde, evidenciado que são as próprias contribuições sociais que voltam maquiadas de recursos ordinários. Anula-se, também, qualquer efeito que a criação da CPMF poderia significar em termos de mais recursos para saúde; na prática, houve apenas substituição de fontes de financiamento.

Convém lembrar que o financiamento da política de saúde enfrenta problemas desde o início do Sistema Único de Saúde (SUS), cujo ápice foi a crise em 1993, quando o Ministério da Saúde teve de tomar recursos emprestados do Fundo de Amparo ao Trabalhador (FAT). A aprovação da Emenda Constitucional n. 29, em 2000, é um avanço para regularizar a aplicação de maneira estável de recursos no setor, porém a demora na sua regulamentação tem gerado um conjunto de questões de interpretação que vem prejudicando sua implementação.

Por outro lado, Dain (2001, p. 136) critica o fato de que a EC n. 29 contribui ainda mais para o abandono do OSS:

> Se é verdade que a vinculação tem o inegável mérito de comprometer efetivamente as três esferas de governo com a universalização da saúde, além de atenuar a usual instabilidade da receita, e neste sentido constitui um avanço e uma promessa de defesa do Orçamento da Saúde, é bom lembrar que, no plano federal, procedeu-se ao esvaziamento definitivo do Orçamento da Seguridade Social, com a desvinculação das contribuições federais ao Orçamento da Saúde.

A EC n. 29/2000 estabeleceu a vinculação de recursos orçamentários da União, estados e municípios para as despesas de saúde, tendo como ponto de partida o valor executado em 1999, acrescido de 5%. Para os anos seguintes o valor apurado deve ser corrigido pela variação do PIB nominal. Marques e Mendes (2005) destacam o não cumprimento da EC n. 29/2000, no período de 2000 a 2005, com aporte de recursos orçamentários inferior ao dito constitucional. De acordo com os autores, o descumprimento da EC n. 29/2000 pela União e estados alcança o montante de R$ 5,4 bilhões (R$ 1,8 bilhão da União e R$ 3,6 bilhões dos estados).

Piola e Vianna (2008) lembram que é imprescindível o aumento de aporte de recursos para saúde a fim de que seja assegurado o efetivo acesso universal a um atendimento integral, igualitário e de melhor qualidade no SUS. A transição para um sistema público de saúde como o SUS não ocorre sem um acréscimo substancial de recursos e de regulação competente. Os autores lembram que, após a EC n. 29, vem caindo a participação relativa da União para o gasto público com saúde, reduzindo de 59,8%, em 2000, para 50%, em 2006. Na esfera federal, a norma constitucional não estabelece uma vinculação convencional, mas a fixação de parâmetros mínimos para aplicação de recursos, enquanto os estados, o Distrito Federal e os municípios são obrigados a aplicar 12% e 15%, respectivamente, de suas receitas próprias.

Os diferentes entendimentos sobre o que são gastos em ações e serviços de saúde, além da divergência sobre base de aplicação da correção nominal do PIB (base fixa ou variável)[9] e outros expedientes, têm servido de subterfúgio para o não cumprimento da EC n. 29/2000, ou seja, a não alocação dos recursos mínimos na política de saúde, por parte da União e dos demais entes da Federação. De acordo com Piola e Vianna (2008), citando os dados da Comissão de Financiamento do CNS, 18 estados não cumpriram, em 2006, a aplicação mínima determinada na Constituição, significando uma alocação a menos de recursos de R$ 1,8 bilhão. Esses autores revelam que o déficit na aplicação de recursos de 2006, somado à dos anos anteriores, indica que "somente os Estados deixaram de aplicar R$ 5 bilhões no Sistema Único de Saúde nos últimos quatro anos" (2008, p. 236).

No tocante ao financiamento da política de assistência social observa-se que, no período de 2000 a 2007, as contribuições sociais apresentaram uma variação negativa de 26,08% (tabela 19). Uma observação relevante diz respeito ao Fundo de Combate e Erradicação à Pobreza, criado pela Lei Complementar n. 111/2001, que foi o responsável, em 2007, por 30,56% da Função Orçamentária da Assistência Social. Em que pese a classificação orçamentária do fundo aparecer na esfera da seguridade social, os seus recursos podem ser aplicados em políticas que não compõem o sistema de seguridade social brasileiro,[10] além de contrariar as determinações da LOAS e do FNAS, conforme revela Boschetti (2003b).

---

9. Um aprofundamento dessa questão pode ser visto no boletim *Políticas Sociais — Acompanhamento e Análise*, do IPEA, n. 13, 2007.

10. Em 2004, dos R$ 5,5 bilhões que foram liquidados no orçamento do Fundo de Combate e Erradicação à Pobreza, cerca de 82% se destinaram à Função Assistência Social e o restante custeou ações das funções orçamentárias: trabalho, educação, direitos da cidadania, urbanismo, habitação, saneamento e organização agrária. Em 2005, dos R$ 5 bilhões que foram liquidados no fundo cerca de 96% se destinaram à assistência social, 2% à educação, 15% foram alocados na função educação e 2% na organização agrária (conforme dados do SIAFI/SIDOR).

Tabela 19

Assistência social: distribuição do percentual das fontes de recursos (2000-2007)

Fontes	2000	2001	2002	2003	2004	2005	2006	2007	Média sobre total	Variação 2000/07
1. Recursos Provenientes de Impostos	1,50%	9,17%	4,32%	1,46%	3,73%	6,26%	0,44%	1,99%	3,61%	32,86%
2. Contribuições Sociais	90,77%	88,57%	80,40%	85,13%	63,31%	62,69%	68,79%	67,10%	75,84%	-26,08%
2.1 Contribuições dos Empregadores e dos Trabalhadores para a Seguridade Social	1,46%	0,00%	0,00%	0,00%	0,00%	0,00%	0,00%	0,00%	0,18%	-100,00%
2.2 Contribuição Social sobre o Lucro Líquido (CSLL)	2,08%	0,36%	2,51%	0,47%	2,25%	0,89%	12,25%	3,49%	3,04%	67,84%
2.3 Contribuição para o Financiamento da Seguridade Social (COFINS)	87,24%	88,21%	77,89%	84,66%	61,04%	61,80%	56,54%	63,61%	72,62%	-27,09%
3. Outras Fontes	7,73%	0,23%	0,52%	0,18%	0,17%	0,42%	0,66%	0,35%	1,28%	-95,47%
4. Fundo de Combate e Erradicação à Pobreza	0,00%	2,04%	14,75%	13,22%	32,79%	30,63%	30,11%	30,56%	19,26%	-
Total	100,00%	100,00%	100,00%	100,00%	100,00%	100,00%	100,00%	100,00%	100,00%	-
R$ milhões correntes	4.441,60	5.298,26	6.513,15	8.416,35	13.863,30	15.806,04	21.554,58	24.713,51	-	456,41%
Total em R$ milhões constantes (IGP-DI)	9.632,43	10.099,41	11.249,61	12.807,30	17.179,51	17.903,69	23.040,64	25.969,38	15.985,25	169,60%

Fonte: SIAFI/SIDOR. (Elaboração própria.)

No período analisado, a COFINS[11] contribuiu, em média, com 72,62% do total do custeio da assistência social. A CSLL que antes de 2000 tinha uma participação relevante do financiamento da assistência social, chegando a 12,5%, em 1999, conforme Boschetti e Salvador (2006), reduziu de forma considerável a sua participação no financiamento da assistência social, excetuando-se 2006, respondendo por apenas 3,49% em 2007. Os recursos ordinários provenientes de impostos são insignificantes no financiamento da assistência social; apenas 3,61%, na média do período.

Portanto, as duas fontes de recursos com características progressivas (contribuição sobre o lucro e impostos) não apresentam relevância no aporte de recursos para a política de assistência social no Brasil, evidenciando que os benefícios e os serviços dessa política, que pela CF "será prestada a quem dela necessitar, independentemente de contribuição à seguridade social", estão sendo financiados, na realidade, pela população mais pobre.

Um olhar sobre o financiamento da seguridade social, no período de 2000 a 2007, identificando as bases econômicas de incidência tributária (renda, consumo e patrimônio), que compuseram o custeio das três políticas da seguridade, revela uma estrutura tributária regressiva (tabela 20), confirmando as características presentes no sistema tributário brasileiro, descritas no capítulo 3. O resultado apresentado na tabela 20, com base na média anual das fontes de financiamento da seguridade social, no período de 2000 a 2007, em valores constantes, mostra que os tributos diretos responderam por 30,87%, dos quais somente 6,88% referem-se à tributação direta da renda do capital.

Desconsiderando-se os recursos ordinários, pois na realidade podem ser originários da própria desvinculação das contribuições sociais da seguridade social, a tributação direta fica reduzida para 24,42%. Outro aspecto importante é que a maior parte dos tributos diretos que financiam a seguridade social não apresenta progressividade na sua estrutura. A principal contribuição cobrada sobre a renda dos empregados assalariados para a seguridade social, devido ao teto da previdência social, torna-se regressiva a partir de determinado nível

11. A COFINS entrou em vigência em 1992, substituindo o Fundo de Investimento Social (FINSOCIAL); está prevista no artigo 195 da CF e regulamentada pela Lei Complementar n. 70/91. Essa contribuição tem com fato gerador a venda de mercadorias ou serviços de qualquer natureza, a percepção de rendas ou receitas operacionais e não operacionais e de receitas patrimoniais das pessoas jurídicas. Em decorrência da Lei n. 10.833/2003 teve sua alíquota majorada de 3% para 7,25%, passando a ser não cumulativa.

Tabela 20

Financiamento da seguridade social, por base de incidência econômica — média anual do período de 2000 e 2007 (em R$ milhões, deflacionados pelo IGP-DI)

Receitas da Seguridade Social(1)	R$ milhões (média anual)	%
Renda (Tributo direto)	**85.251,56**	**30,87%**
Recursos Ordinários (fontes 100 e 300)	17.822,62	6,45%
Contribuição dos Empregados para Seguridade Social(2)	35.477,84	12,85%
CSLL	18.993,95	6,88%
Contribuição Pensão Militares	523,22	0,19%
Contribuição previdenciária dos servidores (fontes 156 e 356)	5.001,10	1,81%
CPMF (somente Pessoa Física)(3)	7.432,82	2,69%
Consumo (Tributos indiretos)	**171.674,04**	**62,16%**
COFINS	72.571,32	26,28%
Contribuição das Empresas para Seguridade Social(4)	79.989,75	28,96%
CPMF (somente Pessoa Jurídica)(3)	19.112,97	6,92%
Outros	**19.235,90**	**6,97%**
Outras Contribuições Previdenciárias(5)	10.226,12	3,70%
Outras Receitas(6)	9.009,78	3,26%
Total	**276.161,50**	**100,00%**

Fonte: SIAFI/SIGA Brasil, STN e Aeps-Infologo. (Elaboração própria.)

(1) Somente as receitas liquidadas nas funções orçamentárias previdência social, assistência social e saúde, o que difere das receitas arrecadadas apresentadas no capítulo 3.

(2) Inclui as contribuições dos assalariados, do contribuinte individual, do segurado facultativo, do segurado especial e as contribuições previdenciárias retidas sobre nota fiscal (sub-rogação).

(3) Adotou-se a informação do Ministério da Fazenda (2007) que revelou que 72% da arrecadação da CPMF advém de contribuição das empresas e o restante das pessoas físicas. Inclui também do Fundo de Combate e Erradicação da Pobreza.

(4) Inclui a contribuições das empresas sobre segurados assalariados, o recolhimento do SIMPLES e outras contribuições de pessoas jurídicas.

(5) Inclui arrecadação do FIES, do FNS, entidades filantrópicas, segurados domésticos e contribuição patronal para a previdência dos servidores.

(6) Inclui renda de loterias e concursos de prognósticos, recursos financeiros, recursos não financeiros, operações de crédito e outros.

de renda, conforme explicado anteriormente. A contribuição dos servidores tem alíquota única de 11%, o que indica ser um tributo proporcional sobre a renda, assim como é a característica da CPMF, que tinha alíquota única. Cabe destacar que nenhuma das fontes de financiamento da seguridade social tem como base econômica o patrimônio.

Em síntese, o financiamento da seguridade social no Brasil permanece fracionado com a separação das fontes de recursos decorrentes da contribuição direta de empregados e empregadores para custear a previdência social (situação já existente antes da CF) e as contribuições sociais incidentes sobre o faturamento, o lucro e a movimentação financeira para as políticas de saúde e assistência. Essa conformação do financiamento não fortalece o conceito de seguridade social na sua totalidade, conforme pretendia a CF elaborada em 1988, o que corrobora uma das hipóteses formuladas nesta pesquisa.

A atual estrutura do financiamento da seguridade social ajuda a compreender a configuração do fundo público no Brasil, com participação irrisória de recursos oriundos da esfera fiscal para aplicação nas políticas de assistência social, previdência e saúde. A análise dos recursos que financiaram as políticas da seguridade social, no período de 2000 a 2007, revela a regressividade do seu custeio: quem sustenta são os trabalhadores e os mais pobres — que não faz, portanto, redistribuição de renda. Isso significa que são os próprios beneficiários das políticas da seguridade social que estão arcando com seu financiamento, seja por meio da contribuição direta para acesso aos benefícios da previdência social ou por meio do pagamento de tributos indiretos, embutidos nos preços dos bens e serviços, que são destinados apenas, em parte, às políticas de saúde e assistência social. Isso confirma que temos um Estado Social, do ponto de vista do financiamento, que não faz redistribuição de renda.

4.3 O destino dos recursos da seguridade social: análise dos grandes gastos

Em relação ao destino dos recursos da seguridade social, as tabelas 21 e 22 fornecem pistas de sua aplicação nas políticas de assistência social, previdência e saúde, ao passo que a análise do conjunto de programas e ações definidas na lei orçamentária e executadas com aplicação das dotações orçamentárias pelo Poder Executivo será feita no âmbito dos fundos que compõem a seguridade social, nas próximas seções.

A tabela 21 mostra o destino dos recursos da seguridade social, no período de 2000 a 2007, para cada uma das políticas. Os dados revelam que a previdência social recebeu a maior parcela de recursos em todos os anos. A maior participação ocorreu, em 2003, com 80,35%, reduzindo-se para 76,89%, em 2007, do montante do OSS. A partir de 2001, ocorre uma redução da participação proporcional da saúde no total do OSS e uma ampliação dos gastos com a assistência social, principalmente a partir de 2004, em função da redução da idade da população idosa (de 67 anos para 65) para acesso ao BPC e, nos últimos três anos, do incremento de recursos no programa transferência de renda com condicionalidades (Bolsa-Família), que tinha uma despesa equivalente a 0,21% do PIB (2005), subindo para 0,36%, em 2007, o que indica uma nova tendência na alocação dos recursos do OSS e de priorização de políticas focalizadas, em detrimento da construção de políticas sociais universais.

Houve no período um pequeno crescimento dos recursos destinados à seguridade social em termos de participação no PIB brasileiro, evoluindo de 10,01% (2000) para 11,91% (2007), revelando que apesar do expressivo aumento da carga tributária (analisada no capítulo 3), do envelhecimento populacional e de maior demanda social em tempos de neoliberalismo, o crescimento do orçamento da seguridade social é vegetativo (Behring e Boschetti, 2006).

A tabela 21 também revela que os gastos com saúde na esfera federal vêm perdendo participação no orçamento da seguridade social. Em 2000, os recursos destinados à política de saúde representavam 17,16% do montante dos gastos da seguridade social, no âmbito das três políticas sociais. Ao longo do período foi reduzindo a participação até chegar a 14,75%, em 2006. Em 2007, houve pequeno acréscimo com o montante gasto em saúde, representando 15% do total dos recursos destinados à seguridade social.

O boletim do IPEA, *Políticas Sociais — Acompanhamento e Análise* (edição especial, n. 13), divulgado em abril de 2007, revela que os gastos da seguridade social que são insusceptíveis a corte porque correspondem a direitos sociais previstos na Constituição (por exemplo, aposentadorias) e exercitáveis por iniciativa dos beneficiários representam 87% do orçamento da seguridade social, em 2005. A tabela 22 recalcula esses valores para o período de 2000 a 2007, levando em conta a atualização do PIB feita pelo IBGE, e agrupa as principais despesas da seguridade social, revelando assim o principal destino dos recursos aplicados nos principais programas da seguridade social em relação ao PIB.

Tabela 21

Orçamento da seguridade social: distribuição dos recursos entre as políticas sociais (2000-2007)[2] (Valores em R$ milhões correntes)

Políticas da Seguridade Social	**2000**	**2001**	**2002**	**2003**	**2004**	**2005**	**2006**	**2007**
Previdência Social	93.407,56	107.544,25	123.218,08	145.477,54	165.509,44	187.799,51	212.965,46	234.374,19
Saúde	20.270,12	23.633,85	25.434,63	27.171,84	32.972,89	36.483,27	40.577,22	45.713,13
Assistência Social	4.442	5.298	6.513	8.416	13.863	15.806	21.555	24.714
Total em R$ milhões correntes	118.120	136.476	155.166	181.066	212.345	240.089	275.097	304.801
Participação em %	**2000**	**2001**	**2002**	**2003**	**2004**	**2005**	**2006**	**2007**
Previdência Social	79,08%	78,80%	79,41%	80,35%	77,94%	78,22%	77,41%	76,89%
Saúde	17,16%	17,32%	16,39%	15,01%	15,53%	15,20%	14,75%	15,00%
Assistência Social	3,76%	3,88%	4,20%	4,65%	6,53%	6,58%	7,84%	8,11%
Total em %	100,00%	100,00%	100,00%	100,00%	100,00%	100,00%	100,00%	100,00%
Políticas em % PIB	**2000**	**2001**	**2002**	**2003**	**2004**	**2005**	**2006**	**2007**
Previdência Social	7,92%	8,26%	8,34%	8,56%	8,52%	8,74%	8,99%	9,16%
Saúde	1,72%	1,82%	1,72%	1,60%	1,70%	1,70%	1,71%	1,79%
Assistência Social	0,38%	0,41%	0,44%	0,50%	0,71%	0,74%	0,91%	0,97%
Total em % do PIB	10,01%	10,48%	10,50%	10,65%	10,94%	11,18%	11,61%	11,91%
PIB em R$ milhões (2)	1.179.482	1.302.136	1.477.822	1.699.948	1.941.498	2.147.944	2.369.797	2.558.821

Fonte: SIAFI/SIDOR.

[Elaboração própria de dados citados por Behring e Boschetti (2006), Boschetti e Salvador (2006). Os dados do PIB foram revisados, em 2006, pelo IBGE. Vide nota 2 desta tabela.]

(1) Recursos liquidados nas funções orçamentárias da previdência, saúde e assistência social.

(2) Contas nacionais do IBGE 2000-2005 e contas nacionais 2002-2006 (divulgadas em 5 de novembro de 2008). Para 2007, o PIB foi estimado a partir da contas nacionais trimestrais (referência de 2000).

Em uma análise daqueles benefícios que têm obrigações constitucionais, portanto, direitos inscritos na Carta Magna, e do atendimento dos serviços universais de saúde no âmbito do SUS, com gastos mínimos também estabelecidos na Constituição, percebe-se que essas despesas representavam 11,91% do PIB, em 2007, ou 85,89% do orçamento é destinado a esses direitos. Em outras palavras, 74,73% dos gastos são destinados ao pagamento de benefícios de aposentadorias, pensões e outros benefícios previdenciários do RGPS e do RPP dos servidores públicos federais, o que equivale a 8,9% do PIB. Os benefícios constitucionais da assistência social respondem por 0,53% do PIB, e o programa de atendimento hospitalar do SUS tem gastos equivalentes a 0,8% do PIB.

Tabela 22
Principais despesas da seguridade social em % do PIB

Ano	RGPS	BPC e RMV	Atendimento Hospitalar SUS	Inativos e Pensionistas da União	Programa Voluntário Transferência de Renda	Outros	Total
2000	5,50%	0,17%	0,86%	2,22%	0,02%	1,25%	10,01%
2001	5,73%	0,20%	0,87%	2,19%	0,07%	1,41%	10,48%
2002	5,82%	0,24%	0,83%	2,17%	0,19%	1,26%	10,50%
2003	6,27%	0,27%	0,78%	1,96%	0,23%	1,15%	10,65%
2004	5,65%	0,39%	0,71%	1,97%	0,35%	1,88%	10,94%
2005	6,63%	0,43%	0,70%	1,93%	0,33%	1,16%	11,18%
2006	6,83%	0,49%	0,75%	1,90%	0,32%	1,33%	11,61%
2007	6,94%	0,53%	0,80%	1,96%	0,36%	1,32%	11,91%

Fonte: SIAFI/SIDOR/SIGA e IBGE. (Elaboração própria.)

(1) A tabela foi inspirada em uma similar publicada no boletim *Políticas Sociais — Acompanhamento e Análise* (2007).

(2) Contas nacionais do IBGE 2000-2005 e contas nacionais 2002-2006 (divulgadas em 5 de novembro de 2008).

Para 2007, o PIB foi estimado a partir da contas nacionais trimestrais (referência de 2000).

No tocante à participação sobre as despesas da seguridade social, a tabela 23 revela que os benefícios previdenciários do RGPS e RPPS respondem por 74,8% do montante, em 2007. Chama atenção o fato de que os dispêndios com BPC, RMV e programas de transferência de renda que tinham uma participação de 1,88% cresceram quase quatro vezes, no período, passando a responder por 7,44%, em 2007, o que revela claramente a opção pelos benefícios de assistência social, principalmente nos últimos três anos do período em análise.

Os gastos com programa de transferência de renda sob condicionalidades e focalizados, que não estão previstos nos artigos que tratam da seguridade social na CF, cresceram sua participação no orçamento em 15 vezes, saindo de 0,20% do montante gasto, em 2000, para 3,02%, em 2007. Paralelamente, reduz a participação dos gastos com atendimento hospitalar do SUS no total das despesas da seguridade social, de 8,58% (2000) para 6,68% (2007). Em síntese, a assistência social tem sido a política priorizada no âmbito da seguridade social, principalmente a partir de 2003, com crescimento ascendente dos seus programas, comparativamente aos destinados às políticas de saúde e de previdência social.

O crescimento de programas voluntários de transferência de renda é traduzido pela centralidade política que adquiriu o Programa Bolsa-Família (PBF) no governo Lula. O PBF foi criado em outubro de 2003, com a unificação de programas não constitucionais de transferência de renda até então vigentes: Bolsa-Escola, Bolsa-Alimentação, Auxílio-Gás e Cartão-Alimentação. Os gastos com o Programa Bolsa-Família sobem de 0,17% do PIB (2003) para 0,36%, em 2007. Isso equivale a uma transferência de renda diretamente às famílias em condição de pobreza e extrema pobreza e o auxílio à família na condição de pobreza extrema, com crianças de idade entre 0 e 6 anos, no montante de R$ 9,2 bilhões, em 2007. O programa atendia, em dezembro de 2006, a 11,04 milhões de famílias em todos os municípios do país (Brasil, 2008).

Boschetti, Teixeira e Tomazelli (2004) relevam que os programas de transferência de renda com ênfase nas ações focalizadas no combate à fome e à pobreza absoluta, a exemplo do Bolsa-Família, mostram a direção e a concepção da política de assistência social do governo Lula, em detrimento de outras ações previstas na LOAS. Registra-se que os dados da execução orçamentária de 2006 (SIAFI/SIDOR) revelam que 93% do orçamento do Ministério do Desenvolvimento Social e Combate à Fome foi comprometido com o PBF.

Os dados das despesas da seguridade social no período de 2000-2007 corroboram a tese defendida por Mota (2007) de que está ocorrendo uma unidade contraditória entre a assistência e as políticas de previdência e saúde que estão longe de ampliar de forma articulada a proteção social. A expansão recente da assistência social tem afetado os direitos da saúde e da previdência, assim como a relação entre trabalho e assistência social. A nova configuração da seguridade social do século XXI no Brasil desloca a centralidade da seguridade que girava na previdência para a assistência. A assistência social deixa de ser uma política de mediação de acesso a outras políticas públicas, como o trabalho, para se tornar uma política estruturadora, por sua condição de ideologia e prática política de ofuscar o lugar da precarização e do desemprego no processo de reprodução social e acumulação de capital. Na opinião da autora, está em curso um processo de assistencialização da proteção social. Em concordância com esta tese, Behring (2008, p. 47) afirma que se trata de uma política para a fase madura e destrutiva do capital, muito distante do pacto social-democrata da seguridade social, pois "temos agora a conjunção de políticas seletivas e focalizadas para a 'horda' — o que alguns autores têm chamado de processo de assistencialização das políticas sociais".

De acordo com Mota (2007, p. 132),

> arma-se a burguesia de instrumentos para esgarçar a histórica relação entre trabalho e proteção social, visto que a partir de então a tendência é ampliar as ações *compensatórias* ou de *inserção*, antes restritas àqueles impossibilitados de prover o seu sustento e, ao mesmo tempo, impor novas condicionalidades de acesso aos *benefícios sociais* e *materiais* nos casos de afastamento do trabalho por doenças, acidentes, invalidez e desemprego temporário, para não falar da perda do poder aquisitivo das aposentadorias [...]. No caso da saúde, a despeito do estatuto da universalidade, a realidade aponta para dois mecanismos: o do acesso a serviços privados como parte dos benefícios ocupacionais oferecidos pelos empregadores e o da expansão de planos de saúde populares, com oferta precária e restrita a serviços ambulatoriais de baixo custo. (grifos da autora)

O que está em disputa é o desenho de proteção social brasileira diante de uma nova forma de tratar a "questão social", restringindo-a ao âmbito de programas focalizados de combate à pobreza, com transferência de renda sob condicionalidades, ou seja, desvirtuamento da política de assistência social em contraposição à universalização da seguridade social e da garantia do direito ao trabalho. Isso tudo após uma conjuntura marcada pelas contrarreformas da previdência social (1998 e 2003) e pela expansão de planos privados de saúde e de previdência, que reduziram os valores dos benefícios pagos e dificultaram o acesso aos direitos previdenciários, de forma que a "assistência social passa a assumir, para parcela significativa da população, a tarefa de ser a política de proteção social, e não parte da política de proteção social" (Mota, 2007, p. 136-7).

De acordo com Stein (2008), os programas de transferências de renda, na América Latina, focalizados e que submetem os beneficiários a condicionalidades são bem diferentes da estratégia europeia de proteção social de "rendas mínimas" que constituem o "último recurso" da rede de proteção. Nos países da América Latina, revelam-se como a primeira e única possibilidade de acesso a qualquer tipo de recurso em espécie, edificados sob a égide neoliberal de política orientada por princípios do mercado, fazendo parte das estratégias dos organismos internacionais para liberação de financiamentos a esses países.

Entre as características dos programas implantados na América Latina, incluindo o programa brasileiro, Bolsa-Família, estão os critérios de seletividades com a comprovação da condição de extrema miséria ou pobreza, com focalização nos indivíduos ou famílias e com pagamento de benefícios bem baixos (menor que o salário mínimo), que obrigam o indivíduo a buscar no mercado outras formas de renda. Trata-se de um instrumento de aperfeiçoamento da focalização em contraposição ao princípio da universalidade (Stein, 2008).

Pereira (2007, p. 2), em defesa da universalização das políticas sociais, revela que o princípio da universalidade é o que melhor contempla a relação entre políticas públicas e direitos sociais. Historicamente, a adoção desse princípio se coaduna com o processo democrático de não discriminar as pessoas no seu acesso a bens e serviços públicos, que devem estar à disposição de todos.

> Não discriminar, na perspectiva desse princípio, significa não estabelecer critérios desiguais de elegibilidade, que humilhem, envergonhem, estigmatizem e rebaixem o *status* de cidadania de quem precisa de proteção social pública. Significa também não encarar a política pública (especialmente a política social e dentro desta a assistência) como um fardo governamental ou um desperdício a ser cortado a todo custo. Além disso, uma outra justificação histórica importante para a adoção do princípio da universalidade decorreu da descoberta feita por várias forças sociais, em pugna pela democracia, da ideia de prevenção nele contida.

A focalização defendida pelos organismos multilaterais encontra-se no paradigma neoliberal sob o argumento da alocação eficiente de recursos escassos. Em função de soluções complexas para satisfação das necessidades sociais, a adoção de soluções "técnicas" no âmbito de programas focalizados serve também para mascarar a restrição do aporte de recursos do fundo público nos investimentos sociais ou ampliação de serviços universais. De acordo com Pereira (2007, p. 3), as políticas sociais focalizadas ressuscitam "vícios arcaicos e anacrônicos, como os constrangedores e vexatórios testes de meios (comprovação de pobreza), a fraudemania (mania de fraude em relação aos pobres), condicionalidades ou contrapartidas, como se o alvo da proteção tivesse alguma falta pessoal a expiar, e o estigma, rebaixador do *status* de cidadania".

Tabela 23
Participação em % dos gastos da seguridade social de programas/ações selecionados

Ano	RGPS	BPC e RMV	Atendimento Hospitalar SUS	Inativos e Pensionistas da União	Programa Voluntário Transferência de Renda	Outros
2000	54,89%	1,68%	8,58%	22,19%	0,20%	12,45%
2001	54,70%	1,94%	8,31%	20,90%	0,68%	13,46%
2002	55,43%	2,28%	7,87%	20,65%	1,80%	11,98%
2003	58,83%	2,49%	7,32%	18,39%	2,19%	10,78%
2004	51,66%	3,57%	6,45%	17,97%	3,19%	17,17%
2005	59,35%	3,89%	6,22%	17,27%	2,92%	10,36%
2006	58,80%	4,21%	6,48%	16,37%	2,71%	11,43%
2007	58,30%	4,42%	6,68%	16,50%	3,02%	11,09%

Fonte: SIAFI/SIDOR/SIGA. (Elaboração própria.)

Conforme revelam as tabelas 22 e 23, com os recursos da seguridade social o governo também paga os benefícios previdenciários dos servidores públicos federais que, por princípios constitucionais, não incluiriam esse tipo de gasto. Na opinião de Delgado (2002, p. 114), apesar de serem

> legítimas as despesas com inativos e com pensionistas da União, como de resto são legítimos tantos outros gastos do Orçamento da União, tais despesas devem pertencer ao Orçamento Geral, o qual é financiado por tributos e não por recursos específicos da política de proteção do conjunto da sociedade contra os riscos clássicos das privações humanas.

A Constituição de 1988 não inclui a previdência do servidor público no capítulo específico que trata da seguridade social, por exemplo; encontra-se, ao contrário, no Título III (Da Organização do Estado), em especial em seu Capítulo VII (Da Administração Pública), Seção II (Dos Servidores Públicos). Com isso, a União transferiu para a responsabilidade do orçamento da seguridade social um estoque de gastos com aposentadorias e pensões dos servidores públicos federais que deveriam ser honrados pelo caixa do orçamento fiscal.

Para Vaz e Martins (2008), essas são práticas orçamentárias a esvaziar a seguridade social, pois essas despesas previdenciárias referem-se a um encargo patronal do setor público para atendimento de um pessoal específico, com requisitos, critérios, contribuições e exigências diferenciadas do RGPS. Essas despesas são contabilizadas como Encargos Previdenciários da União (EPUs) que passaram a ser cobertos com receitas da seguridade social, quando deveriam estar alocadas no orçamento fiscal. No governo FHC, em 1998,[12] foi feita uma alteração no artigo 17 da Lei n. 8.212/91 (lei que dispõe sobre a organização da seguridade social e institui plano de custeio) para permitir que o pagamento dos EPUs seja feito com os recursos da seguridade social que incidem sobre o faturamento (COFINS) e com o lucro das empresas (CSLL), desde que assegurada a destinação de recursos para as ações de saúde e assistência social.

Apesar de legal essa situação, Vaz e Martins (2008, p. 381) fazem duas importantes ressalvas, que colaboram para nossa hipótese de que Orçamento da Seguridade Social está inchado por despesas que são do Orçamento Fiscal:

> Primeiro, as demandas da seguridade social não estão plenamente atendidas, há carências e precariedades a serem enfrentadas. A utilização desses recursos não pode ser feita em detrimento das prioridades da própria seguridade. Segundo, porque não se podem utilizar esses recursos para o atendimento dessas despesas para concluir que o orçamento é deficitário, que são necessários cortes nos programas, ações e serviços da seguridade.

As despesas com inativos e pensionistas da União pagas com recursos da seguridade social, em 2007, totalizaram R$ 50,3 bilhões, o que representou

12. Por meio da Lei n. 9.711, de 20 de novembro de 1998.

16,50% do montante gasto nas funções orçamentárias de previdência, assistência social e saúde. Por outro lado, as receitas advindas da contribuição da União para o RPPS, da contribuição previdenciária dos servidores e da contribuição para custeio da pensão dos militares totalizaram 17,8 bilhões. A maior parte dessa diferença de R$ 32,5 bilhões foi coberta com receitas da COFINS (R$ 19,9 bilhões) e da CSLL (R$ 6,7 bilhões), ou seja, no mínimo 52,88% das despesas previdenciárias dos servidores públicos federais, que são de responsabilidade da União, foram custeadas com as fontes de recursos estabelecidas exclusivamente para as políticas da seguridade social, como revelam os dados do SIAFI/SIGA. Em 2007, foram R$ 26,5 bilhões de recursos desviados da seguridade social com essa finalidade e que poderiam ter sido usados, sobretudo, para universalizar o acesso à saúde no Brasil e para ampliar, por exemplo, a rede de serviços socioassistenciais.

O RGPS paga benefícios a 21 milhões de brasileiros entre aposentadorias, pensões e auxílios. No período de 2000 a 2007, os benefícios concedidos pelo sistema evoluíram de 5,5% do PIB para 6,94% do PIB. Essa evolução é explicada basicamente por dois fatores:[13] a dinâmica de maturação do sistema em função do direito adquirido das pessoas que entraram no mercado de trabalho nos anos 1970 e a trajetória da evolução real do salário mínimo acima da inflação, uma vez que o piso previdenciário obedece ao reajuste do salário mínimo. Uma análise mais detalhada do RGPS é realizada no próximo capítulo, onde se discute o FRGPS.

As tabelas 22 e 23 também revelam que o programa de atendimento hospitalar do SUS sofreu declínio no recebimento de recursos orçamentários: 0,86% (PIB), em 2000, para 0,80% (PIB), em 2007, reduzindo sua participação no montante de orçamento da seguridade social de 8,58% para 6,68%. Esse decréscimo ocorre a partir de 2000, pois em 1999 esse programa respondia por 1,06% do PIB e representava 11,07% do OSS (Salvador, 2007). Por outro lado, esse decréscimo foi compensado, apenas em parte, pelo aumento dos gastos com os demais programas na área de saúde que dependem de iniciativa anual do governo, como, por exemplo, o programa "atenção básica em saúde".

No próximo capítulo é analisado o destino dos recursos aplicados pelos fundos das três políticas que integram a seguridade social: o Fundo do Regi-

13. Uma análise detalhada desses argumentos pode ser encontrada no boletim *Políticas Sociais — Acompanhamento e Análise*, 13, p. 45-76.

me Geral da Previdência Social, Fundo Nacional de Saúde e Fundo Nacional de Assistência Social. Na análise a seguir são desvendados os benefícios, os serviços e as políticas que foram privilegiadas na execução orçamentária, levando a contradições e articulação entre a política econômica e a social.

4.4 Reforma tributária e desmonte do financiamento da seguridade social[14]

Como ressaltado no capítulo 3, o governo Lula apresentou uma nova proposta de reforma tributária em 2008 que traz graves consequências às bases de financiamento da seguridade social. Os três tributos mais relevantes que financiam a seguridade social no Brasil serão modificados. A COFINS e a CSLL serão extintas e haverá desoneração da contribuição patronal sobre a folha de pagamento, por meio de legislação específica, após as mudanças constitucionais. Para a seguridade social passam a ser destinados 38,8% do produto da arrecadação dos impostos sobre a renda (IR), produtos industrializados (IPI) e operações com bens e prestações de serviços (IVA-F). Esse percentual é equivalente à proporção entre a arrecadação da COFINS e da CSLL e a receita arrecadada, em 2006, com IR, CSLL, COFINS, PIS, CIDE, salário-educação e IPI.

Essa modificação é o sepultamento da diversidade das bases de financiamento da seguridade social inscrita no artigo 195 da Constituição de Federal de 1988, que ampliou o financiamento da previdência, saúde e assistência social para além da folha de salários, incluindo a receita, o faturamento e o lucro. A partir da reforma, restarão inscritos no artigo 195 da CF, como base de financiamento da seguridade social, a contribuição sobre a folha de salários e a do trabalhador para a previdência social e a receita de concursos e prognósticos, sendo que a contribuição sobre folha de pagamento deverá ser reduzida ao longo dos próximos anos. Portanto, a ideia de orçamento de seguridade social diversificado em fontes de financiamentos retroagirá à si-

14. Como observado anteriormente, parte deste texto tem origem na Nota Técnica n. 140, que elaboramos para o INESC, com o título *Reforma Tributária desmonta o financiamento das políticas sociais* e no artigo que publicamos no periódico *Carta Social e Trabalho*, do CESIT/Unicamp, n. 8, jan./ago. 2008.

tuação anterior à da CF. Com isso, haverá perda da exclusividade de recursos para a seguridade social, que poderá ficar fragilizada em seu financiamento, dependendo de uma partilha do IVA-F e da arrecadação das contribuições previdenciárias.

Além disso, a desoneração da folha de pagamento via redução da contribuição patronal para a previdência social, conforme projeto de lei a ser envidado 90 dias após aprovação da PEC, vai significar uma perda de R$ 24 bilhões para a previdência social. Não existe nenhuma previsão de substituição dessa contribuição por outro tributo no financiamento da previdência. Isso vai significar o enfraquecimento da solidariedade no financiamento da previdência social, um compromisso historicamente construído no Brasil.

Ainda que seja garantido um repasse à seguridade social com base em parte do orçamento fiscal, deixarão de existir as receitas próprias da seguridade social previstas em orçamento exclusivo, como determina a CF. Com o tempo, a noção de separação da seguridade social vai desvanescer-se. As políticas sociais da saúde, assistência social e previdência terão de disputar recursos e enfrentar pressões no âmbito do orçamento fiscal, com os governadores e prefeitos, pois a base tributária será a mesma que é partilhada com os estados e municípios. Além disso, as políticas sociais teriam de suportar a histórica pressão dos empresários por desoneração tributária e pelo destino de mais verbas orçamentárias para os investimentos.

O governo propõe na reforma tributária a desoneração da folha de pagamento mediante a substituição da contribuição social do salário-educação por uma destinação da arrecadação federal. O salário-educação é a contribuição social prevista no artigo 212, parágrafo 5º da Constituição Federal: o ensino fundamental público terá como fonte adicional de financiamento a contribuição social do salário-educação, recolhida pelas empresas na forma da lei.

A reforma tributária acaba com essa contribuição social específica para o financiamento da educação básica. No seu lugar, a PEC da reforma tributária prevê que o percentual a ser destinado para o financiamento da educação básica será definido em uma lei complementar; enquanto isso, ocorrerá uma destinação para educação básica de 2,3% da arrecadação dos impostos sobre renda (IR), produtos industrializados (IPI) e operações com bens e prestações de serviços (IVA-F). Esse percentual é equivalente à proporção entre a arrecadação da contribuição social do salário-educação e a receita arrecadada, em 2006, com IR, CSLL, COFINS, PIS, CIDE, salário-educação e IPI.

Em termos políticos, a mudança é grave. Um dos avanços da Constituição, em termos de políticas sociais, foi a vinculação de recursos como uma das formas de enfrentar a perversa tradição fiscal existente no Brasil, cuja aplicação dos recursos do orçamento público sempre priorizou a acumulação do capital, submetendo as políticas sociais à lógica econômica. Vincular recursos significa, portanto, amenizar essa prática, assegurando que parte da receita seja obrigatoriamente destinada e exclusiva para o financiamento da área social. O objetivo é universalizar os direitos sociais: educação, previdência, saúde e trabalho. Mesmo que seja garantido um repasse à educação básica, com base em parte do orçamento fiscal, deixarão de existir as receitas próprias da educação.

Os tributos que serão extintos com a reforma tributária deverão alcançar o montante de R$ 153,8 bilhões, em 2009, conforme a previsão de receitas do Orçamento de 2008. Neste montante foi considerada a incidência da DRU. Essas receitas são vinculadas exclusivamente para fundos sociais que financiam as políticas da seguridade social (assistência social, previdência e saúde), educação e trabalho. A sua extinção significa o desmonte do financiamento da política social, conforme a estrutura de receitas exclusivas definida na Constituição, desde 1988. Os recursos para essas políticas serão repassados pelo orçamento fiscal, colocando a área social no âmago da disputa de receitas com os governadores, prefeitos e empresários. Isso vai ocorrer por dois motivos: primeiro, porque será a mesma base de partilha de tributos dos estados e municípios; segundo, há uma forte pressão de setores empresariais pelo aumento dos gastos orçamentários com investimento e por maior desoneração tributária (Salvador, 2008).

5

OS FUNDOS PÚBLICOS DA SEGURIDADE SOCIAL

5.1 A transação incompleta de recursos pelos fundos da seguridade social

A vinculação de recursos às políticas sociais é uma importante conquista da Constituição de 1988. A década de 1980 foi marcada pela luta contra a ditadura e pelas reivindicações e pressões dos trabalhadores e movimentos sociais. A convocação de uma Assembleia Constituinte, eleita em 1986, permitiu que diversas demandas de expansão dos direitos sociais e políticos fossem incorporadas à Carta Magna. Para que fossem efetivados na prática, surgiu a ideia da vinculação de receitas. Também uma questão relevante para o controle social da seguridade social é a vinculação dos recursos nos fundos das políticas do sistema, mais especificamente no Fundo Nacional da Saúde, no Fundo do Regime Geral da Previdência Social e no Fundo Nacional de Assistência Social.

Era uma forma de enfrentar a tradição fiscal perversa do Brasil, onde a aplicação dos recursos do orçamento público sempre priorizou a acumulação do capital, submetendo as políticas sociais à lógica econômica. No período da industrialização (1937-1980), por exemplo, os recursos do fundo previdenciário foram canalizados para investimentos nas empresas estatais e na construção da infraestrutura no país, como mostrado no capítulo 2. Vincular recursos significava, portanto, impedir essa prática, assegurando que parte da receita fosse obrigatoriamente destinada à área social e permitisse universalizar direitos importantes, como os ligados à saúde e à educação.

Os fundos sociais foram criados nesse processo. Além disso, tinham um papel democratizador (Rocha, 2002). Buscou-se um modelo em que os recursos reservados para executar certas políticas fossem administrados por conselhos de composição paritária. Neles, representantes governamentais e não governamentais somam-se para acompanhar e fiscalizar políticas públicas. Por terem recursos originados na cobrança de taxas ou contribuições especialmente criadas para alimentá-los, esses fundos são formados por fluxos financeiros, como lucros, receitas brutas, faturamentos, folhas de pagamentos. Também têm em comum uma relativa estabilidade na captação de recursos, deixando de depender de escolhas arbitrárias por parte do governo de plantão.

Alguns autores vêm chamando a atenção para as dificuldades do controle social dos recursos destinados à seguridade social. Rocha (2002) critica a existência de recursos que ficam "fora" dos fundos em relação às respectivas políticas, pois, ao criar um fundo, vinculam-se receitas para a execução de determinados programas de trabalho.

O estudo de Raichelis (2000) destacou a resistência dos gestores públicos para a definição e o repasse de recursos para a política de assistência social, baseado em critérios transparentes e com controle da sociedade civil. Aliás, para a autora, a questão do orçamento é crucial para o CNAS e sua articulação com outras esferas de poder, particularmente o Legislativo.

Boschetti (2003b) destaca a relevância do FNAS como mecanismo democrático para o financiamento da assistência social e chama a atenção para o fato de recursos pulverizados destinados a ações assistências que não são alocados no FNAS, o que acaba dificultando e inviabilizando o acompanhamento do seu montante e destino.

Corrobora também para a dificuldade do controle pela sociedade civil a inexistência de um orçamento da seguridade social elaborado e supervisionado por um Conselho Nacional da Seguridade Social, revelando-se um forte indicador de ausência da democratização da gestão da seguridade social na forma indicada pela Carta Magna.

A existência dos fundos setoriais não tem sido suficiente para assegurar que todos os recursos destinados às políticas de saúde, assistência social e previdência social sejam alocados integralmente nos fundos e submetidos ao controle social dos conselhos. De fato, constitui uma transação incompleta de recursos que passam pelos fundos da seguridade social. No período de 2001 a 2007, dos valores liquidados no orçamento, que dizem respeito às funções assistência social, previdência social e saúde, o montante de R$ 503,45 bilhões passou "por fora" dos fundos públicos dessas políticas. Caso seja considerado o ano de 2000, quando não existia o FRGPS, esse valor sobe para R$ 714,74 bilhões. A tabela 24 revela que uma parcela importante dos recursos liquidados nas funções assistência social, previdência e saúde do orçamento público, no período de 2000 a 2007, não teve a sua execução orçamentária por meio dos fundos públicos dessas políticas.

Tabela 24
Execução orçamentária da seguridade social (valores liquidados)[1]
(Valores em R$ bilhões, deflacionados pelo IGP-DI)

Função	2000	2001	2002	2003	2004	2005	2006	2007
Assistência Social	9,63	10,35	11,22	12,80	17,17	17,81	23,04	25,97
Previdência Social	202,58	205,90	212,82	221,38	205,10	213,52	227,65	246,28
Saúde	43,98	46,74	43,84	41,29	40,86	41,33	43,37	48,04
Total	256,19	262,99	267,88	275,47	263,13	272,66	294,06	320,29
Fundos[1]								
Fundo Nacional de Assistência Social (FNAS)	6,14	6,78	8,24	8,43	10,45	11,99	13,50	15,50
Fundo do Regime Geral da Previdência Social (FRGPS)		142,29	148,54	162,08	135,93	161,40	172,90	186,73
Fundo Nacional de Saúde (FNS)	38,76	37,93	38,10	36,27	37,13	38,21	38,32	42,31
Total	44,90	187,00	194,88	206,78	183,51	211,60	224,72	244,54
Participação em %								
FNAS	64%	66%	73%	66%	61%	67%	59%	60%
FRGPS[2]		69%	70%	73%	66%	76%	76%	76%
FNS	88%	81%	87%	88%	91%	92%	88%	88%
Total em %	17,53%	71,11%	72,75%	75,06%	69,74%	77,61%	76,42%	76,35%

Fonte: SIAFI/SIGA Brasil. (Elaboração própria.)

(1) Somente recursos liquidados nas funções: assistência social, previdência social e saúde.

(2) A execução orçamentária do FRGPS só ocorreu a partir de 2001.

Dos três fundos existentes na esfera federal no âmbito da seguridade social, o FNS é o que vem recebendo proporcionalmente o maior montante de recurso no orçamento, em relação à função saúde. No período de 2000 a 2007, mais de 80% dos gastos com saúde da União foram executados pelo FNS, enquanto na política de assistência social, em 2007, apenas 60% dos recursos orçamentários liquidados foram realizados por intermédio do FNAS, evidenciando, a partir de 2002, uma redução na participação desse fundo público no orçamento setorial dessa política. Na previdência social, nos últimos três anos, 3/4 do orçamento foram liquidados por meio do FRGPS (tabela 24).

5.2 FRGPS muito aquém da universalização

Na previdência social, o FRGPS tem características diferentes dos fundos da saúde e da assistência social. A começar pela sua origem, pois foi criado pela Lei de Responsabilidade Fiscal[1] (artigo 68), em 4 de maio de 2000, vinculado ao Ministério da Previdência Social, ou seja, não foi instituído por legislação específica. O artigo 68 da LRF veio para regulamentar o artigo 250 da CF, que foi acrescentado pela "reforma" da previdência de 1998 (EC n. 20) "com o objetivo de assegurar recursos para o pagamento dos benefícios concedidos pelo Regime Geral de Previdência Social, em adição aos recursos de sua arrecadação".

Chama atenção o fato de que o artigo está dentro da lógica da contrarreforma da previdência, pois "desconhece" a diversidade da base de financiamento da seguridade social estabelecido no artigo 195 da mesma Constituição. Assim, o artigo 68 da LRF, ao instituir o FRGPS, o fez com a finalidade de "prover recursos para o pagamento dos benefícios do Regime Geral da Previdência Social", reforçando os argumentos neoliberais da existência de "déficit" na previdência social e o fundo, ao que tudo indica, veio com objetivo de evidenciar essa conta. O parágrafo 1º do artigo 68 trata do patrimônio e das receitas da previdência, que ficaram limitadas àquelas previstas na alínea "a" do inciso I e no inciso II do artigo 195 da

1. Lei Complementar n. 101, de 4 de maio de 2000.

Constituição: a contribuição do empregador sobre a folha de salários e a contribuição dos trabalhadores, deixando de fora as demais contribuições sociais da seguridade social.

A EC n. 20/98 também determinou que as receitas da contribuição sobre folha salarial e dos empregados fossem utilizadas exclusivamente para o pagamento de benefícios do RGPS estabelecidos no artigo 201[2] da CF, enfraquecendo a concepção da seguridade social, de integração entre as três políticas sociais que a compõem.

As outras receitas previstas para o fundo são referentes ao produto da liquidação de bens e ativos de pessoa física ou jurídica em débito com a previdência social e ao resultado da aplicação financeira dos ativos do fundo. Além disso, está prevista a utilização de recursos provenientes da União, não fazendo menção específica ao OSS. Quanto ao patrimônio, ficaram estabelecidos os bens móveis e imóveis não utilizados na operacionalização do INSS e os bens e direitos que forem adjudicados por força de lei.

Ademais, a LRF atribui a gestão dos recursos do FRGPS ao INSS, na forma da lei, que não foi publicada até hoje, não fazendo nenhuma referência a qualquer controle social no âmbito do Conselho Nacional de Previdência Social (CNPS).

Dos três fundos públicos que compõem a seguridade social brasileira, o FRGPS é o mais significativo em termos de volume financeiro. Como esse fundo recebeu dotações orçamentárias somente a partir de 2001, fica prejudicada a comparação dos dados com os demais fundos da seguridade social, em 2000. No período de 2001 a 2007, do R$ 1,5 bilhão liquidado no orçamento dos fundos da seguridade social, 76,02% foi destinado ao FRGPS. Em valores deflacionados pelo IGP-DI, o fundo apresenta um crescimento real de 31,07%, portanto, um pouco superior ao crescimento de 29,82% do montante de recursos orçamentários executados nos fundos públicos da seguridade social. Em relação ao PIB, os gastos no âmbito do FRGPS saltam de 5,91% (2001) para 7,15% (2007), indicando uma relativa estabilidade nos dois últimos anos da série.

---

2. Cobertura dos eventos de doença, invalidez, morte e idade avançada; proteção à maternidade, especialmente à gestante; proteção ao trabalhador em situação de desemprego involuntário; salário-família e auxílio-reclusão para os dependentes dos segurados de baixa renda; e pensão por morte do segurado, homem ou mulher, ao cônjuge ou companheiro e dependentes.

Tabela 25

Execução orçamentária da seguridade social (valores liquidados)[1]
(Valores em R$ bilhões, deflacionados pelo IGP-DI)

Fundos	2000	2001	2002	2003	2004	2005	2006	2007
				Em valores constantes				
FNAS	6.144,17	6.783,32	8.243,91	8.426,75	10.446,72	11.988,59	13.501,98	15.500,50
FRGPS		146.777,14	152.463,21	167.091,62	156.165,92	166.327,07	177.780,74	192.379,20
FNS	42.947,77	41.591,28	41.814,16	40.124,41	39.985,99	40.229,01	41.511,74	45.462,46
Total	49.091,94	195.151,74	202.521,27	215.642,78	206.598,62	218.544,67	232.794,46	253.342,16
				Participação %				
FNAS	12,52%	3,48%	4,07%	3,91%	5,06%	5,49%	5,80%	6,12%
FRGPS	0,00%	75,21%	75,28%	77,49%	75,59%	76,11%	76,37%	75,94%
FNS	87,48%	21,31%	20,65%	18,61%	19,35%	18,41%	17,83%	17,95%
Total	100,00%	100,00%	100,00%	100,00%	100,00%	100,00%	100,00%	100,00%
				Em % do PIB				
FNAS	0,24%	0,27%	0,32%	0,33%	0,43%	0,49%	0,54%	0,58%
FRGPS	0,00%	5,91%	5,97%	6,46%	6,49%	6,84%	7,13%	7,15%
FNS	1,68%	1,68%	1,64%	1,55%	1,66%	1,65%	1,66%	1,69%
Total	1,92%	7,86%	7,93%	8,34%	8,59%	8,99%	9,34%	9,42%

Fonte: SIAFI/SIDOR/SIGA. (Elaboração própria.)

(1) Valores liquidados nos fundos da seguridade social, independentemente da função.

Seguindo a classificação funcional-programática do orçamento, realiza-se a seguir uma análise dos recursos liquidados no FRGPS, no período de 2001 a 2007, por subfunção, programa e ações. A subfunção permite uma partição da função, buscando agregar determinado subconjunto de despesas do setor público (Giacomoni, 2008), podendo ser combinadas com funções diferentes daquelas a que estejam vinculadas. De acordo com Piscitelli, Timbó e Rosa (2006, p. 100), "a subfunção identifica a natureza básica das ações que se aglutinam em torno das funções".

O anexo à Portaria 42, de 14 de abril de 1999, inclui quatro subfunções à função previdência social: previdência básica, previdência do regime estatutário, previdência complementar e previdência especial. Como é possível a combinação diferenciada entre subfunções e função daquela estabelecida na portaria, a tabela 26 revela que, no período de 2001 a 2007, foram executadas cinco subfunções no âmbito do FRGPS. Mas somente as subfunções previdência básica e outros encargos especiais tiveram recursos liquidados ao longo de todo o período analisado, e a subfunção previdência básica foi responsável por 96% do orçamento executado no período, representando, em média, valores deflacionados pelo IGP-DI de R$ 158,6 bilhões por ano.

No período de 2001 a 2007, a subfunção previdência básica apresentou uma evolução, em valores deflacionados, de R$ 142,3 bilhões (2001) para R$ 186,7 bilhões (2007); no período de execução do PPA 2004 a 2007, ocorreu um crescimento real de 37,38%. Esse incremento pode ser justificado pelos aumentos reais que ocorreram no salário mínimo nos últimos anos e que indexam o piso básico dos benefícios previdenciários pagos no RGPS. Somente no período de 2004 a 2007, o salário mínimo teve um aumento real de 32,45%.[3] A tabela 26 também revela que a subfunção outros encargos especiais apresentou o maior crescimento no período. Nessa subfunção estão registradas as despesas orçamentárias decorrentes de cumprimento de sentenças judiciais devidas pela União, autarquias e fundações públicas.

A tabela 27 mostra os programas executados no âmbito do FRGPS, no período de 2001 a 2007, em valores deflacionados pelo IGP-DI. Como ressaltado antes, o programa dentro do orçamento público mostra as ações articuladas pelo governo para solução de demandas da população, representando o montante de recursos públicos destinados para determinada política pública. Os dados da tabela 27 corroboram a tendência apresentada na execução por subfunções do FRGPS, ao mostrar que os dois programas que tiveram execução constante ao longo do período foram: previdência social básica e operações especiais (cumprimento de sentenças judiciais). No período de 2001 a 2003, foram executadas despesas orçamentárias nos Programas de Atenção a Portador de Deficiência e Valorização e Saúde do Idoso, no âmbito do FRGPS, que representam os valores destinados ao pagamento do extinto benefício assistencial Renda Mensal Vitalícia (RMV),[4] que a partir de 2004 passaram a ser alocados no âmbito do FNAS.

O principal programa do FRGPS é a Previdência Social Básica. No PPA 2004-2007, este programa objetivava "garantir o reconhecimento e o pagamento de direitos previdenciários previstos em lei", tendo como público-alvo os segurados e dependentes do RGPS. Pelo objetivo estabelecido no PPA não há perspectiva de universalização dos benefícios previdenciários,

3. Conforme dados extraídos no Ipeadata (www.ipeadata.gov.br) na série do salário mínimo, em valores deflacionados em reais (R$) constantes do último mês, elaborada pelo IPEA, deflacionando-se o salário mínimo nominal pelo Índice Nacional de Preços ao Consumidor (INPC) do IBGE, a partir de março 1979.

4. Referem-se ao estoque de beneficiários existentes em 31 de dezembro de 1995.

Tabela 26

Evolução do FRGPS por subfunções
(Em R$ milhões liquidados — 2001-2007 —, deflacionados pelo IGP-DI)

Subfunções	2001	2002	2003	2004	2005	2006	2007	2000-2003	2004-2007
241 — Assistência ao Idoso	1.161,94	1.062,84	1.077,19					-7,29%	
242 — Assistência ao Portador de Deficiência	1.956,87	1.893,25	1.918,81					-1,94%	
271 — Previdência Básica	142.294,30	148.541,70	162.082,40	135.925,45	161.397,79	172.901,59	186.730,41	13,91%	37,38%
846 — Outros Encargos Especiais	1.364,04	965,43	2.013,22	3.771,04	4.929,28	4.879,15	5.648,79	47,59%	49,79%
845 — Transferências				16.469,43					
Total	146.777,14	152.463,21	167.091,63	156.165,92	166.327,07	177.780,74	192.379,20	13,84%	23,19%

Fonte: SIAFI/SIGA. (Elaboração própria.)

Tabela 27

Evolução do FRGPS por programas
(Em R$ milhões liquidados — 2000-2007 —, deflacionados pelo IGP-DI)

Programas	2001	2002	2003	2004	2005	2006	2007	2001-2003	2004-2007
0065 — Atenção à Pessoa Portadora de Deficiência	1.956,87	1.893,25	1.918,81					-1,94%	
0066 — Valorização e Saúde do Idoso	1.161,94	1.062,84	1.077,19					-7,29%	
0083 — Previdência Social Básica	142.294,30	148.541,70	162.082,40	152.394,88	161.397,79	172.901,59	186.730,41	13,91%	22,53%
0901 — Operações Especiais: Cumprimento de Sentenças Judiciais	1.364,04	965,43	2.013,22	3.771,04	4.929,28	4.879,15	5.648,79	47,59%	49,79%
Total	146.777,14	152.463,21	167.091,63	156.165,92	166.327,07	177.780,74	192.379,20	13,84%	23,19%

Fonte: SIAFI/SIGA. (Elaboração própria.)

limitando-se a tratar a previdência social como seguro dos trabalhadores vinculados ao sistema.

A previdência social no Brasil tem dificuldades, desde sua origem, de universalizar o direito, pois o acesso aos seus benefícios ocorre mediante a contribuição, limitando-se praticamente ao universo dos trabalhadores do mercado formal de trabalho. A exigência da contribuição prévia para o acesso aos benefícios previdenciários, ou seja, a contribuição financeira[5] para fazer jus à proteção social da previdência é um impeditivo da universalização do direito, uma vez que a relação salarial não é uma condição generalizada do mercado de trabalho no país; ao contrário, os postos de trabalho são heterogêneos com inserções precárias e vínculos informais de trabalho — dura realidade para mais da metade dos trabalhadores.

De acordo com Paulani (2008), a universalidade do benefício é um dos princípios que caracterizam o regime de repartição simples e que tem no sistema previdenciário público seu instrumento de atuação. A universalidade do benefício é possível pelo arranjo do financiamento tripartite (empregados, empregadores e Estado) e da solidariedade intrageracional. Para a autora, a universalidade é possível desde que se torne menos rígido o vínculo entre acesso ao benefício e contribuição ao sistema previdenciário. A presença do Estado no arranjo de sustentação financeira é a garantia de que o sistema pode operar com déficit, que deve ser financiado por meio de impostos em geral, a fim de garantir o pagamento de benefícios daqueles que não lograram êxito na contribuição previdenciária ao longo de sua vida laboral, sobretudo, em economia como a nossa em que a taxa de precarização no mercado de trabalho é elevada (Pochmann, 2001).

Assim, o equilíbrio financeiro no regime de repartição simples dependerá das condições econômicas do país em termos de geração de emprego e renda, do nível do salário médio real e, por consequência, da participação da massa salarial na renda nacional. Caso o emprego e a renda fiquem estagnados, como foi o caso brasileiro por mais de vinte anos (1980 a 2003), o financiamento previdenciário por meio das contribuições de empregados e empregadores ficará afetado. Para Matijascic, Kay e Ribeiro (2008), a consolidação da previdência social depende do aumento da participação dos

---

5. A exceção está no segurado especial, o trabalhador rural, que vive sob o regime de economia familiar. Essa situação será discutida mais adiante.

trabalhadores na renda nacional e da elevação sustentada da renda *per capita*. Na opinião desses autores, a reformulação da previdência social na América Latina teria de partir da redução da informalidade pela via da universalização, sugerindo-se um sistema similar ao proposto por Beveridge para permitir integrar parcelas crescentes de trabalhadores à previdência social. Como ressalta Fagnani (2008, p. 40), na sua crítica ao "novo" *front* conservador de desmonte da previdência social pública no país:

> Ignora-se que o real pano de fundo para que se compreenda a questão do financiamento da previdência social é o fato de que o Brasil acumula 26 anos de baixo crescimento econômico. De fato, a natureza da questão do financiamento da previdência social é preponderantemente exógena e reflete as opções macroeconômicas adotadas nas últimas décadas, que fragilizaram o mercado de trabalho e estreitaram os mecanismos de financiamento das políticas sociais, em geral, da previdência social, em particular. Portanto, uma agenda alternativa mais justa e eficaz deve, necessariamente, mudar o foco das despesas para as receitas. A opção mais promissora é o crescimento da economia, que ampliaria a inclusão social digna via o mercado de trabalho e, ao mesmo tempo, potencializaria as fontes de financiamento da previdência social.

A tabela 28 apresenta as principais ações no âmbito dos programas do FRGPS. As ações que integram o Programa Previdência Social Básica são as mais representativas em volume financeiro, respondendo no período, em média, por 97,18% do montante orçamentário executado e refletem a diversidade dos benefícios pagos pela previdência social no país, no âmbito do INSS, que não se limita ao pagamento das aposentadorias. Os benefícios do RGPS são aposentadorias por idade, aposentadorias por invalidez, aposentadorias por tempo de contribuição, aposentadorias especiais, pensões por morte, benefícios acidentários, auxílios (doença, reclusão e acidente) e salário-maternidade.

Os dados da tabela 28 revelam que os benefícios de aposentadorias (urbanas, rurais e especiais) evoluíram de R$ 99,17 bilhões para R$ 121,14 bilhões, significando um incremento real de 22,16%. A partir do orçamento de 2004, as ações referentes ao pagamento de benefícios previdenciários da área rural foram desagregadas dos benefícios pagos aos trabalhadores urbanos, revelando um crescimento, em termos reais, de 38,25% nos gastos com aposentadorias rurais, no período de 2004 a 2007. Esses dados refletem,

Tabela 28

Evolução do FRGPS por programas e ações
(Em R$ milhões liquidados — 2001-2007 —, deflacionados pelo IGP-DI)

Programas/Ações	2001	2002	2003	2004	2005	2006	2007	2001-2003	2004-2007
0065 — Atenção à Pessoa Portadora de Deficiência	**1.956,87**	**1.893,25**	**1.918,81**					**-1,94%**	
0565 — Pagamento de Renda Mensal Vitalícia por Invalidez	1.956,87	1.893,25	1.918,81					-1,94%	
0066 — Valorização e Saúde do Idoso	1.161,94	1.062,84	1.077,19					-7,29%	
0561 — Pagamento de Renda Mensal Vitalícia por Idade	1.161,94	1.062,84	1.077,19					-7,29%	
0083 — Previdência Social Básica	**142.294,30**	**148.541,70**	**162.082,40**	**152.394,88**	**161.397,79**	**172.901,59**	**186.730,41**	**13,91%**	**22,53%**
001o — Pagamento de Aposentadorias — Área Rural				19.826,04	21.615,28	24.410,23	27.409,86		38,25%
001p — Pagamento de Auxílio-Doença Previdenciário, Auxílio-Doença Acidentário e Auxílio-Reclusão — Área Rural				785,45	869,17	816,88	834,31		6,22%
001q — Pagamento de Pensões — Área Rural				7.191,01	7.854,38	8.864,10	9.935,14		38,16%
001r — Pagamento de Salário-Maternidade — Área Rural				364,33	459,38	428,31	488,47		34,07%
0117 — Pagamento de Salário-Família	37,89	27,74	43,34	26,51	45,51	37,26	42,65	14,38%	60,90%
0132 — Pagamento de Aposentadorias	91.115,00	93.807,79	99.605,32	75.171,34	76.078,47	81.187,82	87.269,08	9,32%	16,09%
0133 — Pagamento de Aposentadorias Especiais	8.051,93	7.432,30	7.445,12	6.612,22	6.491,06	6.396,24	6.458,77	-7,54%	-2,32%
0134 — Pagamento de Pensões	33.439,59	34.845,43	38.179,28	27.124,83	30.199,58	32.547,76	35.414,40	14,17%	30,56%
0136 — Pagamento de Auxílios	7.720,85	10.169,82	14.307,87	15.024,08	17.490,81	17.989,32	18.601,45	85,31%	23,81%
0137 — Pagamento de Abono	22,88	20,78	21,79	19,87	19,21	9,34	7,01	-4,73%	-64,72%
0141 — Pagamento de Salário-Maternidade	1.906,16	2.237,85	2.479,68	249,18	274,94	214,33	269,27	30,09%	8,06%
0901 — Operações Especiais: Cumprimento de Sentenças Judiciais	**1.364,04**	**965,43**	**2.013,22**	**3.771,04**	**4.929,28**	**4.879,15**	**5.648,79**	**47,59%**	**49,79%**
0005 — Cumprimento de Sentença Judicial Transitada em Julgado (Precatórios) Devida pela União, Autarquias e Fundações Públicas	1.364,04	965,43	751,71	707,18	884,92	1.646,91	2.009,50	-44,89%	184,16%
0482 — Cumprimento de Sentença Judicial Transitada em Julgado de Pequeno Valor Oriunda da Justiça Comum Estadual				22,20	57,52	29,15	36,77		65,63%
0486 — Cumprimento de Sentença Judicial Transitada em Julgado (Precatórios) Oriunda da Justiça Comum Estadual				278,57	312,62	320,93	465,27		67,02%
0625 — Cumprimento de Sentença Judicial Transitada em Julgado de Pequeno Valor Devida pela União, Autarquias e Fundações Públicas			1.261,51	2.763,09	3.164,51	2.882,16	3.137,25		13,54%
0b20 — Cumprimento de Sentença Judicial Transitada em Julgado de Pequeno Valor Devida pela União, Autarquias e Fundações Públicas (Crédito Extraordinário).					509,72				
Total	146.777,14	152.463,21	167.091,62	156.165,92	166.327,07	177.780,74	192.379,20	13,84%	23,19%

Fonte: SIAFI/SIGA. (Elaboração própria.)

sobretudo, a influência do aumento do salário mínimo nos pisos de benefícios na área rural, pois em termos quantitativos, no mesmo período, o estoque de benefícios subiu 9,42%. Contudo, 99,27% das aposentadorias rurais são iguais a um piso previdenciário (salário mínimo), conforme dados do Anuário Estatístico da Previdência Social, em 2007.

Convém ressalvar que partir de 2004, a Renda Mensal Vitalícia passou a integrar o FNAS. Dentro do Programa Operações Especiais observa-se que os gastos com a ação de cumprimento de sentença judicial transitada em julgado devida pela União, autarquias e fundações públicas cresceram 184,16%, no período de 2004 a 2007. Matijascic, Kay e Ribeiro (2008, p. 449) destacam o fato de que a heterogeneidade do mercado de trabalho brasileiro gera dificuldades para os trabalhadores manterem a frequência regular de contribuições previdenciárias e, portanto, de segurados da previdência social. Os autores acreditam que um dos motivos do grande número de processos judiciais impetrados contra o INSS decorre de demandas de trabalhadores que perdem a condição de segurados, pois "o plano de benefícios brasileiro possui um caráter regressivo em termos de distribuição de renda para quem transita muito entre a formalidade e a informalidade. Quem perdeu a condição de segurado e não ficou na miséria acaba arcando com um grande ônus em relação ao que teve a sorte de respeitar as regras vigentes, ainda que por pouco tempo".

As despesas com auxílios saltaram de R$ 7,7 bilhões, em 2001, para R$ 18,6 bilhões, em 2007 (tabela 28), significando um aumento real de 140,92%. Nesse período, o quantitativo de auxílios previdenciários emitidos evoluiu de 578,5 mil para 1.282 mil e representavam 7% dos benefícios do RGPS, em 2007. Do montante de auxílios emitidos, em 2007, 97,03% são referentes ao pagamento de auxílio-doença. O auxílio-doença tem caráter temporário e é devido ao segurado que fica incapacitado por motivo de doença, consistindo uma renda mensal correspondente a 91% do salário de benefício[6] (Lei n.

6. Salário de benefício é o valor básico utilizado para cálculo da renda mensal dos benefícios de prestação continuada, inclusive os regidos por normas especiais, exceto o salário-família, a pensão por morte, o salário-maternidade e os demais benefícios de legislação especial (Regulamento da Previdência Social, Decreto n. 3.048, de 6 de maio de 1999). O seu valor não pode ser inferior ao de um salário mínimo, nem superior ao limite máximo do salário de contribuição na data de início do benefício. O salário de benefício, no caso de benefícios de aposentadoria por idade e por tempo de contribuição, consiste na média aritmética simples dos maiores salários de contribuição, corrigidos,

8.213/91). O auxílio-reclusão é devido ao dependente do segurado detento ou recluso, desde que este nem receba qualquer espécie de remuneração da empresa, nem esteja em gozo de auxílio-doença, aposentadoria ou abono de permanência em serviço nem tenha remuneração superior a R$ 676,27 (a partir de 1º de abril de 2007). Já o auxílio-acidente previdenciário, regulamentado pela Lei n. 9.032/95, é devido ao segurado que, após a consolidação das lesões decorrentes de acidente de qualquer natureza, sofra redução de capacidade funcional. É pago a título de indenização e corresponde a 50% do salário de benefício do segurado. O recebimento de salário ou a concessão de outro benefício não prejudica a continuidade do recebimento do auxílio-acidente, vedada a acumulação com qualquer aposentadoria.

O estoque de auxílio-doença dá um salto, em 2002, crescendo 47,8% em relação ao ano anterior, apresentando evolução positiva até 2005; a partir de 2006, começa haver uma redução no quantitativo desse benefício pago pelo INSS, chegando a 2007 com 1.244 mil beneficiários. O auxílio-doença é renovado por meio de perícia médica realizada pelo INSS, quando o médico-perito considera o segurado inapto para retornar ao trabalho, não havendo limite de tempo máximo para concessão do benefício. Contudo, em caso de impossibilidade permanente de retorno ao trabalho, o benefício é modificado para aposentadoria por invalidez.

De acordo com o boletim do IPEA, *Políticas Sociais — Acompanhamento e Análise*, n. 10 (2005), uma das possíveis explicações para o crescimento nas emissões do auxílio-doença é que ele tenha substituído outros tipos de benefícios, como as próprias aposentadorias que tiveram critérios de concessão mais rígidos, e o seguro-desemprego, que pode ter valor e prazo de concessão inferior ao benefício previdenciário. Porém, a renovação do benefício só ocorre com anuência da perícia do INSS, o que para os analistas do IPEA pode ser uma das principais explicações da expansão do auxílio-doença.

O estudo do IPEA mostra a falta de médicos-peritos no INSS, o que facilitaria a existência de fraudes e a extensão do benefício para além do prazo necessário. Esse problema ocorre em função da terceirização dos serviços

---

correspondentes a 80% de todo o período contributivo, multiplicado pelo fator previdenciário; e para os benefícios de aposentadoria por invalidez e especial, auxílio-doença e auxílio-acidente, na média aritmética simples dos maiores salários de contribuição, corrigidos, correspondentes a 80% de todo o período contributivo.

de perícia do INSS, uma vez que os médicos-peritos terceirizados tinham ampla liberalidade na concessão dos auxílios-doença e recebiam por perícia realizada. O boletim *Políticas Sociais — Acompanhamento e Análise*, n. 10 (2005) do IPEA, ressalta que, em 2004, do total de 8,3 milhões de perícias realizadas, mais da metade foi feita por médicos terceirizados (55,3%), ocorrendo um aumento de 45,2% na quantidade das perícias assinadas por esses profissionais, o que coloca em debate a qualidade dessas perícias. A publicação do IPEA observa que a terceirização desses serviços e de outros realizados pelo INSS ocorreu paralelamente ao esvaziamento do quadro de pessoal da instituição. De 1993 a 2004, a quantidade de benefícios aumentou cerca de 63,2%, e a de servidores do INSS reduziu-se em 42%, entre 1990 e 2004.

A publicação *Políticas Sociais — Acompanhamento e Análise*, n. 13 (2007, p. 42), sugere que a situação recente da evolução no quantitativo de auxílios-doença desnuda um dos problemas gerados pela não efetivação da seguridade social, conforme definido na CF de 1988. O estudo chama atenção para a desarticulação entre a assistência médica pública (SUS) e a previdência social.

> A não implantação do modelo idealizado tem mostrado comprometimentos de gestão em vários aspectos de cada um dos subsistemas que o comporiam. A questão do auxílio-doença é um dos exemplos dos efeitos adversos dessa ausência de integração. Ela envolve muito mais do que uma política estritamente previdenciária, retomando a discussão da seguridade social. [...] As decisões sobre para quem, quando, por quanto tempo concedê-lo são definidas de acordo com regras do sistema previdenciário. Uma vez cumpridos os prazos de carência relativos à contribuição previdenciária, cabe ao médico perito definir se o segurado tem ou não doença que o incapacite temporariamente para o trabalho. Se um beneficiário consegue realizar uma consulta ou exame no SUS, ele poderá apresentá-los ao médico-perito do INSS. Se novos exames se fizerem necessários, não há nenhuma vinculação entre o sistema previdenciário e o SUS para a requisição ou encaminhamento do pedido. Em geral, o médico-perito tem de se basear nos elementos que lhe são apresentados no momento da perícia, não tendo como solicitar formalmente novos exames. Após a concessão do auxílio-doença, compete, também ao médico-perito do INSS a decisão de encaminhar o beneficiário para a reabilitação profissional. Não há, antes ou depois, nenhum mecanismo claro de acompanhamento desse beneficiário pelo SUS.

Do ano de 2005 em diante, algumas medidas foram tomadas no âmbito do INSS que certamente se refletiram no decréscimo da concessão do benefício de auxílio-doença a partir de 2006, chegando a uma redução, em 2007, de 15,3% em relação ao ano anterior (ver tabela 28). Entre essas medidas está a realização de concurso público com a contratação de 1.500 médicos-peritos e também a implantação do Sistema de Administração dos Benefícios por Incapacidade, que poderá evitar fraudes na concessão do auxílio-doença mediante controle das perícias, monitoramento do histórico dessas, enfim, controle e acompanhamento na concessão dos benefícios, conforme o boletim *Políticas Sociais — Acompanhamento e Análise*, n. 12 (2006). Contudo, no longo prazo, o autor tem expectativas de crescimento dos benefícios de auxílio-doença, pois ocorreu um ciclo de formalização recente da mão de obra, mas sem melhorias nas condições de vida da população segurada, que deverá refletir-se em riscos previdenciários crescentes.

Delgado (2008, p. 513) aponta, ainda, outros motivos para o aumento de concessão do auxílio-doença e de outros benefícios provisórios do INSS. O autor realiza uma análise da variação dos estoques de benefício da previdência social e destaca que no período de 1999 a 2006:

> ocorre acréscimo expressivo de segurados — incorporam-se liquidamente mais de 15 milhões de segurados, situando-se sua esmagadora maioria nas faixas de salário de contribuição de até três salários mínimos. Essa população de segurados novos e antigos revela ao sistema previdenciário riscos laborais expressivos, *cujas causas longe estão de refletir fraude ou apenas regras generosas à concessão de auxílio-doença, como mais uma vez nos tenta fazer certa orquestração de retóricas conservadoras sobre o assunto.* (grifos nossos)

As causas encontradas por Delgado (2008, p. 513), ao analisar o setor sucroalcooleiro, para o aumento de mais de 270% na concessão de auxílios-doença no período entre 2000 e 2005 foram "superexploração da mão de obra agrícola e precaríssimas condições de trabalho industrial na produção do açúcar e do álcool, conforme revelam vários depoimentos e indicações de *experts* no setor".

O orçamento executado nas ações do Programa Previdência Social Básica do FRGPS foi responsável, em 2007, pelo pagamento de 22 milhões de benefícios do RGPS, que apresentou um crescimento de 23,1% em relação a 2001 (tabelas 27 e 28). O montante de recursos executados no Programa Previdência Social Básica, em 2007, de R$ 186,7 bilhões (tabela 28) é o mais significativo de todos os programas sociais do orçamento brasileiro e representou 58,30% dos gastos da seguridade social em 2007, dos quais 90,5% dos benefícios são referentes ao pagamento de aposentadorias (62,9%) e pensões por morte (27,6%), conforme demonstra a tabela 29.

Tabela 29
Regime Geral da Previdência Social
Quantidade de benefícios emitidos, segundo os grupos de espécies
Posição em dezembro (2001-2007)

GRUPOS DE ESPÉCIES	QUANTIDADE DE BENEFÍCIOS EMITIDOS						
	2001	2002	2003	2004	2005	2006	2007
BENEFÍCIOS DO RGPS	**17.927.697**	**18.872.666**	**19.521.266**	**20.517.258**	**21.158.137**	**21.652.679**	**22.073.132**
PREVIDENCIÁRIOS	**17.241.462**	**18.152.683**	**18.785.324**	**19.760.332**	**20.402.333**	**20.919.884**	**21.304.479**
Aposentadorias	11.394.917	11.787.050	12.142.701	12.633.214	13.053.959	13.447.827	13.879.766
Tempo de Contribuição	3.390.616	3.499.591	3.555.515	3.663.239	3.703.364	3.792.745	3.944.297
Idade	5.720.992	5.940.291	6.169.878	6.447.106	6.676.958	6.915.487	7.182.325
Invalidez	2.283.309	2.347.168	2.417.308	2.522.869	2.673.637	2.739.595	2.753.144
Pensões por Morte	5.156.957	5.355.594	5.471.227	5.667.705	5.783.244	5.927.219	6.096.260
Auxílios	587.509	864.233	1.108.274	1.405.602	1.522.003	1.501.906	1.282.412
Doença	574.313	849.074	1.089.125	1.382.257	1.492.875	1.469.184	1.244.350
Reclusão	8.607	9.119	11.569	14.164	17.740	18.150	20.308
Acidente	4.589	6.040	7.580	9.181	11.388	14.572	17.754
Salário-Maternidade	97.112	141.719	59.508	50.574	40.548	41.001	44.720
Outros	4.967	4.087	3.614	3.237	2.579	1.931	1.321
Salário-Família	3	1	2	2	1	1	—
Abono de Permanência	4.580	3.751	3.319	2.979	2.351	1.748	1.171
Vantagem de Servidor	384	335	293	256	227	182	150
ACIDENTÁRIOS	**686.235**	**719.983**	**735.942**	**756.926**	**755.804**	**732.795**	**768.653**
Aposentadoria por Invalidez	116.133	123.506	129.584	136.435	143.660	147.105	148.701
Pensão por Morte	129.292	130.206	130.216	130.442	130.181	129.412	128.846
Auxílios	440.810	466.271	476.142	490.049	481.963	456.278	491.106
Doença	84.122	106.639	117.047	132.195	125.335	100.570	137.723
Acidente	258.961	263.442	265.322	266.238	267.608	269.488	270.776
Suplementar	97.727	96.190	93.773	91.616	89.020	86.220	82.607

Fonte: AEPS Infolog. (Elaboração própria.)

Para Fagnani (2008, p. 40), a Constituição viabilizou a inclusão social por meio da seguridade:

> Após quase 20 anos, não se pode afirmar que a seguridade tenha quebrado o país, ou que ela seja a principal vilã do ajuste fiscal e do desgoverno. Por

um lado, ela é, sem dúvidas, um dos principais pilares de governabilidade, como profetizou Ulysses Guimarães. Entre 1988 e 2006, o número de beneficiários do Regime Geral da Previdência Social (RGPS) aumentou de 11 para 25 milhões, entre trabalhadores urbanos (INPS Urbano), trabalhadores rurais (Previdência Rural) e benefícios assistenciais (LOAS). Seu formidável efeito distributivo fica mais evidente se também contabilizarmos os seus beneficiários indiretos. Segundo o IBGE, para cada beneficiário direito há 2,5 beneficiários indiretos, membros da família. Dessa forma, a seguridade beneficia, direta e indiretamente, cerca de 87 milhões de pessoas.

Delgado (2008) analisou o estoque de benefícios em manutenção na previdência social (incluindo os benefícios de assistência social: BPC e RMV) no período de 1980 a 2006, separando-o em subperíodos: 1980 a 1991, 1991 a 1999 e 1999 a 2006. Em dois subperíodos analisados pelo autor há forte incremento nos benefícios da previdência social, destacando-se que, de 1980 a 1991, os benefícios de aposentadorias por tempo de contribuição e aposentadorias por idade apresentaram um crescimento médio anual de 6,6% e 4,51%, respectivamente. O aumento no estoque de aposentadorias, nesse período, é decorrente da maturação dos direitos previdenciários de uma população de trabalhadores que viveram o ciclo de formalização de relações de trabalho nas décadas de 1950 e 1960. Mas o autor chama atenção para o fato de que o poder de compra desses aposentados foi corroído pela não reposição integral da inflação pelo antigo INPS.

O crescimento de postos de trabalhos formais na década de 1970, juntamente com as conquistas da Constituição de 1988 — especialmente as leis de custeio e benefício da previdência social, de junho de 1991, que regulamentaram os princípios constitucionais —, teve impactos importantes na taxa de incremento médio anual dos benefícios da previdência social, no período de 1991 a 1999, permitindo a evolução de 10% ao ano nas aposentadorias por tempo de serviço (atualmente é tempo de contribuição) e de 8,5% ao ano nas aposentadorias por idade.

Delgado (2008) destaca o acesso aos benefícios da aposentadoria por idade dos trabalhadores rurais isentos de tempo de carência contributivo, mas lembra que esse efeito expansivo já está plenamente absorvido na evolução do estoque de benefícios do RGPS. Entre 1991 e 1998, praticamente dobrou o número absoluto de benefícios por idade acumulados no sistema rural, saltando de 2.240 mil para 4.305 mil, conforme Delgado e Cardoso Jr.

(1999). Ainda, a base de dados históricos do AEPS-Infologo revela que após a edição das Leis n. 8.212/91 (custeio) e n. 8.213/91 (benefícios) há um salto na concessão anual de novas aposentadorias por idade na área rural. Em 1991, foram concedidos 129,5 mil benefícios de aposentadoria por idade (rural), saltando, em 1993, para 919,9 mil.

Mas após a contrarreforma da previdência realizada em 1998, o crescimento de estoque de benefícios do RGPS reduz-se de forma considerável, especialmente para as aposentadorias por tempo de contribuição.[7] De acordo com Delgado (2008), no período anterior à "reforma" (1991 a 1999), os benefícios de aposentadoria por tempo de contribuição evoluíram à taxa anual de 10,2%, reduzindo-se para 2,08%, no período de 1999 a 2006. Também a variação anual no estoque de benefícios de aposentadoria por idade foi reduzida de 8,6% ao ano (1991 a 1999) para 3,67% ao ano (1999 a 2006), refletindo as regras mais rígidas para concessão dos benefícios e também a crise do mercado de trabalho dos anos 1980, tendo como corolário a exclusão de segurados do RGPS, que não consegue agora fazer jus à aposentadoria. Os dados de 2007, disponíveis na tabela 29, confirmam essas tendências.

Em pesquisa[8] que realizamos (Salvador, 2005), constatou-se que uma das alterações da EC n. 20/98 foi a transformação do tempo de serviço necessário para a aposentadoria em tempo de contribuição, dificultando de forma considerável o acesso a esse benefício. Desse modo, a responsabilidade da comprovação das contribuições para a previdência social passa da empresa para o trabalhador, tornando o direito à aposentadoria vinculado às efetivas contribuições vertidas para a previdência. A mudança do direito previdenciário do trabalhador, tornando-o mais estreitamente vinculado às efetivas contribuições vertidas para a previdência, faz que, a princípio, fique mais difícil o recebimento da aposentadoria pelo trabalhador. Na prática,

7. A EC n. 20/1998 alterou as aposentadorias por tempo de serviço por aposentadoria por tempo de contribuição, exigindo dos homens 35 anos de contribuição e das mulheres 30 anos. Na ótica do governo, o aspecto mais importante da "reforma" foi a revogação da aposentadoria por tempo de serviço, substituída pela exigência de tempo de contribuição, combinada com o estabelecimento de idade mínima para a obtenção do benefício. A isso se agregam a eliminação de regimes especiais de aposentadoria e por tempo de contribuição (exceto para professores do nível fundamental) e o maior rigor na definição das atividades que envolvem risco e desgaste para os trabalhadores.

8. Referente à dissertação de mestrado *As implicações da reforma da previdência social de 1998 sobre o mercado de trabalho no Brasil*, apresentada no mestrado em política social) da UnB.

essa mudança constitucional possibilita regulamentações mais restritivas de concessão do benefício.

Ainda que não tenha sido introduzido o limite de idade como único critério para a aposentadoria como foi apresentado no governo FHC, isso não foi impeditivo para estabelecer na CF os princípios de equilíbrio atuarial e financeiro, reduzindo ao máximo as concessões dos benefícios de aposentadoria por tempo de serviço. Umas das mudanças que afetaram de forma importante o direito previdenciário foi a alteração efetuada no artigo 202 da CF de 1988, que estabelecia a média aritmética dos últimos 36 salários mensais de contribuição, indexados à inflação, para o cálculo do benefício da aposentadoria por tempo de serviço. A partir da EC n. 20/98, os critérios de cálculos dos benefícios de aposentadoria foram retirados da Constituição e remetidos para lei complementar.

Com a desconstitucionalização dos critérios de cálculo dos benefícios, o Congresso Nacional aprovou a Lei n. 9.876 (de 29 de novembro de 1999), que definiu as novas regras, criando o chamado Fator Previdenciário. O Fator Previdenciário determina que o benefício de aposentadoria passe a ser calculado de acordo com o montante de contribuições realizadas pelo segurado, capitalizadas a uma taxa com percentual variável conforme o tempo de contribuição, a idade e a expectativa de gozo do benefício. Inicialmente, apura-se o salário médio de contribuição de julho de 1994 até a data de aposentadoria. De maneira gradual, o período de referência vai abranger toda a vida laboral do contribuinte e consequentemente deverá ocorrer uma perda real em relação ao critério anterior de cálculo.

A adoção do Fator Previdenciário no Brasil como elemento central no cálculo do valor das aposentadorias no país revela o viés ideológico da opção dos "reformadores" de nossa previdência social, ao conceber a concessão de benefícios como escolha individual, em que cada segurado, respeitando os padrões mínimos, buscará maximizar intertemporalmente sua renda de acordo com sua curva de preferência (Pinheiro e Vieira, 1999, p. 57). Trata-se de uma visão tipicamente neoliberal, inspirada em modelos econômicos neoclássicos, cujas características são a concepção a-histórica e a negação de qualquer relação social, na qual o que importa é o indivíduo (consumidor) e a maximização de suas preferências. No caso da previdência social, a situação se revela ao tratar a previdência como uma questão de seguro nos moldes do modelo privado e, portanto, individual. Oficialmente, o regime financeiro da previdência social permanece como repartição simples, mas, na prática, ocorre a adoção gradual do modelo de capitalização.

Uma das principais consequências da "reforma" foi a redução drástica na concessão das aposentadorias por tempo de contribuição. Elas representavam 20,4% dos benefícios previdenciários concedidos no RGPS e 49,3% das aposentadorias da previdência social em 1997; reduziram-se para 4,7% e 27,4%, respectivamente, em 2007. Isso significou que enquanto a concessão de novas aposentadorias por idade teve um crescimento de 74%, entre de 1997 a 2007, as aposentadorias por tempo de contribuição concedidas no período encolheram 40,9%. Após a EC n. 20/98 e a adoção do fator previdenciário, ocorreu uma inversão no ritmo das concessões das aposentadorias com os benefícios de aposentadorias por idade superando as concessões de aposentadorias por tempo de contribuição. Em 2007, de cada dez benefícios de aposentadorias concedidos, seis eram por idade. Com efeito, ocorre uma mudança radical: até 1998, as aposentadorias concedidas por tempo de contribuição eram superiores às aposentadorias por idade; a partir de 1999, em função da "reforma", ocorreu uma inversão nesse processo; em 2007 foram concedidas 519 mil aposentadorias por idade e 247 mil aposentadorias por tempo de contribuição (gráfico 1).

Gráfico 1
Evolução das aposentadorias concedidas (1997 a 2007)

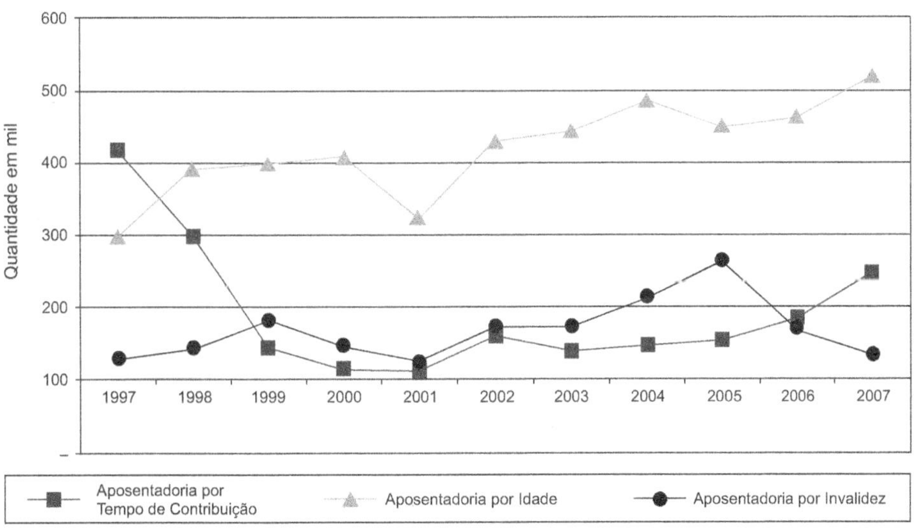

Os últimos dados do AEPS revelam que, em 2007, dos homens que tiveram aposentadorias urbanas concedidas por idade, 91,3% tinham entre 65 e 69 anos de idade e 8,7% estavam acima de 70 anos, apesar de a idade mínima para fazer jus ao benefício ser 65 anos. No caso das mulheres, a faixa etária de 60 a 64 anos respondeu por 84,5% das aposentadorias por idade, portanto, em 2007, mais de 15% das mulheres que receberam o benefício pela primeira vez estavam com, no mínimo, 65 anos de idade, bem superior ao limite mínimo de 60 anos estabelecido na lei.

Com mais de 75% de aposentadorias que passaram a ser concedidas pelo critério da idade e por invalidez, com os trabalhadores urbanos se aposentando acima de 65 anos (homens), o Brasil configura um país (ao contrário do discurso oficial) de elevada exigência para gozo de benefício da aposentadoria, acima de diversos países no mundo. A situação é mais grave, no Brasil, pela inexistência de um estado de proteção social e pela não construção de um mercado de trabalho plenamente assalariado.

Os dados internacionais apresentados por Matijascic, Kay e Ribeiro (2008) mostram idade mínima de aposentadoria em diversos países desenvolvidos bem inferior à brasileira, apesar de maior expectativa de vida e de um padrão mais elevado de proteção social. Por exemplo, a idade mínima de acesso à aposentadoria na França é de 55 anos; na Itália 57 anos; na Alemanha 63 anos; na Suécia 61 anos; em Portugal 55 anos. Na amostra dos autores, apenas a Dinamarca e o Reino Unido apresentam as mesmas exigência de idade que o Brasil. No primeiro, 65 anos para homens e mulheres e no segundo 65 anos para homens e 60 para mulheres.

Os autores também desconfiam da falta de consistência e criticam os analistas conservadores que fundamentam seus estudos nas tábuas atuariais do IBGE e em dados da PNAD, pois os dados do AEPS, para o INSS, não são similares aos divulgados pelo IBGE. A idade de cessação dos benefícios das aposentadorias por tempo de contribuição é menor que os indicadores referentes à esperança condicional de vida tabulada pelo IBGE.

De acordo com Matijascic, Kay e Ribeiro (2008, p. 440-1), "enquanto os dados do governo falam em 77,7 anos para homens e 80,8 para mulheres aos 55 e 52 anos de idade para 2003, os dados do AEPS revelam que a idade de cessão média dos benefícios oscilou entre 71 e 66 anos em 2005. Para homens, a diferença seria de 6,4 anos e para as mulheres 14,5 anos". Essas discrepâncias também ocorrem nas aposentadorias por idade, enquanto o

IBGE calcula uma sobrevida de 22,3 anos para uma mulher com idade de 60 anos e de 16 anos para um homem com 65 anos, os dados da Dataprev para o INSS mostram uma duração do benefício de aposentadoria por idade de 16,7 anos, no caso das mulheres, e 13,6 para os homens. Os autores ressaltam que, enquanto essas discrepâncias não foram esclarecidas pelas autoridades, fica complicado formular análise tendo a estimativa condicional de vida como referencial. Convém, ainda, registrar que a expectativa de sobrevida com base nas tábuas do IBGE é considerada como redutor do fator previdenciário usado no cálculo do valor do benefício de aposentadoria.

O Brasil vem se tornando um país de elevada exigência para o gozo do benefício de aposentadoria. A situação é agravada pelo fato de a participação dos idosos ser elevada no mercado de trabalho, pela inexistência de um estado de proteção social universal e de um mercado de trabalho com predomínio de ocupações não assalariadas. Com efeito, os trabalhadores brasileiros vêm permanecendo mais tempo no mercado de trabalho, cujas ocupações predominantes são de caráter precarizado, o que dificulta até mesmo o cumprimento da carência das contribuições exigidas pela previdência social na concessão das aposentadorias.

Os recursos orçamentários do fundo público da previdência social refletem a estrutura formal-legal do sistema previdenciário brasileiro, sem nenhuma ousadia em termos de universalização ou de recursos destinados para uma ampliação dos benefícios da previdência social, principalmente em relação à população sem cobertura previdenciária.

Uma questão importante é analisar o acesso aos benefícios da previdência social por parte da população. O acesso aos benefícios previdenciários no Brasil depende de uma contribuição dos "segurados" e os valores das aposentadorias sempre foram vinculados diretamente às contribuições vertidas, sobretudo ao longo da vida laboral, o que torna a cobertura previdenciária dependente do comportamento do mercado de trabalho e, portanto, das inserções das pessoas nos postos de trabalho.

A mudança mais significativa no vínculo contributivo foi a instituição, na Constituição Federal de 1988, do segurado especial, que é o trabalhador rural sem carteira de trabalho assinada, mas inserido no regime de economia familiar (sem utilização de mão de obra assalariada) ou na agricultura de subsistência. Nesse caso, a contribuição previdenciária decorre da comercialização da produção, com uma alíquota que corresponde a 2,3% sobre o valor bruto da comercialização de sua produção rural. Essa inovação constitucional permitiu a inclusão de milhões de famílias da área rural na previdência social, significando praticamente a universalização no meio rural (Jaccound, 2008). Porém, na área urbana, é enorme a proporção de não segurados, em termos proporcionais, da PEA.

De acordo com os dados da última Pesquisa Nacional por Amostra de Domicílios (PNAD, 2007) do IBGE, a PEA é composta por 98,8 milhões de pessoas. Desse total, 90,8 milhões estão ocupadas, das quais contribuem para a previdência[9] 45,8 milhões, o que equivale a 47% da PEA ou 50,5% da população ocupada. Levando-se em conta os desempregados e os não contribuintes, em 2007, 52,9 milhões das pessoas inseridas no mercado de trabalho estavam sem cobertura previdenciária.

Em um olhar mais restrito sobre a PEA, considerando o contingente de homens com idade entre 16 e 60 anos e mulheres entre 16 e 55 anos que estavam ocupados ou procurando ocupação, constata-se que há um movimento de recuperação da cobertura previdenciária após 2003, conforme revela o boletim *Políticas Sociais — Acompanhamento e Análise*, n. 16 (março de 2008). De acordo com essa publicação do IPEA, os segurados contribuintes nessa PEA restrita ascendente, após 2003, chegam a 47% de cobertura, em 2006.

O boletim também calculou os chamados segurados especiais potenciais, considerando nesse grupo os homens com idade entre 16 e 59 anos e as mulheres com idade entre 16 e 54 anos que, na semana de referência da pesquisa, eram: i) autônomos não contribuintes em atividades agrícolas; ii) trabalhadores não remunerados, não contribuintes, em atividades agrícolas; e iii) produtores para o próprio consumo em atividades agrícolas não contribuintes. Esse contingente totalizava 8,8% da PEA estudada, então a população protegida pela previdência na avaliação do IPEA, incluindo os contribuintes e os segurados especiais, totalizava 55,8% da PEA restrita, muito distante da universalização da cobertura.

---

9. A PNAD considera na contribuição para instituto de previdência as pessoas que contribuíam para instituto de previdência federal (Instituto Nacional do Seguro Social — INSS ou Plano de Seguridade Social da União), estadual (instituto de previdência estadual, incluindo os servidores das forças auxiliares estaduais), ou municipal (instituto de previdência municipal, incluindo os servidores das forças auxiliares municipais), no trabalho principal, no secundário e em pelo menos um dos demais trabalhos que tinham na semana de referência.

O aumento da cobertura previdenciária está associado ao crescimento contínuo do emprego com carteira de trabalho assinada, desde 2001. Paralelamente, a queda na taxa de desemprego não ocorre de forma homogênea e não é reflexo de mudanças na precariedade das relações de trabalho no Brasil. De acordo com *Políticas Sociais — Acompanhamento e Análise*, n. 16 (2008, p. 37), há

> um ciclo de formalização do emprego que, segundo os últimos estudos, está concentrado nas áreas urbanas não metropolitanas e no setor de serviços, contrário ao que se verifica no mercado metropolitano industrial. Ou seja, a melhora na cobertura previdenciária decorre dos ganhos nos mercados predominantemente informais, sem alterar de modo significativo a grande precariedade nas relações de trabalho.

Outro estudo divulgado pelo IPEA (Comunicado da Presidência n. 10), em 30 de setembro de 2008, com as primeiras análises da PNAD 2007, confirma as tendências anteriores, porém com análise de um período mais longo (1987 a 2007). De acordo com o instituto houve uma deterioração dos indicadores de cobertura, com uma redução considerável no quantitativo de contribuintes até 1997. A partir de 2001 há uma recuperação discreta, que se eleva após 2003; assim, o quantitativo de contribuintes do RGPS cresceu, entre 2001 e 2007, 32% paralelamente à evolução de 19% da população ocupada. Isso traz reflexos positivos para a arrecadação previdenciária e deveria permitir a valorização dos benefícios sem necessidades de maior aporte de recursos financeiros.

Contudo, o problema da não cobertura previdenciária permanece grave, especialmente nos postos de trabalhos com inserções precárias. Por exemplo, apenas 16,4% dos trabalhadores por conta própria estavam protegidos pela previdência social, em 2007 (IPEA, 2008). Os sem cobertura previdenciária, nos dados do boletim *Políticas Sociais — Acompanhamento e Análise*, n. 15 (2008), são representados por: desempregados, 9,8%; autônomos não contribuintes e não agrícolas, 12,1%; empregados sem carteira e não contribuintes, 20,8%; e empregadores não contribuintes, 1,5%.

Também é possível um recorte da cobertura previdenciária por raça e gênero, pois mulheres e negros ocupam postos de trabalhos mais precários quando comparados com os homens e os brancos. Em outras palavras, a exclusão previdenciária decorre da inserção no mercado de trabalho e revela claramente a persistente desigualdade de raça e de gênero em nosso país. Os dados divulgados pelo Ministério do Planejamento, Orçamento e Gestão no Relatório do Plano Plurianual de 2008 (ano-base 2007) confirmam que os excluídos da proteção previdenciária brasileira são, principalmente, as mulheres e os negros.[10] O gráfico 2, publicado no relatório, elaborado com base nos microdados da PNAD, mostra que apenas 38,4% das mulheres negras conseguiam contribuir para a previdência social, em 2005. Ou seja, 61,6% delas estão sem cobertura previdenciária. Essa situação é decorrente da inserção mais vulnerável no mercado de trabalho, refletindo desigualdade de gênero e de raça no acesso ao direito ao trabalho e, por consequência, ao direito previdenciário.

Gráfico 2

Proporção da população ocupada que contribui para a previdência social, por sexo e cor/raça, 1992 e 2005 (%)

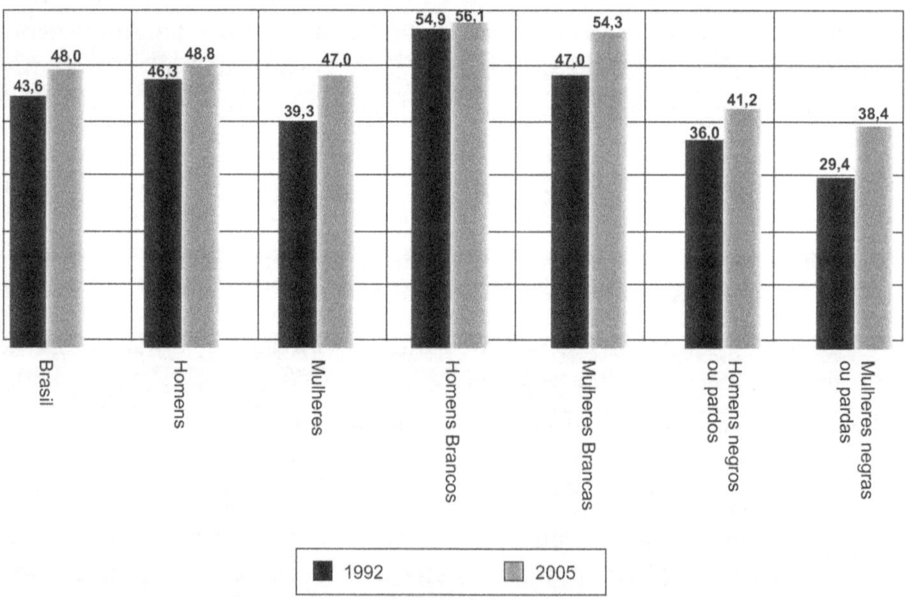

Fonte: *Relatório de Avaliação do PPA*, t. I, v. I, 2008, p. 154. A partir dos dados do IBGE, PNAD de 1992 e 2005.
Nota: Exclusive a população rural dos estados de RO, AC, AM, RR, PA e AP.

10. Refere-se à soma de negros e pardos.

O Relatório Anual das Desigualdades Raciais no Brasil (2007-2008), com base nos dados da PNAD de 1995 e 2006, revela um aumento da desigualdade de cobertura na população acima de 60 anos. Enquanto a cobertura previdenciária da população idosa de cor branca avançou de 75,2% (1995) para 78,2% (2006), essa cobertura para os negros foi reduzida de 76,4% para 74,9%, no mesmo período (Paixão e Carvano, 2008).

A tabela 30 mostra um fato relevante na cobertura previdenciária da população idosa nos anos recentes, que é o aumento da participação dos benefícios assistenciais de transferência de renda (BPC idoso e a RMV), que são pagos pelo INSS, mas estão na esfera da política de assistência social, com sua regulamentação estabelecida na LOAS. Fato que corrobora os argumentos que foram apresentados na seção anterior sobre a nova configuração da seguridade social centrada na assistência social.

Tabela 30

Cobertura previdenciária da população idosa (1995-2006)

Anos	População idosa (a)	Total de Benefícios[1] (b)	RMV + BPC (c)	Cobertura[2] (b)/(a)	Part. Benef. Assistencial (c)/(a)
1995	12.719.198	9.668.775	501.944	76,02%	3,95%
1996	13.267.022	10.121.027	501.438	76,29%	3,78%
1997	13.501.830	10.280.976	504.926	76,15%	3,74%
1998	13.914.371	10.666.918	581.332	76,66%	4,18%
1999	14.512.803	11.216.129	650.330	77,28%	4,48%
2001	15.457.823	11.976.960	740.876	77,48%	4,79%
2002	16.176.740	12.590.131	821.759	77,83%	5,08%
2003	16.918.941	13.194.306	873.172	77,99%	5,16%
2004	17.662.715	13.659.521	1.114.178	77,34%	6,31%
2005	18.193.915	14.238.114	1.223.464	78,26%	6,72%
2006	19.077.347	14.647.082	1.319.443	76,78%	6,92%
Variação 1995/2006	49,99%	51,49%	162,87%	—	—

Fonte: Microdados da PNAD e base de dados AEPS-Infologo. (Elaboração própria.)

(1) O total de benefícios inclui o recebimento de aposentadoria e/ou pensão ou benefício assistencial de qualquer regime de previdência pública básico: INSS ou Regime Próprio de Previdência dos funcionários públicos básico; INSS ou Regime Próprio de Previdência dos funcionários públicos. Contabiliza apenas uma pessoa para o caso de benefícios acumulados.

(2) Os dados da cobertura total da população idosa foram elaborados pelo IPEA com base nos microdados da PNAD e publicado no anexo do boletim *Políticas Sociais — Acompanhamento e Análise*, n. 15 (2008).

No período de 1995 a 2006, a população idosa cresceu quase 50% e o total de benefícios pagos pelo INSS a esse público evoluiu 51,49%. Contudo, os benefícios de assistência social direcionados aos idosos (RMV e BPC) cresceram 162,79%, aumentando a participação na cobertura da população idosa de 3,95% para 6,92%. Esse aumento ocorreu, sobretudo, a partir de 2003, quando a participação da RMV e do BPC idoso ultrapassou 5%, indicando uma maior presença de benefícios assistenciais na proteção social dos idosos brasileiros. Em outras palavras, a população idosa brasileira vem se tornando cada vez mais dependente da política de assistência social.

Em síntese, o fundo público previdenciário analisado nesta pesquisa no âmbito do FRGPS é responsável por uma importante cobertura previdenciária do conjunto da população idosa no país, como resultado direto das conquistas consagradas pela Constituição Federal. Isso ocorreu, por exemplo, com a inclusão dos trabalhadores rurais como segurados especiais e com direitos iguais aos trabalhadores urbanos.

Os benefícios previdenciários foram fundamentais para a redução da pobreza e da extrema pobreza no meio rural, trazendo condições de cidadania a milhares de trabalhadores rurais, com impacto direto na economia dos pequenos municípios brasileiros (Musse, 2008). O princípio da solidariedade que fundamenta a previdência "rural" mostra a importância desse direito que avançou como exemplo positivo da universalização da cobertura e da equivalência dos benefícios com a população urbana, sendo fundamental a manutenção e ampliação dessa proteção social pelo Estado (Jaccound, 2008). Apesar dos avanços, Musse (2008) destaca que a proporção de pessoas residentes na área rural que se encontra na extrema pobreza é de quase 8 p.p. em relação à verificada na área urbana.

Além disso, as "reformas" realizadas em 1998 e 2003 significaram um retrocesso nos direitos previdenciários, como se indicou anteriormente, tendo como características principais a redução dos benefícios, restrições ao acesso e, ainda, a indução a uma maior permanência dos trabalhadores em atividade, contribuindo para agravar a dificuldade de absorção de novas pessoas no mercado de trabalho (Salvador, 2005). Essa dificuldade decorre também da redução dos benefícios dos que já se aposentaram, que, não raramente, são assim forçados a buscar um complemento de renda pelo retorno ao trabalho, pois hoje mais de 60% dos benefícios previdenciários são iguais a um salário, o que talvez ajude a explicar o retorno de 31% de aposentados e pensionistas ao mercado de trabalho (PNAD, 2007).[11]

Certamente, como denotam os dados da cobertura da população idosa vista anteriormente, os efeitos da reforma também não são neutros em termos de gênero e cor, atingindo proporcionalmente mais mulheres e negros. O Estado, que prejudica o trabalhador pela irregularidade das contribuições previdenciárias, ao substituir as aposentadorias por tempo de serviço pela de contribuição, é o mesmo que dedica poucos recursos para a fiscalização do mercado de trabalho. Nesse sentido, falta uma visão articulada das políticas públicas.

A universalização previdenciária não logrou êxito aos trabalhadores urbanos (Jaccound, 2008), principalmente aqueles não vinculados por meio de relações formais de trabalho. Dessa forma, as perspectivas para o futuro não são promissoras, dado o baixo nível de cobertura, com apenas metade da PEA incluída hoje na proteção previdenciária. Dois conjuntos de medidas deveriam ser tomados para assegurar a universalização da proteção previdenciária. Um primeiro relacionado à cobertura da população idosa que hoje não tem qualquer benefício da previdência social.

De acordo com a PNAD 2007, a população idosa (acima 60 anos) no Brasil totaliza 20 milhões de pessoas. Estima-se que 21,4% desse contingente está sem cobertura previdência (IPEA, 2008), ou seja, 4,3 milhões de idosos que não conseguiram, ao longo de sua vida laboral, contribuir regularmente para previdência social e não estão em famílias de extrema pobreza para fazer jus ao benefício de assistência social. O pagamento de uma renda incondicional de cidadania a essas pessoas, no valor de um piso previdenciário da época da pesquisa (R$ 415,00), implicaria uma despesa orçamentária anual de R$ 23 bilhões, que poderia ter com fonte os recursos que são desviados pela DRU do Orçamento da Seguridade Social para o orçamento fiscal. Em 2009, por meio da DRU, serão transferidos para o Orçamento Fiscal cerca de R$ 40 bilhões, contribuindo para a realização do superávit primário.[12] Afinal de contas, o orçamento público é para efetivar direitos.

---

11. Os dados da PNAD 2007 revelam que existem no Brasil 22.126 mil aposentados e pensionistas, sendo 15.723 mil aposentados e 5.292 pensionistas. Desse universo, 4.889 aposentados e 1.545 pensionistas retornaram ao mercado de trabalho.

12. Ver Nota Técnica n. 143 do INESC. Disponível em: <www.inesc.org.br/biblioteca/publicacoes/notas-tecnicas/NT%20143_PLOA%202009.pdf/view>. Acesso em: 20 dez. 2009.

O segundo conjunto de medidas está ligado à proteção social da cobertura de riscos relacionados à perda da capacidade de trabalho para aqueles trabalhadores que estão em atividade. Nesse caso, são os trabalhadores que estão desempregados, empregados urbanos e rurais sem carteira de trabalho assinada e a quase totalidade dos trabalhadores por conta própria. Trata-se de ampliar a cobertura da previdência social para metade da PEA e, com isso, reduzir as desigualdades sociais, particularmente de gênero e de raça, que são estruturais em nosso mercado de trabalho. Essa ampliação passa por medidas que vêm sendo implementadas desde 2004, direcionadas a pequenas e microempresas, incentivos tributários para a formalização de empregados domésticos e a instituição de regimes simplificados de aposentadorias, que reduziram o valor da contribuição de autônomos, estudantes e donas de casa (Jaccound, 2008). Tais medidas, no entanto, ainda são insuficientes para garantir a universalização previdenciária.

Diante desse quadro é necessário o debate sobre a implantação de uma renda incondicional de cidadania para o enfrentamento da situação de exclusão do mercado de trabalho, fazendo articulação entre as políticas de previdência social e assistência social, como prevê a Constituição brasileira com a instituição da seguridade social.

5.3 FNS e o perigoso *mix* público-privado

O Fundo Nacional de Saúde foi instituído pelo Decreto n. 64.867, de 24 de julho de 1969, e passou por várias modificações ao longo de sua história. O Decreto n. 3.964, de 10 de outubro de 2001, reorganizou o FNS, redefinindo critérios de transferências de recursos por fundos de saúde, estaduais e municipais, e a celebração de convênios com órgãos e entidades. Também define as receitas e despesas, estabelecendo o FNS como unidade de orçamento de finanças e contábil do SUS (artigo 9º).

A Lei Orgânica da Saúde (LOS), n. 8.080/90, editada por consequência das modificações realizadas na CF, estabelece as condições para a promoção, a proteção e a recuperação da saúde, a organização e o funcionamento dos serviços correspondentes. A LOS dispõe no artigo 33 que os recursos financeiros do SUS serão depositados em conta especial, em cada esfera de sua atuação, e movimentados sob fiscalização dos respectivos Conselhos de Saúde. Na esfera federal, os recursos financeiros, originários do OSS e de outros orçamentos da União, serão administrados pelo Ministério da Saúde, por meio do FNS.

O marco importante para compreensão do controle social da política de saúde no Brasil é o movimento de Reforma Sanitária, que homologou a proposta do Sistema Único de Saúde (SUS) como alternativa ao sistema em vigor, que exigia a inserção no mercado formal de trabalho, o que significava a necessidade de contribuição prévia para o acesso à saúde pública no país. A proposta do SUS foi legitimada na VIII Conferência Nacional de Saúde, que contou pela primeira vez na história com ampla participação da sociedade civil organizada.

Um dos principais eixos da conferência foi a participação no SUS na perspectiva do controle social, apontado como um dos princípios alimentadores da reforma do sistema nacional de saúde e fundamental para sua democratização, com forte mobilização do movimento nacional da Reforma Sanitária, articulado com movimentos sociais, sindicatos e parlamentares, que pressionaram e conquistaram na Constituição de 1988: o SUS (Correia, 2006). Ou seja, a garantia da saúde como direito de todos e dever do Estado, a descentralização, o atendimento integral, enfim, a universalização do direito.

Os conselhos e as conferências de saúde foram instituídos pela Lei n. 8.142/90, como instrumentos do controle social, por meio dos quais deve acontecer a participação dos diversos setores da sociedade, a fim de, juntamente com o governo, permitir o acompanhamento e a definição de políticas públicas de saúde. Os conselhos de saúde estão presentes também em todos os estados da Federação e nos municípios,[13] pois constituem uma exigência legal para o recebimento de verbas orçamentárias da União. Os conselhos de saúde têm atribuições deliberativas e composição paritária, com a metade das vagas destinadas à representação dos usuários. Correia (2006, p. 127) observa que muitos desses conselhos

> foram criados apenas formalmente para cumprir o referido requisito legal, se constituindo em mecanismo de legitimação de gestões. São manipulados

13. Ver também nesse sentido os estudos de Affonso e Silva (1996) e de Stein (1997) sobre a descentralização das políticas sociais.

desde a sua composição, com a ingerência política dos gestores, até a sua atuação, reduzida à aprovação de documentos necessários para repasses dos recursos.

O FNS deve prover os recursos para execução, implementação de programas e projetos que são de competência do SUS, e a gestão dos recursos deve observar o disposto no PPA, na LDO e na LOA. A Lei n. 8.142/90, que trata da participação da comunidade na gestão do SUS e das transferências intergovernamentais de recursos financeiros na área da saúde, estabelece que os recursos do FNS serão alocados em:

a) despesas de custeio e de capital do Ministério da Saúde, seus órgãos e entidades, da administração direta e indireta;
b) investimentos previstos em lei orçamentária, de iniciativa do Poder Legislativo e aprovados pelo Congresso Nacional;
c) investimentos previstos no Plano Quinquenal do Ministério da Saúde;
d) cobertura das ações e serviços de saúde a serem implementados pelos municípios, estados e Distrito Federal.

Portanto, o FNS repassa os créditos orçamentários e recursos financeiros para as entidades vinculadas ao SUS, com o objetivo de atender à cobertura assistencial, assim como para manutenção do próprio Ministério da Saúde, desde que respeitadas as competências decorrentes da transversalidade de funções pertinentes ao monitoramento, controle e avaliação das políticas de saúde (Brasil, FNS, 2008).

Após trinta anos de existência é que o FNS passou a ser unidade administrativa na estrutura organizacional do Ministério da Saúde, vinculado diretamente à Secretaria-Executiva, ou seja, uma unidade organizacional autônoma no Ministério da Saúde, conforme dispõe o Decreto n. 3.496/2000 (Brasil, FNS, 2008).

A partir dessas considerações preliminares realiza-se a seguir a análise do orçamento do FNS, no período de 2000 a 2007, com base na classificação funcional-programática dos recursos liquidados, em valores deflacionados pelo IGP-DI. A tabela 31 mostra que os valores executados no FNS por subfunções apresentaram uma pequena evolução de 5,86% no período, saltando de R$ 42.947,77 milhões, em 2000, para R$ 45.462,46 milhões, em 2007. Convém esclarecer que, além da função saúde no âmbito do FNS, foram liquidados recursos nas funções encargos especiais e previdência social,[14] que absorveram o montante de R$ 26,64 bilhões ao longo do período, em valores deflacionados pelo IGP-DI, o que equivale a 60% de um orçamento médio anual do FNS.

O gasto do FNS apresentou um comportamento instável ao longo do período. Em alguns anos ocorreu um decréscimo, em valores constantes, nas despesas com ações e serviços da saúde, como, por exemplo, nos anos de 2001, 2003 e 2004. O ano de 2004 é o que apresentou o menor aporte de recursos, em valores deflacionados: R$ 39.985,99. Em 2007, há um acréscimo de R$ 3,9 bilhões no FNS, em função do acréscimo de recursos nas subfunções atenção básica e assistência hospitalar e ambulatorial. Em 2004, uma parcela importante dos recursos, estranhamente,[15] foi alocada nas subfunções outros encargos especiais e transferências, mas com programas relacionados à área de saúde.

Na realidade, o maior acréscimo de recursos em 2007 é resultado direito da crise da saúde no Nordeste, que atingiu seu pico em meados daquele ano, virando um escândalo nacional. Os profissionais de saúde, principalmente do Ceará e Alagoas, paralisaram as atividades durante um mês, reivindicando revisão nos valores de procedimentos da tabela SUS, que estaria defasada há oito anos, e ampliação de recursos para financiamento à saúde. De acordo com o boletim *Políticas Sociais — Acompanhamento e Análise*, n. 15 (março de 2008), isso levou à edição da MP n. 395, de setembro de 2007, com o governo liberando recursos da ordem de R$ 1,7 bilhão, além de R$ 300 milhões das emendas parlamentares. Esses valores justificam, em grande parte, os recursos a mais que o FNS executou comparativamente a 2006.

Apesar de a Portaria SOF n. 42/99 (aplicável a partir do exercício financeiro de 2000) relacionar somente seis subfunções (códigos 301 a 306) que aglutinam ações orçamentárias em torno da função saúde — atenção básica, assistência hospitalar e ambulatorial, suporte profilático e terapêutico, vigilância sanitária, vigilância epidemiológica e alimentação e nutrição —, a tabela 31 mostra que 28 subfunções, no período de 2000 a 2007, receberam dotações orçamentárias com recursos do FNS.

---

14. O que explica a diferença de valores entre a tabela 21 e a tabela 24. Nesta última referem-se apenas os recursos liquidados no âmbito da função saúde.

15. As duas bases de dados consultadas que disponibilizam informações do Sistema Integrado de Administração Financeira (SIAFI), que são acessadas por meio do Sistema SIGA do Senado Federal e também pela Câmara dos Deputados, confirmam a alocação de recursos nessas subfunções. Nem encontramos justificativas nem o motivo dessa opção nos documentos oficiais.

As subfunções podem ser combinadas com funções diferentes daquelas às quais estão relacionadas na Portaria n. 42/99 (MTO, 2008). Todavia, esse arranjo no orçamento do FNS pode sinalizar a utilização de recursos em áreas não finalísticas da política de saúde, ou seja, uma parcela não desprezível de recursos foi destinada para área meio ou para outros setores, em vez de ser destinada para ampliação da cobertura do atendimento de saúde e da universalização, conforme preconiza a Constituição. Somente em 2007, essa fuga de recursos representou 15,41% do montante orçamentário do FNS, o que equivale a R$ 7 bilhões. Essa aplicação de recursos poderia ter sido custeada pelo orçamento fiscal, pois foram destinadas, entre outras finalidades, ao pagamento de inativos do Ministério da Saúde, ao serviço da dívida externa, na administração geral, na formação de recursos humanos, em ensino superior, conforme a tabela 31.

Nos gráficos 3 e 4 é possível visualizar a participação das principais subfunções executadas no FNS nos anos de 2000 e 2007. De acordo com os gráficos, as subfunções que estão relacionadas com programas e ações finalísticas da saúde (atenção básica, assistência hospitalar e ambulatorial, suporte profilático e terapêutico, vigilância sanitária, vigilância epidemiológica e alimentação e nutrição) aumentaram sua participação no período.

Em 2000, respondiam por 81,89% dos recursos e subiram para 84,59%, em 2007. Contudo, os gráficos revelam mudanças nas destinações dos recursos do FNS, pois, em 2000, a subfunção assistência hospitalar e ambulatorial tinha uma partição de 60,5%, reduzida para 52,2%, em 2007, paralelamente ao crescimento dos recursos destinados à atenção básica, que evoluíram de 12,9% para 17,8%, no período. Também registraram crescimento no período as subfunções suporte profilático e terapêutico, vigilância sanitária e vigilância epidemiológica, enquanto a subfunção alimentação e nutrição teve sua participação reduzida no orçamento do FNS.

O principal desvio de recursos para área não finalística da saúde é referente à subfunção previdência do regime estatutário, que engloba os pagamentos de aposentadorias e pensões de inativos do Ministério da Saúde. Essa subfunção tinha participação de 9%, em 2000, reduzindo-se para 6,7%, em 2007. Apesar do decréscimo, os recursos utilizados no pagamento de inativos em 2007 são superiores aos gastos nas subfunções vigilância sanitária (0,3%) e vigilância epidemiológica (4,31%). Ademais, o desvio de recursos para programas e ações não típicos da saúde, excetuando-se serviços da dívida

Tabela 31

Evolução do FNS por subfunções (em R$ milhões liquidados — 2000-2007 —, deflacionados pelo IGP-DI)

Subfunções	2000	2001	2002	2003	2004	2005	2006	2007	2000-2003	2004-2007
272 — Previdência do Regime Estatutário	3.858,09	3.513,70	3.504,56	3.223,68	3.050,19	2.952,53	2.838,57	3.009,71	-16,44%	-1,33%
121 — Planejamento e Orçamento					4,87	5,62	14,91	28,14		477,60%
122 — Administração Geral	3.033,32	2.769,96	2.897,14	2.552,94	2.489,04	2.071,93	3.051,59	2.921,01	-15,84%	17,35%
124 — Controle Interno	0,00	0,00	0,00	0,00	5,89	3,54	6,07	4,76		-19,23%
125 — Normatização e Fiscalização	7,89	11,33	10,42	11,26	0,00	0,42	0,85	0,76	42,62%	
126 — Tecnologia da Informação	81,63	151,36	217,91	147,85	78,02	139,42	124,14	85,92	81,13%	10,12%
128 — Formação de Recursos Humanos	75,10	52,67	75,36	49,12	215,53	151,86	155,88	164,74	-34,59%	-23,57%
131 — Comunicação Social	31,12	30,08	53,16	0,00	112,99	120,66	107,18	66,58		-41,08%
183 — Informação e Inteligência	0,00	0,00	0,00	0,00	87,63	85,96	70,62	28,86		-67,06%
241 — Assistência ao Idoso			0,25	1,58						
242 — Assistência ao Portador de Deficiência		1,46	2,97	1,33						
243 — Assistência à Criança e ao Adolescente	1,47	0,23	1,45	0,63					-57,17%	
244 — Assistência Comunitária	23,16	11,29	24,31	7,90					-65,90%	
301 — Atenção Básica	5.552,16	5.592,27	5.892,35	5.809,58	329,69	6.418,73	7.022,15	8.107,14	4,64%	2.359,01%
302 — Assistência Hospitalar e Ambulatorial	25.967,24	25.217,22	24.306,24	22.313,07	1.222,87	20.107,16	21.015,88	23.730,37	-14,07%	1.840,55%
303 — Suporte Profilático e Terapêutico	2.301,02	2.129,38	2.417,99	3.065,79	2.932,20	3.326,07	3.954,84	4.394,67	33,24%	49,88%
304 — Vigilância Sanitária	85,47	126,93	130,54	131,89	0,00	83,56	145,21	134,62	54,32%	
305 — Vigilância Epidemiológica	838,63	1.085,99	1.049,49	983,03	763,21	1.594,11	2.091,45	1.959,42	17,22%	156,73%
306 — Alimentação e Nutrição	426,82	417,00	528,93	637,45	100,93	107,08	110,06	128,30	49,35%	27,11%
331 — Proteção e Benefícios ao Trabalhador	47,26	49,69	49,31	52,72	44,47	46,42	50,95	52,33	11,57%	17,67%
363 — Ensino Profissional	115,76	128,59	284,82	337,55					191,58%	
364 — Ensino Superior	23,66	23,65	28,18	23,39	0,00	83,09	135,55	176,49	-1,15%	
365 — Educação Infantil	15,79	17,07	9,98	7,66	5,24	3,95	3,59	2,69	-51,48%	-48,59%
366 — Educação de Jovens e Adultos					2,48	0,00				
422 — Direitos Individuais, Coletivos e Difusos					23,81	7,47	32,41	31,88		33,91%
511 — Saneamento Básico Rural	0,00	3,43	3,11	6,39	14,87	3,96	6,41			
571 — Desenvolvimento Científico	41,60	46,06	56,71	50,32	130,46	75,97	121,27	121,70	20,97%	-6,71%
573 — Difusão do Conhecimento Científico e Tecnológico	16,05	9,70	14,47	15,15	10,75	8,76	10,00	14,91	-5,62%	38,72%
665 — Normatização e Qualidade	13,51	0,92	0,17							
845 — Transferências					5.099,72	2.378,56	29,10	29,82		-99,42%
846 — Outros Encargos Especiais					22.657,84	9,23	38,56	39,65		-99,83%
843 — Serviço da Dívida Interna		0,62	1,70	5,30	2,37	0,00	0,00	0,68		-71,16%
844 — Serviço da Dívida Externa	332,18	147,96	206,42	635,30	599,66	382,96	318,31	183,94	91,25%	-69,33%
Total	42.888,93	41.538,56	41.767,92	40.070,88	39.984,75	40.169,05	41.455,55	45.419,11	-6,57%	13,59%

Fonte: SIAFI/SIGA. (Elaboração própria.)

externa e previdência do regime estatutário, representou 8,4% do montante do FNS, conforme o gráfico 4.

Gráfico 3
Execução dp FNS por subfunções (2000)

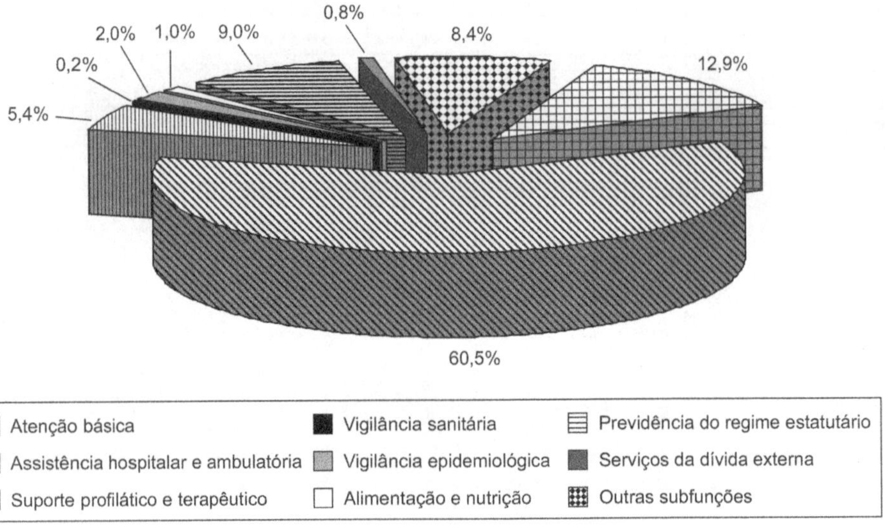

Gráfico 4
Execução do FNS por subfunções (2007)

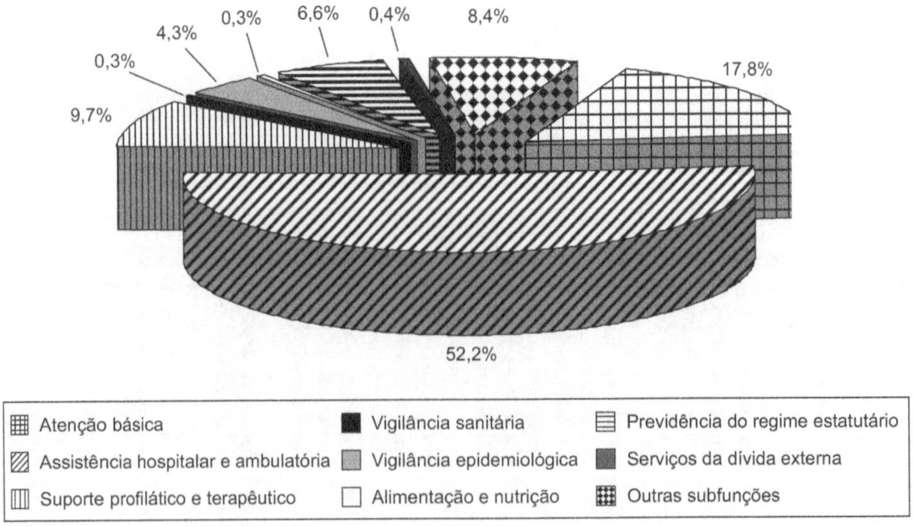

De acordo com Gilson Carvalho (2002), os gastos com inativos do Ministério da Saúde não deveriam ser contabilizados no orçamento do FNS, pois são despesas que deveriam ser pagas pelo orçamento fiscal, visto que se trata da política de recursos humanos do governo federal. Ao longo do período analisado, esses gastos absorveram em média 7,8% do orçamento do FNS. As despesas na subfunção previdência do regime estatutário reduzem-se, a partir de 2004, após as incertezas decorrentes da "reforma da previdência" do governo Lula.

Conforme Ribeiro, Piola e Servo (2007), as despesas com serviços da dívida são referentes às operações realizadas pelo Ministério da Saúde, por meio de convênios e empréstimos junto a organismos internacionais, que geram encargos financeiros que são pagos pelo FNS. Apesar da redução no período, o volume do gasto é ainda significativo. Em 2007, superava as despesas com vigilância sanitária (ver tabela 31) no âmbito do FNS.

Os dados publicados por Piola e Vianna (2008, p. 237), baseados nas estatísticas da Organização Mundial de Saúde (OMS), revelam que a participação dos gastos públicos responde por menos da metade dos gastos em saúde no Brasil. Essa participação é inferior aos diversos países da amostra da tabela 32. A tabela também revela que o gasto total comparado ao PIB, no Brasil, é similar ao de países da OCDE. Porém, naqueles países a maior parte dos gastos é realizada pelo Estado. Na Inglaterra, por exemplo, os gastos públicos com saúde respondem por 87,1% do total. Assim como Alemanha, Bélgica, Canadá e Espanha têm gastos públicos com saúde acima de 70%.

Tabela 32

Gasto nacional de saúde: % do PIB, *per capita* e participação do público e privado (Estimativas para 2005)

País	% PIB	*Per capita*[1] em saúde	% Público	% Privado
Alemanha	10,7	3.250	76,9	23,1
Austrália	8,8	3.001	67,0	33,0
Bélgica	9,6	3.071	71,4	28,6
Brasil	7,9	755	44,1	55,9
Canadá	9,7	3.419	70,3	29,7
Espanha	8,2	2.242	71,4	28,6
EUA	15,2	6.350	45,1	54,9
Inglaterra	8,2	2.597	87,1	12,9

Fonte: Piola e Vianna (2008, p. 237) apud World Health Statistics (2008).

(1) Em dólares internacionais, ou seja, valores padronizados segundo paridade de poder de compra.

A tabela 32 também revela o paradoxo do caso brasileiro, possivelmente o único país com sistema universal de saúde onde o gasto privado é maior que o público (Piola e Vianna, 2008). O gasto público em saúde sobre o total é menor que nos EUA, onde o sistema de saúde não é universal, com a cobertura baseada no mercado de trabalho, paga pelo empregador (61% da cobertura é nesta modalidade) e com cobertura restrita pelo Estado aos idosos e deficientes. O restante da população paga pelo atendimento (Ribeiro, Piola e Servo, 2007).

Em termos de PIB *per capita*, os gastos em saúde no Brasil são bem inferiores aos dos países apresentados na tabela 32. Piola e Vianna (2008, p. 238) criticam o baixo valor do gasto *per capita* com saúde:

> No Brasil, em 2006, ano em que as informações estão mais completas, o gasto do SUS não ultrapassou 3,6% do PIB. Esse montante corresponde a cerca de R$ 451 por habitante/ano, para custear o acesso universal e o atendimento integral a mais de 186 milhões de brasileiros. Excluindo-se a população que utiliza outras formas de atendimento além do SUS, basicamente aquela coberta pelo segmento de saúde complementar (planos e seguros de saúde), cerca de 37 milhões em 2006, a disponibilidade *per capita* do SUS sobe para R$ 562. Esse valor, no entanto, é bastante inferior à disponibilidade do segmento de Planos e Seguros Privados de Saúde no mesmo ano, que foi de R$ 1.131 por beneficiário.

Os dados do Sistema de Informações sobre Orçamentos Públicos em Saúde (SIOPS) consolidados para as três esferas de governos, no período de 2000 a 2006, revelam um acréscimo no montante das despesas com ações e serviços públicos financiadas por recursos próprios de 2,89% do PIB para 3,6% do PIB (tabela 33). Contudo, esse maior acréscimo nos gastos com saúde é puxado pelos estados e municípios. Os estados gastavam 0,54% do PIB com saúde, em 2000, subindo para 0,85%, em 2007; já os municípios aumentaram suas despesas com ações e serviços públicos de saúde financiados com recursos próprios de 0,62% do PIB para 1,01%, no mesmo período, enquanto a União mantém um gasto instável ao longo do período.

O corolário é uma alteração na responsabilidade dos gastos públicos com saúde no Brasil; em 2000, os estados e municípios respondiam por 40,14% do total, aumentaram essa participação para 51,57%, em 2007, e ao mesmo tempo ocorreu um decréscimo da participação federal nos gastos públicos com saúde de 59,86% para 48,61%, nesse período. Os dados revelam que a EC n. 29 foi parcialmente bem-sucedida, no sentido de ampliar a participação dos estados e dos municípios nos gastos com saúde pública. Contudo, o desempenho da União pouco se alterou no período.

Tabela 33
Despesas com ações e serviços públicos de saúde financiados por recursos próprios de 2000-2006 (em % do PIB por esfera de governo)

Ano	Em % do PIB				Participação			
	Federal	Estadual	Municipal	Total	Federal	Estadual (a)	Municipal (b)	Estados e municípios (a) + (b)
2000	1,73%	0,54%	0,62%	2,89%	59,86%	18,69%	21,45%	40,14%
2001	1,73%	0,63%	0,71%	3,07%	56,35%	20,52%	23,13%	43,65%
2002	1,67%	0,70%	0,81%	3,18%	52,52%	22,01%	25,47%	47,48%
2003	1,60%	0,71%	0,82%	3,13%	51,12%	22,68%	26,20%	48,88%
2004	1,68%	0,83%	0,84%	3,35%	50,15%	24,78%	25,07%	49,85%
2005	1,70%	0,80%	0,94%	3,44%	49,42%	23,26%	27,33%	50,58%
2006	1,75%	0,85%	1,01%	3,60%	48,61%	23,61%	28,06%	51,67%

Fonte: SIOPS (jul. 2008). (Elaboração própria.)

A tabela 34 apresenta os gastos do FNS por programas, no período de 2000 a 2007, em valores deflacionados pelo IGP-DI. Nesse período, ao longo de dois Planos Plurianuais, foram liquidados recursos em 64 programas. Entre os programas que tiveram recursos liquidados encontram-se aqueles que são exclusivamente administrativos: apoio administrativo, valorização do servidor público, gestão do trabalho no SUS, entre outros. O programa apoio administrativo é composto por ações de manutenção de serviços administrativos e de outras ações relacionadas a benefícios pagos aos servidores vinculados ao Ministério da Saúde, como assistência pré-escolar, auxílio-transporte e auxílio-alimentação.

No PPA 2000-2003, no âmbito do programa apoio administrativo, foi executada a ação referente à remuneração de pessoal ativo da União e encargos

Tabela 34

Evolução do FNS por programas (em R$ milhões liquidados — 2000-2007 —, deflacionados pelo IGP-DI)

Programas	2000	2003	2004	2005	2006	2007	2000-2003	2004-2007
0089 — Previdência de Inativos e Pensionistas da União	3.858,09	3.223,68	3.050,19	2.952,53	2.838,57	3.009,71		
0001 — Saúde da Família	5.182,88	5.460,19					5,35%	
0002 — Prevenção e Controle de Doenças Transmissíveis por Vetores	733,32	962,12					31,20%	
0003 — Prevenção, Controle e Assistência aos Portadores de Doenças Sexualmente Transmissíveis e da AIDS	1.516,78	1.048,46					-30,88%	
0004 — Qualidade e Eficiência do SUS	1.936,90	1.053,53					-45,61%	
0005 — Assistência Farmacêutica	546,23	1.449,79					165,42%	
0007 — Qualidade do Sangue	399,15	403,12					1,00%	
0008 — Alimentação Saudável	329,18	557,18					69,26%	
0009 — Profissionalização da Enfermagem	115,76	337,55					191,58%	
0010 — Vigilância Sanitária de Produtos e Serviços	84,21	131,12					55,70%	
0011 — Prevenção e Controle do Câncer e Assistência Oncológica	384,03	384,19					0,04%	
0014 — Prevenção e Controle da Malária	9,35							
0015 — Prevenção e Controle da Dengue	6,51							
0016 — Gestão da Política de Saúde	83,28	124,62	113,47	171,41	178,97	171,70	49,64%	51%
0017 — Prevenção e Controle das Doenças Crônico-Degenerativas	93,51	172,29					84,24%	
0018 — Saúde Mental	2,00	40,24					1.917,08%	
0019 — Prevenção e Controle da Tuberculose e Outras Pneumopatias	36,52	37,80					3,50%	
0020 — Controle da Hanseníase e de Outras Dermatoses	11,23	9,82					-12,60%	
0021 — Saúde da Mulher	20,58	17,62					-14,37%	
0022 — Saúde do Trabalhador	9,63	6,01					-37,56%	
0023 — Atendimento Ambulatorial, Emergencial e Hospitalar	23.738,96	21.106,52					-11,09%	
0026 — Saúde do Jovem	10,76	7,04					-34,57%	
0027 — Saúde da Criança e Aleitamento Materno	4,12	18,48					348,47%	
0065 — Atenção à Pessoa Portadora de Deficiência	0,50	1,76					252,63%	
0066 — Valorização e Saúde do Idoso	0,05	11,32					23.154,25%	
0067 — Atenção à Criança	15,79							
0100 — Assistência ao Trabalhador	358,38							
0119 — Saneamento Básico		6,39						
0466 — Biotecnologia e Recursos Genéticos — Genoma								
0681 — Gestão da Participação em Organismos Internacionais	58,84	53,53	56,76	59,97	55,39	42,96	-9,01%	-24%
0750 — Apoio Administrativo	3.031,24	2.544,21	2.671,20	2.227,04	3.147,58	2.950,49	-16,07%	10%

0752 — Gestão da Política de Comunicação de Governo	31,12							
0791 — Valorização do Servidor Público	6,68	315,23					4.619,28%	
0909 — Operações Especiais: Outros Encargos Especiais				7,52	37,41	38,46		
1186 — Prevenção e Controle das Doenças Imunopreveníveis			642,07	616,75	833,95	822,73		28%
1187 — Vigilância, Prevenção e Controle das Doenças Transmitidas por Vetores e Zoonoses			22,02					
1201 — Ciência, Tecnologia e Inovação em Saúde			142,02	74,97	120,52	122,30		-14%
1203 — Vigilância Epidemiológica e Ambiental em Saúde			914,21	936,26	1.207,40	1.091,66		19%
1214 — Atenção Básica em Saúde			5.719,63	6.101,78	6.664,84	7.755,80		36%
1215 — Alimentação Saudável			15,42	17,40	22,71	43,54		182%
1216 — Atenção Especializada em Saúde			730,68	585,55	380,88	573,82		-21%
1218 — Doação, Captação e Transplante de Órgãos e Tecidos			17,92	13,83				
1220 — Atenção Hospitalar e Ambulatorial no Sistema Único de Saúde			19.788,77	19.130,39	20.340,24	22.808,56		15%
1287 — Saneamento Rural			14,87	3,96	6,41			
1289 — Vigilância Sanitária de Produtos, Serviços e Ambientes			102,65	80,62	141,10	126,42		23%
1291 — Segurança Transfusional e Qualidade do Sangue			286,87	282,32	309,37	256,93		-10%
1293 — Assistência Farmacêutica e Insumos Estratégicos			2.190,73	2.424,88	2.620,86	3.386,15		55%
1300 — Investimento para Humanização e Ampliação do Acesso à Atenção e à Saúde			98,40	135,89	132,25	132,59		35%
1303 — Atenção à Saúde da População em Situações de Violências e Outras Causas Externas			182,23	251,34	163,72	237,68		30%
1306 — Vigilância, Prevenção e Atenção em HIV/AIDS e Outras Doenças Sexualmente Transmissíveis			1.003,45	911,10	1.367,71	1.087,52		8%
1307 — Controle da Tuberculose e Eliminação da Hanseníase			43,52	47,10	49,52	40,48		-7%
1308 — Vigilância, Prevenção e Controle da Malária e da Dengue			76,83	73,13	69,02	57,38		-25%
1311 — Educação Permanente e Qualificação Profissional no Sistema Único de Saúde			381,15	271,87	351,84	377,64		-1%
1312 — Atenção à Saúde de Populações Estratégicas e em Situações Especiais de Agravos			62,28	67,92	82,27	79,61		28%
1314 — Participação Popular e Intersetorialidade na Reforma Sanitária e no Sistema Único de Saúde			22,08	20,25	44,76	43,67		98%
1318 — Gestão do Trabalho no Sistema Único de Saúde			8,65	4,30	4,92	4,83		-44%
1335 — Transferência de Renda com Condicionalidades			1.014,66	2.353,49	0,00	0,00		-100%
1336 — Brasil Quilombola			0,00	0,12	0,00	0,07		
1370 — Vigilância e Prevenção de Doenças e Agravos não Transmissíveis			0,00	6,97	8,97	4,50		
1371 — Vigilância Ambiental em Saúde			0,00	9,57	11,10	9,42		
6021 — Atenção Integral à Saúde da Mulher			8,85	4,11				
0901 — Operações Especiais: Cumprimento de Sentenças Judiciais			2,36	1,71	1,14	1,19		-50%
0905 — Operações Especiais: Serviço da Dívida Interna (Juros e Amortizações)		5,30	2,37	0,00	0,00	0,68		-71%
0906 — Operações Especiais: Serviço da Dívida Externa (Juros e Amortizações)	332,18	635,30	599,66	382,96	318,31	183,94	91,25%	-69%
Total	42.947,77	40.124,41	39.985,99	40.229,01	41.511,74	45.462,46	-6,57%	14%

Fonte: SIAFI/SIGA. (Elaboração própria.)

sociais, que teve orçamento liquidado no montante de R$ 10,48 bilhões, em valores atualizados pelo IGP-DI. Nos últimos dois anos do PPA 2004-2007, foram liquidados, nesse programa, recursos referentes à contribuição da União para o custeio do regime de previdência dos servidores públicos federais, no total de R$ 841,82 milhões. Na média do período de 2000 a 2007, foram liquidados R$ 2.779,96 milhões, em valores constantes, no programa apoio administrativo. No âmbito do programa de valorização do servidor público, a ação que absorveu maior volume de recursos refere-se à assistência médica e odontológica aos servidores, empregados e seus dependentes, no total de R$ 345,86 milhões. Todos esses programas deveriam ser executados com recursos do orçamento fiscal, pois dizem respeito à política de pessoal e de gestão da máquina pública e não se referem a gastos destinados diretamente à política de saúde no âmbito da seguridade social.

Chamam atenção as despesas realizadas com assistência médica de servidores, que não ficam restritas apenas ao Ministério da Saúde, mas abrangem outras unidades orçamentárias também e acabam sendo custeadas com recursos da seguridade social. Para Vianna (2005), o subsídio à assistência médica específica aos servidores é contrassenso em relação ao SUS de acesso universal criado pela Constituição, pois se trata de custear um acesso diferenciado a determinado segmento da sociedade, ou seja, é iníquo. A iniquidade para o autor também se manifesta no caso do abatimento da renda bruta, para efeito de dedução do IR, das despesas com saúde.

Nos Demonstrativos de Gastos Tributários[16] para 2009, publicados pela Secretaria da Receita Federal do Brasil (SRFB), que acompanha a PLOA 2009, as despesas médicas nas declarações de IRPF, em 2009, devem atingir R$ 3,1 bilhões em assistência médica, odontológica e farmacêutica a empregados R$ 2,3 bilhões, isso significa uma transferência do fundo público para os planos, seguros e atendimento privado de saúde de R$ 5,4 bilhões. Esse valor é equivalente a 12,5% do montante total liquidado no FNS em 2007, que foi em valores correntes: R$ 43,7 bilhões.

Para Mendes e Marques (2005, p. 264), as tentativas de inflar os recursos da saúde com ações não específicas dessa política são consequência direta

16. De acordo com a SRFB (2008, p. 11), "Gastos tributários são gastos indiretos do governo realizados por intermédio do sistema tributário visando atender a objetivos econômicos e sociais".

das restrições orçamentárias impostas para a área decorrentes da política econômica:

> Em relação à saúde pública, os principais impactos da política econômica em seu financiamento ocorreram no momento da elaboração da proposta orçamentária e não no encaminhamento da regulamentação da Emenda Constitucional n. 29. A importância assumida pela proposta orçamentária deveu-se ao fato de a meta relativa ao superávit primário, além de se traduzir em contingenciamento, resultar em diferentes tentativas de redução dos gastos, inclusive os sociais. No caso da saúde pública, *em todos os anos do primeiro governo Lula, a equipe econômica tentou introduzir itens de despesa que não são considerados gastos em saúde no orçamento* do Ministério da Saúde. Entre esses itens figuraram, entre outros, o pagamento de juros e a despesa com a aposentadoria dos ex-funcionários desse ministério. (grifos nossos)

Na tabela 34 percebe-se que foram executados R$ 3.368,15 milhões em 2004 e em 2005 com o programa transferência de renda com condicionalidades no âmbito do FNS. Trata-se de um truque do governo federal no sentido de contabilizar parte dos recursos do Programa Bolsa-Família (PBF) como cumprimento da EC n. 29, indicando assim que haveria um aumento de recursos com serviços e ações de saúde. Essa tentativa foi amplamente denunciada e contou com a posição contrária do CNSS e da Frente Parlamentar da Saúde. Ou seja, inflaram-se os gastos com ações e serviços públicos de saúde, com o pagamento da Bolsa-Família. O governo recuou somente em 2006, depois de pressão do movimento social, da reação parlamentar no Congresso Nacional e do Parecer contrário proferido pelo Ministério Público Federal, quando o PBF foi integralmente alocado no MDS.

Os principais programas no PPA 2000-2003 e 2004-2007 associados à atenção de média e alta complexidade no âmbito do SUS foram: 0023 — Atendimento Ambulatorial, Emergencial e Hospitalar (PPA 2000-2003) e 1220 — Atenção Hospitalar e Ambulatorial no SUS (ver tabela 34). Nesses programas são transferidos os recursos para os estados e os municípios para atendimento de média e alta complexidade. No PPA 2000-2003, o programa de atendimento ambulatorial emergencial e hospitalar absorveu, em média, 54,04% dos recursos liquidados no FNS. Já no PPA 2004-2007, o programa similar com objetivo de "ampliar o acesso da população aos serviços ambulatoriais e hospitalares do SUS", tendo como público-alvo a população em geral, teve uma participação de 49,09%, em média, no orçamento do FNS. Ao longo dos últimos oito anos foram liquidados R$ 172,7 bilhões, em valores deflacionados pelo IGP-DI, o que corresponde a 51,74% do montante executado no FNS.

Os valores executados nesses dois programas tiveram um comportamento instável ao longo do período de 2000 a 2007, revelando dificuldades na garantia de fluxo constante de recursos para garantir ações e serviços no âmbito do SUS. Na realidade, ao considerar os dois PPAs, o aporte de recursos foi reduzido de R$ 23.738,96 milhões (2000) para R$ 22.808,56 milhões (2007), o que significa uma redução de 3,91%, no período (ver tabela 34). De 2004 a 2006 há uma redução real no fluxo de recursos, em valores deflacionados pelo IGP-DI, em relação ao PPA 2000-2003. Em 2007, ocorreu uma ligeira recuperação da execução orçamentária, apresentando desempenho similar ao ocorrido em 2002, mas ainda em valores inferiores a 2000 e 2001.

A tabela 35 apresenta um detalhamento desses dois programas e ações executadas no período de 2000 a 2007. As duas principais ações no PPA 2000-2003 foram o atendimento ambulatorial, emergencial e hospitalar em regime de gestão plena do SUS, que cresceu 10,48%, no período, em valores constantes, e a ação referente ao repasse de recursos para atendimento ambulatorial, emergencial e hospitalar prestado pela rede cadastrada no SUS, cujos valores apresentaram um decréscimo de 26,18%.

No PPA 2004-2007, essas ações foram reagrupadas em uma única ação que se refere à atenção à saúde da população nos municípios habilitados em gestão plena do sistema e nos estados habilitados em gestão plena/avançada, com o crescimento da dotação orçamentária executada de R$ 16.965,98 milhões (2004) para R$ 21.381,61 milhões (2007), isto é, uma evolução de 26,03%, em valores constantes.

De acordo com o periódico *Políticas Sociais — Acompanhamento e Análise*, n. 14 (fevereiro de 2007), a produção de serviços pelo SUS e a sua cobertura populacional podem ser avaliadas em relação ao número de internações hospitalares e à produção ambulatorial por habitante. Nesse sentido, é importante uma breve avaliação das ofertas de serviços hospitalares pelo SUS e a participação do setor privado na produção de saúde no Brasil.

Os dados do IBGE (2008) mostram uma redução na quantidade de leitos para internação no país, no período de 1999 a 2005, de 41.735 leitos. Essa redução foi puxada pelo setor privado, que diminuiu o total de leitos

Tabela 35

Programas de atendimento hospitalar e ambulatorial (SUS) (valor em R$ milhões liquidados, deflacionados pelo IGP-DI)

PPA 2000-2003 **Programa 0023 — Atendimento ambulatorial, emergencial e hospitalar**						
Ações	**2000**	**2001**	**2002**	**2003**	**Média**	**Variação 2000-2003**
2101 — Atendimento médico especializado itinerante em áreas desassistidas	0,52	0,48	—	0,61	0,40	16,89%
4299 — Assistência médica qualificada e gratuita a todos os níveis da população e desenvolvimento de atividades educacionais e de pesquisas no campo da saúde — serviço social autônomo associação das pioneiras sociais	470,54	521,20	431,11	418,35	460,30	-11,09%
4302 — Funcionamento de hospitais da rede pública federal de atendimento médico ambulatorial, emergencial e hospitalar	1.258,05	989,95	1.002,80	485,17	933,99	-61,44%
4306 — Atendimento ambulatorial, emergencial e hospitalar em regime de gestão plena do Sistema Único de Saúde — SUS	10.741,59	12.405,58	11.329,42	11.866,87	11.585,87	10,48%
4307 — Atendimento ambulatorial, emergencial e hospitalar prestado pela rede cadastrada no Sistema Único de Saúde — SUS	11.245,09	9.224,39	9.755,56	8.300,97	9.631,50	-26,18%
4324 — Cooperação mútua com a Marinha brasileira para operação, manutenção e ações de saúde nos navios de assistência hospitalar — NASH, Oswaldo Cruz e Carlos Chagas, para atendimento das populações ribeirinhas.	2,32	3,77	5,18	7,53	4,70	224,61%
4375 — Residência médica nos hospitais da rede própria do Ministério da Saúde	20,84	20,45	24,03	19,42	21,18	-6,83%
4641 — Publicidade de utilidade pública	—	—	—	7,61	1,90	
Total do Programa	23.738,96	23.165,83	22.548,10	21.106,52	22.639,85	-11,09%

PPA 2004-2007 **1220 — Atenções hospitalar e ambulatorial no Sistema Único de Saúde — SUS**						
Ações	**2004**	**2005**	**2006**	**2007**	**Média**	**Variação 2004- 2007**
2272 — Gestão e administração do programa	—	2,89	3,69	5,25	2,96	—
2c20 — Atenção à saúde nos hospitais da rede pública federal (crédito extraordinário)	—	45,46	—	—	11,37	—

Continua

Cont. Tabela 35

2c26 — Atenção à saúde da população nos municípios habilitados em gestão plena do sistema e nos estados habilitados em gestão plena/avançada (crédito extraordinário)	—	650,20	—	—	162,55	—
2c27 — Atenção à saúde da população nos municípios não habilitados em gestão plena do sistema e nos estados não habilitados em gestão plena/avançada (crédito extraordinário)	—	62,98	—	—	15,75	—
4324 — Atenção à saúde das populações ribeirinhas da Região Amazônica mediante cooperação com a Marinha do Brasil	—	6,61	6,76	6,86	5,06	—
4525 — Apoio à manutenção de unidades de saúde	—	59,95	40,69	75,79	44,11	—
6148 — Assistência médica qualificada e gratuita a todos os níveis da população e desenvolvimento de atividades educacionais e de pesquisa no campo da saúde — Serviço Social Autônomo Associação das Pioneiras Sociais	—	448,19	478,71	505,82	358,18	—
6154 — Auditoria de serviços cadastrados no Sistema Único de Saúde — SUS	—	3,37	5,73	4,61	3,43	—
6155 — Auditoria de gestão no Sistema Único de Saúde — SUS	—	0,17	0,34	0,15	0,16	—
6217 — Atenção à saúde nos hospitais da rede pública federal	—	486,36	697,47	793,93	494,44	—
6839 — Fomento ao desenvolvimento da gestão, regulação, controle e avaliação da atenção à saúde no Sistema Único de Saúde — SUS	—	0,43	39,39	33,57	18,35	—
7664 — Reestruturações do sistema de informação ambulatorial e hospitalar	—	—	—	—	—	—
8537 — Sistemas estaduais, municipais e do Distrito Federal de auditoria	0,58	0,42	0,85	0,76	0,65	30,27%
8581 — Estruturação da rede de serviços de atenção básica de saúde	—			0,21	0,11	—
8585 — Atenções à saúde da população nos municípios habilitados em gestão plena do sistema e nos estados habilitados em gestão plena/avançada	16.965,98	16.923,37	19.066,61	21.381,61	18.584,39	26,03%
8587 — Atenções à saúde da população nos municípios não habilitados em gestão plena do sistema e nos estados não habilitados em gestão plena/avançada	1.598,63	439,98	—	—	509,65	—
Total do Programa	19.788,77	19.130,39	20.340,24	22.808,56	20.516,99	15,26%

Fonte: SIAFI/SIDOR/SIGA. (Elaboração própria.)

disponíveis em 13,93%, conforme revela a tabela 36. Por outro lado, mesmo com o aumento da oferta de leitos nos hospitais públicos, o setor privado é responsável por 2/3 do total de oferta disponível.

Tabela 36
Leitos para internação em estabelecimentos de saúde, por esfera administrativa Brasil (1999-2005)

Ano	Leitos para internação			Participação	
	Total	Público	Privado	Público	Privado
1999	484.945	143.074	341.871	29,50%	70,50%
2002	471.171	146.319	324.852	31,05%	68,95%
2005	443.210	148.966	294.244	33,61%	66,39%
Variação 1999-2005	-41.735	5.892	-47.627	—	—
Variação % 1999-2005	-8,61%	4,12%	-13,93%	—	—

Fonte: IBGE — Economia da Saúde (2008). (Elaboração própria.)

De acordo com a pesquisa Assistência Médico-Sanitária (AMS) do IBGE, em função do decréscimo de vagas disponíveis para internação, a relação leito por mil habitantes, em 2005, foi de 2,4, reduzindo-se em relação a 2002, quando esse índice era de 2,7 por mil habitantes. O setor privado foi o maior responsável pela queda, 4,9% ao ano, enquanto no setor público o recuo foi de 1,2% (IBGE, 2006). Esses resultados ficam abaixo dos recomendados pela OMS, que estão referendados na Portaria n. 1.101/GM, de 12 de junho de 2002, do Ministério da Saúde, que aponta com referencial de cobertura 2,5 a 3 leitos por mil habitantes. Por esses critérios a pesquisa do IBGE (2006) revela que, em 2005, apenas oito estados brasileiros possuíam indicadores de leito por mil habitantes maior ou igual a 2,5: Paraíba (2,5); Pernambuco (2,5); Santa Catarina (2,7); Mato Grosso do Sul (2,7); Paraná (2,8); Rio Grande do Sul (2,8); Goiás (2,9); e Rio de Janeiro (2,9).

A insuficiência de leitos públicos para atendimento da população leva à necessidade do SUS de contratar um hospital privado com ou sem fins lucrativos (por meio de convênio) para ampliar a sua capacidade instalada. A publicação do IPEA, *Políticas Sociais — Acompanhamento e Análise*, n. 14 (fevereiro de 2007) ressalta que a CF não convalidou integralmente uma das propostas da VIII Conferência Nacional de Saúde (1986) de que todos os estabelecimentos privados que mantinham relação com o extinto INAMPS fossem regidos por um novo contrato do direito público. Isso significaria conferir às atividades e aos serviços de saúde um estatuto de bem público, nos quais a iniciativa privada poderia participar somente na forma de concessionária do Poder Público. Contudo, a CF estabeleceu que a assistência à saúde é livre à iniciativa privada (artigo 199) e o parágrafo 1º diz que as instituições privadas poderão participar de forma complementar do SUS, segundo diretrizes deste, mediante contrato de direito público ou convênio, tendo preferência as entidades filantrópicas e as sem fins lucrativos.

A incapacidade governamental aliada às políticas neoliberais em voga desde 1990 não ampliou de forma suficiente o atendimento público à saúde no país. Com isso, o que era para ser complementar virou o principal, pois a maior parte do leito disponível ao SUS em estabelecimentos de saúde está no setor privado (57,65%), como revela a pesquisa AMS do IBGE (2006), mostrada na tabela 37, em que o setor privado sem fins lucrativos responde por 37,23% das vagas disponíveis para internação no SUS.

Tabela 37

Leitos para internação disponíveis ao SUS, em estabelecimento de saúde (2005)

Esfera Administrativa	Total de Leitos	%
Setor Público	**141.264**	**42,35%**
Federal	13.535	4,06%
Estadual	58.806	17,63%
Municipal	68.923	20,66%
Particular	**192.274**	**57,65%**
Com fins lucrativos	68.110	20,42%
Sem fins lucrativos	124.164	37,23%
Total de Leitos	333.538	100,00%

Fonte: AMS, IBGE (2006, p. 88). (Elaboração própria.)

Essa relevância na participação do setor privado no SUS, ou seja, como sócio do fundo público da saúde, é também revelada pelo número de internações autorizadas e remuneradas pelo Ministério da Saúde. De acordo com o periódico *Políticas Sociais — Acompanhamento e Análise*, n. 14 (fevereiro de 2007, p. 94-5):

> A participação privada também pode ser auferida pela proporção de internações autorizadas e remuneradas pelo SUS. Em 2005, 57,25 % de 11,4

milhões de internações registradas no sistema do Ministério da Saúde foram realizadas por entidades privadas. Os estabelecimentos sem fins lucrativos (conveniados) contribuíram com 39,8% do total de internações, enquanto os estabelecimentos com fins lucrativos (contratados) contribuíram com apenas 17,4%.

O Relatório de Gestão do FNS de 2007 organizou as transferências dos recursos federais para ações e os serviços de saúde, na forma de bloco de financiamento em consonância com Portaria do Ministério da Saúde n. 204/2007. Dos R$ 43,2 bilhões, em valores correntes, liquidados pelo FNS, R$ 31,9 bilhões foram transferidos para estados, municípios e diretamente para prestadores de serviços. Para os estados foram transferidos R$ 10,7 bilhões; aos municípios, R$ 20,9 bilhões; e diretamente da União para os prestadores de serviços, R$ 0,29 bilhão.

O bloco de atenção média e alta complexidade ambulatorial e hospitalar teve um desembolso financeiro do FNS para os fundos estaduais de R$ 7,9 bilhões e para os fundos municipais, R$ 12,6 bilhões. Já a atenção básica ficou com R$ 0,05 bilhão para os estados e R$ 6,9 bilhões foram destinados aos municípios.

A transferência de recursos do orçamento para as entidades privadas ocorre principalmente nas esferas municipal e estadual, que recebem recursos públicos da União por meio da transferência do FNS no sistema "fundo a fundo". Os municípios e estados que têm gestão plena do SUS são livres para gerir a aplicação do recurso. A análise dos orçamentos estaduais e municipais foge do escopo desta pesquisa. Um breve levantamento nos dados do SIOPS das despesas totais dos municípios com saúde (2002 a 2007) revela que os gastos com serviços de terceiros (PJ) representam, em média, 27% do total do gasto municipal com saúde. Ainda há uma transferência relevante de recursos que vem crescendo nos últimos anos para instituições privadas sem fins lucrativos, transferências essas que já representavam, em 2007, 17,09% dos gastos correntes com saúde (conforme tabela 38). Em relação aos estados, as informações do SIOPS indicam que as despesas com serviços de terceiros (PJ) representavam 25% do montante gasto com saúde.

Essa participação relevante do setor privado na oferta de saúde no Brasil e na responsabilidade pela maior parte da internação do SUS reflete também as diretrizes da contrarreforma do Estado, conforme explicada no capítulo 2. A expressão institucional da contrarreforma (Behring, 2003), ou seja, o Plano

Tabela 38
Despesas dos municípios com saúde
Transferências para o setor privado em R$ milhões, deflacionados pelo IGP-DI

Ano	Despesas Totais com Saúde (a)	Despesas com Serviços terceiros PJ (b)	% Despesa Total (b)/(a)	Despesas Correntes (c)	Transferências para Instituições sem Fins Lucrativos (d)	% Despesa Corrente (c)/(d)
2002	37.675,17	10.281,55	27,29%	20.658,24	1.167,55	5,65%
2003	37.402,14	10.079,88	26,95%	22.100,35	1.774,05	8,03%
2004	37.924,41	10.573,33	27,88%	23.587,99	3.400,42	14,42%
2005	39.303,93	10.360,52	26,36%	24.061,65	3.892,78	16,18%
2006	43.639,54	11.560,11	26,49%	26.767,83	4.405,40	16,46%
2007	48.527,75	13.112,20	27,02%	30.198,49	5.162,43	17,09%

Fonte: SIOPS. (Elaboração própria.)

Diretor da Reforma do Estado (EC n. 19, de 19 de junho de 1998) reservou para o setor de saúde o chamado núcleo de serviços não exclusivos no qual o Estado atua simultaneamente com as organizações públicas não estatais e privadas. Nesse caso, são criadas organizações públicas não estatais, as organizações sociais de direito privado sem fins lucrativos, que celebram um contrato de gestão com o Poder Executivo. Ou ainda, no âmbito do programa nacional de publicização, as organizações sociais, que alteraram a natureza da relação do Estado com a área social (Behring, 2008).

Apesar de a grande maioria dos gestores do SUS não terem aderido ao modelo de organização social, é relevante a participação de entidades privadas não lucrativas no sistema SUS, conforme revelado na tabela 38. Além disso, esse debate foi "requentado" no âmbito da proposta de fundação estatal apresentada pelo ministro da Saúde como a "salvação" da gestão pública do SUS.

Conforme destaca Behring (2008, p. 170):

> Repõe-se o fetiche da iniciativa privada. Há algumas poucas diferenças entre as fundações estatais e as organizações sociais — um projeto que não prosperou conforme as expectativas, mas que engendrou importantes transferências patrimoniais ao setor privado: as fundações fazem parte da administração indireta, enquanto as OS são instituições públicas que se transformaram em privadas, de forma que não precisam se guiar pelos parâmetros do direito administrativo mínimo — concurso público e a lei

de licitações, por exemplo. O *mix* público/privado é maior no caso das fundações estatais — propriedade pública de direito privado.

A autora argumenta que o eixo do programa de publicização está presente na proposta de fundação estatal: a venda de outros serviços que não os prestados exclusivamente ao Estado, reforço da concepção de saúde como setor concorrencial ao privado; possibilidade de captação de recursos no mercado financeiro; fim da estabilidade dos trabalhadores no setor; renúncia fiscal e imunidade tributária; e a fragilidade no controle social.

Esse sistema misto em que hospital privado atende tanto os pacientes particulares, de planos e seguros de saúde, quanto o SUS possibilita um tratamento discriminatório pelo prestador de serviço de saúde. Nesse sentido, o periódico do IPEA, *Políticas Sociais — Acompanhamento e Análise*, n. 14 (fevereiro de 2007), destaca que pode ser configurada a "chamada dupla porta de entrada", uma situação em que Xavier (2004, p. 8) assim descreve:

> Os usuários do Sistema Único de Saúde (SUS) entram pela porta lateral do prédio, e fazem fila, de pé, para encaminhar pedido de exames ou marcar consulta. Usuários de planos de saúde são recebidos na porta principal e aguardam em sala climatizada com cadeiras confortáveis.

Além disso, destaca a publicação do IPEA, o hospital privado pode se limitar a fazer o atendimento inicial e depois encaminhar o paciente do SUS para o acesso aos medicamentos e à realização de exames e outros serviços necessários na rede pública de saúde. Ou, ainda, o serviço de menor complexidade é realizado no prestador privado, enquanto o de maior complexidade e de custo mais elevado na rede pública, com as entidades privadas também evitando os pacientes que exigem tratamentos prolongados e de alto custo, ficando de forma seletiva com os pacientes de menor risco e maior retorno econômico, financiados pelos repasses do fundo público.

Na prática, essa forma de atendimento é excludente, reforçando a privatização do sistema de saúde, pois significa dois tipos de cidadãos: "sem planos de saúde", que dependem da restrita oferta de vagas nos hospitais públicos e que terão atendimento apenas básico na rede privada; e os com "planos de saúde", que têm seu limite de atendimento no limiar da rentabilidade econômica, ou seja, quando deixam de ser rentáveis financeiramente são encaminhados ao hospital público.

No tocante à assistência básica à saúde, são dois programas analisados que receberam recursos orçamentários. No PPA 2000-2003, o Programa Saúde da Família (0001); e no PPA 2004-2007, as ações do orçamento foram realocadas no Programa Atenção Básica em Saúde (1214). Considerando as ações executadas nos dois programas, há um crescimento expressivo ao longo do período de 2000 a 2007, saindo de R$ 2.389,33 (2000) para R$ 7.380,73 (2007), em valores deflacionados, o que significa um crescimento de 208,90%, revelando novas prioridades no destino dos recursos do FNS (ver tabela 34).

No PPA 2000-2003, as duas principais ações do Programa Saúde da Família (PSF) foram: a) o atendimento assistencial básico referente ao Piso de Atenção Básica (PAB), nos municípios em gestão plena da atenção básica, cujo aporte de orçamento subiu de R$ 1.726,46 (2000) milhão para R$ 1.891,50 milhão (2003), em valores deflacionados pelo IGP-DI; e b) o incentivo financeiro a municípios habilitados à parte variável do PAB para saúde da família, com uma evolução de R$ 655,56 milhões para R$ 1.624,14 milhão, no mesmo período. No PPA 2004-2007, a principal ação orçamentária executada no Programa Atenção Básica em Saúde foi o incentivo financeiro a municípios habilitados à parte variável do PAB para a saúde da família, que teve um crescimento de 90,99% acima da inflação.

Esse crescimento vem ocorrendo no âmbito do processo de descentralização, no âmbito da Norma Operacional Básica (NOB) SUS n. 01 de 1996, que criou o *status* de gestor pleno da atenção básica, conferindo autonomia aos estados e municípios no gerenciamento do sistema de saúde, incluindo a prestação de serviços médico-assistenciais. Ainda de acordo com o boletim *Políticas Sociais — Acompanhamento e Análise*, n. 13 (2007, p. 128), foi criada a condição de gestor pleno de atenção básica, possibilitando que os municípios se habilitassem nessa forma de gestão. Para tanto, foi criado o PAB e toda a "política de incentivos a atividades consideradas estratégicas, como Programa de Agentes Comunitários de Saúde e Programa de Saúde da Família". Com esse aprofundamento da descentralização conjuntamente com a insuficiência de recursos, ocorreu uma política de restrição dos grandes centros urbanos em relação ao atendimento de pacientes de municípios vizinhos de menor porte econômico.

Para Bravo e Matos (2001), a centralidade do PSF como a "nova" face da política de saúde no país se encontra fundamentada na contrarreforma do Estado dos anos 1990. As autoras, a partir da análise do artigo do Bresser

Pereira — "Reforma administrativa do sistema de saúde" (documento do MARE[17]/1998) —, destacam que entre as ações propostas para a política de saúde a fim de solucionar o problema "oneroso" do sistema ambulatorial e hospitalar do SUS estava a descentralização rápida e decisiva do sistema para as três esferas de governo; a montagem de um sistema integrado, regionalizado e hierarquizado; e a montagem de um sistema de informações gerenciais por meio do Datasus.

O chamado sistema integrado regionalizado e hierarquizado seria composto por dois subsistemas: o primeiro denominado de porta de entrada e controle, que seriam os postos de saúde e o PSF, que ficaram responsáveis pela seleção e o encaminhamento para a rede ambulatorial dos casos de maior complexidade e especialidade, cuja autorização hospitalar passaria a ser distribuída pelo número de habitantes e não mais por leitos. O segundo subsistema seria formado por unidade de maior complexidade e especialização na rede de ambulatórios e hospitais credenciados (preferencialmente as organizações sociais).

A NOB/SUS n. 1 de 1996 tem a clara orientação de política focalizada de saúde, priorizando a atenção básica desarticulada da atenção secundária e terciária. De acordo com Bravo e Matos (2001, p. 209),

> percebe-se, nessa proposição, a divisão do SUS em dois: o hospitalar (de referência) e o básico — através dos programas focais. Essa proposição, apesar de anterior, está articulada ao documento do MARE, de 1998, [...], que deixa subentendidos dois sistemas: um SUS para os pobres e outro sistema para os consumidores.

O caminho escolhido da descentralização foi no sentido oposto da universalização da saúde, pois as NOBs e as Normas Operacionais de Assistência à Saúde (NOAS) acabaram criando regras, na prática, pouco flexíveis, o que para os analistas do boletim *Políticas Sociais — Acompanhamento e Análise*, n. 13 (2007, p. 129), seria de difícil cumprimento no curto prazo em todo o território nacional. Além disso, o financiamento da descentralização foi baseado em inúmeros critérios de repasse que acabou provocando uma especialização do recurso ou uma focalização, o que inviabilizava qualquer flexibilidade do gestor local.

---

17. Refere-se ao extinto Ministério da Reforma Administrativa e Reforma do Estado (MARE).

Soares (2005) critica a fragilidade da centralidade da política de saúde com base no PSF, caracterizando a estratégia de implantação com mecanismos sub-reptícios de cooptação e de reconversão de bandeiras históricas do movimento sanitarista (descentralização, municipalização e controle social) em novas panaceias de gestão moderna, publicização e saúde da família, entre outros. Para a autora, trata-se de velhas ideias de estratégias já superadas no passado de "assistência primária" e "saúde comunitária" com agentes da própria comunidade, com a utilização de poucos recursos, baixa tecnologia, em outras palavras, uma alternativa pobre de política de saúde voltada para os pobres.

O PSF, iniciado em 1995 no governo FHC e continuado e ampliado no governo Lula (no orçamento, conforme já dito, o nome foi alterado para Atenção Básica em Saúde), começou com 150 municípios e foi rapidamente ampliado ao longo da última década, chegando em 2007 a 5,1 mil municípios, cobrindo 46,6% da população brasileira, conforme revela o Relatório de Avaliação do PPA 2004-2007, o que justifica a evolução orçamentária descrita anteriormente.

Apesar do "sucesso" por parte da avaliação governamental do programa, na realidade ele vem sendo objeto de crítica por diversos autores, dada a ênfase focalizada na ação da saúde, em contraponto com a universalização, como bem observado por Bravo (2006, p. 104):

> Como *aspectos de continuidade* da política de saúde dos anos 90, ressalta-se no atual governo a ênfase na focalização, na precarização, na terceirização dos recursos humanos, no desfinanciamento e falta de vontade política para viabilizar a concepção de seguridade social, como já sinalizado. Como exemplo de focalização, pode ser destacado a centralidade do programa saúde da família (PSF), sem alterá-lo significativamente para que se transforme em estratégia de reorganização da atenção básica em vez de ser um programa de extensão de cobertura para as populações carentes. O programa precisa ter sua direção modificada na perspectiva de prover atenção básica em saúde para toda a população de acordo com os princípios da universalidade. Para garantir a integralidade, o programa precisa ter como meta a (re)organização do sistema como um todo, prevendo a articulação da atenção básica com os demais níveis de assistência.

As críticas de Soares (2005) vão no mesmo sentido ao ressaltar que as característica do PSF permanecem presentes no governo atual. A autora aponta cinco críticas a esse modelo assistencial de saúde primária: a) programa vertical imposto pelo Ministério da Saúde, bancado pelos incentivos financeiros no repasse aos municípios;[18] b) desconsidera a heterogeneidade entre os municípios na oferta dos serviços de saúde, pois a grande maioria não garante o acesso universal em todos os níveis de atenção (média e alta complexidade); c) desconsidera o complexo quadro epidemiológico dos municípios nas demandas por serviços de saúde, pois os "pobres" hoje estão morrendo de trauma, acidentes e violência, câncer, doenças cardiovasculares, problemas muito aquém da capacidade de resolução do programa; d) inserção precária de trabalho dos agentes de saúde, com remuneração simbólica, o que implica também mecanismos de cooptação e clientelismo político na contratação; e e) falta de condições homogêneas nas prefeituras de contratação das equipes de saúde de família, com processo sem concurso público e marcado por descontinuidade nas trocas de governo.

Em relação ao trabalho precário dos Agentes Comunitários de Saúde (ACSs), o periódico *Políticas Sociais — Acompanhamento e Análise*, n. 15 (março de 2008), retratou que apenas ¼ dos ACSs tinha vínculo regular de trabalho, seja como celetista ou estatutário. Os dados divulgados pelo periódico são referentes à pesquisa do Ministério da Saúde dos anos 2001-2002 e revelam que 34,3% tinham contrato temporário e que os contratos informais e verbais representavam 12,4% das formas de contratação dos ACSs. Somente em 14 de fevereiro de 2006, a EC n. 51 determinou que os ACSs fossem contratados pelos gestores do SUS por meio de processo seletivo público e ainda assim remeteu para lei específica a forma de vínculo, ao passo que a Lei n. 11.350/2006 estabeleceu o regime da CLT, salvo disposição contrária nas legislações locais.

Em que pesem todas as dificuldades de universalização do SUS e os limitados recursos da área federal para efetivar a ampliação da política de saúde em sua plenitude e da inserção no sistema de seguridade social, há avanços importantes após a CF. Seja de um lado pelos avanços no mecanismo de participação e controle e participação social na política de saúde (Fleury, 2008), seja pelas melhorias em diversos indicadores de saúde pública, como a queda na taxa de mortalidade infantil de 45,3 para cada mil nascidos vivos

18. O que confirmamos na nossa análise do orçamento do FNS, com o crescimento do PAB variável.

(1990) para 24,3 para cada mil, em 2007, e o aumento da expectativa de vida ao nascer, que alcançou 72,7 anos de idade, nos dados da PNAD de 2007.

Contudo, é necessário rever as inúmeras fugas de recursos do fundo público para o setor privado de saúde, que acabam debilitando o SUS como política pública e universal nos serviços e ações de saúde, seja revendo a forte presença de rede privada com e sem fins lucrativos, seja revendo os incentivos fiscais concedidos aos planos e seguros de saúde. Também é preciso rever os rumos da política de atenção básica à saúde, ultrapassando o entendimento do âmbito individual e familiar (Soares, 2005), para a concepção das determinações sociais próprias do capitalismo no processo coletivo de saúde-doença.

5.4 FNAS: recursos limitados ao BPC

A LOAS (Lei n. 8. 742/93), no seu artigo 27, interrompeu a ausência histórica de fundos específicos para o financiamento da assistência social e, atendendo aos princípios de descentralização político-administrativa e de participação da sociedade (Boschetti, 2003b), transformou o Fundo Nacional de Ação Comunitária (FUNAC) no Fundo Nacional de Assistência Social (FNAS). Além disso, todo o financiamento dos benefícios, serviços, programas e projetos que estão estabelecidos na LOAS devem ser feitos com recursos da União, dos estados, do DF e dos municípios, das contribuições sociais (artigo 195 da CF) e por meio de receitas que compõem o FNAS.

Interessante notar que o artigo 29, da LOAS, determina que os recursos de responsabilidade da União destinados à assistência social serão automaticamente repassados ao FNAS. Contudo, como já observado anteriormente, em 2007, apenas 60 % do orçamento destinado à assistência social passou pelo fundo. Além disso, até 2004, os recursos do pagamento da RMV não passavam pelo controle do FNAS, sendo contabilizados na função previdência social.

Boschetti (2003b) chama atenção para a demora na regulamentação do FNAS, pois apesar de a LOAS (parágrafo 2°, artigo 28) ter determinado 180 dias, a contar da promulgação da lei (de 7 de dezembro de 1993) para a edição do regulamento específico do Fundo, a regulamentação só veio ocorrer em 25 de agosto de 1995. Portanto, com atraso de mais de um ano, contribuindo para a postergação da própria lei e a procrastinação de repasses dos recursos federais destinados a estados e municípios para a política de assistência social, situação regularizada somente a partir de 1996. Além disso, no governo FHC, foi priorizado o Programa Comunidade Solidária, implantado no primeiro dia de governo e adotado como a principal estratégia no campo do combate à pobreza. Enquanto isso, a Secretaria de Estado de Assistência Social (SEAS) foi implantada após seis meses de governo, dificultando a efetividade da LOAS.

O Decreto n. 1.605/95 estabelece que o FNAS tem por objetivo proporcionar recursos e meios para financiar o benefício de prestação continuada e apoiar serviços, programas e projetos de assistência social. Desde 2004, cabe ao Ministério do Desenvolvimento Social e Combate à Fome (MDS) a missão de coordenar a Política Nacional de Assistência Social (PNAS) e a gestão do FNAS, sob orientação e controle do Conselho Nacional de Assistência Social (CNAS). Assim, a proposta orçamentária da assistência social, ao menos dos recursos que passam pelo FNAS, deve ser submetida ao controle social exercido pelo CNAS com representantes da sociedade civil e do governo.

O CNAS[19] é uma instância colegiada de participação da sociedade civil na elaboração da política nacional de assistência social. A criação do CNAS decorre das diretrizes estabelecidas na CF de 1988, mas sua instalação só ocorreu após cinco anos e quatro meses da promulgação da Carta Magna (em 4 de fevereiro de 1994). O artigo 5º da LOAS, Lei n. 8.742/93,[20] estabelece entre as diretrizes para a organização da assistência social a "participação da população, por meio de organizações representativas, na formulação das políticas e no controle das ações em todos os níveis".

O CNAS é instituído pelo artigo 17 da LOAS como órgão superior de deliberação colegiada, vinculado à estrutura do órgão da Administração Pú-

19. O CNAS foi estudado na ampla pesquisa realizada por Raquel Raichelis (2000). Trata-se da tese de doutorado da autora *A construção da esfera pública no âmbito da política de assistência social*, publicada em livro pela editora Cortez, em 1998, com o título *Esfera pública e conselhos de assistência social*. As citações são referentes à 2ª edição do livro, publicada em 2000.

20. Os capítulos VI a VIII do livro de Boschetti (2006) descrevem as peripécias e dificuldades da assistência para se afirmar como direito social e política pública. Além de uma criteriosa e crítica análise feita pela autora sobre as forças de apoio e de oposição à proposta de regulamentação da assistência social prevista na Constituição. Cabe, enfim, lembrar que o presidente Fernando Collor vetou, em 1991, integralmente, a primeira LOAS aprovada pelo Congresso Nacional. Somente em 1993, já no governo Itamar Franco, a LOAS foi enfim homologada, com alguns vetos do presidente.

blica Federal responsável pela coordenação da política nacional de assistência social, sendo integrado por 18 membros, dos quais nove são representantes da sociedade civil, incluindo usuários ou organizações de usuários, entidades e organizações de assistência social e dos trabalhadores do setor e nove representantes governamentais.

A LOAS foi fruto de muitos embates entre os diversos atores sociais e o próprio governo. Uma passagem do livro de Boschetti (2006, p. 206) expressa bem as disputas em torno da LOAS no parlamento brasileiro:

> de um lado estavam aqueles que desejavam concretizar o conceito de Seguridade Social introduzido pela Constituição de 1988 e que, para tal, investiam na recomposição radical do campo assistencial; de outro lado, estavam aqueles que se opunham a tais mudanças e que não escondiam seus interesses em manter esse campo social subordinado a formas de organização e gestão permeáveis ao clientelismo político e à corrupção.

Raichelis (2000) destaca o fato de que a LOAS não eliminou antigas instituições assistenciais e filantrópicas, apesar do *status* da assistência social como política pública, além da incorporação de novas organizações sociais, como as Organizações Não Governamentais (ONGs). Paralelamente, o processo após a LOAS vem propiciando, ainda que de forma tímida, as ações coletivas de usuários, historicamente dispersos, como é o caso das pessoas idosas e das pessoas portadoras de deficiência.

Para Raichelis (2000), no caso da política de assistência social, a formação dos conselhos ganha relevância diante da particularidade histórica do Brasil, onde essa política esteve vinculada à filantropia privada, particularmente a de caráter confessional, relegando ao Estado um papel subsidiário. Com isso, debilitou-se a consolidação da assistência social no campo das políticas sociais, restringindo-se as ações emergenciais de caráter focalizado e compensatório.

No campo das políticas sociais, a efetivação da assistência social pressupõe a transferência de um bem ou serviço, ou, ainda, um recurso financiado pelo fundo público sem a contribuição prévia. A assistência social como política pública é função governamental, que passa a exigir a delimitação de um espaço público, com responsabilidades de todos os poderes, assim como a fixação de metas, orçamentos, programas continuados e serviços de impactos sociais. Essa delimitação não restringe o universo da assistência a uma intervenção exclusivamente estatal, conforme Raichelis (2000, p. 131), "uma vez que supõe a participação [...] dos segmentos organizados da sociedade civil em sua formulação, implementação e gestão. Por implicar a redistribuição do fundo público, exige a presença de formas de controle social por meio da adoção de mecanismos viabilizadores da publicização do uso e da transferência de recursos públicos". Assim, para a autora, um desses mecanismos viabilizados pela LOAS é o CNAS, que incorpora a sociedade civil na definição das prioridades e na fiscalização da execução da política de assistência social.

O orçamento do FNAS deve contar com as Políticas e Programas Anuais e Plurianuais do governo, sendo apreciado e aprovado pelo CNAS (parágrafo 1º, artigo 2º do Decreto n. 1.605/95). As receitas do fundo são constituídas por dotações orçamentárias da União, doações e outras contribuições de pessoas físicas e jurídicas, aplicações financeiras dos recursos do fundo, alienação de bens móveis da União, no âmbito da assistência social, além da contribuição social dos empregadores, incidentes sobre o faturamento e o lucro, e dos recursos provenientes dos concursos de prognósticos, sorteios e loterias, no âmbito do governo federal, em consonância com o artigo 195 da CF.

Os recursos do FNAS são aplicados (artigo 5º do Decreto n. 1.605/95) no pagamento do benefício de prestação continuada, no apoio técnico e financeiro aos serviços e programas de assistência social aprovados pelo CNAS, obedecidas as prioridades estabelecidas na LOAS. Esta lei definiu que os serviços assistenciais são as atividades continuadas que visem à melhoria de vida da população e cujas ações estão voltadas para as necessidades básicas, devendo ter na sua organização programas de amparo: às crianças e aos adolescentes em situação de risco pessoal e social; e às pessoas que vivem na rua. Os recursos do fundo são destinados também para atender, em conjunto com os estados, ao Distrito Federal e aos municípios as ações assistenciais de caráter de emergência. Os entes subnacionais somente receberão transferências do FNAS a partir da instituição de conselho, fundo e Plano de Assistência Social. As despesas do FNAS, ainda, englobam a capacitação de recursos humanos e o desenvolvimento de estudos e pesquisas relativos à área de assistência social.

Conforme a publicação *Políticas Sociais — Acompanhamento e Análise* do IPEA, n. 13 (2007), até a "Norma Operacional Básica" (NOB/98) da assistência social era demandada, para recebimento de recursos do FNAS pelos entes federados, a implantação de conselho, de plano e de fundo, como determinado na LOAS. Porém, a partir da criação das Comissões Intergestoras com representantes dos estados, municípios e do governo federal, pela Norma Operacional, passa a ser exigida não apenas a existência, mas também a comprovação do funcionamento do conselho e do fundo e da aprovação do plano de assistência social pelo respectivo conselho. Apesar da orientação da NOB, a transferência dos recursos federais não ocorreu de forma sistemática e também não obedeceu aos indicadores socioeconômicos previstos pela LOAS.

A partir da aprovação NOB/SUAS (Resolução n. 130 do CNAS, de 15 de julho de 2005), foram instituídos pisos de financiamento relacionados aos níveis de proteção social, garantindo o repasse automático, portanto, não vinculado a convênios, considerando-se determinados indicadores sociais[21] e ampliando a autonomia do município para alocação dos recursos federais repassados via fundo. A repartição de responsabilidade com entes da Federação no tocante à gestão, ao financiamento, ao planejamento, ao acompanhamento e ao controle social ainda se encontra em estágio de construção. A divisão de responsabilidade em relação à gestão da política de assistencial social vem sendo construída de forma progressiva, tendo por referência a aprovação das Normas Operacionais Básicas. A descentralização feita na NOB/SUAS permite maior autonomia para os municípios organizarem sua rede de proteção social, os quais são fiscalizados, principalmente, pelos respectivos conselhos de Assistência Social, como destaca o boletim *Políticas Sociais — Acompanhamento e Análise* do IPEA, n. 13 (2007). O SUAS também introduz o Relatório Anual de Gestão, ao exemplo do que ocorre nas políticas de saúde e educação, simplificando o processo de prestação de contas e evitando atrasos no repasse de verbas federais aos entes subnacionais.

A seguir, realiza-se uma análise do orçamento do FNAS, no período de 2000 a 2007, por subfunção, programa e ações, considerando que a atuação federal na política de assistência social pode ser agrupada, a partir da LOAS, em três campos: benefícios, serviços de ações continuada e programas. Com

21. Entre os indicadores está a Taxa de Vulnerabilidade Social, que será usada para determinar a distribuição dos recursos do FNAS. Essa taxa leva em consideração informações sociais, econômicas e demográficas de todo o território brasileiro. Ela é feita levando em consideração características como condições de moradia, renda familiar, idade e situação escolar de filhos, receita e porte do município.

isso, pretende-se analisar a direção do gasto da assistência social no âmbito do FNAS, ou seja, onde os recursos estão sendo aplicados e os programas que estão priorizados, assim como a proporcionalidade na distribuição dos recursos.

A tabela 39 mostra a evolução da execução orçamentária dos recursos liquidados no FNAS por subfunções, no período de 2000 a 2007, em valores deflacionados pelo IGP-DI. O montante de recursos apresenta um crescimento, em termos reais, de 152,25%, sendo 37,15% na execução do PPA 2000-2003 e 48,38% no PPA 2004-2007.

O FNAS é responsável pelos recursos destinados ao pagamento do BPC a idosos e aos portadores de deficiência, o que justifica parte do acréscimo do orçamento, pois esses benefícios são pagos no valor de um salário mínimo, que teve um aumento real de 33,39%, acima do IGP-DI, no período, além da alteração do Estatuto do Idoso, que reduziu o limite de idade para acesso ao BPC-Idoso de 67 para 65 anos, contribuindo para o aumento do estoque de benefícios pagos a partir de 2003, conforme já relatado anteriormente. Outra parte do acréscimo de recursos é decorrente da RMV (idade e invalidez), extinta em janeiro de 1996, mas mantida para aqueles que já eram beneficiários, que passou, a partir da LOA/2004, a ser alocada no orçamento do FNAS, tanto para o pagamento do benefício como para a execução das ações operacionais, como a remuneração dos agentes financeiros pagadores do benefício. Isso significou somente com o pagamento do benefício da RMV por idade e invalidez um acréscimo de R$ 2.287,79 milhões, ou seja, um incremento real no FNAS de 23,97%, em 2004, com relação a 2003. Sem essa mudança, ao invés desta evolução positiva, o orçamento do FNAS teria uma execução orçamentária menor em R$ 267,82 milhões (-3,18%).

Ressalva-se que, em 2004, a alocação orçamentária mais significativa foi na subfunção transferências (R$ 9.387,31 milhões), que não foi utilizada em outros anos da série histórica da tabela 39. Na realidade, esses recursos foram destinados aos pagamentos dos BPCs e da RMV, que durante os outros anos do período pesquisado estão alocados nas subfunções assistência ao idoso e assistência ao portador de deficiência.

A partir dessa ressalva é possível afirmar que das 11 subfunções que tiveram recursos liquidados no FNAS, no período de 2000 a 2007, cinco tiveram execução orçamentária em todos os anos, são elas: tecnologia da informação, assistência ao idoso, assistência ao portador de deficiência, assistência à

Tabela 39

Evolução do FNAS por subfunções (em R$ milhões liquidados — 2000-2007 —, deflacionados pelo IGP-DI)

Subfunções	2000	2001	2002	2003	2004	2005	2006	2007	2000-2003	2004-2007
122 — Administração geral		52,59	75,59							
123 — Administração financeira					18,12					
125 — Normatização e fiscalização	21,38	5,33								
126 — Tecnologia da informação	8,63	9,04	103,41	10,07	19,73	15,37	13,42	25,65	16,70%	29,96%
128 — Formação de recursos humanos		16,14	21,61	18,70						
241 — Assistência ao idoso	1.478,70	1.808,87	2.304,92	2.709,39	63,46	4.666,59	5.499,42	6.444,63	83,23%	10.055,49%
242 — Assistência ao portador de deficiência	3.080,05	3.483,71	4.064,31	4.376,10	125,66	6.081,85	6.869,01	7.708,08	42,08%	6.034,04%
243 — Assistência à criança e ao adolescente	1.386,61	1.174,99	1.492,94	1.230,28	707,32	1.047,39	405,08	447,33	-11,27%	-36,76%
244 — Assistência comunitária	168,78	232,65	181,12	82,21	125,00	177,38	715,06	874,82	-51,29%	599,88%
845 — Transferências					9.387,31					
846 — Outros encargos especiais					0,12					
Total	6.144,17	6.783,32	8.243,91	8.426,75	10.446,72	11.988,59	13.501,99	15.500,50	37,15%	48,38%

Fonte: SIAFI/SIGA. (Elaboração própria.)

criança e ao adolescente e assistência comunitária. Dessas subfunções, a de assistência ao idoso, a assistência ao portador de deficiência e a assistência à criança e ao adolescente concentram o maior volume de recursos destinados pelo FNAS. O montante de recursos alocados, em 2007, nessas três subfunções representava 94,19% do total da execução orçamentária do FNAS.

Essa alocação de recursos está parcialmente coerente com o artigo 2º da LOAS, que define entre os objetivos da assistência social a proteção à família, à maternidade, à infância, à adolescência e à velhice; o amparo às crianças e aos adolescentes carentes; a promoção da integração ao mercado de trabalho; a habilitação e reabilitação das pessoas portadoras de deficiência e a promoção de sua integração à vida comunitária; a garantia de um salário mínimo de benefício mensal à pessoa portadora de deficiência e ao idoso que comprovem não possuir meios de prover a própria manutenção ou de tê-la provida por sua família. Tudo isso visando, com outras políticas sociais, ao enfrentamento da pobreza com a garantia dos mínimos sociais,[22] ao provimento de condições para atender a contingências sociais e à universalização dos direitos sociais. Contudo, chama atenção o fato de que nas subfunções executadas no FNAS não há nenhuma relacionada "a promoção da integração ao mercado de trabalho", apesar de ser um dos objetivos da assistência social previstos na LOAS.

As três subfunções — assistência ao idoso, a assistência ao portador de deficiência e a assistência à criança e ao adolescente — apresentaram um crescimento de 114,85%, em termos reais, no período de 2000 a 2007. Contudo, esse acréscimo não foi homogêneo para as três subfunções. No gráfico 5 é possível visualizar que, enquanto as subfunções relacionadas à proteção aos portadores de deficiência e aos idosos cresceram de maneira linear, a subfunção assistência à criança e ao adolescente apresentou um decréscimo real de 67,74%, ao longo do mesmo período, saindo de uma execução orçamentária de R$ 1.386,61 milhão (2000) para R$ 447,33 milhões (2007), em valores deflacionados.

Convém lembrar que o Estatuto da Criança e do Adolescente (ECA), Lei n. 8.069/90, estabelece entre as diretrizes sociais básicas para o atendimento dos direitos da criança e do adolescente as políticas e programas de assistência social, em caráter supletivo, para aqueles que deles necessitem, além

22. Para uma crítica aos mínimos sociais veja o livro de Potyara Pereira (2002), *Necessidades humanas — subsídios à crítica dos mínimos sociais*.

da destinação privilegiada de recursos públicos nas áreas relacionadas com a proteção à infância e à juventude.

No âmbito do orçamento executado no FNAS, a redução dos recursos da subfunção assistência à criança e ao adolescente pode estar relacionada a três motivos: o congelamento dos valores da bolsa do Programa de Erradicação do Trabalho Infantil (PETI), que no período de 2000 a 2007 permaneceu com os valores de R$ 45,00 (área urbana) e R$ 25,00 (rural); o fato de que, a partir de 2005, a Portaria n. 666/2005 do MDS estabelece a integração entre o PETI e o Programa Bolsa-Família, que é executado no âmbito da Unidade Orçamentária — MDS; e o fato de os recursos destinados aos Serviços de Ação Continuada (SAC), incluindo aqueles alocados no atendimento de criança e adolescente, terem uma evolução menor que o gasto orçamentário com benefícios.

Gráfico 5
Evolução de subfunções selecionadas (orçamento dos FNAS — 2000-2007)

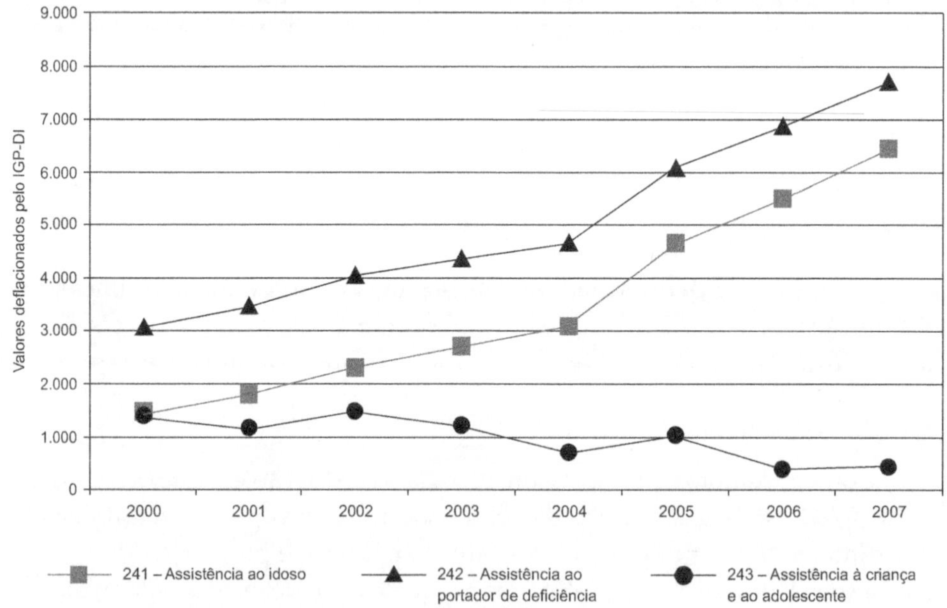

Fonte: SIAFI/SIGA. (Elaboração própria.)
Nota: Em 2004, os recursos da subfunção transferências foram ajustados para as subfunções assistência ao idoso e asistência ao portador de deficiência.

Além disso, na realidade, no Brasil não existe nenhum benefício familiar, de caráter universal, destinado à proteção social de apoio à infância e à adolescência, a exemplo do que ocorre em diversos países europeus, onde este tipo de benefício para famílias com crianças chegou a representar, em 2007, 8% dos gastos vinculados à seguridade social (Lavinas e Cavalcanti, 2008).

De acordo com Lavinas (2006), permanece no sistema de proteção social do Brasil basicamente dois tipos de benefícios de transferências monetárias, um primeiro baseado em contribuições prévias e obrigatórias e o segundo não contributivo, mas com elevado nível de condicionalidades e estigma. Os dados da autora revelam que, em 2004, os benefícios baseados em contribuições obrigatórias responderam por 92,4% de todas as transferências em dinheiro para os indivíduos e famílias, enquanto os não contributivos responderam por 7,6%.

Com isso, para acessar algum benefício do fundo público para os gastos com educação dos filhos existem apenas duas alternativas: gozar da dedução tributária no Imposto de Renda, que permite deduzir dentro de um limite os gastos com a educação dos filhos em idade escolar; e, a segunda, ser extremamente pobre para habilitar-se ao recebimento do Bolsa-Família e, assim, ter um benefício para complementar as despesas com crianças que é limitado ao máximo de três filhos por família (Lavinas e Calvacanti, 2008).

A tabela 40 apresenta a evolução do FNAS por programas, no período de 2000 a 2007, em valores deflacionados pelo IGP-DI; as ações que compõem os programas estão detalhadas na tabela 41. Ao longo de oito anos, somente dois programas no âmbito do orçamento do FNAS tiveram execução contínua: erradicação do trabalho infantil e combate ao abuso e à exploração sexual de crianças e de adolescentes. Essa situação revela os contínuos deslocamentos e modificações administrativas e institucionais no comando da política de assistência social no Brasil.

Cabe lembrar as dificuldades que a assistência teve para ganhar institucionalidade própria com deslocamentos de ministérios e reorganizações nos últimos 12 anos. No primeiro governo FHC ocorreram profundas modificações institucionais da política de assistência social com a extinção do Conselho Nacional de Segurança Alimentar e Nutricional (CONSEA), do Ministério do Bem-Estar Social (MBES), da Legião Brasileira de Assistência (LBA) e do Centro Brasileiro para a Infância e Adolescência (CBIA). A política de assistência social passa a ser conduzida no âmbito da Secretaria de

Assistência Social (SAS) no Ministério da Previdência e Assistência Social (MPAS). Paralelamente, na Casa Civil, vinculada à Presidência da República, ficou instalado o Programa Comunidade Solidária, mantendo as velhas práticas assistencialistas, operando com políticas focalizadas de combate à pobreza tendo como parceiras privilegiadas as entidades privadas e as ONGs, contrariamente ao comando constitucional de universalização da política e do reconhecimento do direito à assistência social. A partir de 1999 é criada a Secretaria de Estado de Assistência Social (SEAS). Mesmo assim, as ações de política da assistência social permaneceram espalhadas por diversos ministérios, revelando uma estrutura fragmentária dos recursos orçamentários.[23]

No início do governo Lula, a dispersão do comando institucional da política de assistência social continuou, a começar pela criação de dois ministérios: o Ministério da Assistência Social (MAS) e o Ministério Extraordinário da Segurança Alimentar e Combate à Fome (MESA), além da recriação do CONSEA, do lançamento do programa Fome Zero e da instituição de um cartão-alimentação dentro de um novo programa de transferência de renda. Finalmente, o desenho institucional atual está em vigor desde janeiro de 2004, com a criação do MDS, que passa a responder pelas políticas nacionais de assistência social, de segurança alimentar de combate à fome e de transferência de renda. A unidade orçamentária FNAS está sob a responsabilidade do MDS.

Esse quadro institucional se reflete na execução orçamentária do FNAS e, por consequência, nas matizes de programas (tabela 40) e ações (tabela 41). A começar pela pulverização de recursos do FNAS em programas que não são de assistência social e por outros completamente descolados da previsão constitucional e da legislação infraconstitucional que trata do direito à assistência social, principalmente a LOAS. Pelo menos oito programas que tiveram execução orçamentária, no período de 2000 a 2007, encontram-se nessas condições, ou seja, receberam recursos do FNAS, apesar de suas ações nem serem referentes ao pagamento de benefício de prestação continuada, nem ao apoio técnico e financeiro aos serviços e programas de assistência social. Também não obedecem às prioridades estabelecidas na LOAS.

23. Um levantamento do gasto federal com ações assistenciais segundo o conceito histórico, no período de 1994 a 2002, pode ser visto em Boschetti (2003b), especialmente no capítulo 3.

Estes programas são:

0042 — Escola de Qualidade para todos;

0071 — Comunidade Ativa;

0154 — Direitos Humanos, Direitos de Todos;

0666 — Segurança do Cidadão;

0809 — Enfrentamento à Pobreza;

1006 — Gestão da Política de Segurança Alimentar e Nutricional;

1152 — Gestão da Política de Promoção da Igualdade Racial;

8009 — Organização Produtiva de Comunidades Pobres — Pronager.

A maior evidência dessa opção foi a reprodução do assistencialismo durante o governo FHC, no âmbito do programa Comunidade Solidária: ao invés de efetivar as determinações da LOAS, que confirmou o *status* da assistência como política pública, ou seja, um direito do cidadão e dever do Estado, privilegiaram-se as práticas predominantes de clientelismo e paternalismo, próximas da filantropia. Essa prática leva à existência, no período analisado por esta pesquisa, de programas executados com recursos do FNAS, que deveriam na realidade ser utilizados para efetivar a política da assistência social visando à universalização dos direitos sociais, determinada na LOAS. Mas, ao contrário, foram destinados recursos orçamentários ao assistencialismo, reforçando um caráter eventual, residual e fragmentado na solução dos problemas sociais. Atitude semelhante também é retomada no governo Lula com adoção do programa Fome Zero, em paralelo à política da assistência social, desnudando um desvirtuamento da seguridade social estabelecida na Carta Magna.

No PPA 2000-2003[24] houve fuga de recursos do FNAS para a Comunidade Solidária por meio do programa Comunidade Ativa, que recebeu em dois anos o montante de R$ 92,97 milhões (2002 e 2003), além de programas que receberam recursos do fundo, mas com ações cujo caráter assistencial é bastante discutível, como o Enfrentamento à Pobreza e o Pronager, vinculado ao Ministério da Integração Regional. Ambos os programas receberam mais de R$ 400 milhões, em valores atualizados pelo IGP-DI para 2007.

---

24. Avaliação do PPA 2000-2003 e a descrição das ações dos programas e seus detalhamentos pode ser vista em <www.abrasil.gov.br>.

Tabela 40

Evolução do FNAS por programas (em R$ milhões liquidados — 2000-2007 —, deflacionados pelo IGP-DI)

Programas	2000	2001	2002	2003	2004	2005	2006	2007	2000-2003	2004-2007
0042 — Escola de qualidade para todos	358,18									
0065 — Proteção social à pessoa portadora de deficiência	3.096,41	3.512,23	4.149,56	4.380,33	5.780,46	6.091,02			41,46%	
0066 — Valorização e saúde do idoso	1.490,23	1.825,61	2.350,34	2.711,73					81,97%	
0067 — Atenção à criança	582,64	502,31	485,15	385,15					-33,90%	
0068 — Erradicação do trabalho infantil	390,56	592,73	918,06	742,12	233,65	611,72	261,48	286,08	90,01%	22%
0070 — Proteção social a infância, adolescência e juventude	44,39	83,95	141,80	109,04	438,09	395,74				
0071 — Comunidade ativa			55,77	37,20						
0072 — Gestão da política de assistência social	2,13	0,91								
0073 — Combate ao abuso e à exploração sexual de crianças e adolescentes	10,84	12,14	8,81	16,18	35,58	39,94	51,96	66,03	49,25%	86%
0154 — Direitos humanos, direitos de todos		36,08	89,24	28,32						
0666 — Segurança do cidadão	0,00	9,03	7,01	6,85						
0809 — Enfrentamento à pobreza	168,79	208,33								
1006 — Gestão da política de segurança alimentar e nutricional							2,60	3,68		
1093 — Atendimento integral à família					95,71	148,26	0,00			
1133 — Economia solidária em desenvolvimento					23,06	29,12	18,30	22,63		-76%
1152 — Gestão da política de promoção da igualdade racial					1,55					
1282 — Proteção social à pessoa idosa					3.833,82	4.672,79				
1331 — Proteção social ao adulto em situação de vulnerabilidade					4,80					
1384 — Proteção social básica							13.031,21	14.955,39		
1385 — Proteção social especial							136,43	166,70		
8009 — Organização produtiva de comunidades pobres — Pronager			38,17	9,85						
Total	6.144,17	6.783,32	8.243,91	8.426,75	10.446,72	11.988,59	13.501,99	15.500,50	37,15%	48,38%

Fonte: SIAFI/SIGA. (Elaboração própria.)

Ainda, naquele plano plurianual, observa-se a execução do programa Escola de Qualidade para Todos, que recebeu R$ 358,18 milhões do FNAS, em 2000, em valores atualizados pelo IGP-DI (tabela 40). Em que pese a ação ser executada com recursos do FNAS, elas se referem à participação do governo federal em programas municipais de garantia de renda mínima (tabela 41). O objetivo do programa é a busca de qualidade no ensino fundamental por meio do apoio à capacitação de professores e à introdução de novas tecnologias nas escolas; foi executado sob a responsabilidade do Ministério da Educação.

Outro exemplo da discrepância de programa que não guarda nenhuma relação com a política de assistência social é o "Segurança do Cidadão", que teve como órgão responsável o Ministério da Justiça, com o objetivo de aumentar o policiamento e reaparelhar a polícia e trabalhar com lideranças locais, estimulando ações comunitárias. O programa "Direitos Humanos, Direito de Todos" é uma iniciativa importante do governo federal, que no PPA 2000-2003 foi executado no âmbito do Ministério da Justiça e da Secretaria de Estado de Direitos Humanos, contudo não tem no seu conteúdo ações típicas da política de assistência social, aliás, inclui-se entre os projetos executados com recursos do FNAS, neste programa, estranhamente a construção do novo porto de Guajará-Mirim (tabela 41). Todos esses dados comprovam a nossa hipótese de que no orçamento da seguridade social, ao longo do período de 2000 a 2007, foram utilizados recursos para o pagamento de ações que não guardam relação constitucional com as políticas que integram o sistema de seguridade do país.

No PPA 2004-2007, a pulverização e dispersão de recursos foi menor. Destacam-se a alocação de recursos do FNAS para a gestão da política de segurança alimentar e nutricional e para a gestão da política de promoção da igualdade racial. No primeiro caso trata-se das ações relacionadas à política de segurança alimentar, que a partir de 2004 passaram a ser conduzidas pelo MDS, por meio da Secretaria Nacional de Segurança Alimentar e Nutricional. O segundo programa refere-se às ações que são executadas pela Secretaria de Políticas de Promoção da Igualdade Racial vinculada à Presidência da República. Também vem recebendo continuamente recursos do FNAS o programa Economia Solidária em Desenvolvimento, que está sob coordenação do Ministério do Trabalho e Emprego.

A análise dos programas em consonância com a LOAS revela que o Programa de Erradicação do Trabalho Infantil (PETI) teve uma redução,

Tabela 41

Evolução do FNAS por programas e ações (em R$ milhões liquidados — 2000-2007)

Programas/Ações	2000	2001	2002	2003	2004	2005	2006	2007	2000-2003	2004-2007
0042 — Escola de Qualidade para Todos	**358,18**									
1034 — Participação em Programas Municipais de Garantia de Renda Mínima	358,18									
0065 — Atenção à Pessoa Portadora de Deficiência	**3.096,41**	**3.512,23**	**4.149,56**	**4.380,33**	**5.780,39**	**6.091,02**			**41,46%**	
0565 — Pagamento de Renda Mensal Vitalícia por Invalidez					1.539,75	1.368,92				
0575 — Pagamento de Benefício de Prestação Continuada à Pessoa Portadora de Deficiência — LOAS	2.926,47	3.322,77	3.903,04	4.221,65	4.089,61	4.597,88			44,26%	
1426 — Construção, Ampliação e Modernização de Centro de Atendimento a Pessoa Portadora de deficiência	2,91	4,89	9,02	1,95	4,65	10,32			-32,80%	
1488 — Revisão e Auditoria dos Benefícios de Prestação Continuada à Pessoa Portadora de Deficiência Física	12,88	2,71								
2008 — Apoio Financeiro a Entidades que Prestam Assistência Social ao Portador de Deficiência		0,15								
2561 — Atendimento à Pessoa Portadora de Deficiência em Situação de Pobreza e/ou Risco Pessoal e Social	149,18	153,34	140,30	128,61	106,68	97,31			-13,79%	
2574 — Remuneração dos Agentes Pagadores de Benefícios de Prestação Continuada à Pessoa Portadora de Deficiência		20,61	20,32	12,31	11,17	9,17				
2584 — Serviço de Processamento de Dados do Benefício de Prestação Continuada à Pessoa Portadora de Deficiência	3,47	5,20	64,93	4,23	14,19				21,93%	
2590 — Serviços de Concessão e Cessação de Benefícios de Prestação Continuada à Pessoa Portadora de Deficiência	1,47	2,55	11,96	11,57	14,34	7,42			684,67%	
0066 — Valorização e Saúde do Idoso	**1.490,23**	**1.825,61**	**2.350,34**	**2.711,73**					**81,97%**	
0573 — Pagamento de Benefício de Prestação Continuada à Pessoa Idosa — LOAS	1.386,87	1.728,39	2.210,63	2.634,71					89,97%	
1394 — Construção, Ampliação e Remordernização de Centro de Atendimento à Pessoa Idosa	9,98	9,82	20,78	0,64					-93,59%	
1487 — Revisão e Auditoria dos Benefícios de Prestação Continuada à Pessoa Idosa	8,50	2,62	0,00							
2559 — Atendimento à Pessoa Idosa em Situação de Pobreza	70,68	64,93	64,06	57,29					-18,94%	
2560 — Atendimento à Pessoa Idosa do Abrigo Cristo Redentor	6,07	5,72	5,18	4,57					-24,82%	
2573 — Remuneração dos Agentes Pagadores de Benefícios de Prestação Continuada à Pessoa Idosa		11,18	14,15	6,57						

2583 — Serviço de Processamento de Dados do Benefício de Prestação Continuada à Pessoa Idosa	3,04	2,94	31,27	2,34					-22,82%	
2589 — Serviços de Concessão e Cessação de Benefícios de Prestação Continuada à Pessoa Idosa	5,07	0,00	4,27	5,60					10,44%	
0067 — Atenção à Criança	**582,64**	**502,31**	**485,15**	**385,15**					**-33,90%**	
1001 — Construção, Ampliação e Modernização de Creche	22,97	17,75	35,78	8,71					-62,08%	
2556 — Atendimento à Criança em Creche	559,67	484,44	449,36	376,44					-32,74%	
2558 — Atendimento à Criança e ao Adolescente em Abrigo		0,11								
0068 — Erradicação do Trabalho Infantil	**390,56**	**592,73**	**918,06**	**742,12**	**233,65**	**611,72**	**261,48**	**286,09**	**90,01%**	**22,44%**
09jb — Concessão de Bolsa a Criança e Adolescentes em Situação de Trabalho						371,72	49,42	59,35		
1910 — Campanha para Sensibilização da Sociedade quanto ao Trabalho Infantil		2,52								
2060 — Atendimento à Criança e ao Adolescente em Jornada Escolar Ampliada	154,17	232,98	329,28		233,65	232,31				
2060 — Ações Socioeducativas e de Convivência para Crianças e Adolescentes em Situação de Trabalho				280,76			212,06	226,73		
2569 — Concessão da Bolsa Criança-Cidadã	207,28	312,60	474,73	413,51					99,49%	
4443 — Serviço de Processamento de Dados de Benefícios do Programa de Erradicação do Trabalho Infantil			6,25	3,20						
6537 — Geração de Ocupações Produtivas para Famílias de Crianças Atendidas pelo Programa de Erradicação do Trabalho Infantil	29,28	44,63								
4447 — Remuneração dos Agentes Pagadores de Benefícios do Programa de Erradicação do Trabalho Infantil			28,04	15,96		7,69				
6537 — Geração de Ocupações Produtivas para Famílias de Crianças Atendidas pelo Programa de Erradicação do Trabalho Infantil			79,76	28,73						
0070 — Proteção Social a Infância, Adolescência e Juventude	**44,39**	**83,95**	**141,80**	**109,05**	**438,08**	**395,74**			**145,64%**	
005b — Capacitação e Concessão de Bolsa para Jovens de 15 a 17 Anos como Agente de Desenvolvimento Social e Humano					68,23					
109e — Construção, Ampliação e Modernização de Centros Públicos de Atendimento à Juventude					0,17					
0887 — Capacitação de Jovens em Situação de Vulnerabilidade Social						17,69				
2293 — Concessão de Bolsa para Jovens de 15 a 17 Anos como Agente Jovem de Desenvolvimento Social e Humano		35,64	74,73	66,35		61,70				

Continua

Programas/Ações	2000	2001	2002	2003	2004	2005	2006	2007	2000-2003	2004-2007
2295 — Capacitação de Jovens de 15 a 17 Anos como Agente Jovem de Desenvolvimento Social e Humano		16,14	21,61	18,70						
2556 — Serviços de Proteção Socioassistencial a Infância e Adolescência					324,95	300,11				
2558 — Atendimento à Criança e ao Adolescente em Abrigo	29,04	25,69	25,93	18,18	13,76				-37,38%	
4441 — Serviço de Processamento de Dados de Benefícios do Programa Brasil Jovem			0,97	0,35						
4449 — Remuneração dos Agentes Pagadores de Benefícios do Programa Brasil Jovem	0,00	0,00	4,01	1,78						
4449 — Manutenção da Infraestrutura de Exploração e Produção de Óleo e Gás Natural no Exterior										
5398 — Implantação de Centros da Juventude	15,35	6,47	14,56	3,67					-76,12%	
7972 — Construção, Ampliação e Modernização de Centros Públicos de Atendimento a Criança e Adolescentes					30,67	14,79				
869I — Serviços de Concessão, Manutenção, Pagamento e Cessação dos Benefícios do Programa de Proteção Social à Infância, à Adolescência e à Juventude						1,44				
0071 — Comunidade Ativa			**55,77**	**37,19**						
1481 — Ações Sociais e Comunitárias para Populações Carentes			55,77	37,19						
0072 — Gestão da Política de Assistência Social	**2,13**	**0,91**								
5646 — Implantação do Sistema de Monitoramento e Avaliação da Assistência Social	2,13	0,91								
0073 — Combate ao Abuso e à Exploração Sexual de Crianças e Adolescentes	10,84	12,14	8,81	16,19	35,58	39,94	51,96	66,02	49,32%	85,57%
2383 — Proteção Social às Crianças e aos Adolescentes Vítimas de Violência, Abuso e Exploração Sexual e suas Famílias				16,19	35,58	39,94	51,96	66,02		85,57%
4446 — Atendimento à Criança e ao Adolescente em Jornada Escolar Ampliada no Combate à Exploração Sexual Comercial Infantojuvenil	10,84	10,39	8,81						-100,00%	
7939 — Campanha Educativa de Combate à Exploração Sexual Infantojuvenil		1,75								
0154 — Direitos Humanos, Direitos de Todos	**0,00**	**36,08**	**89,24**	**28,32**						
1283 — Implantação de Núcleos de Atendimento à Família nas Periferias de Grandes Metrópoles e Aglomerados Urbanos		15,29	80,17	28,32						
5337 — Construção do Novo Porto de Guajará-Mirim		20,80	9,07							
0666 — Segurança do Cidadão	**0,00**	**9,03**	**7,01**	**6,85**						

1317 — Capacitação de Liderança Comunitária para o Combate da Violência Urbana		9,03	7,01	6,85						
0809 — Enfrentamento à Pobreza	**168,79**	**208,33**								
1481 — Ações Sociais e Comunitárias no Enfrentamento à Pobreza	113,81	139,85								
5565 — Ações de Geração de Renda no Enfrentamento à Pobreza	54,98	68,48								
1006 — Gestão da Política de Segurança Alimentar e Nutricional							2,60	3,68		
6877 — Capacitação de Agentes Públicos e Sociais em Políticas de Desenvolvimento Social e Combate à Fome							2,60	3,68		
1093 — Atendimento Integral à Família					**95,72**	**148,26**				
11lm — Construção, Ampliação e Modernização dos Centros de Referência da Assistência Social						6,24				
1481 — Ações Sociais e Comunitárias para Populações Carentes					20,53	24,78				
4915 — Funcionamento de Núcleos de Atendimento Integral à Família					75,18	117,24				
5565 — Ações de Geração de Renda para Populações Carentes										
1133 — Economia Solidária em Desenvolvimento					23,06	29,12	18,30	22,62		-1,88%
4963 — Promoção da Inclusão Produtiva					19,16	16,15	18,30	22,62		18,10%
5565 — Ações de Geração de Renda para Populações Carentes					3,90	12,97				
1152 — Gestão da Política de Promoção da Igualdade Racial					1,55	0,00				
0738 — Concessão de Bolsas de Estudo no Combate à Discriminação					0,12					
4931 — Atendimento às Comunidades Quilombolas					1,43					
1282 — Proteção Social à Pessoa Idosa					**3.833,82**	**4.672,79**				
0561 — Pagamento de Renda Mensal Vitalícia por Idade					748,04	664,47				
0573 — Pagamento de Benefício de Prestação Continuada à Pessoa Idosa — LOAS					3.009,91	3.942,81				
1394 — Construção, Ampliação e Modernização de Centros Públicos de Atendimento à Pessoa Idosa					9,21	12,99				
2559 — Serviço de Proteção Socioassistencial à Pessoa Idosa					48,05	44,64				
2573 — Remuneração dos Agentes Pagadores do Benefício de Prestação Continuada à Pessoa Idosa e da Renda Mensal Vitalícia por Idade					6,90					
2583 — Serviço de Processamento de Dados do Benefício de Prestação Continuada à Pessoa Idosa e da Renda Mensal Vitalícia por Idade					5,52	6,20				
2589 — Serviços de Concessão e Revisão de Benefícios de Prestação Continuada à Pessoa Idosa					6,19	1,69				

Continua

Programas/Ações	2000	2001	2002	2003	2004	2005	2006	2007	2000-2003	2004-2007
1331 — Proteção Social ao Adulto em Situação de Vulnerabilidade					**4,80**					
6423 — Serviço de Proteção Socioassistencial à Pessoa Adulta em Situação de Vulnerabilidade					3,92					
7964 — Construção, Ampliação e Modernização de Centros Públicos de Atendimento ao Adulto em Situação de Vulnerabilidade					0,88					
1384 — Proteção Social Básica							**13.031,21**	**14.955,39**		
0561 — Renda Mensal Vitalícia por Idade							622,91	606,68		
0565 — Renda Mensal Vitalícia por Invalidez							1.399,56	1.391,74		
0573 — Benefício de Prestação Continuada à Pessoa Idosa — LOAS							4.876,51	5.837,94		
0575 — Benefício de Prestação Continuada à Pessoa com Deficiência — LOAS							5.469,45	6.316,34		
0886 — Concessão de Bolsa para Jovens em Situação de Vulnerabilidade Social							90,27	93,88		
2583 — Serviço de Processamento de Dados do Benefício de Prestação Continuada e da Renda Mensal Vitalícia							13,42	25,65		
2589 — Avaliação e Operacionalização do Benefício de Prestação Continuada da Assistência Social e Manutenção da Renda Mensal Vitalícia							3,47	5,42		
2a60 — Serviços de Proteção Social Básica às Famílias							184,80	290,49		
2a61 — Serviços Específicos de Proteção Social Básica							289,10	326,34		
2b30 — Estruturação da Rede de Serviços de Proteção Social Básica							80,36	59,56		
869l — Concessão, Manutenção, Pagamento e Cessação de Bolsa a Jovens em Situação de Vulnerabilidade							1,36	1,33		
1385 — Proteção Social Especial							**136,43**	**166,70**		
2a65 — Serviços de Proteção Social Especial à Família							34,43	43,88		
2a69 — Serviços Específicos de Proteção Social Especial							76,18	87,56		
2b31 — Estruturação da Rede de Serviços da Proteção Social Especial							25,82	35,25		
8009 — Organização Produtiva de Comunidades Pobres — Pronager	0,00	0,00	38,17	9,85						
5565 — Ações de Geração de Renda para Populações Carentes			38,17	9,85						
Total	6.144,17	6.783,32	8.243,91	8.426,75	10.446,72	11.988,59	13.501,98	15.500,50	37,15%	48,38%

Fonte: SIAFI/SIGA. (Elaboração própria.)

em termos reais, de 26,75% no volume de recursos aplicados, no período de 2000 a 2007, de R$ 390,56 milhões para R$ 286,08 milhões (tabela 40). O PETI tem por objetivo eliminar a prática do trabalho infantil. O pico de execução orçamentária aconteceu, em 2002, com valores liquidados de R$ 918,06 bilhões e o menor orçamento foi realizado, em 2004, com R$ 235,65 milhões. O resultado de 2002 é consequência do desempenho das duas principais ações do PETI, no PPA 2000-2003, que foram a concessão da bolsa Criança-Cidadã, que oferece apoio financeiro às famílias que mantenham na escola os filhos de 7 a 14 anos, e ação destinada à manutenção de crianças e adolescentes na jornada ampliada, em que são desenvolvidas atividades de reforço escolar, esportivas, culturais e artísticas.

O número de crianças e adolescentes atendidos pelo PETI salta de 394 mil, em 2000, para 809 mil, em 2002. O desempenho em 2004 refletiu a mudança da concessão de bolsas para o programa transferência de renda com condicionalidades, responsável pelo pagamento da Bolsa-Família. Na revisão do PPA, em 2005, essa ação foi novamente incluída no PETI, merecendo destaque no Relatório de Avaliação do PPA de 2004 (p. 849): "tal fato propiciará maior controle e transparência para o programa". Mas parece que o governo mudou de ideia rapidamente, pois, a partir de 2006, a ação de concessão de bolsa voltou para o programa Bolsa-Família,[25] sendo o PETI considerado uma ação inserida na Proteção Social Especial.

O PETI concede uma bolsa às famílias das crianças/adolescentes menores de 16 anos, visando à substituição da renda que elas traziam para casa por conta da situação de trabalho. Em contrapartida, as famílias têm de matricular seus filhos na escola e eles têm de frequentar a jornada ampliada. A partir do SUAS, há também exigência de as famílias participarem das atividades destinadas à sua inclusão social por meio dos serviços, programas e projetos disponibilizados pelo sistema.

As ações de concessão de bolsa e da jornada ampliada não têm sido suficientes para o atendimento das crianças e dos adolescentes em situação de trabalho. Os dados da PNAD (2007) revelam que existem no Brasil 2,5 milhões de crianças e adolescentes trabalhando, o que equivale a 6,6% do total nessa faixa etária. O gráfico 6 revela que, no período de 2003 a 2007, o

---

25. Portaria n. 666, de 28 de dezembro de 2005.

número de crianças e adolescentes atendidos pelo PETI nunca ultrapassou a 40% do público-alvo do programa.

Gráfico 6
Comparativo entre PETI e trabalho infantil[1]

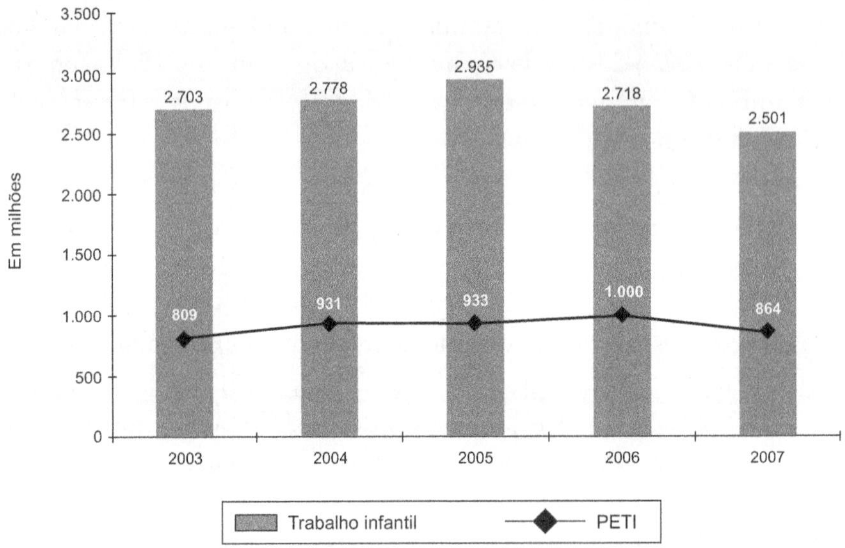

Fonte: PNADs e MDs. (Elaboração própria.)
(1) O trabalho infantil refere-se a crianças e adolescentes de 5 a 15 anos ocupadas, conforme dados da PNAD.

O decréscimo no número de bolsas, em 2007, pode estar relacionado à integração do PETI ao Bolsa-Família. Em dezembro de 2007, estavam registradas 863 mil crianças/adolescentes no Cadastro Único para Programas Sociais (CadÚnico) em situação de trabalho recebendo recursos orçamentários para participar das ações socioeducativas do PETI e bolsa. A descrição das diferenças de atribuições dos dois programas pode ser visualizada no quadro 1. Chama atenção, além do irrisório valor das bolsas concedidas, o fato de o programa Bolsa-Família ter limitado o número de crianças e adolescentes beneficiários a no máximo três por família. Outra contradição no valor da bolsa do PETI é a diferenciação entre as áreas urbana e rural. Apesar de 71,13% das crianças e adolescentes que se encontram em situação de trabalho estarem no setor agrícola, o valor da bolsa mensal na área rural representa apenas 62,5% do valor pago na área urbana.

Quadro 1
Critérios para concessão de bolsa para erradicação do trabalho infantil

Programa Bolsa Família (PBF) **Famílias em situação de trabalho infantil com renda *per capita* mensal igual ou inferior a R$ 120,00**	**PETI** **Famílias em situação de trabalho infantil com renda *per capita* mensal superior a R$ 120,00**
Famílias com renda *per capita* de até R$ 60,00: R$ 58,00 + R$ 18,00 por beneficiário (no máximo até três)	Famílias residentes na área urbana têm direito à bolsa mensal no valor de R$ 40,00 por criança/adolescente.
Famílias com renda *per capita* entre R$ 60,01 e R$ 120,00: R$ 18,00 por criança ou adolescente de até 15 anos (no máximo até três)	Famílias residentes na área rural têm direito à bolsa mensal no valor de R$ 25,00 por criança/adolescente.

Fonte: Relatório de Avaliação do PPA 2004-2007. Caderno 17, p. 26.

O programa Bolsa-Família não incide necessariamente sobre o trabalho infantil. Além disso, como ressalta o estudo do INESC (2008, p. 36):

> Não é disponibilizado o número de famílias que ingressam no Programa Bolsa-Família (PBF) devido à condição de possuírem crianças e adolescentes em situação de trabalho infantil. Seria importante saber se aquelas famílias que deixarão de ser atendidas pelo PETI (3,7 milhões) serão atendidas pelo Programa Bolsa-Família (PBF).
>
> *Essa estratégia camufla a incapacidade do governo de erradicar o trabalho infantil.* Afinal, para integrar o PBF, os 3,7 milhões de crianças e adolescentes ignorados pelo PETI deveriam pertencer a famílias com renda *per capita* igual ou inferior a R$ 120,00. É o que aponta o quadro acima. E isso é estatisticamente improvável. (grifos nossos)

O programa de Combate ao Abuso e à Exploração Sexual de Crianças e Adolescentes, que tem como órgão responsável a Secretaria Especial dos Direitos Humanos, vem recebendo recursos contínuos e de forma crescente do FNAS. No período de 2000 a 2007, o crescimento da execução orçamentária, em termos reais, foi de 508,90%, saindo de R$ 10,84 milhões para R$ 66,03 milhões (tabelas 40 e 41). O programa tem como público-alvo as crianças e adolescentes em situação de vulnerabilidade em relação à violência, ao abuso e à exploração sexual e respectivas famílias. Registra-se que no FNAS não estão todos os recursos destinados ao programa, mas trata-se do orçamento destinado à ação "proteção social às crianças e aos adolescentes vítimas de violência, abuso e exploração sexual e suas famílias" (tabela 41), que correspondeu a 90,75% do total de recursos liquidados no programa.

No Relatório de Avaliação do PPA 2004-2007 (ano-base 2007, caderno 26, p. 144), a Secretaria Especial dos Direitos Humanos destaca o aumento de 80% (de 2007 em relação a 2006) do total de denúncias recebidas por ano encaminhadas pelo "Disque Denúncia" (ou Disque 100), chegando a 24.931 denúncias em 2007. Porém, a secretaria registra que os recursos orçamentários executados, em 2007, foram insuficientes. Além disso, "o programa sofreu contingenciamento nas ações de responsabilidade da SEDH, só liberado, em parte, ao final do exercício, causando descontinuidade no fluxo". Durante a execução do PPA 2004-2007, o programa reduziu sua participação na unidade orçamentária da Secretaria Especial dos Direitos Humanos de 22,15% (2004) para 6,92% (2007).

Os programas e ações organizados no orçamento do FNAS sofreram modificações substanciais a partir de 2006, resultado de um longo caminho de mudanças iniciadas nos anos anteriores que vão resultar na instituição do SUAS.

Convém lembrar que, em 2002, o CNAS aprova duas resoluções importantes que marcam o início de uma reorganização institucional da política nacional de assistência social. A Resolução n. 159, que dispõe sobre o processo de elaboração, análise e aprovação do Orçamento da Assistência Social, particularmente, o FNAS; e a Resolução n. 175, que dispõe sobre a elaboração dos planos plurianuais da assistência social nas três esferas de governo.

Para Boschetti (2003b), a Resolução n. 159 é um marco, porque, após dez anos de funcionamento, o CNAS invocou as competências de órgão gestor federal para regulamentar o processo de formulação da proposta orçamentária pelo Poder Executivo federal, com estabelecimento de prazos para apresentação pelo governo e apreciação pelo conselho. De acordo com a autora, por meio da Resolução n. 175, o CNAS assumiu o direito de formular e não apenas registrar entidades e responder às demandas do Poder Executivo, para, de forma inédita, definir parâmetros, prazos e indicações para elaboração dos planos de assistência social. Essas deliberações permitem assegurar a articulação entre planos, conselhos e fundos, fundamental para a concretização do sistema descentralizado e previsto na LOAS, que vem a ser o embrião do SUAS, principal deliberação da IV Conferência Nacional de Assistência Social, realizada em Brasília (DF), em 2003.

O SUAS é um modelo de gestão descentralizado e participativo, para regulação e organização em todo o território nacional dos serviços, programas, projetos e benefícios socioassistenciais, de caráter continuado ou eventual, executados e providos por pessoas jurídicas de direito público sob critério universal e lógico de ação em rede hierarquizada e em articulação com iniciativas da sociedade civil. O SUAS[26] busca a operacionalização da LOAS, viabilizando um sistema descentralizado e participativo e a sua regulação em todo o território nacional.[27]

Para Behring (2008), a construção do SUAS e de todo o seu marco regulatório é uma inovação no campo da assistência social. Nesse sentido, destaca a autora que o CNAS, em sintonia com o MDS, empreendeu um intenso esforço de regulação da implantação do sistema, expresso especialmente na Política Nacional de Assistência Social (PNAS), de novembro de 2004, que fundamenta a instituição do SUAS. Na atuação do CNAS, talvez o marco mais importante na história do conselho foi a aprovação da Resolução n. 130, de 15 de julho de 2005, que é Norma Operacional Básica (NOB/SUAS), materializando os fluxos de gestão do SUAS.

A NOB/SUAS disciplina a gestão pública da política de assistência social de modo sistêmico pelos entes federativos, em conformidade com a CF, a LOAS e outras legislações. O conteúdo da NOB/SUAS estabelece: caráter do SUAS; as funções da política pública de assistência social para extensão da proteção social brasileira; níveis de gestão do SUAS; instâncias de articulação, pactuação e deliberação que compõem o processo democrático de gestão do SUAS; financiamento; e regras de transição.

Em 2004, as modificações na organização da política de assistência social serão decisivas para consubstanciar uma nova estrutura orçamentária para o FNAS, pois ocorre aprovação da nova Política Nacional de Assistência Social (PNAS), visando à instituição do SUAS e às novas bases de financiamento. As

---

26. Para uma visão crítica sobre o SUAS consultar Behring (2008).

27. Informações disponíveis no *site*: <www.mds.gov.br/programas/rede-suas>. Acesso em: 10 dez. 2009.

mudanças prosseguem em 2005, com a aprovação da NOB/SUAS. A PNAS define a assistência social como política de proteção social com três níveis de segurança (MDS, 2004):

a) sobrevivência — visando a assegurar uma renda mínima para pessoas com limitações de rendimento ou autonomia, especialmente pessoas com deficiência, idosos, desempregados e famílias numerosas ou sem garantia de condições básicas de vida;

b) acolhida — opera com as provisões básicas que começa com os direitos à alimentação, ao vestuário e ao abrigo, especialmente para crianças, idosos e portador de deficiência. Essa proteção também é voltada para incontingências como a separação da família por variadas situações como violência familiar, social, drogadição, alcoolismo, desemprego prolongado e criminalidade; e

c) convívio ou vivência familiar — tem por objetivo atender por meio da política de assistência social a indivíduos com problemas relacionados à não aceitação de situações de reclusão, de situações de perda das relações, visando também a superar barreiras relacionais criadas por questões individuais, grupais, sociais por discriminação ou múltiplas inaceitações ou intolerâncias da convivência humana.

Em consonância com essa nova classificação são estabelecidas políticas específicas para cada tipo de proteção social. A segurança de sobrevivência será garantida por meio do BPD e dos benefícios eventuais previstos na LOAS (artigo 22) com objetivos de assegurar renda para pessoas e famílias em situações de forte fragilidade pessoal e familiar. Já a segurança de acolhida está associada à oferta de abrigos, alimentação, higiene, vestuário e ações sociais e educativas a populações em situação de abandono ou isolamento. A segurança de convívio implica a oferta de experiências socioeducativas, culturais e de convivência visando ao restabelecimento de vínculos pessoais, familiares, de vizinhança ou grupo social (MDS, 2004 e 2005).

Essas políticas ficam associadas a dois tipos de proteção social, que representam dois programas no orçamento do FNAS, a partir de 2006: a proteção social básica e a proteção social especial (ver tabelas 40 e 41). Os novos programas substituem a estrutura orçamentária que vigorava desde 2000.

De acordo com MDS (2004), a proteção social básica tem como objetivos prevenir situações de risco por meio do desenvolvimento de potencialidades e aquisições e o fortalecimento de vínculos familiares e comunitários. Destina-se à população que vive em situação de vulnerabilidade social decorrente da pobreza, privação e/ou fragilização de vínculos afetivos. A proteção social básica é responsável pelo desenvolvimento de serviços, programas e projetos locais de acolhimento, convivência e socialização de famílias e de indivíduos, conforme identificação da situação de vulnerabilidade apresentada. Os programas e projetos são executados pelas três instâncias de governo e devem ser articulados dentro do SUAS.

Os serviços, programas, projetos e benefícios de proteção social básica deverão se articular com as demais políticas públicas locais para superar as condições de vulnerabilidade e prevenir as situações que indicam risco potencial. Destaca-se o fato de que os serviços de proteção social básica serão executados de forma direta nos Centros de Referência da Assistência Social (CRAS). O CRAS é uma unidade pública estatal de base territorial, localizado em áreas de vulnerabilidade social, onde são executados serviços de proteção social básica, organização e coordenação da rede de serviços socioassistenciais locais da política de assistência social.

A proteção social especial divide-se em dois níveis: média e alta complexidade. A proteção social especial prioriza a reestruturação dos serviços de abrigamento dos indivíduos que, por uma série de fatores, não contam mais com a proteção e o cuidado de suas famílias, para as novas modalidades de atendimento. O público-alvo são as crianças, os adolescentes, os jovens, os idosos, as pessoas com deficiência e as pessoas em situação de rua que tiverem seus direitos violados ou ameaçados e cuja convivência com a família de origem seja considerada prejudicial à sua proteção e ao seu desenvolvimento. Trata-se de atendimento assistencial destinado a famílias e indivíduos que se encontram em situação de risco pessoal e social, por ocorrência de abandono, maus-tratos físicos e/ou psíquicos, abuso sexual, uso de substâncias psicoativas, cumprimento de medidas socioeducativas, situação de rua, situação de trabalho infantil, entre outras (MDS, 2004).

No âmbito da política de proteção especial estão também dois programas que são pactuados e assumidos pelos três entes federados: o PETI e o Programa de Combate à Exploração Sexual de Crianças e de Adolescentes. Contudo, do ponto vista do orçamento do FNAS, esses programas permanecem classificados de forma separada do programa de proteção social especial para permitir maior acompanhamento das metas acordadas entre os entes da Federação.

O PNAS considera os serviços de média complexidade aqueles que oferecem atendimentos as famílias e indivíduos com seus direitos violados, mas cujos vínculos familiar e comunitário não foram rompidos. Nesse sentido, requer maior estruturação técnico-operacional, atenção especializada e mais individualizada, além do acompanhamento sistemático e monitorado. Já a proteção social especial de alta complexidade visa a garantir a segurança integral (moradia, alimentação, higienização) e trabalho protegido para famílias e indivíduos que se encontram sem referência ou em situação de ameaça, necessitando ser retirados de seu núcleo familiar ou comunitário.

O quadro 2 publicado pelo *Políticas Sociais — Acompanhamento e Análise*, n. 11 (agosto de 2005), mostra a alteração feita no PPA 2004-2007 para adaptar os programas e ações que são de responsabilidade da Secretaria Nacional de Assistência Social (SNAS) do MDS à nova PNAS e à NOB/SUAS. Essas modificações mudaram a estrutura dos programas e ações executados no orçamento do FNAS (ver tabelas 40 e 41).

As informações sobre as ações do FNAS, no período de 2000 a 2007, deflacionadas pelo IGP-DI, mostradas na tabela 41, permitem uma análise da repartição dos recursos entre benefícios, serviços, programas e projetos e ações administrativas. Pelo gráfico 7 fica evidenciada a primazia dos recursos destinados ao pagamento dos benefícios, considerando-se neste agrupamento apenas o BPC (idoso e portador de deficiência) e a RMV (idade e invalidez). De acordo com o gráfico 7, esses benefícios respondiam por 70,2% dos recursos do FNAS, em 2000, saltando para 91,3%, em 2007. Isso significa um crescimento, em termos reais, de 228,11% no período. O período de principal acréscimo ocorreu entre 2003 e 2005, ocasionado pelo fato de o FNAS passar a ser o responsável pelo financiamento da RMV e pela alteração no Estatuto do Idoso.

O Relatório do PPA de 2004 revela que o BPC atendeu a 933.164 idosos, superando o exercício de 2003, que pagou benefício a 664.875 idosos, o que corresponde a uma taxa de crescimento superior a 40% de pessoas atendidas. O documento do governo destaca o fato de que a implantação do Estatuto do Idoso e a ampliação da base de cálculo da renda familiar *per capita*, que

Quadro 2
Comparação de programas e ações da SNAS/MDS (no período de 2005 e 2006)

PPA 2005	PPA 2006
Proteção Social à Criança, ao Adolescente e à Juventude	**Programa Proteção Social Básica**
— Atendimento em creches e pré-escolas — rede SAC	— Serviço de Proteção Básica às Famílias
— Construção, ampliação e modernização de creches	— Serviços Específicos de Proteção Social Básica
— Programa Agente Jovem	— Concessão de Bolsa para Jovens em Situação de Vulnerabilidade Social
Proteção Social à Pessoa com Deficiência	— Estruturação da Rede de Serviços de Proteção Social Básica
— Serviços de Ação Continuada	— Benefícios de Prestação Continuada à Pessoa Idosa
— Benefícios de Prestação Continuada à Pessoa com Deficiência	— Benefícios de Prestação Continuada à Pessoa com Deficiência
— Renda Mensal Vitalícia por Invalidez	— Renda Mensal Vitalícia por Idade
— Construção, ampliação e modernização de centros de atendimentos	— Renda Mensal Vitalícia por Invalidez
Proteção Social ao Idoso	**Programa Proteção Social Especial**
— Serviços de Ação Continuada	— Serviços de Proteção Social Especial a Indivíduos e Famílias
— Benefícios de Prestação Continuada à Pessoa Idosa	— Serviços Específicos de Proteção Social Especial
— Renda Mensal Vitalícia por Idade	— Estruturação da Rede de Serviços da Proteção Social Especial
— Construção, ampliação e modernização de centros de atendimento	
Programa Atenção Integral à Família — PAIF (chamado em 2005 de Sistema Único de Assistência Social)	
Programa de Erradicação do Trabalho Infantil	**Programa de Erradicação do Trabalho Infantil**
— Concessão de Bolsa a Crianças e Adolescentes em Situação de Trabalho	— Concessão de Bolsa a Crianças e Adolescentes em Situação de Trabalho
— Ações Socioeducativas para Crianças e Adolescentes em Situação de Trabalho	— Ações Socioeducativas para Crianças e Adolescentes em Situação de Trabalho
Programa Combate ao Abuso e à Exploração Sexual de Crianças e Adolescentes	**Programa Combate ao Abuso e à Exploração Sexual de Crianças e Adolescentes**
— Proteção Social às Crianças e aos Adolescentes Vítimas de Violência, Abuso e Exploração Sexual e suas Famílias	— Proteção Social às Crianças e aos Adolescentes Vítimas de Violência, Abuso e Exploração Sexual e suas Famílias
Programa Economia Solidária em Desenvolvimento	**Programa Economia Solidária em Desenvolvimento**
— Proteção da Inclusão Produtiva	— Proteção da Inclusão Produtiva

Fonte: *Políticas Sociais — Acompanhamento e Análise*, n. 11 (ago. 2005, p. 460).

Gráfico 7
Distribuição dos recursos do FNAS (2000 a 2007)

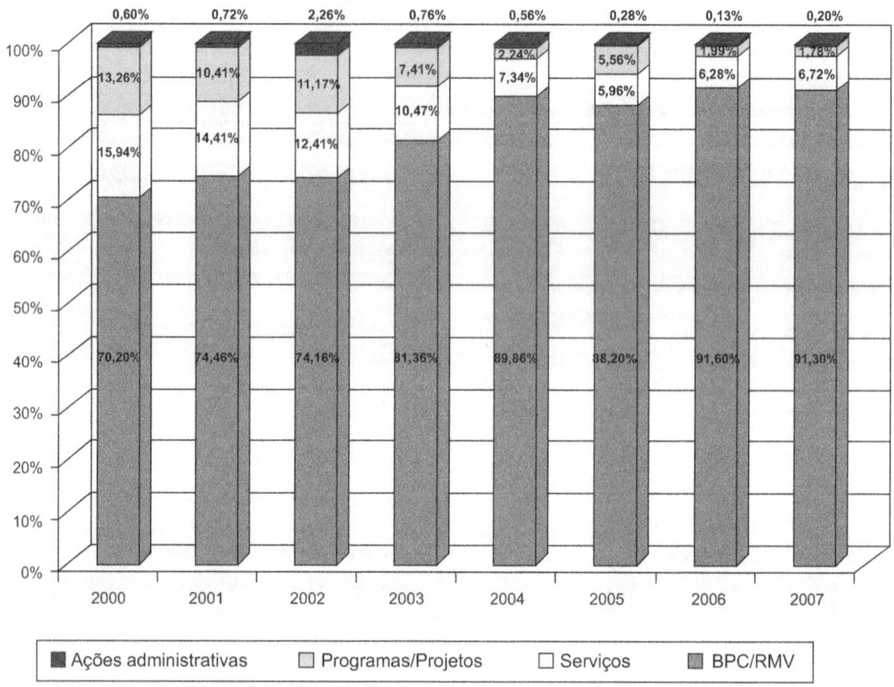

Fonte: SIAFI/SIGA. (Elaboração própria.)

excluiu da conta os rendimentos provenientes de um benefício assistencial, permitiram que, somente no mês de janeiro de 2004, 60 mil idosos solicitassem o BPC. O quantitativo de benefícios pagos (BPC mais RMV) aumentou em mais de 1 milhão no período de 2000 a 2007, subindo de 2,022 milhões para 3,080 milhões, conforme dados do MDS.

No grupo de serviços foram agrupadas as ações dos Serviços de Ação Continuada (SAC) que até 2004 constituíam uma das principais formas de atuação do governo federal na política de assistência social. Esses serviços eram executados por estados e municípios diretamente ou por meio das entidades sem fins lucrativos, mas com aporte de recursos do fundo público e estavam classificados por público-alvo: idoso, criança, adolescente e portadores de deficiência. Envolviam desde custeio de creches até auxílio financeiro para entidades de assistência à pessoa portadora de deficiência. Com as mudanças realizadas, a partir de 2004, essas ações passaram a integrar os programas de proteção social. Uma questão relevante é a mudança na forma de financiamento.

Os recursos federais para a execução das ações do SAC eram transferidos para os fundos municipais de assistência social, por meio de convênios com as prefeituras, que repassavam para as entidades prestadoras de serviços. A partir da nova política de assistência e do SUAS, o financiamento dos serviços assistenciais passou a ser agrupado por nível de proteção social, básica ou especial, concedendo maior autonomia para os municípios na alocação dos recursos transferidos pelo FNAS, conforme a necessidade de cada nível de proteção.

Conforme o gráfico 7, os recursos destinados aos serviços oscilaram bastante ao longo do período estudado. O crescimento de 6,27%, em termos reais, registrado no período não foi uniforme. Os gastos com serviços, em valores deflacionados para 2007, foram de R$ 979,66 milhões, chegando a R$ 1.022,91 milhão, em 2002. Após 2003, houve redução no aporte de recursos chegando no orçamento de 2005 a registrar o menor gasto do período, R$ 714,31 milhões. Após 2006, volta a ter um pequeno acréscimo, resultando em um valor liquidado total em serviços, no ano de 2007, de R$ 1.041,04. O principal destino dessas ações, em 2007, foram os serviços de proteção social básica à família (R$ 290,49 milhões) e serviços específicos de proteção social básica (R$ 326,34), o que correspondeu a 59,25% dos gastos nesse agrupamento (ver tabela 41).

Os dados levantados pelo boletim *Políticas Sociais — Acompanhamento e Análise*, n. 13 (2007), no período de 1999 a 2005, em três modalidades de SAC (crianças e adolescentes, portadores de deficiência e idoso), revelam um crescimento médio de 25% na capacidade de atendimento realizado com o financiamento federal, incluindo, na modalidade de serviços, desde grupos de convivência até abrigos e residências específicas, passando pelo atendimento domiciliar.

Em relação a programas e projetos foram agrupadas as principais ações referentes aos programas do PETI, de Proteção à Infância, Adolescência e Juventude (antigo programa Agente Jovem), do Atendimento Integral à Família e do Combate ao Abuso e à Exploração Sexual, entres outras. Excluíram-se ações referentes a serviços, que foram classificadas no grupamento anterior, mas consideraram-se os benefícios, como a bolsa do PETI e as bolsas para jovens. O conjunto das ações desses programas sofreu uma redução de 66,16%, reduzindo a participação de 13,26% (2000) para 1,78% (2002), conforme revela o gráfico 7. Esse desempenho é resultado das mudanças ocorridas no âmbito do orçamento do FNAS, sobretudo a partir do PPA 2004-2007, com a exclusão de vários programas que deixaram de contar com recursos do fundo no seu custeio. Destacam-se: Escola de Qualidade para Todos; Valorização e Saúde do Idoso; Atenção à Criança; Comunidade Ativa; Gestão da Política de Assistência Social; Direitos Humanos, Direitos de Todos; Segurança do Cidadão; Enfrentamento à Pobreza; e Pronager. No PPA 2004-2007, alguns programas só tiveram execução nos dois primeiros anos de vigência do plano (ver tabela 40), além do PETI, em que parte de suas ações foi integrada ao Bolsa-Família na Unidade Orçamentária MDS.

Por fim, no grupamento das ações administrativas foram consideradas aquelas que se referem aos serviços de processamento de benefícios, à remuneração dos agentes financeiros que são pagadores do BPC e do RMV, além de ações específicas voltadas para gestão. Há uma redução dessas ações no montante de recursos do FNAS. Em 2007, dos R$ 31,07 milhões gastos, 82,55% foram destinados ao pagamento do serviço de processamento de dados do benefício de prestação continuada e da renda mensal vitalícia (ver tabela 41).

Com maior parte dos recursos comprometidos com o pagamento do BPC e da RMV, que expressa o cumprimento de uma determinação constitucional e a proteção social de mais de três milhões de idosos e portadores de deficiência que vivem em condições de extrema pobreza, o FNAS nem consegue ampliar o montante de recursos para ações relacionadas aos serviços, nem tampouco aumentar as transferências de recursos para que os municípios estruturem a rede de serviços assistenciais por nível de proteção social, básica ou especial, conforme o previsto na NOB/SUAS. A tabela 42 ilustra essa situação.

Na tabela 42 é demonstrada a participação de cada modalidade de aplicação do FNAS, por Grupo de Natureza de Despesa (GND), no período de 2003 a 2007. Ou seja, comparando a situação antes e após a implantação do SUAS, que pretende tornar concreto um modelo de gestão descentralizada da política de assistência social no país. Os dados revelam que mais de 90% dos recursos são referentes a aplicações diretas, pois são comprometidos com o pagamento do BPC diretamente ao beneficiário. A modalidade de aplicação de recursos de transferências aos municípios, que respondia por 14,54% do

Tabela 42

FNAS (valores por modalidade de aplicação — 2003-2007)

Gasto de Natureza de Despesa (GND)	Modalidade de Aplicação	2003	2004	2005	2006	2007
3 — Outras despesas correntes	30 — Transferência a Estados e ao Distrito Federal	1,86%	0,55%	0,46%	0,18%	0,19%
3 — Outras despesas correntes	40 — Transferências a Municípios	14,54%	8,49%	9,85%	7,21%	7,42%
3 — Outras despesas correntes	50 — Transf. a Inst. Privadas_s/ Fins Lucrativos	0,07%	0,0001%	0,0024%	0,00%	0,00%
3 — Outras despesas correntes	80 — Transferências ao Exterior					0,04%
3 — Outras despesas correntes	90 — Aplicações Diretas	82,93%	90,36%	89,06%	91,99%	91,87%
4 — Investimentos	30 — Transferência a Estados e ao Distrito Federal	0,01%	0,12%	0,04%	0,02%	0,02%
4 — Investimentos	40 — Transferências a Municípios	0,59%	0,48%	0,60%	0,59%	0,46%
Valores Deflacionados pelo IGP-DI, em R$ milhões		8.426,75	10.446,72	11.988,59	13.501,99	15.500,50

Fonte: SIAFI/SIGA. (Elaboração própria.)

montante do orçamento do FNAS, em 2003, caiu para 7,42%, em 2007, nas outras despesas correntes. Para os gastos com investimentos transferidos para os municípios, a redução foi de 0,59% para 0,46%, no mesmo período. A esse ritmo de transferência de recursos aos municípios será muito difícil a estruturação da rede de serviços prevista no SUAS, sobretudo os CREAS.

Também nos municípios e nos estados,[28] os dados disponíveis na STN revelam dificuldade na ampliação do orçamento da assistência social, o que certamente contribui para retardar a implantação do SUAS nacionalmente. O consolidado dos orçamentos estaduais realizado pela STN mostra que, em 2003, a função assistencial social respondia por 1,41% do montante gasto no orçamento (excetuando a função operações especiais, que inclui os gastos com a dívida), reduzindo-se para 1,05%, em 2007.

O estudo da STN (2007) traz dados das finanças municipais de 4.948 municípios e demonstra que os gastos com assistência social aumentaram 21,5% (em valores deflacionados pelo IGP-DI), no período de 2003 a 2006, contudo reduziram sua participação no montante dos orçamentos municipais de 3,13% para 2,99%, no mesmo período. Ao que tudo indica, os três primeiros anos de implantação da nova política de assistência social não têm sido acompanhados do aporte de recursos necessários para lograr êxito na implantação dos serviços de proteção social básica e especial. O SUAS corre sério risco, se não tiver aporte de orçamento suficiente para serviços, de se tornar apenas uma "carta de intenção", indicando que, de fato, a opção da política de assistência social não é a estruturação de serviços, ou de uma rede de proteção socioassistencial que requer aportes consideráveis de investimento para garantir uma cobertura universal. O caminho escolhido pelo governo é o da focalização com o Bolsa-Família, carro-chefe das ações de política de assistência social.

---

28. Dados disponíveis no *site*: <www.tesouro.fazenda.gov.br/estatistica/est_estados.asp>. Acesso em: 10 dez. 2009.

6

CAPITAL PORTADOR DE JUROS: SÓCIO PRIVILEGIADO DO FUNDO PÚBLICO NO BRASIL

6.1 Política fiscal e monetária a serviço do capital portador de juros

No âmbito das transformações contemporâneas do capitalismo ocorre o desenvolvimento de instituições especializadas — como os investidores institucionais, os fundos de pensão, fundos coletivos de aplicação, sociedades de seguros, bancos que administram sociedades de investimentos —, que faz da centralização dos lucros não reinvestidos das empresas e das rendas poupadas das famílias, principalmente por meio dos planos privados de previdência e da poupança salarial, o caminho de uma acumulação financeira de grande dimensão, conforme discutido no capítulo 1, de modo que a acumulação financeira acontece pela centralização nessas instituições especializadas de lucros industriais não reinvestidos e de rendas não consumidas que têm por finalidade a função de valorizá-los na forma de ativos financeiros, buscando mantê-los fora da produção de bens e serviços.

Conforme Chesnais (2005, p. 35-6):

> O capital portador de juros (também designado de "capital financeiro" ou simplesmente "finança") não foi levado ao lugar que hoje ocupa por um

> movimento próprio. Antes que ele desempenhasse um papel econômico e social de primeiro plano, foi necessário que os Estados mais poderosos decidissem liberar o movimento de capitais e desregulamentar e desbloquear seus sistemas financeiros. Foi igualmente preciso que recorressem a políticas que favorecessem e facilitassem a centralização dos fundos líquidos não reinvestidos das empresas e das poupanças das famílias.

A análise marxista de Granemann (2006, p. 20-1) mostra que o capital industrial não sofre oposição do capital portador de juros, não sendo excludente entre si, pois o máximo que pode ocorrer no âmbito da burguesia são disputas pontuais pela apropriação de parcelas da mais-valia no âmbito das especializações do capital industrial, que é a síntese do capital global. O capital industrial após ter submetido e incentivado em seu "próprio proveito o capital de comércio de mercadorias e o capital de comércio de dinheiro dá-se a conhecer por suas formas autônomas: como capital produtivo, capital portador de juros e capital comercial".

Ao analisar o período pós-liberalização comercial e financeira, no Brasil, Miguel Bruno (2007) destaca que, após quase duas décadas de adesão ao processo de globalização, ocorreu decréscimo da participação relativa do capital produtivo no estoque de capital fixo no país, ao mesmo tempo que há um crescimento expressivo da renda de juros, que atinge a média de 29% da renda disponível bruta, entre 1993 e 2005, o que significa uma elevadíssima carga financeira sobre o PIB. Para o autor, o corolário direto do caminho escolhido pelo Brasil é a permanência da trajetória de baixo crescimento econômico com seus efeitos negativos, particularmente a desestruturação da relação salarial e a concentração da distribuição funcional da renda.

De acordo com Bruno (2007), as mudanças institucionais do período de elevado crescimento econômico permitiram o desenvolvimento de estruturas financeiras sofisticadas no Brasil. Assim, quando as condições endógenas de reprodução do crescimento se esgotam juntamente com a conjuntura internacional adversa, ocorre um deslocamento do eixo de acumulação de capital, com o apoio do Estado, para o setor bancário-financeiro.

Para o autor, a conjuntura de estagflação que combinou a estagnação econômica e a inflação levou a economia brasileira a um ciclo de acumulação financeira baseada na dívida pública e nos ganhos inflacionários. No pós-real, os ganhos inflacionários foram substituídos pela renda de juros, significando uma segunda fase do processo de financeirização. Partindo de uma análise fundada na escola da regulação, Bruno (2007 e 2008) destaca que as interações entre o político e o econômico são fundamentais na definição dos procedimentos de codificação das formas sociais que remodelam o modo de regulação e os padrões de acumulação de capital. Assim, um processo de financeirização vai se desenvolver em momentos que a acumulação de riqueza está assegurada pela conversão direta da forma monetária em mais valor sob forma monetária ou financeira. Na explicação do autor, isso significa que a necessidade de conversão indireta por meio das alocações produtivas da poupança das famílias e das empresas fica reduzida à detenção de ativos financeiros, por natureza mais líquidos e de menor risco.

Os dados estatísticos apresentados por Miguel Bruno (2007 e 2008) evidenciam o comportamento do multiplicador das taxas reais de juros (SELIC)[1] e de financeirização da economia, que foi definida pelo autor como a razão entre o estoque total de ativos financeiros[2] em poder das famílias e das empresas e o estoque de capital fixo produtivo. As evidências empíricas encontradas por Miguel Bruno revelam dois períodos relevantes para a financeirização no Brasil:

a) De 1967 a 1990, a taxa de financeirização ascendeu ao patamar de 8% (até 1979) e depois para 9%. Contudo, a expansão foi decorrente das mudanças institucionais realizadas pelo Estado, pois, no período de 1964 a 1966, o governo mudou a estrutura de funcionamento do mercado bancário-financeiro (reforma bancária)[3] e também criou o dispositivo institucional da correção monetária. A financeirização do período é expressão do crescimento

---

1. "SELIC é a sigla de Sistema Especial de Liquidação e Custódia, uma instância operacional do Banco Central, usada por este nos empréstimos a instituições financeiras, servindo como um sinalizador para os níveis de juros cobrados no mercado. Por isso, é considerada a taxa básica da economia. A SELIC é definida pelo Comitê de Política Monetária do Banco Central do Brasil (COPOM)" (Ferreira, 2005, p. 31).

2. Bruno (2007) utilizou a diferença entre os agregados monetários M4 e M1, divulgados pelo Banco Central, como estimativa do total de ativos financeiros não monetários. Esses agregados têm o objetivo, entre outros, de mensurar o nível de liquidez da economia. Assim, em M1 inclui o papel-moeda em poder do público mais depósito à vista nos bancos comerciais. Enquanto M4 inclui todos os agregados anteriores (M1, M2 e M3), o que significa depósitos para investimentos, depósitos de poupança, títulos privados, quotas de fundos de renda fixa, operações compromissadas com títulos federais, títulos federais lastreados pela SELIC, títulos estaduais e municipais. Em M4 há uma elevada presença de títulos públicos.

3. Sob a reforma bancária de 1964 (Lei n. 4.595, de 31 de dezembro de 1964) no Brasil, ver Minella (1988), especialmente o capítulo I, "A luta pela reforma bancária" (p. 31-84).

de operações com novos produtos financeiros, que eram inexistentes antes das reformas institucionais.

b) No período de 1991 a 2005, a taxa de financeirização cresce rapidamente com a evolução da taxa básica de juros da economia, indicando a elevada rentabilidade proporcionada por ativos de renda fixa vinculados à dívida pública. "À falta de uma melhor denominação, pode-se classificá-lo como um processo de financeirização por juros ou usurária, para contrastá-lo com o padrão vigente nos EUA onde a financeirização baseia-se no mercado de capitais ou em títulos de renda variável (ações)" (Bruno, 2008, p. 113). O rendimento financeiro acumulado como proporção da renda disponível bruta, em 2005, atingiu a cifra de 54%, enquanto, em 1974, no pico do "milagre econômico" era de apenas 10%.

O dispositivo institucional da correção monetária, criado no Programa de Ação Econômica do Governo (PAEG) de 1964, possibilitava a indexação dos ativos financeiros à evolução da inflação, garantindo aos credores da dívida pública a reposição das perdas inflacionárias. A correção monetária amenizou os riscos de perdas financeiras e também funcionou como fator de promoção de crédito e dos financiamentos à produção e ao consumo. A crise da dívida externa dos anos 1980 revela que a prática da correção monetária se torna a base da indexação generalizada de preços e salários. Os ativos financeiros privados indexados à inflação substituem a moeda emitida pelo Estado.

Bruno (2007) e Carvalho (2005) destacam que a privatização da função de reserva de valor da moeda é a base formidável do crescimento dos lucros bancários, pois com inflação elevada a liquidez é retida, administrada e criada de forma endógena pelas instituições financeiras. Os bancos lucraram com ganhos financeiros e aumentaram sua participação na economia. Assim, Bruno (2007, p. 9) ressalta que a década de 1980 "inaugura na economia brasileira, a primeira fase de um processo de financeirização centrado nos grandes lucros do setor bancário, derivados dos ganhos inflacionários apropriados por meio do dispositivo institucional da correção monetária".

O mecanismo de indexação permitiu que o sistema financeiro brasileiro, de forma excepcional entre os países em desenvolvimento que sofreram com inflação elevada e persistente, não apenas sobreviveu a esse período, como os bancos se fortaleceram e chegaram ao período de estabilização inflacionária com preços fortes e saudáveis. A principal vantagem do sistema financeiro nacional foi a extensão da indexação de contratos que permitiu, após 1964, a garantia do valor real de títulos da dívida pública federal — as Obrigações Reajustáveis do Tesouro Nacional (ORTN), que incentivou a compra de títulos pelos bancos, assegurando uma forma de financiamento não inflacionário dos déficits orçamentários dos primeiros governos da ditadura militar (Carvalho, 2005).

No período de liberalização comercial e financeira, sobretudo após o Plano Real, de julho de 1994, a acumulação rentista ocorre em novas bases institucionais e em um ambiente econômico marcado pela baixa inflação e elevadas taxas de juros, sob a égide do pensamento neoliberal. O novo desenho institucional assegurou que os ganhos inflacionários dos bancos fossem substituídos por resultados provenientes de aplicações em ativos vinculados à dívida pública. A partir do Plano Real, a composição das receitas das instituições financeiras que anteriormente dependiam dos ganhos com *floating*[4] foi substituída por operações ativas de tesouraria: aplicações interfinanceiras de liquidez e títulos de valores mobiliários, ou seja, aplicações em títulos da dívida pública.

Apesar do "sucesso" do Plano Real em reduzir a taxa de inflação brasileira, o caminho adotado amplificou a liberalização financeira e comercial iniciada no governo Collor. O período pós-real é marcado pelo elevado endividamento brasileiro, trazendo consigo pressão por elevadas taxas de juros reais, completamente fora dos padrões internacionais. No início do Plano Real, a dívida líquida do setor público[5] (DLSP) correspondia a 32,8% do PIB (julho de 1994), saltando para 50,5% ao final do governo FHC (dezembro de 2002), conforme pode ser visualizado no gráfico 8.

---

4. Os ganhos com *floating* são os recursos oriundos de depósitos à vista ou em trânsito, tributos especialmente captados a custo zero e aplicados à taxa de juros do dia. Ou, ainda, receitas representadas pelo valor do chamado *float*, a remuneração da aplicação de reservas bancárias em títulos públicos no *overnight* (Carvalho, 2005). Os dados do IBGE (1997, p. 44), a partir das contas nacionais, mostram que, no período de 1990 a 1994, esses ganhos respondiam, em média, por 35% das receitas das instituições financeiras. Carvalho (2005) também destaca que, em 1993, as receitas inflacionárias eram estimadas em 4,2% do PIB e caíram a zero em 1995.

5. Compreende governo federal e Banco Central, governos estaduais, governos municipais e empresas estatais (federais, estaduais e municipais). Conforme Carvalho (2007, p. 102) "o conceito é líquido porque abate alguns ativos do setor público, como a carteira do Fundo de Amparo ao Trabalhador (FAT) e dos fundos constitucionais, e também as reservas externas do BC, abatidas da dívida externa bruta para obter o conceito de dívida líquida". O DLSP é conceito mais utilizado e de referência mais simples para analisar as tendências de endividamento e de seus problemas. Sobre as críticas ao seu uso, consultar Carvalho (2007).

Gráfico 8
Dívida líquida do setor público (em % do PIB)

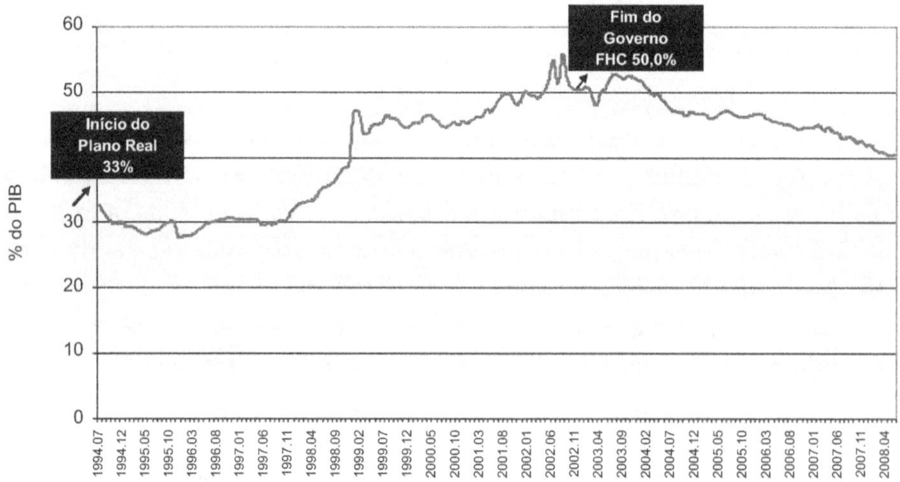

Fonte: Boletins do Banco Central do Brasil. (Elaboração própria.)

Para Carvalho (2007, p. 99), "a dívida pública é um dos principais instrumentos de dominação dos rentistas e do grande capital sobre a sociedade brasileira". Os portadores de títulos públicos usam o subterfúgio de condições de "credores" do setor público para esconder a sua real condição de privilegiados da política econômica, principalmente a política fiscal e monetária, em curso nos anos de neoliberalismo. O fundo público transfere enorme massa de recursos para esses rentistas, o que restringe as políticas sociais, a capacidade de investimento público, ainda, concentrando renda e riqueza e dificultando o crescimento econômico. Além disso, "a dívida pública sempre teve por origem as relações de classe e o poder político que permitem aos ricos escapar amplamente, ou mesmo quase completamente, dos impostos" (Chesnais, 2005, p. 39).

O processo de administração da DLSP no governo Lula, com acumulação de reservas externas no Banco Central, financiadas por colocação de títulos no mercado interno, associada a elevadas taxas de juros e de câmbio valorizado, tem provocado uma elevação sem precedentes na história da dívida interna líquida, saltando de 38% do PIB (janeiro de 2003) para 50% do PIB (setembro de 2008), totalizando R$ 1,5 trilhão, conforme gráfico 9. Constitui um processo de internalização da dívida externa altamente rentável aos rentistas que lucraram com o câmbio valorizado e com os juros elevados. E, ainda, estão isentos de impostos para aplicação nos títulos públicos da dívida interna brasileira, conforme destacado no capítulo 3.

Gráfico 9

Dívida interna líquida (em % do PIB)

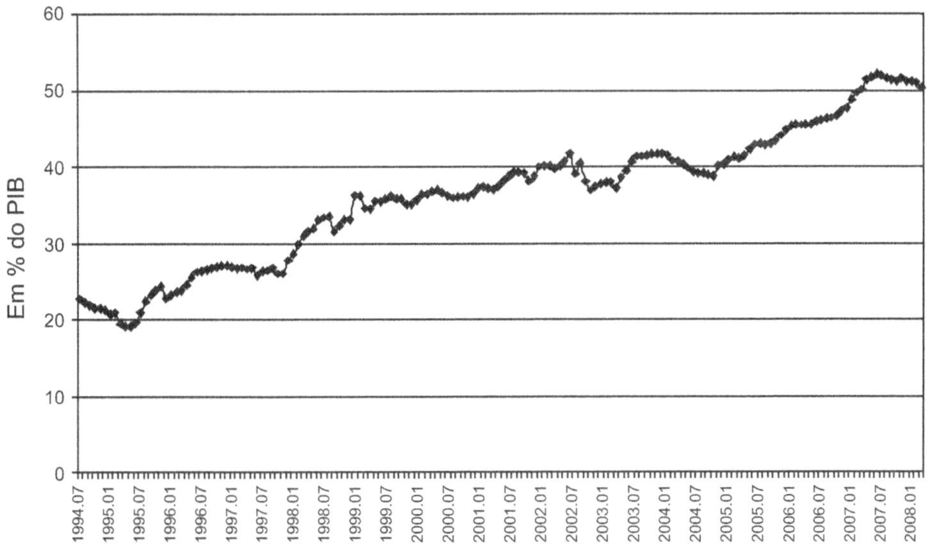

Fonte: Boletins do Banco Central do Brasil. (Elaboração própria.)

O debate sobre a questão da dívida pública para Carvalho (2007, p. 100) é cercado por dogmas e mitos, e o gerenciamento da dívida tem sido a principal condicionante da política econômica, desde 1999, quando o governo absorveu os prejuízos do setor privado com a crise cambial. De acordo com o autor:

> Para impedir que a dívida entrasse em trajetória de aumento contínuo e, ao mesmo tempo, viabilizar a manutenção dos juros reais muito altos (que aumentam a dívida), a opção foi gerar superávits primários expressivos e elevar a carga tributária, tudo para pagar os custos do endividamento. Desde então, estes são os eixos básicos da política econômica que condicionam todos os seus demais aspectos. Reside aqui a essência do continuísmo

da política econômica do governo Lula em relação ao segundo mandato de Fernando Henrique Cardoso.

Carvalho (2007, p. 101) refuta o lugar-comum de que não se pode discutir a dívida sob o risco de fuga em massa de capitais para o exterior, pois esses movimentos poderiam implicar grave instabilidade financeira, prejudicando os pequenos poupadores, o setor produtivo e os cidadãos em geral. Trata-se da consagração de dois dogmas: a defesa dos interesses dos proprietários de grandes fortunas transformada em defesa de toda a sociedade e o de que quaisquer questionamentos à política adotada na administração da dívida são silenciados ou desqualificados sob a ameaça de precipitar uma "crise gravíssima". O corolário é manter a situação, pois o antônimo seria o caos. O autor conclui: "sem politizar a questão da dívida pública é praticamente impossível derrotar a dominação dos credores sobre a política econômica".

Nesse contexto, convém destacar os quatro mitos falaciosos sobre a dívida pública, conforme Carvalho (2007, p. 104):

1. O primeiro refere-se à falácia de que o "governo gasta mais que arrecada, e por isso se endividou". A partir do indicador das Necessidades de Financiamento do Setor Público (NFSP) fica demonstrado que o setor público vem obtendo superávit primário expressivo de 1999 aos dias atuais. Aliás, o autor demonstra na série histórica de 1991 a 2006 que apenas em 1996 e 1998 não ocorre superávit primário no orçamento público. Ao passo que no período de 1999 a 2002 o resultado primário foi, em média, 3,16% do PIB, e no período de 2003 a 2006, 4,52%; paralelamente, no mesmo intervalo de tempo, a despesa média com juros nominais foi 10,42% do PIB e 8,52%, respectivamente. Em decorrência disso, a dívida interna subiu com as despesas com juros, e não por conta do excesso de despesas do setor público.
2. O segundo mito é de que os títulos públicos pertencem aos credores que "emprestaram" seus recursos ao Estado e, que, portanto, têm direito ao retorno dos seus recursos, de forma incondicional, o que não é verdade. O salto da dívida de 1998 a 2003, em grande parte, é resultado direto da instabilidade cambial. A partir de 1998, a postura do governo foi vender títulos públicos corrigidos pela taxa de câmbio, livrando bancos e empresas de sofrer perdas com as dívidas que haviam sido contraídas em dólares no exterior. Diante da crise cambial de 1999 e das desvalorizações do câmbio de 2001 a 2002, as dívidas

cresceriam muito, o que acarretaria prejuízos para o grande capital. A solução encontrada foi a socialização do prejuízo com o governo vendendo títulos com correção cambial e livrando bancos e empresas de perder com a desvalorização do real, com o que ganharam muito à custa do Tesouro e registraram lucros recordes nesses anos. Já a conta foi paga pela sociedade via aumento da carga tributária para cobrir os juros da dívida. Com isso, "os grandes detentores de títulos públicos são, em grande medida, devedores do Estado, que lhes transferiu grandes somas de recursos e cobriu as perdas que muitos deles iriam amargar com as crises cambiais".

3. O terceiro mito é o de que o governo Lula resolveu o problema por ter reduzido a dívida e melhorado seu perfil, com a retirada dos títulos com correção cambial. De fato, a dívida líquida caiu a partir de 2004, mais por conta da redução da dívida externa em decorrência do câmbio, que reduz a dívida contabilizada em reais, além da acumulação de reservas pelo Banco Central e da recompra da dívida pelo Tesouro (ver gráfico 9). O fato omitido é que esses títulos novamente dariam prejuízos aos rentistas e lucros ao Tesouro, pois foram emitidos quando havia expectativa de forte desvalorização do real. Tudo isso depende da continuidade de um cenário externo favorável, que ocorreu de 2005 a 2007. O autor, antevendo o futuro, afirma que, em caso de turbulências, "a tendência mais provável é que o BC tenha de intervir, com perdas de reservas e emissão de dívida para socorrer bancos e empresas, como sempre ocorreu nas últimas décadas".
4. O quarto mito que unifica os demais é de que a situação é herança dos governos anteriores e que não há o que fazer a não ser cooperar com o mercado, ou melhor, ficar refém dele. O autor lembra que a dívida interna cresce continuamente no governo Lula e atingiu os níveis mais elevados da história, 52,9% ao final de 2006. É mister recordar que, às vésperas do Plano Collor (início de 1990), a dívida interna estava em torno de 22% do PIB. Na situação atual, a dívida continua sendo financiada em condições precárias e sua composição não tem melhorias substanciais.

A troca da dívida externa por interna tem um custo elevado. No final de 2005, o governo Lula começou a quitar antecipadamente parcelas da dívida externa, pois, para dispor de dólares para o pagamento antecipado, o Banco Central compra dólares no mercado, injetando reais na economia. Para reduzir essa liquidez, o governo emite títulos da dívida interna, em igual valor. O que na opinião de Ávila (2006) é parte importante da justificativa do aumento da dívida interna (gráfico 9). Na estimativa do autor, no período de outubro de 2005 a julho de 2006, o BC tinha comprado US$ 30 bilhões, o que implicou uma emissão de cerca de R$ 66 bilhões de títulos da dívida interna, colaborando pra o crescimento de R$ 107 bilhões da dívida nos primeiros sete meses de 2006.

Outra atuação importante do Banco Central a favor dos rentistas tem sido chamada de "operação de *swap* reverso"[6] feita no mercado de derivativos, pela qual a autoridade monetária troca dívida interna indexada ao dólar por dívida interna indexada aos juros, ou vice-versa. Essa operação foi instituída em 2002 pelo ex-presidente do Banco Central Armínio Fraga como *swap* simples para atender à demanda de dólares sem usar as reservas cambiais, incentivando o mercado financeiro, à época, a especular contra o real, pois quanto maior fosse a desvalorização cambial, mais elevado seriam os ganhos dos bancos.

No período recente, o Banco Central passou a estimular o "*swap* reverso" diante da valorização do real frente ao dólar para "salvar" o mercado (item 3 referido anteriormente), ou seja, vender contratos futuros de câmbio e comprar os contratos de juros, podendo ganhar na diferença entre a variação cambial e a taxa do certificado de depósito interbancário (CDI). Contudo, como ocorreu a valorização do real, o Banco Central, além de pagar os juros dos contratos, teve de honrar com a variação da taxa de câmbio em relação ao CDI. Conforme Nassif (3 de agosto 2008), de 2007 a maio de 2008, uma única operação de "*swap* reverso" ocasionou um prejuízo de R$ 10 bilhões ao Tesouro, valor superior ao que se gastou com o Programa Bolsa-Família em 2007. Para Nassif, o prejuízo é injustificável e constitui um escândalo contra o Estado brasileiro, pois o Banco Central controla a taxa SELIC, que é influen-

6. *Swap* é um produto derivativo no sistema financeiro compondo as inovações financeiras ocorridas a partir de meados de 1970, conforme descrito no capítulo 1. Na definição de Fortuna (1997, p. 280), "a palavra *swap* significa troca ou permuta e designa uma operação cada vez mais procurada no mercado financeiro internacional, envolvendo inclusive várias empresas brasileiras. Com o *swap*, por exemplo, companhias com dívidas em dólar corrigidas por taxas flutuantes poderiam contratar uma operação que as transformassem numa dívida com taxas fixas e vice-versa".

ciadora do CDI, e controla também o câmbio, além de ter acesso à situação de todos os bancos. O Banco Central registrou em seu balanço prejuízos de R$ 13,4 bilhões, em 2006, e de R$ 46,5 bilhões, em 2007, que foram cobertos pelo Tesouro Nacional.

É mister dizer que os detentores de títulos da dívida são as instituições financeiras e os Fundos de Investimentos Financeiros (FIFs),[7] que concentram quase 75% dos títulos públicos federais em poder do público, conforme revelam os dados do Banco Central (2008). Do total de R$ 1,2 trilhão dos títulos da dívida, em janeiro de 2008, R$ 349,0 bilhões estavam concentrados em carteira própria dos bancos, ou seja, na tesouraria das instituições financeiras, representando 30% do estoque. A outra parcela importante, 43,84%, pertencia aos FIFs, que é o lastro de aplicações financeiras dos rentistas e do grande capital, incluindo "investidores" estrangeiros e, em menor parte, as disponibilidades de recursos de pessoas físicas e capital de giro de empresas.

Uma análise do perfil da dívida interna feita por Ávila (2006), com base nos dados da STN e da Secretaria de Previdência Complementar (SPC), desagregando a parte das aplicações financeiras em títulos da dívida que estão em poder dos fundos, revela que estes tinham uma participação de 17%, em 2006, conforme gráfico 10, de cujo montante quase metade estava em poder dos bancos nacionais e estrangeiros e 27% nos fundos de investimentos. Apesar de qualquer pessoa poder participar dos fundos de investimentos, a partir de aplicação financeira da conta bancária, esse número é relativamente baixo no Brasil, pois segundo "a Comissão de Valores Mobiliários, os participantes de Fundos de Investimento (que aplicam em títulos da dívida interna) são 5 milhões, ou seja, 2,7% da população brasileira" (Ávila, 2006, p. 6).

Essas informações corroboram para desfazer o dogma de que a defesa da situação atual é de "interesse de toda a sociedade". Muito pelo contrário, trata-se de uma classe privilegiada pelo fundo público com uso de instituições especializadas no "negócio da dívida" que compromete as despesas públicas, principalmente o gasto com custeio da área social e os investimentos, pondo em risco o futuro da nação ao concentrar renda e riqueza, "quando a política

7. Fundos de investimentos são uma "forma de aplicação que se caracteriza pela aquisição de cotas de aplicações abertas e solidárias, representativas do patrimônio do fundo, que têm o benefício da valorização diária" (Fortuna, 1997, p. 230), cumprindo as regras estabelecidas pelo Banco Central e pela CVM.

Gráfico 10
Dívida interna por detentores (jan./2006)

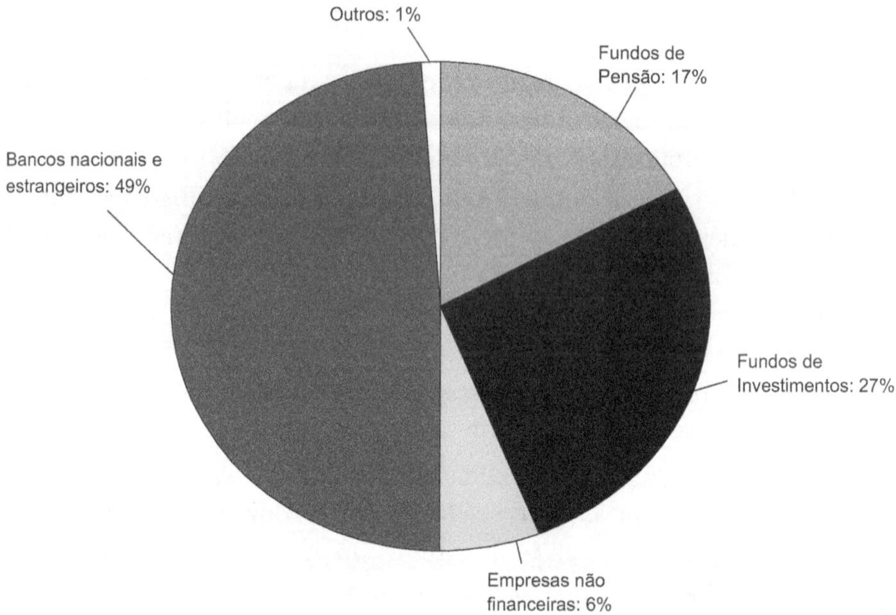

Fonte: Ávila (2006) apud STN e SPC (2006).
Nota: A parte dos bancos nacionais e estrangeiros inclui as operações de mercado aberto e os títulos vinculados, ou seja, aqueles depositados no Banco Central para depósitos compulsórios, garantias de operações em Bolsa de Valores, entre outras finalidades. Os recursos dos fundos de pensão foram subtraídos da rubrica fundo de investimentos.

monetária do governo federal garante uma renda mínima para cerca de 20 mil clãs parentais por meio do pagamento dos juros da dívida" (Pochmann, 2007, p. 77).

Um dos principais beneficiários dessas políticas são os fundos de pensão, que têm apresentado um crescimento extraordinário no país, com seus ativos evoluindo acima do crescimento do PIB. De acordo com Granemann (2006, p. 10), esse desempenho tem relação direta com a lenta erosão da previdência pública no Brasil. Na tese da autora, essa tem sido uma condição econômica e financeira, além de ideológica para a construção da previdência complementar, enquanto a previdência privada faz a mediação para realização do capital portador de juros, mobilizando bilhões de recursos em "investimentos" em mercados de capitais e capitais fictícios de dimensão especulativa. No lado ideológico, a cultura de crise da previdência pública faz surgir a "confiança nas instituições típicas da forma capital portador de juros como o lugar eficiente para a garantia das aposentadorias".

De acordo com os dados da SPC (2007), o montante de ativos dos Fundos de Pensão (Entidades Fechadas de Previdência Complementar — EFPCs) saltou de R$ 189,43 bilhões, em dezembro de 2002, para R$ 457,69 bilhões, em dezembro de 2007. Os ativos, em 2002, eram equivalentes a 12,82% do PIB e passaram a representar 17,89%, em 2007. Esses ativos pertenciam a 372 fundos de pensão; R$ 149,25 bilhões de EFPCs vinculadas ao setor privado e R$ 287,5 bilhões de fundos de pensão patrocinados por empresas do setor público. Os ativos são extremantes concentrados: no setor público, os dez maiores fundos de pensão, de um total de 81, detinham 86% dos ativos e os dez maiores fundos de pensão vinculados ao setor privado respondiam por 46% dos ativos, no universo de 291 EFPCs. Os títulos de renda fixa respondem pelo destino de 58,7% das aplicações dos ativos dos fundos de pensão (gráfico 11), ou seja, estão em papéis vinculados à dívida pública brasileira. A outra parte importante dos ativos está aplicada em renda variável (36,4%).

Como afirma Granemann (2006, p. 62), a opção por comportamentos especulativos dos fundos de pensão é visível pelo predomínio de receitas lastreadas nos títulos da dívida geridos pelo setor financeiro. A autora é contundente ao afirmar:

> Não restam dúvidas, de nosso ponto de vista, de que podemos afirmar a "previdência privada" como importante instrumento, aparentemente, "não financeiro" do capital fictício, promotora da especulação que se "duplica e triplica" na lógica das sociedades por ações e na dos títulos públicos. Em síntese, os fundos de pensão em nada ou muito pouco têm servido à produção de melhores condições de vida da população do país.

A análise de Ferreira (2005), que investiga os "donos da dívida", revela a forte concentração das aplicações de recursos das instituições financeiras em títulos públicos federais e observa que existem as chamadas "finanças fora de balanço", que são a administração de recursos de terceiros aplicados em títulos da dívida. O autor lembra que os bancos não podem ser entendidos como empresas isoladamente, pois são grupos financeiros, compostos por

Gráfico 11
Composição do ativos de investimento dos fundos de pensão (em dezembro/2007)

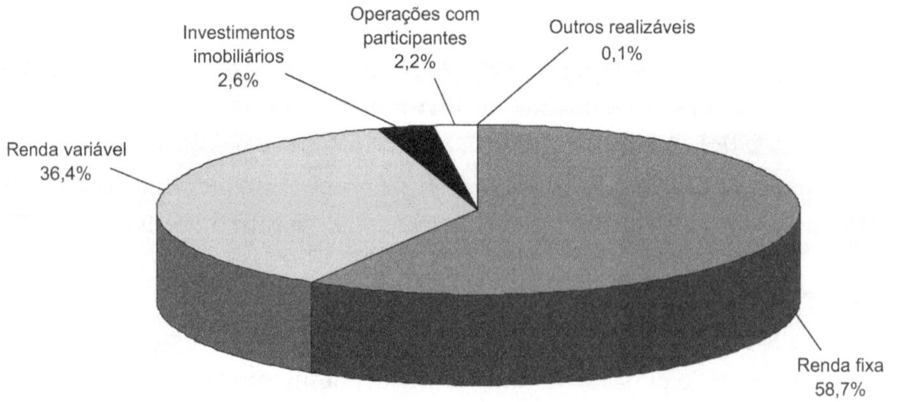

Fonte: SPC, Informe Estatístico, dezembro/2007, p. 9.

poderosos grupos econômicos, que incluem não só as instituições financeiras, mas também sua interligação com diversos ramos da atividade econômica, com relações contratuais tanto pelo capital como pela propriedade específica de ativos.

O estudo do autor mostra que, em 2002, 67% dos títulos públicos em circulação estavam sob o controle direto ou sob a influência dos bancos, gerando lucros extraordinários. As receitas decorrentes da aplicação de títulos e valores mobiliários corrigidos pela taxa de básica (SELIC) e pelo câmbio respondiam por quase 40% das receitas dos bancos. Ferreira (2005) conclui que as operações com títulos públicos são excelentes negócios para os bancos e grupos econômicos e um grande problema para o orçamento público. Além disso, 34% do total de títulos públicos federais estavam em poder de apenas dez instituições financeiras, ou seja, o "negócio da dívida" é dominado pelos grandes bancos no país, que pressionam com poder político e econômico a política monetária para que as taxas de juros continuem em níveis elevados, pois a maior parte da dívida está atrelada à SELIC.

Convém registrar que nos anos 1990 ocorreu uma grande abertura do setor bancário ao capital estrangeiro, paralelamente a uma redução da participação das instituições financeiras públicas. O patrimônio líquido de bancos com controle de capital estrangeiro saltou de 7,3%, em 1993, para 24,6%, em 2005, do total do Sistema Financeiro Nacional (SFN), enquanto as instituições financeiras públicas reduziram sua participação de 44,0% para 18,4%, no mesmo período (Carvalho e Vidotto, 2007).

No aspecto do poder político, apenas como indicativo, observa-se que uma das dimensões deste poder é a da relação entre o Banco Central e os bancos privados com presença de membros do setor financeiro no comando da autoridade monetária do país, diretamente na direção do Banco Central, incluindo presidente e diretores.[8] E também o caminho inverso, ex-diretores do Banco Central que vão para bancos privados ou constituem empresas financeiras. Nunca é demais lembrar que tanto o último presidente do Banco Central no governo FHC como o atual do governo Lula vieram do mercado financeiro internacional (Minella, 2007). O cerne da política monetária é comandado pelo Comitê de Política Monetária (COPOM), que define a taxa de juros e é conduzido pelo presidente e oito diretores do Banco Central. Minella (2007) também lembra o destacado papel dos bancos no financiamento das campanhas eleitorais, especialmente para o chefe do Poder Executivo federal, com os bancos e empresas dos grupos financeiros como os principais financiadores das candidaturas para o Congresso Nacional e para a Presidência da República em 1994, 1998 e 2002.

Uma questão relevante mostrada por Bruno (2007) é o deslocamento dos ativos das empresas do setor produtivo (não bancário) para ativos financeiros, revelando um processo de financeirização da poupança das empresas. Aglietta (2004a) também destaca a financeirização das empresas não financeiras na maior parte dos países ao longo da década de 1980. O efeito direto da financeirização é a elevação da taxa esperada para projetos de investimentos produtivos, pois o parâmetro passa a ser a rentabilidade das aplicações no mercado financeiro, inviabilizando projetos de investimentos produtivos. Os dados calculados por Bruno revelam uma queda da razão massa de lucro/

8. Conforme Minella (2007, p. 115), "em relação aos dez maiores bancos privados, podemos constatar que dois deles se destacam nesse trânsito privado-público, considerando-se a última década do século XX e o início do século XXI. Circularam pelo grupo Itaú pelo menos seis membros da diretoria do Banco Central, e pelo Unibanco, sete. Ao BankBoston esteve vinculado o presidente do Banco Central a partir de 2003 e, recentemente, dois diretores do Banco Central relacionam-se com o ABN Amro".

ativos financeiros, que é uma *proxy* da parcela da poupança das empresas (lucros não distribuídos aos proprietários de capital) de 24% (1970) para 4%, em 2004. Esse declínio revela que, sobretudo no período pós-liberalização comercial e financeira, há um deslocamento dos recursos das empresas para ativos financeiros, ou seja, aplicações em títulos de renda fixa (títulos públicos e privados remunerados por juros).

Para Braga (2000), o capital move-se incessantemente entre o dinheiro, os ativos financeiros e o conjunto de mercadorias visando a ampliar seus objetos de valorização. A autonomização desenvolvida nos mercados financeiros em que ações e títulos em geral podem valorizar-se amplia a liquidez desses ativos. Contudo, o autor observa que essa autonomização financeiro-monetária pode gerar apenas valorização fictícia, por não ser regulada pelo retorno produtivo. Os distintos mercados são como um centro de comando financeiro que constituem núcleos estratégicos das corporações capitalistas, a partir dos quais são estabelecidas estratégias de ordem técnico-produtiva, assim como as de ordem monetário-financeira.

As opções de políticas monetárias e fiscal trazem como consequência uma acelerada expansão do rendimento financeiro real, aumentando o peso "político do capital financeiro e dos rentistas frente às decisões do Estado brasileiro em matéria de política econômica e das prioridades nacionais" (Bruno, 2007, p. 12). Na década de 1990, o PIB ficou estagnado, acompanhado de baixa inflação e elevada taxa de juros. Convém também lembrar que as promessas de impulsão das bases produtivas via privatização e, sobretudo, pela presença dos investidores institucionais, particularmente os fundos de pensão, não se concretizaram. As aplicações dos fundos de pensão permanecem, em sua maior parte, em títulos de renda fixa, no mercado financeiro, conforme destacado anteriormente.

O desempenho do setor externo da economia brasileira tem apresentado resultados expressivos após 2003. O saldo da balança comercial acumulado no período de 2003 a 2007 foi de US$ 189,6 bilhões, contra US$ 13,9 bilhões no período de 1999 a 2002. Contudo, o saldo da conta de serviços e renda, que inclui a remessa de lucros, dividendos e juros para o exterior, que é estruturalmente deficitária no Brasil, vem piorando nos últimos anos e já acumula um déficit de US$ 121,81 bilhões, no período de 2003-2007.[9] O saldo de transa-

9. Uma análise comparada do governo FHC e do primeiro governo Lula pode ser vista em Filgueiras e Gonçalves (2007).

ções correntes, que apresentavam resultados positivos desde 2003, chegando a registrar US$ 13,6 bilhões, vem caindo para US$ 23,2 bilhões negativos (setembro de 2008). Isso ocorreu, em parte, em função da apreciação da taxa cambial dos últimos anos, que se reflete no maior volume de importações, e da elevação das remessas de lucros e dividendos para o exterior, que poderá piorar ainda mais no novo cenário de crise econômica internacional. Isso indica que, a partir de 2008, o Brasil voltará a depender de capitais estrangeiros para financiar as contas externas, pois a era de superávits em conta corrente chegou ao fim.

As elevadas taxas de juros têm sido um atrativo para os especuladores internacionais, o que explica o acentuado crescimento dos investimentos estrangeiros diretos em carteira (ações e renda fixa), os quais aumentaram 313%, ou seja, mais de quatro vezes, entre 2006 e 2008 (até junho). Saltaram de US$ 9,1 bilhões para U$ 37,6 bilhões no período, ultrapassando os investimentos diretos que totalizavam US$ 30,4 bilhões.

O Brasil é um bom negócio para investidores e especuladores estrangeiros. Os especuladores no mercado financeiro lucram com as elevadas taxas de juros e os investimentos produtivos são agraciados pelos elevados lucros e dividendos das filiais estrangeiras aqui instaladas. Tudo isso favorecido pela taxa de câmbio apreciada e pela política tributária, que isenta de imposto de renda a distribuição de lucros e dividendos e sua remessa para o exterior, conforme destacado no capítulo 3.

O processo de plena liberalização financeira da economia brasileira foi completado com o fim da cobertura cambial nas exportações (MP n. 315/2006, convertida na Lei n. 11.371, de 28 de novembro de 2006), que permitiu inicialmente que o exportador de bens e serviços mantivesse no exterior até 30% do valor recebido. Em março de 2008, o CMN (Resolução n. 3.548) passou a permitir que os exportadores brasileiros mantenham no exterior até 100% das receitas advindas das suas exportações.

O fim da cobertura cambial trará implicações negativas para a economia brasileira. O Banco Central poderá ter dificuldades para formar reservas internacionais, já que o volume de dólares deixados pelos exportadores brasileiros no país será menor. Até fevereiro de 2008, 33 grandes corporações já tinham aberto contas no exterior para aproveitar a regra, até então vigente, que permitia deixar fora do país até 30% das receitas com exportações. Para Sicsú (2007), a desregulamentação cambial plena é parte integrante e estratégica de conquista da plena conversibilidade da conta de capitais. Ademais, o comportamento dos exportadores poderá seguir o mesmo padrão dos especuladores, que irão avaliar a partir de agora a diferença entre juros internos e externos, a expectativa do câmbio futuro (real/dólar) e o risco de quebra do país. Com isso, restará como caminho principal à atração de dólares para financiar as importações a manutenção de elevadas taxas de juros.

Esse quadro indica para Bruno (2007) que há evidências empíricas de uma nova base de acumulação patrimonial da riqueza no Brasil, com a alta renda de juros substituindo os ganhos inflacionários no processo de financeirização da economia nacional.

Granemann (2007, p. 63), ao analisar as políticas sociais e a financeirização, sustenta que no capitalismo dominado pelas finanças a lógica é estendê-las para a totalidade da vida social. Assim uma forma de consubstanciar uma sociabilidade na qual as políticas sociais, ainda que mínimas, operadas pelo Estado, sejam elementos de financeirização consiste numa necessidade essencial de reprodução da acumulação capitalista. A partir de uma crítica aos documentos do Banco Mundial para realização de contrarreformas dos sistemas públicos de previdência, fundamentados na teoria dos três pilares (vide capítulo 2), tendo como modelo de contrarreforma a previdência privada, a autora conclui:

> O estabelecimento de modelos de proteção social que articulam formas privadas e públicas para diferentes frações da classe trabalhadora não se esgota na necessidade fiscal de ajuste dos gastos posta pelo capital. Esta é uma necessidade, mas somente reduzir o valor da força de trabalho pela eliminação do direito não basta: há que se conformar, de um lado, um novo espaço para comercialização dessas mercadorias como expressão vital da capacidade de o capital propiciar a criação de novos negócios potencializadores da acumulação capitalista; de outro lado, direcionar as políticas sociais que restam sob o controle do Estado para a lógica da financeirização.

A autora mostra as oportunidades abertas, a partir da contrarreforma da seguridade social no Brasil, para o capital financeiro pelo sistema de proteção social que ainda está sob o "guarda-chuva" do Estado. Ela chama atenção para as formas de monetarização da política social, com base na substituição de equipamentos sociais universais por "bolsas" e outras soluções pauperizadas das diversas expressões da "questão social", que materializam diferentes programas de renda mínima e possibilitam aos miseráveis usuários de políticas de proteção social o ingresso no universo da financeirização como acionistas da miséria (apud Harribey, 2004). Usa como exemplo emblemático da cidadania financeirizada o acesso aos cartões bancários e de crédito, que, na opinião da autora, são expressões do dreno de recursos do fundo público para as instituições financeiras, garantindo aos bancos uma nova clientela com o aval do Estado.

Por outro lado, as políticas previdenciárias privadas são direcionadas aos trabalhadores em melhores condições no mercado de trabalho, que são convertidos em "acionistas das finanças" dos fundos de pensão, dos fundos de investimentos e das poupanças e seguros previdenciários. Como os "acionistas da miséria" são a massa de excedentes de força de trabalho que dificilmente encontraram postos de trabalho ou, quando encontram, são vínculos precários sem acesso às conquistas do direito do trabalho, eles serão mais numerosos que os "acionistas das finanças", uma vez que a renda financeira não é produzida de modo universal (Granemann, 2006 e 2007).

A canalização de recursos para a esfera financeira da economia é articulada pela inter-relação entre Orçamento Fiscal e Orçamento da Seguridade Social, que garante a rentabilidade do capital portador de juros. Para tanto, dois instrumentos em particular, a DRU e a LRF, são importantes na viabilização desse processo e estão articulados com as políticas econômicas adotadas após 1999. Sob esse prisma, nas duas próximas seções são analisadas a DRU e a LRF.

6.2 DRU: apropriação do fundo público da seguridade social para valorização do capital financeiro

Como registrado anteriormente, desde 1994 vigoram no país instrumentos que permitem ao governo federal a desvinculação de recursos tributários. Inicialmente, com o nome de FSE, substituído pelo FEF e, por fim, a partir de 2000, a DRU. A principal consequência da DRU é o desvio regular de bilhões de reais da saúde, educação, previdência e assistência social, que são transferidos por meio do orçamento fiscal para os mercados financeiros. A DRU é a alquimia que transforma recursos que pertencem à seguridade social em receitas do orçamento fiscal.

A desvinculação desses recursos, com a utilização de instrumentos como a DRU, caminha na direção oposta à das conquistas sociais da Constituição. Tudo começou nos preparativos para a adoção do Plano Real, no início dos anos 1990. A política fiscal foi, como se sabe, parte determinante das decisões macroeconômicas que deram sustentação ao plano. Seguiram-se, à risca, as recomendações dos organismos multilaterais, como o FMI. Uma das estratégias utilizadas foi a criação de mecanismos de desvinculação orçamentária. O objetivo era realocar recursos dos fundos públicos para livre aplicação dos condutores das políticas econômicas.

As políticas sociais mais prejudicadas pelo mecanismo da DRU são as da seguridade social e da educação. Na educação, estima-se que os mecanismos de desvinculação de recursos (FSE, FEF e DRU) retiraram, em 12 anos (1994 a 2006) e em valores corrigidos pela inflação, R$ 72 bilhões (Iwasso e Cafardo, 2007). Apenas no período de vigência da DRU (2000 a 2007), R$ 45,8 bilhões deixaram de ser aplicados no setor. Em 2007, o Ministério da Educação (MEC) deixou de contar com R$ 7,1 bilhões. O mecanismo é muito simples: a Constituição determina que 18% dos recursos arrecadados em impostos federais sejam aplicados em Educação, mas esse valor é calculado após a retirada dos recursos da DRU. Por consequência, em vez dos 18% previstos na Carta Magna são aplicados somente 13% na educação.

O Senado Federal aprovou, ao final de 2007, no âmbito da PEC n. 50, a continuidade da DRU até o final de 2011 e, paralelamente, rejeitou a prorrogação da CPMF. Com isso, a desvinculação de recursos deverá completar 17 anos de existência no país. No dia 2 de julho de 2008, o mesmo Senado Federal aprovou uma Proposta de Emenda Constitucional (PEC) que vai, ainda, para a Câmara dos Deputados, proibindo a incidência da DRU sobre o orçamento da Educação.[10]

No período de 2000 a 2004, não há dados oficiais sobre os valores desvinculados pela DRU do orçamento da seguridade social, contudo, após a determinação da LDO 2005 (Lei n. 10.934/2004), a STN passou a explicitar o montante de recursos desvinculados da seguridade social. Mas permanece a

10. O percentual de desvinculação será reduzido à metade (10%) em 2009, caindo para 5% em 2010.

falta de discriminação e clareza na divulgação dos dados da execução orçamentária, pois nos relatórios do Tesouro Nacional não há evidenciação no âmbito da fonte orçamentária "recursos do Tesouro",[11] homogeneizando-se recursos desvinculados com impostos recolhidos no âmbito do orçamento fiscal.

Com isso, no "relatório resumido da execução orçamentária do governo e outros demonstrativos", editado mensalmente pelo Tesouro Nacional, é divulgada a tabela "9-A" com o demonstrativo das receitas desvinculadas por força de dispositivo Constitucional: DRU aplicada aos recursos da seguridade social. A publicação da STN (2007, p. 8) explica a metodologia usada:

> Nos termos da Emenda Constitucional n. 42, de 19 de dezembro de 2003, são desvinculados vinte por cento da receita da União proveniente das seguintes contribuições sociais:
>
> a) Contribuição para o Financiamento da Seguridade Social;
>
> b) Cota-Parte da Contribuição Sindical;
>
> c) Contribuição sobre os Concursos de Prognósticos;
>
> d) Contribuições para os Programas de Integração Social e de Formação do Patrimônio do Servidor Público;
>
> e) Contribuição Social sobre o Lucro Líquido das Pessoas Jurídicas; e
>
> f) Contribuição sobre Movimentação Financeira ou Transmissão de Valores e de Crédito de Natureza Financeira (exclusive a parcela destinada ao Fundo de Combate e Erradicação da Pobreza).
>
> Sobre as Contribuições Previdenciárias para o Regime Geral de Previdência Social não se aplica a desvinculação de recursos com base no inciso XI do art. 167 da Constituição. Por analogia, também não se aplica a mesma desvinculação sobre as receitas de Contribuição para o Plano de Seguridade Social do Servidor. Quanto à receita de Contribuição para o Salário-Educação, a exceção decorre do disposto no § 2º do art. 76 do ADCT. No demonstrativo consta nota explicativa com memória de cálculo das receitas desvinculadas por força de dispositivo constitucional.

Assim, a tabela "9-A" no Relatório Resumido da Execução Orçamentária apresenta o demonstrativo por categoria e subcategoria econômica, a previsão da receita, a realização no bimestre e até o bimestre, assim como o

---

11. Refere-se às Fontes de Recursos classificadas no orçamento: 100 — Recursos do Tesouro — exercício corrente, recursos ordinários; e 300 — Recursos do Tesouro — exercícios anteriores, recursos ordinários.

saldo a realizar no exercício. As fontes das informações do demonstrativo são os dados elaborados com base no SIAFI gerencial, em conformidade com a Portaria n. 1, de 3 de janeiro de 2006, da SOF.

As tabelas 43 e 44 foram extraídas das tabelas "9" e "9-A" do Relatório Resumido da Execução Orçamentária do governo e outros demonstrativos (RREO) publicado pela STN, em dezembro de 2007. A tabela 43 apresenta o demonstrativo das receitas e despesas da União no âmbito do orçamento da seguridade social, com base nos critérios adotados pelo Tesouro Nacional. Os dados publicados pelo Tesouro e transcritos na tabela revelam que as receitas realizadas no âmbito da seguridade social até o bimestre novembro/dezembro de 2007 alcançaram R$ 305,6 bilhões. E as despesas executadas no mesmo período totalizaram R$ 329,0 bilhões (tabela 44).

A partir de uma concepção "equivocada", a tabela elaborada pelo Tesouro Nacional apresenta um "déficit" na seguridade social na execução orçamentária realizada até o último bimestre/2007 de R$ 23,4 bilhões. O falso déficit apresentado é facilmente desmontado ao analisar-se a tabela "9-A" da mesma publicação, transcrita neste livro (tabela 44), pois observa-se um desvio, por meio da DRU, de R$ 38,6 bilhões das receitas da seguridade social. Portanto, ao incluir os recursos "surrupiados" pela DRU para o orçamento fiscal, a seguridade social teria um saldo superavitário de R$ 15,2 bilhões, mesmo na lógica desfavorecida da contabilidade oficial.

Essa contabilização realizada pelo Tesouro Nacional tem sido alvo de críticas. A ANFIP (2008), por exemplo, publica anualmente o estudo *Análise da Seguridade Social*, que vem denunciando o fato de que algumas das despesas contabilizadas pelo governo no âmbito do orçamento da seguridade social não obedecem aos princípios esculpidos na Carta Magna para as políticas de assistência social, previdência e saúde. No orçamento de 2007, a entidade destaca algumas das despesas que inflam a seguridade social, que na realidade deveriam ser contabilizadas no orçamento fiscal (ANFIP, 2008):

— as despesas com "assistência ao servidor" correspondente a auxílio-creche, alimentação, moradia, transporte etc., que consumiram R$ 934 milhões, não deveriam ser, em hipótese alguma, despesas da assistência social e sim do vínculo empregatício;

— as despesas com saúde dos militares, que se referem ao custeio das unidades de saúde das Forças Armadas (R$ 1,2 bilhão, em 2007) não estão vinculadas ao SUS e não têm caráter universal;

Tabela 43

Demonstrativo das receitas e despesas da União: orçamento da seguridade social (em R$ milhares)

Janeiro a dezembro de 2007/bimestre novembro-dezembro

Receitas	Previsão Inicial (a)	Previsão Atualizada (b)	Receitas Realizadas				Saldo a Realizar (b-d)
			No Bimestre (c)	% (c/b)	Até o Bimestre (d)	% (d/b)	
Receitas Correntes	297.788.530	298.163.265	63.393.513	21,26	305.553.636	102,48	-7.390.371
Receita Tributária	0	0	52.149	0	286.255	0,00	-286.255
Receita de Contribuições	281.855.993	281.907.913	60.010.968	21,29	289.102.005	102,55	-7.194.092
Receita Patrimonial	6.454.259	6.454.259	2.241.361	34,73	5.659.125	87,68	795.134
Receita Agropecuária	34	34	12	36,35	114	337,39	-80
Receita Industrial	6.386	6.386	265	4,15	2.379	37,25	4.007
Receita de Serviços	4.664.657	4.660.011	61.717	1,32	4.359.643	93,55	300.368
Transferências Correntes	648	648	70	10,72	539	83,18	109
Receitas Correntes a Classificar	0	0	0	0	0	0,00	0
Outras Receitas Correntes	4.806.553	5.134.014	1.026.971	20	6.143.576	119,66	-1.009.562
Receitas de Capital	30.865	37.998	7.543	19,85	15.076	39,68	22.922
Operações de Crédito	4.748	11.880	0	0	0	0,00	11.880
Alienação de Bens	26.118	26.118	7.543	28,88	15.076	57,72	11.042
Subtotal (I)	297.819.396	298.201.263	63.401.056	21,26	305.568.712	102,47	-7.367.449
Déficit (II)	-	-	-	-	23.414.072	0,00	-
Total (I + II)	297.819.396	298.201.263	63.401.056	21,26	328.982.784	110,32	-30.781.521

Continua

DESPESAS	Dotação Inicial (e)	Dotação Atualizada (f)	Despesas Empenhadas		Despesas Executadas				Saldo a Executar (f - j - k)
					Liquidadas		Inscritas em RP não processados (k)	% (j + k/f)	
			No Bimestre (g)	Até o Bimestre (h)	No Bimestre (i)	Até o Bimestre (j)			
Despesas Correntes	327.467.946	336.024.652	50.436.916	332.807.088	65.918.726	328.323.912	4.483.159	99,04	3.217.581
Pessoal e Encargos Sociais	61.188.192	61.259.706	2.796.679	60.897.079	12.215.301	60.428.545	468.534	99,41	362.627
Juros e Encargos da Dívida	121.399	89.781	5.180	61.512	5.292	61.512	0	68,51	28.269
Outras Despesas Correntes	266.158.356	274.675.165	47.635.056	271.848.497	53.698.133	267.833.854	4.014.625	98,97	2.826.686
Despesas de Capital	4.713.225	7.197.103	3.452.767	4.956.146	282.115	658.872	4.297.274	68,86	2.240.957
Investimentos	4.416.101	7.006.846	3.450.180	4.791.511	277.895	494.240	4.297.271	68,38	2.215.335
Inversões Financeiras	47.800	47.800	-131	43.793	1.426	43.790	3	91,62	4.007
Amortização da Dívida	249.324	142.457	2.718	120.842	2.794	120.842	0	84,83	21.615
Reserva de Contingência	6.883.886	5.061.755	0	0	0	0	0	0,00	5.061.755
Subtotal (III)	339.065.057	348.283.510	53.889.683	337.763.234	66.200.840	328.982.784	8.780.433	96,98	10.520.293
Superávit (IV)	-	-	-	-	-	-	-	-	-
Total (III + IV)	339.065.057	348.283.510	53.889.683	337.763.234	66.200.840	328.982.784	8.780.433	96,98	10.520.293

Fonte: SIAFI — STN/CCONT/GEINC.

Tabela 44

Demonstrativo das receitas desvinculadas por força de dispositivo constitucional — OSS — Lei n. 11.439/2006 — LDO, artigo 60
(Em R$ milhares — janeiro a dezembro de 2007)

Receitas	Previsão Atualizada (a)	Receitas Realizadas no Bimestre (b)	Receitas Realizadas até o Bimestre (c)	Saldo a Realizar (a - c)
RECEITAS CORRENTES	38.573.234	7.037.866	38.606.995	-33.761
Receita de Contribuições	38.144.479	6.967.006	38.183.421	-38.942
Receita da Contribuição para Financiamento da Seguridade Social	20.372.477	3.702.339	20.082.253	290.224
REFIS e PAES — COFINS	0	21.579	125.923	-125.923
Cota-Parte da Contribuição Sindical	57.455	381	60.064	-2.609
Receita da Contribuição sobre a Movimentação Financeira	5.677.662	1.073.299	5.718.255	-40.593
REFIS e PAES — CPMF	0	797	4.673	-4.673
Contribuição para Custeio das Pensões Militares	291.395	39.051	260.868	30.527
Cont. s/ Rec. Sorteios Realiz. p/ Ent. Filantr.	30	8	24	6
Contribuição sobre a Receita da Loteria Federal	11.603	1.789	7.994	3.609
Contribuição sobre a Receita da Loteria Esportiva	12.051	579	4.503	7.548
Contribuição sobre a Receita das Loterias de Números	300.907	53.270	338.226	-37.319
Contribuição sobre a Receita da Loteria Instantânea	11.436	1.067	5.600	5.836
Prêmios Prescritos de Loterias Federais	16.978	3.779	23.004	-6.026
Contr. s/ Rec. Conc. Prog. Dest. Prat. Desp-Mod. Fute	0	1	65	-65
Outros Prêmios Prescritos	0	111	328	-328
Receita das Contribuições para o PIS/PASEP	5.252.962	943.483	5.132.124	120.838
REFIS e PAES — PIS/PASEP	0	4.929	27.740	-27.740
Receita da Contribuição sobre o Lucro Líquido PJ	6.139.523	1.116.903	6.369.226	-229.703
REFIS e PAES — CSLL — PJ	0	3.643	22.517	-22.517
Outras Contribuições Sociais	0	1	32	-32
Outras Receitas Correntes	428.755	70.859	423.575	5.180
Receita de Multas e Juros de Mora da COFINS	146.197	18.520	109.390	36.807
REFIS e PAES — Multas e Juros de Mora da COFINS	0	2.843	16.477	-16.477
Receita de Multas e Juros de Mora da CPMF	8.054	1.561	8.754	-700
REFIS e PAES — Multas e Juros de Mora da CPMF	0	84	495	-495
Receita de Multas e Juros de Mora da Contribuição para o PIS/PASEP	7.895	6.144	33.789	-25.894
REFIS e PAES — Multas e Juros de Mora da Contribuição para o PIS/PASEP	0	687	3.929	-3.929
Receita de Multas e Juros de Mora da CSLL — PJ	112.842	8.424	52.413	60.429
REFIS e PAES — Multas e Juros de Mora da CSLL — PJ	0	618	3.722	-3.722

Continua

Receitas	Previsão Atualizada (a)	Receitas Realizadas		Saldo a Realizar (a - c)
		no Bimestre (b)	até o Bimestre (c)	
Multas Jur. Mora da Contr. sobre Out. Conc. Prog.	0	3	3	-3
Multas e Juros de Mora — Outras Contribuições	0	0	0	0
Receita de Multas e Juros de Mora da Dívida Ativa da COFINS	25.452	2.368	16.154	9.298
REFIS e PAES — Multas e Juros de Mora da Dívida Ativa da COFINS	0	808	4.360	-4.360
Receita de Multas e Juros de Mora da Dívida Ativa — CPMF	1.402	21	165	1.237
REFIS — Multas e Juros de Mora da Dívida Ativa — CPMF	0	1	3	-3
Receita de Multas e Juros de Mora Dívida Ativa — Contribuição para o PIS/PASEP	45.821	631	3.212	42.609
REFIS e PAES — Multas e Juros de Mora da Dívida Ativa — Contr. para o PIS/PASEP	0	225	1.183	-1.183
Receita de Multas e Juros de Mora da Dívida Ativa — CSLL — PJ	16.396	867	4.890	11.506
REFIS e PAES — Receita de Multas e Juros de Mora da Dívida Ativa — CSLL — PJ	0	181	1.091	-1.091
Receita da Dívida Ativa COFINS — Principal	26.490	11.180	77.883	-51.393
Receita da Dívida Ativa COFINS — REFIS	0	5.485	30.489	-30.489
Receita da Dívida Ativa CPMF — Principal	925	80	473	452
Rec. Dívida Ativa CPMF — REFIS	0	2	7	-7
Receita da Dívida Ativa — Contribuição para o PIS/PASEP	9.294	3.259	16.563	-7.269
REFIS e PAES — PIS/PASEP	0	1.630	7.810	-7.810
Receita da Dívida Ativa — CSLL — PJ	27.988	4.087	22.936	5.052
REFIS e PAES — Dívida Ativa — CSLL	0	1.128	7.265	-7.265
Rec. do Principal das Contr. p/ o PIS/PASEP	0	23	23	-23
Rec. do Principal da Contr. s/ Lucro PJ	0	1	11	-11
Rec. Multa/Mora Contr. PIS/PASEP	0	0	84	-84
Rec. Multa/Mora Contr. Social s/ Lucro PJ	0	0	1	-1
Total	38.573.234	7.037.866	38.606.995	-33.761

Fonte: SIAFI — STN/COFINS.

— despesas com benefícios instituídos por legislação especial, que são pagos pelo INSS, que têm caráter indenizatório ou meritório, como no caso do acidente da base espacial de Alcântara e da hemodiálise de Caruaru, dos anistiados, dos atingidos pelos problemas do césio 137 em Goiânia, das vítimas da Talidomida, das reclusões compulsórias da hanseníase etc.

O TCU também vem criticando, em seus relatórios sobre as contas do governo da República, a classificação de despesas de ações não características da seguridade que são contabilizadas em seu orçamento. O tribunal evidencia o caso das despesas classificadas como "2004 — assistência médica e odontológica aos servidores, empregados e seus dependentes" e "6011 — assistência médica e odontológica aos servidores, empregados e seus dependentes dos extintos estados e territórios" (TCU, 2008). Outra crítica da ANFIP é a utilização dos recursos das contribuições sociais para o pagamento de benefícios previdenciários de servidores e militares, que não se enquadram no Regime Geral da Previdência, mas derivam de um encargo patronal do setor público, conforme já foi abordado no capítulo 4.

Esse quadro corrobora uma das hipóteses desta pesquisa, segundo a qual as despesas da seguridade social estão infladas com gastos que na realidade são da área fiscal, ou seja, há despesas como assistência ao servidor, previdência dos servidores e saúde das Forças Armadas que estão indevidamente contabilizadas como da seguridade social, quando na realidade deveriam ser custeadas pelo orçamento fiscal.

Com base nos mesmos critérios adotados pelo Tesouro Nacional, a partir de 2005 foi elaborada a tabela 45, estimando o desvio de recursos efetivados pela DRU sobre as receitas da seguridade social. Conforme demonstra a tabela 45, no período de 2000 a 2007, foram transferidos para o orçamento fiscal R$ 278,4 bilhões, em valores atualizados pelo IGP-DI, que pertenciam às políticas da seguridade social. Esse montante equivale a cinco vezes o orçamento anual da saúde e quase dez vezes o orçamento da assistência social.

No período de 2000 a 2007, a seguridade social recebeu R$ 161,62 bilhões de recursos do orçamento fiscal, o que equivale a 58,06% da transferência feita pela DRU para o Tesouro Nacional. Pela tabela 46 percebe-se que após 2003, essa proporção de participação do orçamento fiscal em relação à DRU vem sendo reduzida, ou seja, cada vez mais o Tesouro Nacional está se apropriando de recursos que deveriam ser aplicados nas políticas de assistência social, previdência e saúde. Lembrando que esses recursos entram no orçamento da seguridade social e são identificados na execução orçamentária como "recursos ordinários". Contudo, devido à falta de transparência, pode-se afirmar que são apenas uma parte das contribuições sociais retornando aos cofres da seguridade social.

Tabela 45

Estimativa das receitas[1] desvinculadas pela DRU da seguridade social no período de 2000 a 2007 (valores em R$, deflacionados pelo IGP-DI)

Receitas de contribuições	Total em R$	
	Arrecadado	DRU
COFINS	737.760.884.928,79	147.552.176.985,76
REFIS E PAES — COFINS	3.166.003.292,69	633.200.658,54
Cota-Parte da Contribuição Sindical	2.020.243.801,43	404.048.760,29
CPMF	271.768.261.800,58	44.395.558.227,13
REFIS E PAES — CPMF	-8.760.603,37	-1.752.120,67
Contribuição para Custeio das Pensões Militares	9.949.168.795,85	1.989.833.759,17
Contribuição sobre Recurso de Sorteios Realizados pelas Entidades Filantrópicas	493.842,38	98.768,48
Contribuição sobre Receita da Loteria Federal	237.944.328,84	47.588.865,77
Contribuição sobre Receita Loteria Esportiva	551.761.822,49	110.352.364,50
Contribuição sobre Receita Espetáculos	304.576.316,63	60.915.263,33
Contribuição sobre Receita Loterias de Números	10.612.598.595,53	1.836.011.235,62
Contribuição sobre Receita de Loteria Instantânea	219.020.752,72	55.029.181,38
Prêmios Prescritos de Loterias Federais	516.011.327,50	86.224.592,87
Contribuição sobre Receitas de Concursos e Prognósticos Desportivos — Modalidade Futebol	-6.341,32	-1.268,26
Outros Prêmios Prescritos	1.578.859,91	315.771,98
PIS-PASEP	187.843.482.611,69	37.568.696.522,34
REFIS E PAES — PISP-PASEP	809.426.467,25	161.885.293,45
CSLL	195.981.477.559,07	39.196.295.511,81
REFIS E PAES — PISP-PASEP	546.848.833,52	109.369.766,70
Outras Contribuições Sociais	430.756.274,73	86.151.254,95
Contribuição em Regime de Parcelamento e Débitos	6.392.048.030,87	1.278.409.606,17
Outras Receitas Correntes (Multas e Juros de Mora)	13.916.305.654,57	2.783.261.130,91
TOTAL	**1.443.020.126.952,35**	**278.353.670.132,21**

Fonte: SIAFI — STN/CCONT/GEINC. (Elaboração própria.)

(1) Somente receitas que incidem sobre a DRU. Não estão sujeitas à DRU: as contribuições sociais do empregador incidente sobre a folha de salários; as contribuições dos trabalhadores e dos demais segurados da previdência social; a parte da CPMF destinada ao Fundo de Combate e Erradicação da Pobreza; e a arrecadação do salário-educação.

Tabela 46
Estimativa do retorno da DRU à seguridade social (Valores em R$ bilhões, deflacionados pelo IGP-DI)

Ano	Receitas da seguridade social (a)	DRU (b)	Recursos Fiscais (c)	Retorno da DRU à seguridade Social (c/b)
2000	160,98	32,20	10,71	33,27%
2001	166,43	32,08	22,86	71,24%
2002	169,79	32,48	26,12	80,40%
2003	176,82	33,89	30,86	91,06%
2004	181,38	34,90	19,11	54,75%
2005	188,32	36,28	18,80	51,83%
2006	187,81	35,83	15,53	43,35%
2007	211,49	40,69	17,63	43,33%
Total	1.443,03	278,35	161,62	58,06%

Fonte: STN e Balanço Geral da União. (Elaboração própria.)

Os recursos desvinculados da seguridade social pela DRU têm participação relevante na composição do superávit primário. Em 2000, o desvio realizado pela DRU foi equivalente a 73% do superávit primário do governo federal. No período de 2002 a 2004, a participação da DRU vinha sendo reduzida ao montante do superávit primário. Contudo, após esse ano, voltou a subir e, em 2007, 65% do superávit primário advém de recursos que pertenciam à seguridade social (tabela 47). Portanto, de cada R$ 100,00 de superávit primário, pelo menos R$ 65,00 foram retirados por meio da DRU do orçamento da seguridade social.

Tabela 47
Participação da DRU no superávit primário (Valor em R$ bilhões, deflacionados pelo IGP-DI)

Ano	DRU (a)	Superávit Primário do Governo Central (b)	Participação da DRU (a/b)
2000	32,20	44,31	72,66%
2001	32,08	41,90	76,56%
2002	32,48	55,13	58,92%
2003	33,89	58,96	57,49%
2004	34,90	64,92	53,76%
2005	36,28	63,14	57,47%
2006	35,83	54,89	65,27%
2007	40,69	62,46	65,15%
Total	278,35	445,70	62,45%

Fonte: STN. (Elaboração própria.)

A DRU é peça-chave na estratégia da política fiscal para a composição do superávit primário, o que significa que, "por meio deste expediente, processa-se, então, uma transferência não desprezível de recursos do lado real da economia, e mais explicitamente, da área social, para a gestão financeirizada da dívida pública [...]" (Cardoso Jr. e Castro, 2005, p. 14).

De acordo com Castro et al. (2006), a engenharia macroeconômica que permitiu o controle relativo da inflação passou pelo crescente endividamento financeiro do país, pelo corte de gastos reais e pelo incremento de receitas próprias (uma apropriação maior de recursos por parte do governo central), sobretudo no segundo mandato de Fernando Henrique Cardoso (1999 a 2002). A estratégia é mantida no governo Lula, que aprofunda o ajuste econômico em curso desde 1995 adotando políticas monetárias e fiscais restritivas.

6.3 LRF: o instrumento de apropriação financeira do orçamento brasileiro

Um dos instrumentos importantes para permitir a apropriação financeira pelo capital é a chamada Lei de Responsabilidade Fiscal (LRF), a Lei Complementar n. 101, de 4 de maio de 2000. A LRF trata de limitar as despesas não financeiras do orçamento e priorizar o pagamento de juros. Essa lei foi criada no contexto de ajuste fiscal realizado no governo de FHC, monitorado pelo FMI. O acordo do FMI com o Brasil, firmado após as eleições de 1998, implicou empréstimos no valor de US$ 41 bilhões, impondo séries de condições na política macroeconômica do país, destacadamente a geração de superávits primários, ou seja, a realização de poupança primária no orçamento para honrar o pagamento dos juros da dívida. A carta de intenção[12] assinada com o Fundo previa para 1999 um superávit primário de 2,6% do PIB, elevando-se até 3,0%, em 2001. As metas foram constantemente elevadas até 4,5% do PIB, em 2004. Registre-se que, em todos os períodos, a meta de superávit primário estabelecido com o Fundo foi superada. E mais, os recursos economizados

---

12. Os principais documentos assinados com o FMI e as cartas de intenções, após 1998, estão disponíveis no *site*: <www.fazenda.gov.br/portugues/fmi/acordofmi.asp>.

não foram suficientes para pagar todas as despesas com juros, agravando o endividamento do Estado, conforme a tabela 48.

Tabela 48
Superávit primário e juros da União, estados, Distrito Federal e municípios (No período de 1999 a 2004, em % do PIB)

Itens/Ano	1999	2000	2001	2002	2003	2004
Meta de superávit	2,6%	2,8%	3,0%	3,5%	4,25%	4,5%
Superávit primário realizado (a)	3,19%	3,46%	3,64%	3,89%	4,25%	4,61%
Juros (b)	8,97%	7,08%	7,21%	8,47%	9,33%	7,29%
Déficit público (a - b)	-5,78%	-3,61%	-3,57%	-4,58%	-5,08%	-2,68%

Fonte: FBO (2005, p. 10), apud Banco Central e cartas de intenção ao FMI.

Garagorry (2007, p. 203-4) lembra que a política fiscal do primeiro governo FHC sofreu as consequências das escolhas adotadas para estabilização monetária baseada em altas taxas de juros e câmbio valorizado, o que gerou uma rápida deterioração das finanças públicas. Essa política foi consequência do exponencial crescimento da dívida pública, resultante das taxas de juros adotadas. Nesse contexto, destaca o autor:

> Na medida em que os credores do Estado viam no processo de privatização esse desfazer-se dos seus ativos e, ao mesmo tempo, o aumento do estoque da dívida mobiliária, começaram a expressar, reiteradamente, o temor de algum tipo de "calote".
>
> A Lei de Responsabilidade Fiscal foi, em certa medida, uma resposta a essa desconfiança dos credores na capacidade de pagamento do Estado e nas reiteradas promessas de austeridade fiscal, não cumpridas, efetuadas durante o primeiro governo FHC. Basicamente, ela constitui-se em um conjunto de mecanismos voltados para a geração de superávits primários. Seu cerne, portanto, é o *atendimento dos interesses desse grupo social específico, os detentores dos títulos da dívida mobiliária*. (grifos nossos)

De acordo com Lopreato (2006), a LRF está no âmbito das ações de políticas previsíveis e contínuas temporalmente para o mercado, com a definição de regras fiscais para ampliar espaço no caminho da implementação da estratégia de integração passiva da economia brasileira ao movimento da economia globalizada. A política fiscal ocupa a posição de fiadora do espaço de valorização do capital e de responsável por afastar o risco de *default* da dívida pública. Na era das finanças globalizadas, para o autor, não era suficiente apenas a ideia de diminuição do déficit público, mas assegurar a valorização da riqueza financeira, o que exige assegurar as expectativas de ganho para atrair as aplicações financeiras.

A política fiscal passa a ser essencial na estratégia de atração de instituições financeiras e dos fluxos de capitais exigidos no financiamento do balanço de pagamentos como modelo de integração da economia mundial, comandado pelo mercado e pela possibilidade de inclusão do Brasil como espaço alternativo de valorização do capital financeiro internacional (Lopreato, 2006). Com isso, a política fiscal é a guardiã da expectativa de rentabilidade de capitais estrangeiros, e a realização de superávits primários para honrar o pagamento de juros da dívida é um dos atrativos para o capital externo, ou seja, amenizar ao capital portador de juros o risco de apostar no mercado brasileiro.

O FMI (2006, p. 191) foi impositivo nesse processo, conforme Lopreato:

> A assinatura dos acordos ficou na dependência da aceitação das condicionalidades específicas (*micro-condicionality*) envolvendo a introdução de normas na definição da política tributária e orçamentária. Tal postura reforçou a atuação do órgão no redesenho da política fiscal e na defesa da adoção de regras fiscais, o que, na visão da instituição, inibiria a ação discricionária das autoridades econômicas e favoreceria o ajuste intertemporal das contas públicas independentemente do governo no poder. A introdução de regras fiscais e a definição de normas rígidas na condução das contas públicas alteraram características importantes do modelo anterior e consagraram o novo regime fiscal. A alteração de maior visibilidade foi a determinação legal obrigando o governo a definir, na Lei de Diretrizes Orçamentárias (LDO), a meta de superávit primário do ano seguinte e uma referência para os próximos dois anos, ou seja, tornou-se explícito o objetivo central da política fiscal e o comprometimento com determinada trajetória da dívida pública.

Para tanto, a LRF foi o principal instrumento para concretizar as mudanças exigidas pelo FMI, obrigando a modificações importantes nas peças orçamentárias da União, dos estados, do Distrito Federal e dos municípios.

Um primeiro aspecto diz respeito à determinação de que a LDO passa a ter um Anexo de Metas Fiscais (parágrafo 1°, artigo 4° da Lei Complementar n. 101/2000), no qual deverão ser estabelecidas as metas anuais, relativas a receitas, despesas, resultado nominal e primário e montante da dívida, para o exercício a que se referirem e para os dois anos seguintes, como destacado no capítulo 3. O anexo de metas também deve trazer a avaliação financeira e atuarial do Regime Geral de Previdência Social e do próprio dos servidores públicos. Um segundo ponto diz respeito à execução orçamentária e ao cumprimento das metas, que submetem os gastos orçamentários à lógica da financeirização com garantias para o pagamento de juros da dívida. Assim, o artigo 9° da LRF estabelece que, ao final de cada bimestre, será verificado o cumprimento das metas de resultados primário ou nominal da cada Poder. Caso não estejam sendo cumpridas, é determinado o ajuste nas despesas com a limitação do empenho orçamentário e da movimentação financeira. No entanto, não serão objeto de limitações orçamentárias "as despesas que constituam obrigações constitucionais e legais do ente, inclusive aquelas destinadas ao pagamento do serviço da dívida" (parágrafo 2°, artigo 9° da LRF).

O anexo de metas fiscais que passar a integrar a LDO a cada ano não estabelece nenhum parâmetro para metas sociais que os governos tenham de cumprir, pelo contrário, ele funciona exatamente como limitador para gastos discricionários na área social. Portanto, a eficiência do gestor público limita-se ao bom manejo do orçamento para honrar a transferência de recursos do fundo público para os credores financeiros; não há metas de redução das desigualdades sociais, e muito menos uma avaliação permanente de quanto se gastou e qual o volume de recursos que serão destinados nos anos seguintes para as políticas sociais.

Miranda (2001) também destaca que o parágrafo 6°, do artigo 17, da LRF libera os atos que autorizem aumento das "despesas destinadas ao serviço da dívida" de qualquer mecanismo de compensação pelo corte de outras despesas. Para aumentar essa despesa não haverá problema: será obrigatório assegurar recursos que garantam seu pagamento, incluindo o corte nas demais dotações orçamentárias. Aliás, esse corte não precisará ser aprovado pelo Poder Legislativo, enquanto a expansão ou melhoria de um serviço público for feita mediante a interrupção de outra despesa deve ser submetido ao Parlamento.

Com isso, a LRF muda os procedimentos de elaboração do orçamento público e da sua execução. Primeiro obriga a fixação de meta de superávit primário, depois caso a meta não seja cumprida, como verificação bimestral, o governo se obriga a realizar o contingenciamento das despesas discricionárias, afetando os gastos sociais não obrigatórios, conforme analisado no capítulo 3. O superávit primário é compelido no orçamento público e as demais despesas não obrigatórias ficam na dependência do seu cumprimento e, ainda, conforme comportamento de variáveis macroeconômicas, como juros e câmbio, podem levar à decisão de aumentar o superávit primário, com adoção de controle rígido das despesas discricionárias.

De acordo com Miranda (2001), a LRF trata de forma assimétrica e hierarquizada as despesas públicas; por um lado, restringe e condiciona as despesas não financeiras, principalmente os investimentos e os gastos sociais. Por outro lado, é expansionista e dá garantia às despesas financeiras. Para o autor, o objetivo central é resguardar o pagamento do serviço da dívida com o sistema financeiro nacional e internacional, impedindo a ampliação de despesas com pessoal e os gastos com manutenção dos serviços públicos, mas liberando os gastos financeiros.

Outra questão relevante no ajuste fiscal foi o enquadramento dos estados e municípios à LRF, pois todo ajuste na administração financeiro-fiscal do governo federal não era suficiente para atender aos objetivos da política fiscal monitorada pelo FMI (Santos et al., 2003). Desde 1992, o governo federal consolidou os seus créditos junto aos governos de estados e municípios, impondo prazos para pagamentos e limitando o endividamento, o que levou esses governos a financiar seus desequilíbrios orçamentários via bancos estaduais. Por sua vez, as instituições financeiras estaduais com posições fragilizadas no mercado financeiro tinham de buscar socorro no redesconto do Banco Central. Essa situação constituiu o cenário ideal para o processo de privatização ou liquidação de bancos, que veio a se consolidar no governo FHC, com praticamente a entrega de todos os bancos estaduais aos bancos privados nacionais e internacionais, mas com o saneamento financeiro realizado anteriormente com recursos do fundo público (via Programa de Incentivo à Redução do Setor Público Estadual na Atividade Bancária — PROES).

Com os governos estaduais sem oportunidade de financiamento juntos aos seus bancos públicos ficou limitada a capacidade de expansão de investimentos dos orçamentos estaduais e de expansão dos gastos sociais locais.

Santos et al. (2003) afirmam que o golpe de misericórdia para obrigar os estados e municípios a aderir ao ajuste fiscal federal foi a promulgação da LRF, impondo punição aos gestores que descumprissem a determinação legal de orçamento equilibrado. A privatização dos bancos estaduais, juntamente com a LRF, integrou os entes subnacionais ao "ajuste fiscal desejado a qualquer custo, pelo governo federal, como também foram determinantes paras que as metas de superávits orçamentários acordadas com o FMI fossem cumpridas" (Santos et al., 2003, p. 41).

Convém lembrar que as dívidas de estados e municípios foram renegociadas em 1997 e em 1998, beneficiando os detentores de títulos que estavam ameaçados de não serem honrados; as novas condições foram pactuadas em 2000. Um dos critérios acertados foi o comprometimento de 13% da receita com a dívida do refinanciamento feito pela União aos Estados e às grandes prefeituras. O artigo 35 da LRF proíbe o financiamento de um ente da Federação a qualquer outro, incluindo a novação, refinanciamento ou postergação de dívida contraída anteriormente. Com isso, são "eternizadas" as condições estabelecidas nos empréstimos pactuados entre 1997 e junho de 2000 (Miranda, 2001). Para Lopreato (2006), a LRF mudou a lógica de conduta orçamentária de estados e municípios, significando elevados compromissos com o pagamento dos encargos financeiros e restrição de recursos fiscais disponíveis para outras despesas, assegurando, portanto, regras duras com o propósito de gerar superávits primários e garantir as condições de sustentabilidade da dívida pública.

As análises feitas por Menezes e Júnior (2006) avaliam os efeitos da LRF nas despesas dos municípios brasileiros, mostrando o aumento das despesas com juros e encargos da dívida. As despesas com investimentos tiveram acentuada diminuição em virtude da LRF, refletindo o ajuste promovido com queda expressiva na parcela da Receita Corrente Líquida (RCL) destinada ao investimento para a maioria dos municípios analisados pelos autores.

A LRF estabelece limites rígidos para gastos com pessoal subordinados a determinados percentuais da receita corrente de forma padronizada, sem considerar as realidades locais de estados e municípios de um país heterogêneo como o Brasil. A lei cria muitos constrangimentos para a gestão orçamentária, que aumenta o imobilismo e a lentidão do setor público, afetando a oferta e ampliação de serviços, dificultando a realização dos investimentos e a geração de novas despesas de custeio, sem que as metas de superávit primário estejam cumpridas (Garagorry, 2007).

Ressalta-se que, na esfera da União, não há constrangimento para os déficits dos balanços do Banco Central, que foi privilegiado na LRF, artigo 7º, parágrafo 1º, o qual assegura o repasse automático de recursos do Tesouro Nacional para a cobertura de prejuízo da autoridade monetária. Com isso, o Banco Central pode autuar livremente na condução da política monetária, cambial e no socorro e assistência ao sistema financeiro.

Em síntese, a LRF é um instrumento de contingenciamento do gasto fiscal, diminuindo a capacidade de intervenção do Estado e de ampliação dos gastos sociais. Ela está inserida no conjunto das políticas neoliberais em voga no país, a partir dos anos 1990, que comprometeram o crescimento e o desenvolvimento econômico social em prol do favorecimento do capital financeiro, com recursos assegurados pelo fundo público. Isso enfraquece a capacidade do Estado de realizar políticas públicas universais e abala a efetivação dos direitos sociais estabelecidos na CF de 1988, pois o orçamento público fica comprometido com o superávit primário e, por corolário, o pagamento do serviço da dívida.

CONSIDERAÇÕES FINAIS

No capitalismo, o fundo público é essencial para viabilizar a acumulação produtiva, e exerceu função ativa nas políticas macroeconômicas durante a edificação do Estado Social nos países desenvolvidos.

O fundo público tem papel relevante para a manutenção do capitalismo na esfera econômica e na garantia do contrato social, assegurado pela expansão das políticas sociais, ampliando o mercado de consumo, o que viabilizou o compromisso de pleno emprego nos países centrais no período de 1945 a 1975. O fundo público também comparece como financiador de políticas anticíclicas nos períodos de refração da atividade econômica.

Com isso, ocorre na sociedade uma disputa por recursos desse fundo no âmbito do orçamento estatal. O orçamento público é um espaço de luta política, onde as diferentes forças da sociedade buscam inserir seus interesses. Os interesses dentro do Estado capitalista são privados e, a partir da década de 1980, há um domínio hegemônico do capital financeiro. Sob o comando das políticas neoliberais foi esgarçada a liberalização financeira com o enfraquecimento do Estado e da proteção social, sob o efeito dos juros do serviço da dívida, potencializando a crise estrutural do capitalismo. A proposta neoliberal inclui a passagem da proteção social para o mercado, transformando benefícios da seguridade social em "novos produtos" da especulação financeira.

Os abalos das recorrentes crises financeiras têm custo elevado para os trabalhadores, que são atingidos nos seus empregos e sofrem perdas de rendas, pois a "conta" é repassada para a esfera produtiva. A principal característica de todas as crises financeiras dos últimos trinta anos é a presença do fundo público no socorro das entidades do mercado financeiro com a socialização dos prejuízos à custa dos impostos pagos pelos cidadãos. Tempestivamente, o discurso da eficiência do mercado e da privatização desaparece, como estamos vivenciando com a "nova" crise do capital nos dias atuais.

No Brasil, o fundo público ganhou contornos restritivos, seja pela ótica do financiamento, seja pelos gastos sociais, muito aquém das já limitadas conquistas da social-democracia obtidas nos países desenvolvidos. Até mesmo as reformas empreendidas por dentro do capitalismo central não lograram o mesmo êxito em nosso país, uma vez que a estruturação das políticas sociais foi marcada por componentes conservadores que obstaculizaram avanços mais expressivos nos direitos da cidadania. O Estado capitalista no Brasil, ao longo de sua história, tem se caracterizado por uma forte mistura de interesses entre o público e o privado, dominado pelo patrimonialismo, com o fundo público canalizando recursos, no passado, para acumulação do capital industrial e, no presente, com o predomínio dos interesses do capital financeiro. As políticas sociais até hoje são caracterizadas por um longo caminho entre as conquistas inscritas na Constituição e na legislação infraconstitucional, e sua efetiva e restrita implementação.

A seguridade social como parte das reformas capitalistas da construção do Estado Social foi decisiva para a expansão do mercado de consumo capitalista nos países desenvolvidos e para a socialização dos custos do trabalho por meio do fundo público. A seguridade constitui, muitas vezes, o elemento principal do Estado Social. No Brasil, ela chegou quase meio século depois da implantação nos países desenvolvidos e, ainda assim, sem a efetivação nos moldes determinados pela CF devido ao peso das políticas neoliberais a partir da década de 1990.

A revisão bibliográfica das publicações sobre o Estado Social nos países capitalistas da Europa mostra o diferente arranjo nas formas de financiamentos das políticas sociais, dependendo do modelo de benefícios assegurado pelo Estado. Nos países com proteção social de benefícios universais há predomínio de impostos em geral, com forte presença de recursos fiscais, enquanto naqueles que seguem uma estrutura corporativa existe um mistura entre contribuições sociais e impostos. Já nos países com predomínio do mercado na oferta da seguridade social, os gastos públicos são restritos, com maior importância dos impostos em geral.

No Brasil, sem a generalização da condição salarial para todos os trabalhadores, houve um limitado financiamento das políticas sociais. Antes da CF, o financiamento foi centrado na folha de salários, via contribuição de empregados e empregadores para a previdência, com reduzido acesso ao direito à saúde, que era contributivo, e sem o reconhecimento da assistência social como direito. Mesmo com as limitações do fundo público da previdência social, as reservas que foram acumuladas serviram de base para o financiamento da industrialização no país. A incorporação pela Constituição Federal de 1988 do conceito de seguridade social, englobando em um mesmo sistema as políticas de saúde, previdência e assistência social, estabeleceu a diversidade das bases de financiamento como um dos princípios para a efetivação desse sistema de proteção social.

A reforma tributária, que foi decisiva para a redistribuição da renda gerada por meio dos fundos públicos nos países desenvolvidos, aqui também não aconteceu. A Constituição Federal até estabelece princípios e diretrizes que permitiriam a edificação de um sistema tributário mais justo. Contudo, tais orientações não prevaleceram, e o sistema tributário construído pós-Constituinte foi no caminho oposto com alterações sorrateiras na legislação infraconstitucional que privilegiaram as elites e o grande capital, agravando a concentração de renda no país, além de contribuir decisivamente com as políticas macroeconômicas adotadas após o Plano Real, notadamente a realização de sucessivos superávits primários a partir de 1999.

A correlação da luta de classes no país, no contexto do neoliberalismo, foi desfavorável aos trabalhadores e decisiva para o predomínio dos impostos indiretos e regressivos na estrutura tributária. O sistema tributário foi edificado para privilegiar a acumulação capitalista e onerar os mais pobres e os trabalhadores assalariados, que efetivamente pagam a "conta". Eles são os maiores responsáveis pelo financiamento do Estado brasileiro, arcando com o ônus de mais de 2/3 das receitas arrecadadas pela União, estados, Distrito Federal e municípios. As aplicações financeiras são menos tributadas que a renda dos trabalhadores assalariados. O capital foi o maior ganhador do sistema tributário construído nos governos FHC e Lula. O sistema financeiro paga menos imposto que o restante da sociedade. E, ainda, as medidas tomadas enfraqueceram o combate à sonegação tributária.

A investigação realizada sobre o financiamento e o destino dos recursos da seguridade social revelam que passados vinte anos da Constituição Federal, o Brasil não logrou a construção de um fundo público único que integrasse a três políticas: previdência, assistência social e saúde. No custeio da seguridade social, no período de 2000 a 2007, permaneceu a separação das fontes orçamentárias. Os recursos advindos da contribuição direta de empregados e empregadores continuaram sendo exclusivamente utilizados nos gastos da previdência social, enquanto as contribuições sociais incidentes sobre o faturamento, o lucro e a movimentação financeira foram destinadas para as políticas de saúde e assistência, não contribuindo para o fortalecendo da concepção de seguridade social na sua totalidade.

A identificação das bases econômicas das fontes de financiamento da seguridade social mostra que menos de 10% das receitas destinadas às políticas de previdência, assistência social e saúde têm origem na tributação da renda do capital. Não há nenhuma fonte de custeio da seguridade social que tenha como base de incidência o patrimônio. A maior parte da arrecadação é feita por tributos que incidem sobre o consumo de bens e serviços ou sobre a contribuição direta dos próprios beneficiários das políticas, particularmente a da previdência social. As fontes de receitas que têm características de tributação direta são limitadas na sua progressividade, como é o caso da contribuição dos trabalhadores para a previdência social. Portanto, quem sustenta a seguridade social no Brasil são os trabalhadores e os mais pobres, impondo limites na capacidade redistributiva do Estado Social, revelando que são os próprios beneficiários que pagam o custo das políticas que integram a seguridade social.

Nos últimos anos, o aumento expressivo da carga tributária no Brasil foi liderado pelas contribuições sociais, mas o orçamento da seguridade social teve um baixo crescimento, saindo de uma participação de 10,01% do PIB, em 2000, para 11,91% em 2007. A previdência social absorve a maior parte dos recursos que são destinados ao pagamento dos benefícios do RGPS. Este livro revela que há novas tendências em curso nos gastos da seguridade social. A saúde perde participação relativa no montante do orçamento, enquanto a política de assistência social vem aumentando sua presença sobre o total de recursos destinados à seguridade social.

No âmbito da proteção social dos idosos no Brasil há cada vez mais uma dependência de benefícios assistenciais, devido às dificuldades de acesso à aposentadoria, o que é um dos reflexos das "reformas" realizadas em 1998 e 2003, as quais reduziram benefícios previdenciários e impuseram restrições ao acesso. Lembrando que o direito ao BPC é garantido somente àqueles que vivem em condições de miserabilidade, mensurada por renda *per capita* de

1/4 do salário mínimo e com submissão ao controle administrativo do Estado. Além disso, esse benefício tem tido sua participação aumentada de forma expressiva no FNAS, respondendo, a partir de 2006, por mais de 90% dos recursos aplicados. Ao mesmo tempo que parcos recursos são destinados aos serviços socioassistenciais, outros programas de proteção social e projetos têm mostrado que o SUAS é apenas um sistema virtual. Na prática, passado dois anos de sua criação, ele ainda não "saiu" da Esplanada dos Ministérios.

Os gastos da assistência social que não passam pelo FNAS revelam uma focalização no seu destino, bem ao gosto das recomendações dos organismos multilaterais de alocação "eficiente" de recursos, sempre escassos para as políticas sociais em contraponto à universalidade do direito. O carro-chefe dos programas focalizados é o Bolsa-Família, funcionando, na maioria das vezes, como o primeiro e único acesso à proteção social, trazendo elementos que precisam ser aprofundados, o que denota que está em curso um processo de assistencialização da proteção social no Brasil. Essa indicação também é revelada na análise do FNS, que no período estudado vem alterando o perfil dos seus gastos, atribuindo importância ao Programa Saúde da Família, que funciona muito mais como um programa focalizado para atendimento a populações carentes, sustentado por trabalho precário de agentes comunitários, que uma verdadeira estratégia de reorganizar a atenção à saúde básica no país.

A universalização da seguridade social, que poderia reduzir radicalmente a desigualdade social, ainda não aconteceu, e permanece um padrão restritivo e básico nos gastos. A conformação do financiamento e da destinação dos recursos das políticas de previdência social, de saúde e de assistência social não fortalece o conceito de seguridade social na sua totalidade e restringe sua possibilidade de reduzir as desigualdades sociais.

A metade da População Economicamente Ativa não tem proteção previdenciária. Essa política — que recebe o maior volume de recursos da seguridade social —, a começar, é contributiva em um país onde não se construiu uma sociedade salarial, como ocorreu nos países centrais do capitalismo. Aqui predominam formas precárias de inserção no mercado e relações informais, que prejudicam a prévia contribuição para acesso aos benefícios previdenciários. Como fruto da CF de 1988, hoje há uma expressiva cobertura da população idosa no país, especialmente na área rural. Contudo, as modificações realizadas no sistema previdenciário indicam um futuro nada promissor para as próximas gerações de idosos, que devem depender ainda mais de benefícios assistenciais, ou de laços familiares, ou ainda, terão como opção a permanência no mercado de trabalho.

Na saúde, a estreita relação dos recursos do FNS com o setor privado é ameaça constante à universalização. Os dados mostram que o avanço registrado na CF com o estabelecimento do princípio da universalização da saúde não logrou êxito na realidade. O que predominou foram os enormes e quase intransponíveis obstáculos no financiamento da saúde. O nível de gastos públicos em saúde no Brasil é claramente insuficiente para cumprir a missão que a Constituição de 1988 se propôs: estabelecer um sistema de saúde público, universal, integral e gratuito. Aliás, é paradoxal que o gasto privado com saúde seja maior que o gasto público no país.

Ainda, há relevante participação do setor privado de serviços de saúde como sócio do fundo público, com uma transferência de recursos nada desprezível para os hospitais privados, que oferecem o maior quantitativo de leito disponível do SUS. Essa mistura entre público e privado no FNS tem fortalecido um atendimento excludente no sistema de saúde, dividindo os cidadãos em duas categorias os "com" e os "sem" planos de saúde.

Não basta ter a universalidade como princípio, é necessário torná-la efetiva. Um dos meios para tornar concreto o princípio é o fundo público. O orçamento público tem de ser um instrumento de efetivação dos direitos, pois assegurar políticas públicas universais custa dinheiro, mas não foi essa a opção da implementação das políticas que integram a seguridade social no Brasil, que ficaram restritas ao seguro no caso da previdência, à focalização na assistência social e ao desmonte na saúde. Os recursos que deveriam estar assegurando a universalização foram canalizados para o orçamento fiscal, e deste para os bolsos dos rentistas. Por corolário, o fortalecimento do capital portador de juros, por meio dos investidores institucionais, atores relevantes na esfera da financeirização da riqueza em curso no capitalismo, constitui uma espécie de "bolsa" especial para o capital financeiro.

O orçamento público gastou R$ 794,65 bilhões em juros, encargos e amortização da dívida pública, excluindo o refinanciamento, no período de 2000 a 2007, montante este superior, em 75%, a todo o gasto realizado para a efetivação dos direitos humanos, econômicos, sociais, culturais e ambientais do povo brasileiro, R$ 457,54 bilhões,[1] exceto previdência social. Isso indica a hegemonia dos rentistas e do capital financeiro, expresso nas suas formas contemporâneas de capital portador de juros sobre o fundo público no Brasil.

As opções de políticas monetária e fiscal que aceleram a expansão do rendimento financeiro real no país, garantindo a rentabilidade do capital portador de juros, são articuladas na inter-relação entre orçamento fiscal e orçamento da seguridade social. Nesse sentido, dois instrumentos são importantes para viabilizar essa estratégia no orçamento público: a DRU e a LRF.

As fontes de financiamento exclusivas da seguridade desempenham papel estratégico no fortalecimento da política fiscal restritiva em curso, após 1999. Ocorre uma dupla apropriação pelo orçamento fiscal dos recursos que deveriam ser gastos na previdência, assistência social e saúde. A DRU revela a intricada e obscura relação entre orçamento da seguridade social e orçamento fiscal. Por meio dela ocorre a perversa alquimia de transformar receitas da seguridade em recursos ordinários do orçamento fiscal que são canalizados para o superávit primário e destinados ao pagamento de juros da dívida pública. De cada R$ 100,00 de superávit primário, em 2007, pelos menos R$ 65,00 foram retirados do orçamento da seguridade social por meio da DRU. A outra face da apropriação indevida é a prática de inflar os gastos da seguridade social com despesas típicas do orçamento fiscal, sem o devido aporte de recursos ordinários, provenientes de impostos.

A LRF concretizou as mudanças necessárias nas peças orçamentárias para viabilizar a política econômica com o estabelecimento na LDO de metas fiscais para os orçamentos públicos da União, dos estados, do Distrito Federal e dos municípios, além de determinar legalmente a submissão da execução orçamentária ao cumprimento das metas fiscais, fazendo que os gastos sociais discricionários e os investimentos públicos entrem na lógica da financeirização, pois é garantido prioritariamente o pagamento de juros da dívida.

No capitalismo contemporâneo, particularmente no caso brasileiro, ocorre uma apropriação do fundo público da seguridade social, para valoração e acumulação do capital vinculado à dívida pública. Em outras

1. Refere-se à soma das funções assistência social, saúde, trabalho, educação, cultura, direitos da cidadania, urbanismo, habitação, saneamento, gestão ambiental, organização agrária, desporto e lazer nos orçamentos fiscal e da seguridade social.

palavras, parcelas consideráveis dos recursos da seguridade social acabam sendo desvirtuadas das suas finalidades e impedem maior investimento e ampliação de direitos. A arrecadação dos recursos da seguridade social acaba se constituindo, no atual quadro fiscal e tributário do Brasil, em importante fonte de composição do superávit primário. Em última instância, destinam-se recursos que deveriam ser aplicados em políticas sociais para o pagamento de juros da dívida pública brasileira, cujos credores são os rentistas do capital financeiro.

A não institucionalização da seguridade social e de seu orçamento, conforme previsto na Constituição de 1988, o financiamento regressivo do fundo público e adoção de políticas econômicas, particularmente as políticas monetária e fiscal que beneficiam o capital portador de juros e impõem restrições para universalização e expansão das políticas sociais, são determinantes na configuração do atual Estado Social no Brasil. Um Estado Social que não reduz a desigualdade social, pois é sustentado pelos trabalhadores e pelos mais pobres, que não faz redistribuição de renda e com políticas sociais de padrão restritivo e básico, não universalizando direitos.

REFERÊNCIAS BIBLIOGRÁFICAS

ABOP. *Revista da Associação Brasileira de Orçamento Público,* Brasília, v. 2, n. 41, set. 1998/abr. 1999. Edição especial.

ABRAHAMSON, Peter. Regimenes europeos del bienestar y políticas sociales europeas: ¿convergencia de solidaridades? In: SARASA, Sebastià; MORENO, Luis (Comp.). *El Estado del bienestar en la Europa del sur.* Madrid: Consejo Superior de Investigaciones Cientificas, 1995. p. 113-56.

______. Neoliberalismo, pluralismo de bem-estar e configuração das políticas sociais. In: BOSCHETTI, Ivanete et al. *Política social*: alternativas ao neoliberalismo. Brasília: UnB, Programa de Pós-Graduação em Política Social, Departamento de Serviço Social, 2004. p. 109-34.

AEPS INFOLOGO. Base de dados do anuário estatístico da previdência social. Brasília: MPAS, 2007. CD-ROM.

AFFONSO, Rui; SILVA, Pedro. *Descentralização e políticas sociais.* São Paulo: FUNDAP, 1996.

AFONSO, José; ARAÚJO, Erika. *2003*: uma análise da carga tributária global estimada. Rio de Janeiro: BNDES, 2004. Disponível em: <www.federativo.bndes.gov.br>. Acesso em: 20 dez. 2004.

AFONSO, José; MEIRELLES, Beatriz. Carga tributária global no Brasil, 2000/2005: cálculos revisitados. *Caderno 61,* São Paulo: NEPP/Unicamp, mar. 2006.

AGLIETTA, Michel. *Macroeconomia financeira*: mercado financeiro, crescimento e ciclos. São Paulo: Loyola, 2004a.

AGLIETTA, Michel. *Macroeconomia financeira*: crises financeiras e regulação monetária. São Paulo: Loyola, 2004b.

ALVES, Giovanni. *O novo (e precário) mundo do trabalho*. São Paulo: Boitempo, 2000.

AMORIM, Erica; KHAIR, Amir. Quanto e como cresceu a carga tributária em 2004. *Caderno 58*, São Paulo: NEPP/Unicamp, fev. 2005. Disponível em: <www.nepp.unicamp.br/>. Acesso em: 20 dez. 2009.

ANDERSON, Perry. Balanço do neoliberalismo. In: SADER, Emir; GENTILI, Pablo (Org.). *Pós-neoliberalismo*: as políticas sociais e o Estado democrático. 4. ed. Rio de Janeiro: Paz e Terra, 1998. p. 9-38.

ANDRADE, Eli Gurgel. *(Des)equilíbrio da previdência social brasileira*: 1945-1997. 1999. Tese (Doutorado em Demografia) — Universidade Federal de Minas Gerais, Belo Horizonte.

ANFIP. *Análise da seguridade social em 2003*. Brasília: Fundação ANFIP de Estudos da Seguridade Social, 2004.

______. *Análise da seguridade social em 2004*. Brasília: Fundação ANFIP de Estudos da Seguridade Social, 2005.

______. *Análise da seguridade social em 2007*. Brasília: Fundação ANFIP de Estudos da Seguridade Social, 2008.

ANTUNES, Ricardo. *Os sentidos do trabalho*. 5. ed. São Paulo: Boitempo, 2001.

ANUÁRIO ESTATÍSTICO DA PREVIDÊNCIA SOCIAL DE 2005. Brasília: MPAS, 2006.

ARAÚJO, Érika. *Análise das contribuições sociais no Brasil*. Brasília: Comissão Econômica para a América Latina e o Caribe (CEPAL), Escritório no Brasil, 2005.

ARRETCHE, Marta T. S. Emergência e desenvolvimento do *Welfare State*: teorias explicativas. *Revista BIB*, Rio de Janeiro, n. 39, p. 3-40, 1º sem. 1995.

ÁVILA, Rodrigo. "Dívida interna": a nova face do endividamento externo. In: PRIMER SIMPOSIO INTERNACIONAL: sobre deuda pública, auditoria popular y alternativas de ahorro e inversión para los pueblos de América Latina. Caracas,

Venezuela, 22-24 sep. 2006. *Anais eletrônicos*... Caracas, sep. 2006. Disponível em: <www.cadtm.org/spip.php?article2274>. Acesso em: 21 out. 2008.

BANCO CENTRAL DO BRASIL. *Nota para a imprensa*: mercado aberto. Brasília, jan. 2008.

BARBOSA, Alexandre; MORETTO, Amilton. *Políticas de emprego e proteção social*. São Paulo: Abet, 1998.

BEHRING, Elaine. *Política social no capitalismo tardio*. São Paulo: Cortez, 1998.

______. *A contrarreforma do Estado no Brasil*. 2002. Tese (Doutorado em Serviço Social) — Universidade Federal do Rio de Janeiro, Rio de Janeiro.

______. *Brasil em contrarreforma*: desestruturação do Estado e perda de direitos. São Paulo: Cortez, 2003.

______. Política social: notas sobre o presente e o futuro. In: BOSCHETTI, Ivanete et al. (Org.). *Política social*: alternativas ao neoliberalismo. Brasília: UnB, Programa de Pós-Graduação em Política Social, Departamento de Serviço Social, 2004. p. 161-80.

______. Trabalho e seguridade social: o neoconservadorismo nas políticas sociais. In: ______; ALMEIDA, Maria (Orgs.). *Trabalho e seguridade social*. São Paulo: Cortez, 2008. p. 152-74.

BEHRING, Elaine; BOSCHETTI, Ivanete. *Política social*: fundamentos e história. São Paulo: Cortez, 2006.

BELLUZZO, Luiz et al. A carga tributária sobre produtos selecionados em sua relação com a política de exportação. In: PINTO, Marcio; BIASOTO JR., Geraldo (Orgs.). *Política fiscal e desenvolvimento no Brasil*. Campinas: Editora da Unicamp, 2006. p. 101-36.

BELTRÃO, Kaizô et al. Fontes de financiamento da seguridade social no Brasil. In: MINISTÉRIO DA PREVIDÊNCIA SOCIAL (Org.). *A previdência social e a revisão constitucional*. Brasília: Cepal — Escritório no Brasil, 1993. v. 2, Pesquisas. p. 131-90.

BEVERIDGE, William. *O plano Beveridge*: relatório sobre o seguro social e serviços afins. Apresentado ao Parlamento Britânico em novembro de 1942, por ordem de Sua Majestade. Rio de Janeiro: José Olympio, 1943.

BIASOTO JR., Geraldo. O sistema tributário brasileiro: uma trajetória de fragmentação. In: ______; PINTO, Marcio (Orgs.). *Política fiscal e desenvolvimento no Brasil*. Campinas: Editora da Unicamp, 2006. p. 39-74.

BNDES. Carga tributária global. *Informe-se*, Rio de Janeiro: BNDES, n. 54, abr. 2003.

BOLETIM DO ICMS. Brasília, Confaz, 2007. Disponível em <www.fazenda.gov.br/confaz/>. Acesso em: 10 set. 2007.

BOSCHETTI, Ivanete. Condição (não) salarial e seguridade social no Brasil: fatores de inclusão e exclusão social. *Ser Social*, Programa de Pós-Graduação em Política Social da Universidade de Brasília, n. 3, p. 83-118, jul./dez. 1998.

______. *Assistência social no Brasil*: um direito entre originalidade e conservadorismo. 1. ed. Brasília: GESST/SER/UnB, 2001.

______. *A seguridade social dilapidada*: elementos determinantes de sua fragmentação no Brasil. Brasília: Departamento de Serviço Social da UnB, Projeto de Pesquisa CNPq, 2002.

______. Implicações da reforma da previdência social na seguridade social brasileira. *Revista Psicologia e Sociedade*, São Paulo, ABRAPSO, v. 15, n. 1, 2003a.

______. *Assistência social no Brasil*: um direito entre originalidade e conservadorismo. 2. ed. Brasília: GESST/SER/UnB, 2003b.

______. *Seguridade social e trabalho*. Brasília: Letras Livres/Editora UnB, 2006.

______. Seguridade social na América Latina. In: ______ et al. *Política social no capitalismo*: tendências contemporâneas. São Paulo: Cortez, 2008. p. 174-5.

BOSCHETTI, Ivanete; SALVADOR, Evilasio. Orçamento da seguridade social e política econômica: perversa alquimia. *Serviço Social e Sociedade*, São Paulo, v. 87, p. 25-57, 2006.

BOSCHETTI, Ivanete; TEIXEIRA, Sandra. Imprecisão conceitual e pulverização dos recursos federais na função assistência social. *Ser Social*, p. 115-44, 2003.

BOSCHETTI, Ivanete; TEIXEIRA, Sandra; DIAS, Adriane. Programa de transferência de renda: a "nova" face da política de assistência social no governo Lula. *InfoGesst*, ano 1, n. 1, nov. 2004.

BOTTOMORE, Tom. *Dicionário do pensamento marxista*. Rio de Janeiro: Jorge Zahar, 1988.

BRAGA, José. *Finanças industrializantes para estabilização e o desenvolvimento*. Campinas: IEDI, 1992.

______. A financeirização da riqueza: a macroestrutura financeira e a nova dinâmica dos capitalismos centrais. *Economia e Sociedade*, Campinas: Instituto de Economia da Unicamp, n. 2, p. 25-57, ago. 1993.

______. *Temporalidade da riqueza*. Campinas: Instituto de Economia da Unicamp, 2000.

BRAGA, José; PAULA, Sergio. *Saúde e previdência*: estudos de política social. São Paulo: CEBES-Hucitec, 1981.

BRASIL. MPAS. *Livro branco da previdência social*. Brasília: Ministério da Previdência e Assistência Social, 2002. Disponível em: <www.mpas.gov.br/publicacoes.htm>. Acesso em: 15 abr. 2002.

______. Constituição da República Federativa do Brasil de 1988. Brasília: Senado Federal, 2004.

______. Ministério da Fazenda. *Considerações sobre a CPMF*. Brasília: Ministério da Fazenda, nov. 2007.

______. FNS. *Relatório de gestão do FNS*. Brasília: Ministério da Saúde, 2008.

______. MPOG. Relatório de avaliação do PPA 2004-2007 (ano-base 2004). Brasília: MPOG, 2005. Disponível em: <www.planobrasil.gov.br/texto.asp?cod=48>. Acesso em: 11 out. 2008.

______. MPOG. Relatório de avaliação do PPA 2004-2007 (ano-base 2005). Brasília: MPOG, 2006. Disponível em: <www.planobrasil.gov.br/texto.asp?cod=48>. Acesso em: 11 out. 2008.

______. MPOG. Relatório de avaliação do PPA 2004-2007 (ano-base 2006). Brasília: MPOG, 2007. Disponível em: <www.planobrasil.gov.br/texto.asp?cod=48>. Acesso em: 11 out. 2008.

______. Relatório de avaliação do PPA 2004-2007 (ano-base 2007). Brasília: MPOG, 2008. Disponível em: <www.planobrasil.gov.br/texto.asp?cod=48>. Acesso em: 11 out. 2008.

BRASIL. Banco Central do Brasil. *Nota para a imprensa* — mercado aberto. Brasília, jan. 2008.

BRAVO, Maria. Política de saúde no Brasil. In: MOTA, Ana Elizabete et al. (Org.). *Serviço social e saúde*. São Paulo: Cortez, 2006. p. 88-110.

BRAVO, Maria; MATOS, Maurílio. A saúde no Brasil: reforma sanitária e ofensiva neoliberal. In: BRAVO, Maria; PEREIRA, Potyara (Org.). *Política social e democracia*. São Paulo: Cortez, 2001. p. 197-216.

BRUNO, Miguel. Regulação e crescimento econômico no Brasil: um regime de acumulação bloqueado pelas finanças. In: ENCONTRO NACIONAL DE ECONOMIA POLÍTICA, 12. Vitória: Sociedade Brasileira de Economia Política, maio 2007.

______. Transição demográfica e regime de acumulação financeirizado no Brasil: "bônus" ou "ônus" para a previdência social? In: FAGNANI, Eduardo; HENRIQUE, Wilnês; LÚCIO, Clemente. *Previdência social*: como incluir os excluídos? São Paulo: LTr, 2008. p. 204-20.

CABRAL, Maria. As políticas brasileiras de seguridade social. *Capacitação em serviço social e política social, módulo 3*. Brasília: Editora da UnB, Centro de Educação Aberta, Continuada a Distância, 2000. p. 119-35.

CALVET, Josep. La financiación del Estado de Bienestar. Situación actual y perspectivas. *Revista Escuela* (El Estado del Bienestar), Barcelona: Columna/Conc, n. 1, p. 73-90, mayo 1995.

CARDOSO JR., José Celso. Estado e política social no Brasil: ensaio e interpretação da história recente. In: ENCONTRO NACIONAL DE ECONOMIA POLÍTICA, 9. Uberlândia-MG, 11-18 jun. 2004. Disponível em: <www.sep.org.br>. Acesso em: 10 dez. 2004.

CARDOSO JR., José Celso; CASTRO, Jorge. Economia política das finanças sociais brasileiras no período 1995/2002. In: ENCONTRO NACIONAL DE ECONOMIA POLÍTICA, 10. Campinas: Sociedade Brasileira de Economia Política, maio 2005.

CARVALHO, Carlos. Dívida pública: um debate necessário. In: SICSÚ, João; PAULA, Luiz; MICHEL, Renault (Org.). *Novo-desenvolvimentismo*: um projeto nacional de crescimento com equidade social. Barueri: Manole, 2005. p. 379-400.

CARVALHO, Carlos. Dívida pública: politizar o problema para derrotar a dominação dos credores. In: SICSÚ, João (Org.). *Arrecadação (de onde vem?) e gastos públicos (para onde vão?)*. São Paulo: Boitempo, 2007. p. 99-110.

CARVALHO, Carlos; VIDOTTO, Carlos. Abertura do setor bancário ao capital estrangeiro nos anos 1990: os objetivos e o discurso do governo e dos banqueiros. *Nova Economia*, UFMG, v. 17, p. 395-425, 2007.

CARVALHO, Fernando Cardim. Políticas econômicas para economias monetárias. In: ______ et al. *Economia monetária e financeira*. Rio de Janeiro: Campus, 2000. p. 258-83.

______. Entre a política econômica e a questão social. *Observatório da cidadania*: Relatório 2005. Rio de Janeiro: IBASE, 2005.

CARVALHO, Gilson. *O financiamento público federal do Sistema Único de Saúde (1988-2001)*. 2002. Tese (Doutorado em Saúde Pública) — Departamento de Saúde Materno-Infantil da Faculdade de Saúde Pública da Universidade de São Paulo, São Paulo.

CARVALHO JR., Pedro. *IPTU no Brasil*: progressividade, arrecadação e aspectos extrafiscais. Brasília: IPEA, dez. 2006. Texto para discussão n. 1.251.

CASTEL, Robert. *As metamorfoses da questão social*. 2. ed. Petrópolis: Vozes, 1999.

CASTRO, Jorge et al. *Análise e dinâmica do gasto social federal*: 1995-2001. Brasília: IPEA, out. 2003. Texto para discussão n. 988.

______. Gasto social federal em uma dimensão macroeconômica: 1995-2001. In: PINTO, Marcio; BIASOTO JR., Geraldo (Orgs.). *Política fiscal e desenvolvimento no Brasil*. Campinas: Editora da Unicamp, 2006. p. 137-172.

______. *Gasto social e política macroeconômica*: trajetória e tensões no período. Brasília: IPEA, jan. 2008. Texto para discussão n. 1.324.

CESARE, Claudia; MARÍN, José. *Impuestos a los patrimonios en América Latina*. Santiago de Chile: CEPAL, mayo 2008.

CHESNAIS, François. *A mundialização do capital*. São Paulo: Xamã, 1996.

______. O capital portador de juros: acumulação, internacionalização, efeitos econômicos e políticos. In: CHESNAIS, François (Org.). *A finança mundializada*. São Paulo: Boitempo, 2005. p. 35-68.

CIPOLLA, Francisco. Antivalor e socialismo: perguntas sobre o antivalor ou o capital no meio do caminho. *Novos Estudos*, São Paulo: Ceprab, n. 42, p. 142-48, jul. 1995.

COELHO, Roseli. *Social-democracia*: formas e reformas. São Paulo: Humanitas/ FFLCH/USP e FESPSP, 2001.

COHN, Amélia. A reforma da previdência social: virando a página da história? *São Paulo em Perspectiva*, São Paulo, v. 9, n. 4, p. 54-9, out./dez. 1995.

CONCEIÇÃO, Octávio. Escola da regulação. In: CATTANI, Antônio. *Dicionário crítico (trabalho e tecnologia)*. Petrópolis: Vozes, 1997.

CORREIA, Maria. Controle social na saúde. In: MOTA, Ana Elizabete et al (Orgs.). *Serviço social e saúde*. São Paulo: Cortez, 2006. p. 111-40.

DAIN, Sulamis. O financiamento público na perspectiva da política social. *Economia e sociedade*, Campinas: Unicamp, v. 17, p. 113-40, 2001.

______. A economia política da reforma tributária de 2003. In: PINTO, Marcio. BIASOTO JR., Geraldo (Orgs.). *Política fiscal e desenvolvimento no Brasil*. Campinas: Editora da Unicamp, 2006. p. 371-98.

DAIN, Sulamis; SOARES, Laura Tavares. Reforma do Estado e políticas públicas: relações intergovernamentais e descentralização desde 1988. In: OLIVEIRA, Marco Antonio (Org.). *Reforma do Estado e política de emprego no Brasil*. Campinas: Unicamp-IE, 1998. p. 31-72.

DAIN, Sulamis; SOARES, Laura Tavares; CASTILHO, Marta. O financiamento da previdência social no contexto de uma nova reforma tributária. In: MINISTÉRIO DA PREVIDÊNCIA SOCIAL (Org.). *A previdência social e a revisão constitucional*. Brasília: Cepal — Escritório no Brasil, 1993. v. 2, Pesquisas. p. 19-130.

DELGADO, Guilherme. O orçamento da seguridade social precisa ser recuperado. *Políticas Sociais*, Brasília: IPEA, n. 5, p. 111-4, ago. 2002.

______. Critérios para uma política de longo prazo para a seguridade social. In: FAGNANI, Eduardo; HENRIQUE, Wilnês; LÚCIO, Clemente. *Previdência social*: como incluir os excluídos? São Paulo: LTr, 2008. p. 502-17.

DELGADO, Guilherme; CARDOSO JR., José. *O idoso e a previdência rural no Brasil*: a experiência recente da universalização. Rio de Janeiro: IPEA, dez. 1999. Texto para discussão n. 688.

DELGADO, Guilherme et al. *A participação social na gestão pública*: avaliação da experiência do Conselho Nacional de Previdência Social (1991/2000). Brasília: IPEA, set. 2002. Texto para discussão n. 909.

DIEESE. *O desemprego e as políticas de emprego e renda*. São Paulo: Pesquisa DIEESE, n. 10, out. 1994.

______. Encargos sociais no Brasil. *Pesquisa DIEESE*, São Paulo, n. 12, ago. 1997.

______. *Situação do trabalho no Brasil*. São Paulo: DIEESE, 2001.

______. *Anuário dos trabalhadores*. São Paulo: DIEESE, 2007.

DRAIBE, Sônia. *A especificidade do Welfare State no Brasil*. Santiago: Cepal, 1988.

______. O *Welfare State* no Brasil: características e perspectivas. *ANPOCS — Ciências Sociais Hoje*, v. 1989, p. 13-61, 1989.

DUMÉNIL, Gérard; LÉVY, Dominique. A dinâmica da grande queda. *Le monde diplomatique*, ago. 2008. Disponível em: <http://diplo.uol.com.br/2008-08,a2540>. Acesso em: 7 ago. 2008.

DURAND, Paul. *La política contemporanea de seguridad social*. Madrid: Ministerio de Trabajo y Seguridad Social, 1991.

ESPING-ANDERSEN, Gosta. As três economias políticas do *Welfare State*. *Lua Nova*, São Paulo, n. 24, p. 85-116, set. 1991.

______. O futuro do *Welfare State* na nova ordem mundial. *Lua Nova*, São Paulo, n. 35, p. 73-111, 1995.

______. *Fundamentos sociales de las economias postindustriales*. Barcelona: Ariel, 2000.

FAGNANI, Eduardo. Avaliação do ponto de vista do gasto e financiamento das políticas sociais. In: RICO, Ana Elizabeth. *Avaliação de políticas*: uma questão em debate. São Paulo: Cortez/IEE/PUC-SP, 1998. p. 29-39.

______. *Política social no Brasil (1964 a 2002)*: entre a cidadania e a caridade. 2005. Tese (Doutorado em Ciências Econômicas) — Universidade Estadual de Campinas, Campinas.

FAGNANI, Eduardo. Os profetas dos caos e o debate recente sobre a seguridade social no Brasil. In: ______; HENRIQUE, Wilnês; LÚCIO, Clemente. *Previdência social*: como incluir os excluídos? São Paulo: LTr, 2008. p. 31-43.

FALEIROS, Vicente. *A política social do Estado capitalista*: as funções da previdência e assistência sociais. 8. ed. São Paulo: Cortez, 2000a.

______. Natureza e desenvolvimento das políticas sociais. *Capacitação em serviço social e política social, módulo 3*. Brasília: UnB, Centro de Educação Aberta, Continuada a Distância, 2000b. p. 41-56.

FARIAS, Fátima et al. A receita do Brasil II — análise do desmonte do projeto de reformulação. In: HICKMANN, Clair; SALVADOR, Evilasio (Orgs.). *10 anos de derrama*: a distribuição da carga tributária no Brasil. Brasília: Unafisco Sindical, 2006. p. 57-70.

FBO. *Superávit primário*. Brasília: Fórum Brasil de Orçamento, 2004.

FERRERIA, Alceu. *Os donos da dívida*: um enfoque sociopolítico da dívida interna durante o governo FHC. 2005. Dissertação (Mestrado em Sociologia Política) — Programa de Pós-Graduação em Sociologia Política do Centro de Filosofia e Ciências Humanas da Universidade Federal de Santa Catarina, Florianópolis.

FILGUEIRAS, Luiz; GONÇALVES, Reinaldo. *A economia política do governo Lula*. Rio de Janeiro: Contraponto, 2007.

FIORI, José Luís. *Em busca do dissenso perdido*: ensaios sobre a festejada crise do Estado. Rio de Janeiro: Insight, 1995.

FIORI, José Luís; TAVARES, Maria da Conceição. *(Des)ajuste global e modernização conservadora*. São Paulo: Paz e Terra, 1993.

FLEURY, Sônia. *Estado sem cidadãos*. Rio de Janeiro: Fiocruz, 1994.

______. Políticas públicas em busca da qualidade dos serviços de saúde. In: VAZ, Flavio; MUSSE, Juliano; SANTOS, Rodolfo. *20 anos de Constituição cidadã. Avaliação e desafio da seguridade social*. Brasília: ANFIP, 2008. p. 241-7.

FORTUNA, Eduardo. *Mercado financeiro*: produtos e serviços. 10. ed. Rio de Janeiro: Qualitymark, 1997.

FULLERTON, Don; METCALF, Gilbert. *Tax incidence*. National Bureau of Economica Research, 2002 (Working Paper, n. 8829). Disponível em: <http://papers.nber.org/paper/w8829>. Acesso em: 12 out. 2008.

GARAGORRY, Jorge. *Economia e política no processo de financeirização do Brasil (1980-2006)*. 2007. Tese (Doutorado em Ciências Sociais) — Pontifícia Universidade Católica de São Paulo, São Paulo.

GARCIA, Ronaldo. *Iniquidade social no Brasil*: uma aproximação e uma tentativa de dimensionamento. Brasília: IPEA, ago. 2003. Texto para discussão n. 971.

______. Despesas correntes da União: visões, omissões e opções. In: FAGNANI, Eduardo; HENRIQUE, Wilnês; LÚCIO, Clemente. *Previdência social*: como incluir os excluídos? São Paulo: LTr, 2008. p. 284-311.

GIACOMONI, James. *Orçamento público*. 14. ed. São Paulo: Atlas, 2008.

GIOVANNI, Geraldo. Sistema de proteção social: uma introdução conceitual. In: OLIVEIRA, Marco Antonio (Org.). *Reforma do Estado e política de emprego no Brasil*. Campinas: Unicamp, 1998. p. 9-30.

GRAÇA, Eliana; SALVADOR, Evilasio. *Execução do orçamento 2007*: é necessário inverter as prioridades. Brasília, jan. 2008. Nota Técnica n. 136.

GRANEMANN, Sara. *Para uma interpretação marxista da "previdência privada"*. 2006. Tese (Doutorado) — Escola de Serviço Social da Universidade Federal do Rio de Janeiro. Rio de Janeiro.

______. Políticas sociais e financeirização dos direitos do trabalho. *Revista em Pauta*, Rio de Janeiro, n. 20, p. 57-68, 2007.

GUARDIA, Eduardo Refinetti. O processo orçamentário do governo federal: considerações sobre o novo arcabouço institucional e a experiência recente. In: IPEA/FUNDAP (Orgs.). *Finanças públicas*: ensaios selecionados. São Paulo: FUNDAP, 1997.

HARVEY, David. *Condição pós-moderna*. 10. ed. São Paulo: Loyola, 2001.

HICKMANN, Clair. *A capacidade contributiva no imposto de renda*. 2001. Monografia (Pós-Graduação *Lato Sensu* em Direito Tributário Contemporâneo) — Faculdade de Direito de Curitiba, Curitiba.

HICKMANN, Clair. Quem paga a conta? Privilégio de rentistas: imposto de renda exclusivo na fonte. *Anais do VIII Congresso Nacional dos Auditores Fiscais — CONAF*. Belo Horizonte, 13-19 out. 2002.

______. Princípios para uma reforma tributária cidadã. In: MORHY, Lauro (Org.). *Reforma tributária em questão*. Brasília: Editora da UnB, 2003. p. 10-122.

HICKMANN, Clair; SALVADOR, Evilasio (Orgs.). Carga tributária federal aumentou em 2005. *Tributação em Revista*, Brasília: Unafisco Sindical, v. 50, out./dez. 2005.

______. *10 anos de derrama*: a distribuição da carga tributária no Brasil. Brasília: Unafisco Sindical, 2006.

______. *A arrecadação e o destino dos recursos da CPMF*. Brasília: Unafisco Sindical, jun. 2007. Nota Técnica n. 6.

HICKMANN, Clair et al. Princípios para uma reforma tributária cidadã. *Tributação em Revista*, Brasília, n. 39, p. 16-21, jan./mar. 2002.

IBGE. *Estatísticas históricas do Brasil*. 2. ed. Rio de Janeiro: IBGE, 1990.

______. *Pesquisa Nacional por Amostra de Domicílios* — PNAD de 1992. Brasília: IBGE, 1993.

______. *Sistema financeiro*: uma análise a partir das contas nacionais (1990-1995). Rio de Janeiro: IBGE, 1997.

______. *Pesquisa Nacional por Amostra de Domicílios* — PNAD de 2005. Brasília: IBGE, 2006.

______. *Assistência Médico-Sanitária (AMS)*. Rio de Janeiro: IBGE, 2006.

______. *Pesquisa Nacional por Amostra de Domicílios* — PNAD de 2006. Brasília: IBGE, 2007.

______. *Economia da saúde*: uma perspectiva macroeconômica. Rio de Janeiro: IBGE, 2008.

______. *Pesquisa Nacional por Amostra de Domicílios* — PNAD de 2007. Brasília: IBGE, 2008.

______. *Sistema de contas nacionais 2002-2006*. Rio de Janeiro: IBGE, 2008.

INESC. *Orçamento*. Brasília: Instituto de Estudos Socioeconômicos, n. 5, dez. 2004a.

______. *PPA 2004/2007*: uma estratégia para superar desafios. Brasília: INESC, 2004b. Nota Técnica n. 95.

______. *A execução orçamentária do governo federal em 2005*. Brasília: INESC, 2005. Nota Técnica n. 101.

______. *Orçamento público ao seu alcance*. Brasília: Instituto de Estudos Socioeconômicos, 2006.

HICKMANN, Clair et al. *Boletim de Orçamento, 2006*. Brasília: INESC, 2007.

______. *Orçamento, direitos e desigualdades*: um olhar sobre a proposta orçamentária/2009. Brasília: INESC, 2008.

IPEA. *Comunicado da Presidência n. 13* — PNAD 2006: primeiras análises — demografia, educação, trabalho, previdência, desigualdade de renda e pobreza. Brasília, set. 2007. Disponível em: <www.ipea.gov.br/default.jsp>. Acesso em: 20 fev. 2008.

______. *Comunicado da Presidência n. 13* — PNAD 2007: primeiras análises — saneamento básico e habitação. Brasília, 21 out. 2008. Disponível em: <www.ipea.gov.br/default.jsp>. Acesso em: 25 out. 2008.

IWASSO, Simone; CAFARDO, Renata. MEC perdeu R$ 72 bilhões em 12 anos por causa da DRU. *O Estado de S. Paulo*, 1º out. 2007. Disponível em: <www.estado.com.br/editorias/2007/10/01/ger-1.93.7.20071001.8.1.xml>. Acesso em: 10 set. 2008.

JACCOUND, Luciana. Pobres, pobreza e cidadania: os desafios recentes da proteção social. In: FAGNANI, Eduardo; HENRIQUE, Wilnês; LÚCIO, Clemente. *Previdência social*: como incluir os excluídos? São Paulo: LTr, 2008. p. 563-79.

JAMES, Estelle. Novos sistemas previdenciários. In: MINISTÉRIO DA PREVIDÊNCIA SOCIAL (Org.). *A economia política da previdência*. Brasília: PARSEP/MPAS/SPS, 2001. p. 9-48.

JOHNSON, Norman. *El Estado del bienestar en transición*: la teoría y la practica del pluralismo de bienestar. Madrid: Ministerio de Trabajo y Seguridad Social, 1990.

KEYNES, John. *A teoria geral do emprego, do juro e da moeda*. São Paulo: Nova Cultural, 1985.

KHAIR, Amir. A questão fiscal e a lei de responsabilidade fiscal. In: PINTO, Marcio; BIASOTO JR., Geraldo (Orgs.). *Política fiscal e desenvolvimento no Brasil*. Campinas: Editora da Unicamp, 2006. p. 343-70.

______. *Carga tributária no Brasil e na OCDE*. São Paulo: FGV, 2008.

KHAIR, Amir; AMORIM, Érika. Quanto e como cresceu a carga tributária em 2004. *Caderno 58*, São Paulo: NEPP/Unicamp, fev. 2005. Disponível em: <www.nepp.unicamp.br/>. Acesso em: 24 jul. 2006.

KHAIR, Amir; MELO, Luciana. O sistema tributário e os impostos sobre patrimônio. In: BIDERMAN, Ciro; AVARTE, Paulo (Orgs.). *Economia do setor público no Brasil*. Rio de Janeiro: Elsevier, 2004. p. 252-69.

LAVINA, Lena. From means-test schemes to basic income: exceptionality and paradox in Brazil. *International Social Security Review*, Oxford, v. 59, n. 3, jul./sep. 2006.

______. Transferência de renda: o "quase tudo" do sistema de proteção social brasileiro. In: SICSÚ, João. *Arrecadação (de onde vem?) e gastos públicos (para onde vão?)*. São Paulo: Boitempo, 2007. p. 51-68.

______. Inclusão e progressividade: os desafios da seguridade social brasileira. In: VAZ, Flavio; MUSSE, Juliano; SANTOS, Rodolfo. *20 anos de Constituição cidadã. Avaliação e desafio da seguridade social*. Brasília: ANFIP, 2008. p. 89-96.

______; CALVACANTI, André. O legado da Constituição de 1988: é possível incluir sem universalizar? In: FAGNANI, Eduardo; HENRIQUE, Wilnês; LÚCIO, Clemente. *Previdência social*: como incluir os excluídos? São Paulo: LTr, 2008. p. 468-91.

LIEDKE, Elida. Relações de trabalho. In: CATTANI, Antônio (Org.). *Dicionário crítico (trabalho e tecnologia)*. Petrópolis: Vozes, 1997. p. 205-7.

LIMA, Bruno. Empregados pagam mais tributo direto que patrões. *Folha de S.Paulo*, 4 jul. 2005.

LIPIETZ, Alain. *Miragens e milagres*: problemas da industrialização no terceiro mundo. São Paulo: Nobel, 1988.

LIPIETZ, Alain. *Audácia*: uma alternativa para o século XXI. São Paulo: Nobel, 1991.

LOPREATO, Francisco. Política fiscal: mudanças e perspectivas. *Política Econômica em Foco*, n. 7, p. 184-205, nov. 2005/abr. 2006.

LORDON, Frédéric. O mundo refém das finanças. *Le Monde Diplomatique*, set. 2007. Disponível em: <http://diplo.uol.com.br/2007-09,a1903>. Acesso em: 1º out. 2008.

LUCCHESI, Cristiane. Isenção de IR estimula captação em real. *Valor Econômico*, 15 maio 2006, p. C1.

LUCHIEZI JÚNIOR, Álvaro; HICKMANN, Clair; SALVADOR, Evilasio. Arrecadação tributária em 2006. Brasil: o paraíso dos bancos. *Tributação em Revista*, Brasília: Unafisco Sindical, p. 19-27, n. 51, jan./mar. 2007.

MAAR, Wolfgang. A teoria crítica da sociedade brasileira de Francisco de Oliveira. In: RIZEK, Cibele; ROMÃO, Wagner (Org.). *Francisco de Oliveira*: a tarefa da crítica. Belo Horizonte: Editora UFMG, 2006. p. 37-46.

MAIA, Rosane. *Fundos previdenciários e o financiamento do desenvolvimento*: o papel dos fundos patrimoniais dos trabalhadores e dos fundos de pensão. 2003. Tese (Doutorado em Economia Aplicada) — Instituto de Economia, Unicamp, Campinas.

MALLOY, James. *Política de previdência social no Brasil*. São Paulo: Graal, 1976.

MANDEL, Ernest. *Iniciación a la economia marxista*. 4. ed. Barcelona: Nova Terra, 1977.

______. *O capitalismo tardio*. São Paulo: Abril Cultural, 1982.

______. *A crise do capital*: os fatos e sua interpretação marxista. São Paulo: Ensaios, 1990.

MARQUES, Rosa; MENDES, Aquilas. Os dilemas do financiamento do SUS no interior da seguridade social. *Economia e Sociedade*, Campinas, v. 14, n. 1, p. 159--75, jan./jun. 2005.

______. O Sistema Único de Saúde e o processo de democratização da sociedade brasileira. In: VAZ, Flavio; MUSSE, Juliano; SANTOS, Rodolfo. *20 anos de Constituição cidadã. Avaliação e desafio da seguridade social*. Brasília: ANFIP, 2008. p. 221-32.

MARTINS, Antonio. Para compreender a crise financeira. *Le Monde Diplomatique*, out. 2008. Disponível em: <http://diplo.uol.com.br/2008-10,a2623>. Acesso em: 8 out. 2008.

MARX, Karl. *Para crítica da economia política*. In: ______. *Manuscritos econômico-filosóficos e outros textos*. Seleção de textos de José Arthur Giannotti. São Paulo: Abril Cultural, 1978. p. 107-239. (Os pensadores.)

______. *O capital*. 11. ed. São Paulo: Difel, 1987a. v. 1.

______. *O capital*. 11. ed. São Paulo: Difel, 1987b. v. 2.

MARX, Karl; ENGELS, Friedrich. Manifesto do partido comunista. In: BARATA-MOURA, Eduardo (Org.). *Obras escolhidas Marx e Engels*. Lisboa: Avante, 1982. t. I. p. 95-136.

MASSA, Sergio; PASTOR, Miguel. *De la exclusión a la inclusión social*. Buenos Aires: Prometeo Libros, 2007.

MATIJASCIC, Milko; STEPHEN, Kay; RIBEIRO, José. Aposentadoria, pensões e mercado de trabalho e condições de vida: o Brasil e o mito da experiência internacional. In: FAGNANI, Eduardo; HENRIQUE, Wilnês; LÚCIO, Clemente. *Previdência social*: como incluir os excluídos? São Paulo: LTr, 2008. p. 433-51.

______. Financiamento e gastos da previdência e da seguridade social: a experiência brasileira e os parâmetros internacionais. In: FAGNANI, Eduardo; HENRIQUE, Wilnês; LÚCIO, Clemente. *Previdência social*: como incluir os excluídos? São Paulo: LTr, 2008. p. 231-57.

MATTOSO, Jorge. Emprego e concorrência desregulada: incertezas e desafios. In: ______; OLIVEIRA, Jorge Eduardo (Org.). *Crise e trabalho no Brasil*. Campinas: Scritta, 1996.

MINISTÉRIO DO DESENVOLVIMENTO SOCIAL E COMBATE À FOME. *Política nacional de assistência social*. Brasília: MDS, 2004.

______. *Norma operacional básica (NOB/SUAS)*. Brasília: MDS, 2005.

MÉDICI, André; MACIEL, Marco Cícero. A dinâmica do gasto social nas três esferas de governo: 1980-92. In: AFFONSO, Rui; SILVA, Pedro (Org.). *Descentralização e políticas sociais*. São Paulo: FUNDAP, 1996. p. 41-106.

MENDES, Áquila; MARQUES, Rosa. O impacto da política econômica do governo Lula na seguridade social e no SUS. *Saúde em Debate*, v. 29, n. 71, p. 258-67, set./dez. 2005.

MENEZES, Rafael; JUNIOR, Rudinei. Regras fiscais no Brasil: a influência da LRF sobre as categorias de despesa dos municípios. *Planejamento e Políticas Públicas*, IPEA, v. 29, p. 7-37, 2006.

MIGLIOLI, Jorge. *Acumulação de capital e demanda efetiva*. São Paulo: T. A. Queiroz, 1993.

MINELLA, Ary. *Banqueiros*: organização e poder político no Brasil. Rio de Janeiro: Espaço e Tempo/Anpocs, 1988.

______. Transformação dos setores sociais dominantes: a burguesia bancário-financeira no Brasil. In: LARANJEIRA, Sonia (Org.). *Classes e movimentos sociais na América Latina*. São Paulo: Hucitec, 1990. p. 83-106.

______. Maiores bancos privados no Brasil: um perfil econômico e sociopolítico. *Sociologias*, Porto Alegre, ano 9, n. 18, p. 100-25, jul./dez. 2007.

MINISTÉRIO DA FAZENDA. *Relatório resumido da execução orçamentária do governo federal e outros demonstrativos*. Brasília: Secretaria do Tesouro Nacional, 2005.

______. *Relatório resumido da execução orçamentária do governo federal e outros demonstrativos*. Brasília: Secretaria do Tesouro Nacional, 2006.

______. *Relatório resumido da execução orçamentária do governo federal e outros demonstrativos*. Brasília: Secretaria do Tesouro Nacional, 2007.

MINISTÉRIO DA PREVIDÊNCIA SOCIAL. Secretaria de Previdência Complementar. *Informe estatístico*. Brasília: SPC, dez. 2007.

MIRANDA, Sergio. A verdadeira face da Lei de Responsabilidade Fiscal. *Revista Princípios*, n. 61, jul. 2001.

MISHRA, Ramesh. *O Estado-Providência na sociedade capitalista*. Lisboa: Celta, 1995.

MOREAU, Pierre. *O financiamento da seguridade social na União Europeia e no Brasil*. São Paulo: Quartier Latin, 2005.

MORENO, Luis. *Ciudadanos precarios*: la "última red" de protección social. Barcelona: Ariel, 2000.

______. Estados del bienestar y mallas de seguridad. In: ______. *Pobreza y exclusión*: la malla de seguridad en España. Madrid: CSIC, 2002.

______. Reformas y reestructuración del Estado de bienestar en la Unión Europea. In: BOSCHETTI, Ivanete et al. *Política social*: alternativas ao neoliberalismo. Brasília: UnB, Programa de Pós-Graduação em Política Social, Departamento de Serviço Social, 2004. p. 39-60.

MOTA, Ana Elizabete. *Cultura da crise e seguridade social*. 2. ed. São Paulo: Cortez, 2000a.

______. Sobre a crise da seguridade social no Brasil. *Cadernos da ADUFRJ*, Rio de Janeiro, n. 4 p. 4-7, maio 2000b.

______. Serviço social e seguridade social: uma agenda polícia recorrente e desafiante. *Revista em Pauta*, Rio de Janeiro, n. 20, p. 127-40, 2007.

MUNHOZ, Dércio. A questão é mais ampla que simples e ilusórias reformas. In: MORHY, Lauro (Org.). *Reforma tributária em questão*. Brasília: Editora da UnB, 2003. p. 19-34.

MUSGRAVE, Richard; MUSGRAVE, Peggy. *Finanças públicas*. Rio de Janeiro: Campus, 1980.

MUSSE, Juliano. Uma análise da previdência "rural" como foco na redução da pobreza. In: FAGNANI, Eduardo; HENRIQUE, Wilnês; LÚCIO, Clemente. *Previdência social*: como incluir os excluídos? São Paulo: LTr, 2008. p. 549-62.

NASSIF, João. O escândalo do *swap* reverso. *Blog* Luis Nassif *on-line*. Coluna Econômica, 3 jun. 2008. Disponível em: <http://projetobr.com.br/web/blog/5>. Acesso em: 15 out. 2008.

NAVARRO, Vicenç. El Estado del bienestar y sus efectos distributivos: parte del problema o parte de la solución. *Revista de la Escuela*, Barcelona, n. 1, p. 17-48, mayo 1995.

______. *Neoliberalismo y Estado de bienestar*. Barcelona: Ariel, 1998.

______. *Bienestar insuficiente, democracia incompleta*. Barcelona: Anagrama, 2002.

NETTO, José; BRAZ, Marcelo. *Economia política*: uma introdução crítica. São Paulo: Cortez, 2006.

NOBRE, Alexandre; PISCITELLI, Roberto. *A herança orçamentária da Constituição*. Brasília: Câmara dos Deputados, 2008.

NORMAN, Johnson. *El Estado del bienestar en transición*: la teoria y la practica del pluralismo del bienestar. Madri: Ministerio de Trabajo y Seguridad Social, 1990.

O'CONNOR, James. *USA*: a crise do Estado capitalista. Rio de Janeiro: Paz e Terra, 1977.

OECD. *Revenue statistics 1965-2006*. Paris: OECD, 2007.

______. Social expenditure database 2004. Disponível em: <www.oecd.org/els/social/expenditure>. Acesso em: 10 mar. 2007.

______. Consumption taxes: the way of the future? *Policy brief*. Organization for Economic Cooperation and Development, Oct. 2007.

OFFE, Claus. A democracia partidária competitiva e o "welfare state" keynesiando: fatores de estabilidade e desorganização. In: ______. *Problemas estruturais do Estado capitalista*. Rio de Janeiro: Tempo Brasileiro, 1984. p. 356-84.

OFFE, Claus; LENHARDT, Gero. Teoria do Estado e política social. In: ______. *Problemas estruturais do Estado capitalista*. Rio de Janeiro: Tempo Brasileiro, 1984. p. 10-50.

OLIVEIRA, Fabrício. *Economia e política das finanças públicas*: uma abordagem crítica da teórica convencional, à luz da economia brasileira. Belo Horizonte, 2001.

______. A lógica das reformas: a evolução do sistema tributário (1996-2002). In: PINTO, Marcio; BIASOTO JR., Geraldo (Orgs.). *Política fiscal e desenvolvimento no Brasil*. Campinas: Editora da Unicamp, 2006. p. 21-38.

OLIVEIRA, Fabrício; REZENDE, Fernando (Orgs.). *Descentralização e federalismo fiscal no Brasil*. Rio de Janeiro: Konrad Adenauer Striftung, 2003.

OLIVEIRA, Francisco de. Os protagonistas do drama: Estado e sociedade no Brasil. In: LARANJEIRA, Sonia (Org.). *Classes e movimentos sociais na América Latina*. São Paulo: Hucitec, 1990. p. 43-66.

OLIVEIRA, Francisco de.. *Os direitos do antivalor*: a economia política da hegemonia imperfeita. Petrópolis: Vozes, 1998.

OLIVEIRA, Francisco; BELTRÃO, Kaizô; DAVID, Antonio. *A dívida da União com a previdência social*. Rio de Janeiro: IPEA, 1999. Texto para discussão n. 638.

OLIVEIRA, Jaime; TEIXEIRA, Sônia. *(Im)previdência social*. Petrópolis: Vozes, 1985.

OLIVEIRA, Jorge Eduardo; MATTOSO, Jorge Eduardo Levi (Org.). *Crise e trabalho no Brasil*. Campinas: Scritta, 1996.

ORGANIZAÇÃO INTERNACIONAL DO TRABALHO. *Segurança social*: um novo consenso. Lisboa: Departamento de Cooperação do Ministério da Segurança Social e do Trabalho de Portugal, 2002.

OWENS, Jeffrey. *Fundamental tax reform*: an international perspective. Paris: OECDs Centre for Tax Policy & Administration, 2005.

PADRO, Antonio. A revitalização do mercado de trabalho e a previdência social. In: FAGNANI, Eduardo; HENRIQUE, Wilnês; LÚCIO, Clemente. *Previdência social*: como incluir os excluídos? São Paulo: LTr, 2008. p. 75-85.

PAIXÃO, Marcelo; CARVANO, Luiz (Orgs.). *Relatório anual das desigualdades raciais no Brasil*: 2007-2008. Rio de Janeiro: Garamond, 2008.

PAULANI, Leda. Seguridade social, regimes previdenciários e padrão de acumulação: uma nota teórica e uma reflexão sobre o Brasil. In: FAGNANI, Eduardo; HENRIQUE, Wilnês; LÚCIO, Clemente. *Previdência social*: como incluir os excluídos? São Paulo: LTr, 2008. p. 21-30.

PEREIRA, Potyara. *A assistência social na perspectivas dos direitos*. Brasília: Thesaurus, 1996.

______. Estado, regulação social e controle democrático. In: ______; BRAVO, Maria (Org.). *Política social e democracia*. São Paulo: Cortez, 2001.

______. Necessidades humanas: subsídios à crítica dos mínimos sociais. São Paulo: Cortez, 2002.

______. Pluralismo de bem-estar ou configuração plural da política social sob o neoliberalismo. In: BOSCHETTI, Ivanete et al. *Política social*: alternativas ao neoliberalismo. Brasília: UnB, Programa de Pós-Graduação em Política Social, Departamento de Serviço Social, 2004. p. 135-60.

______. Porque também sou contra a focalização das políticas sociais. Núcleo de Estudos e Pesquisas em Política Social (NEPPOS/CEAM/UnB), 2007. Disponível em: <www.neppos.unb.br/>. Acesso em: 21 dez. 2009.

______. *Política social*: temas e questões. São Paulo: Cortez, 2008.

PIERSON, Christopher. *Beyond the Welfare State*. 2nd ed. Cambridge: Polity Press, 1998.

PINHEIRO, Maurício. *Fundos de poupança compulsória e financiamento da economia*. Brasília: IPEA, set. 1998. Texto para discussão n. 588.

PINHEIRO, Vinícius; VIEIRA, Solange. A reforma da previdência no Brasil: a nova regra de cálculo dos benefícios. *Conjuntura Social*, Brasília, out./dez. 1999.

PIOLA, Sérgio; VIANNA, Solon. Rompendo com as amarras no financiamento das políticas públicas de saúde. In: VAZ, Flavio; MUSSE, Juliano; SANTOS, Rodolfo. *20 anos de Constituição cidadã. Avaliação e desafio da seguridade social*. Brasília: ANFIP, 2008. p. 233-40.

PISCITELLI, Roberto. O processo de elaboração e execução orçamentárias no Brasil: algumas de suas peculiaridades. *Revista de Economia Política*, v. 8, n. 3, p. 88-100, jul./set. 1998.

______. Reforma tributária: a unanimidade de cada um. In: MORHY, Lauro (Org.). *Reforma tributária em questão*. Brasília: Editora da UnB, 2003. p. 83-90.

PISCITELLI, Roberto; TIMBÓ, Maria; ROSA, Maria. *Contabilidade pública*. 9. ed. São Paulo: Atlas, 2006.

PNUD. *Relatório do Desenvolvimento Humano 2006*. Nova York: Programa das Nações Unidas para Desenvolvimento, 2006. Disponível em: <http://hdr.undp.org>. Acesso em: 22 dez. 2009.

POCHMANN, Marcio. *O trabalho sob fogo cruzado*. São Paulo: Contexto, 1999.

______. *O emprego na globalização*. São Paulo: Boitempo, 2001.

______. Proteção social na periferia do capitalismo: considerações sobre o Brasil. *São Paulo em Perspectiva*, São Paulo, 18(2), p. 3-16, 2004.

POCHMANN, Marcio. Gasto social, o nível de emprego e a desigualdade da renda do trabalho no Brasil. In: SICSÚ, João. *Arrecadação (de onde vem?) e gastos públicos (para onde vão?)*. São Paulo: Boitempo, 2007. p. 69-78.

______. *Desigualdade e justiça tributária*. Brasília, IPEA, 15 maio 2008. Texto base da exposição no Conselho de Desenvolvimento Econômico e Social. 2008.

______. O mito da tributação elevada no Brasil. *Folha de S.Paulo*, 14 set. 2008. Tendências e debate, p. A-3. Disponível em: <www1.folha.uol.com.br/fsp/opiniao/fz1409200808.htm>. Acesso em: 17 set. 2008.

POCHMANN, Marcio; CAMPOS, André. Mercado de trabalho e previdência social no Brasil. In: FAGNANI, Eduardo; HENRIQUE, Wilnês; LÚCIO, Clemente. *Previdência social*: como incluir os excluídos? São Paulo: LTr, 2008. p. 86-98.

POCHMANN, Marcio et al. (Org.). *Os ricos no Brasil*. São Paulo: Cortez, 2004.

POGGI, Gianfranco. *A evolução do Estado moderno*: uma introdução sociológica. Rio de Janeiro: Zahar, 1981.

POLÍTICAS SOCIAIS: ACOMPANHAMENTO E ANÁLISE. Brasília: IPEA, n. 6, fev. 2003.

______. Brasília: IPEA, n. 7, ago. 2003.

______. Brasília: IPEA, n. 8, fev. 2004.

______. Brasília: IPEA, n. 9, ago. 2004.

______. Brasília: IPEA, n. 10, fev. 2005.

______. Brasília: IPEA, n. 11, ago. 2005.

______. Brasília: IPEA, n. 12, fev. 2006.

______. Brasília: IPEA, n. 13, edição especial, 2007.

______. Brasília: IPEA, n. 14, fev. 2008.

PRICEWATERHOUSE COOPERS. *Tax individual*. London: PriceWaterhouse, 2002.

RAICHELIS, Raquel. *Esfera pública e conselhos de assistência social*. 2. ed. São Paulo: Cortez, 2000.

RAICHELIS, Raquel. Democratizar a gestão das políticas sociais: um desafio a ser enfrentado pela sociedade civil. In: MOTA, Ana Elizabete et al. (Org.). *Serviço social e saúde*. São Paulo: Cortez, 2006. p. 73-87.

RECEITA FEDERAL DO BRASIL. *Carga tributária no Brasil 2003*. Brasília: SRF, dez. 2003. Estudos tributários 13.

______. *Carga tributária em 2004*. Brasília: Secretária da Receita Federal, 2005.

______. *Consolida DIPJ 2004*. Brasília: Secretaria da Receita Federal, 2006. Disponível em <www.receita.fazenda.gov.br/Publico/estudotributarios/estatisticas/DIPJ2004.pdf>. Acesso em: 10 set. de 2007.

______. *Carga tributária no Brasil* — 2006. Brasília: Secretaria da Receita Federal do Brasil, 2007.

______. *Demonstrativo dos gastos governamentais indiretos de natureza tributária (gastos tributários)*. Brasília: Secretaria da Receita Federal do Brasil, 2008.

REIS, Wanderley. Cidadania democrática, corporativismo e política social no Brasil. In: IPEA/IPLAN (Org.). *Para a década de 90*: prioridades e perspectivas de políticas públicas. Brasília: IPEA, 1990. v. 4.

REZENDE, Fernando. *Finanças públicas*. 2. ed. São Paulo: Atlas, 2001.

RIBEIRO, José Aparecido; SERVO, Luciana; PIOLA, Sérgio. As novas configurações de antigos problemas: financiamento e gasto com Ações e Serviços Públicos de Saúde no Brasil. *Divulgação em saúde para debate*. Rio de Janeiro: CEBES, n. 37, p. 21-43, jan. 2007.

ROCHA, Paulo. Concepções dos fundos e seus impactos nas políticas sociais. *Anais do seminário "Fundos Públicos e Políticas Sociais"*, ago. 2002. In: MAGALHÃES JÚNIOR, José; TEIXEIRA, Ana Claudia (Org.). *Fundos públicos e políticas sociais*. São Paulo: Instituto Pólis, 2004 (publicações Pólis, 45). p. 85-92.

SALAMA, Pierre. A financeirização excludente: as lições das economias latino-americanas. In: CHESNAIS, François (Org.). *A mundialização financeira*. São Paulo: Xamã, 1998. p. 211-48.

SALVADOR, Evilasio. *As implicações da reforma da previdência social de 1998 sobre o mercado de trabalho no Brasil*. 2003. Dissertação (Mestrado em Política Social) — Departamento de Serviço Social, Universidade de Brasília, Brasília.

SALVADOR, Evilasio. Implicações da reforma da previdência sobre o mercado de trabalho. *Serviço Social e Sociedade*, São Paulo, v. 81, p. 7-39, 2005.

______. A distribuição da carga tributária: quem paga a conta? In: SICSÚ, João. *Arrecadação (de onde vem?) e gastos públicos (para onde vão?)*. São Paulo: Boitempo, 2007. p. 79-93.

______. Quem financia e qual o destino dos recursos da seguridade social no Brasil? *Observatório da Cidadania*, Rio de Janeiro, n. 11, p. 81-90, Relatório de 2007.

______. Reforma tributária desmonta financiamento da seguridade social. *Carta Social e do Trabalho*, Campinas: Unicamp, v. 8, 2008.

______. Questão tributária e seguridade social. In: FAGNANI, Eduardo; HENRIQUE, Wilnês; LÚCIO, Clemente. *Previdência social*: como incluir os excluídos? São Paulo: LTr, 2008. p. 387-402.

______. Avanços e limites no controle social da seguridade social no Brasil. In: VAZ, Flavio; MUSSE, Juliano; SANTOS, Rodolfo. *20 anos de Constituição cidadã. Avaliação e desafio da seguridade social*. Brasília: ANFIP, 2008. p. 109-30.

SALVADOR, Evilasio; BOSCHETTI, Ivanete. A (des)regulamentação dos direitos previdenciários e a (des)estruturação do mercado de trabalho. In: FERREIRA, Mario; DAL ROSSO, Sadi (Orgs.). *A regulação social do trabalho*. Brasília: Paralelo 15, 2003.

______. A reforma da previdência social no Brasil e os impactos sobre o mercado de trabalho. *Revista Serviço Social & Sociedade*, São Paulo: Cortez, p. 114-139, jul. 2002a.

______. La reforma de la seguridad social en Brasil y los impactos sobre el mercado de trabajo. *Revista de Ciencias Sociales*, Maracaibo, Venezuela, v. III, n. 3, 2002b.

SALVADOR, Evilasio; GRAÇA, Eliana; BICALHO, Lucídio. *PLOA 2009*: metade do orçamento para os credores financeiros. Brasília: INESC, 2008. Nota Técnica n. 143.

SANDRONI, Paulo. *Novíssimo dicionário de economia*. 7. ed. São Paulo: Best Seller, 2001.

SANTOS, Cláudio. *Uma metodologia simplificada de estimação da carga tributária líquida brasileira trimestral no período 1995-2007*. Rio de Janeiro: IPEA, out. 2008. Texto para discussão n. 1.359.

SANTOS, Cláudio; RIBEIRO, Márcio; GOBETTI, Sérgio. *A evolução da carga tributária bruta brasileira no período 1995-2007*: tamanho, composição e especificações econométricas agregadas. Brasília: IPEA, ago. 2008. Texto para discussão n. 1.350.

SANTOS, Maria Helena de Castro; MACHADO, Érica Massimo; ROCHA, Paulo Eduardo Nunes de Moura. O jogo orçamentário da União: relações Executivo--Legislativo na terra do *Pork-Barrel*. In: DINIZ, E.; AZEVEDO, S. E. (Orgs.). *Reforma do Estado e democracia no Brasil*. Brasília: Editora da UnB/ENAP, 1997. p. 83-124.

SANTOS, Reginaldo. *A teoria das finanças públicas no contexto do capitalismo*, São Paulo: Mandacaru, 2001.

______. et al. Economia política e finanças públicas no Brasil: a recuperação de um debate. *Bahia — Análise e Dados*, Salvador, v. 12, n. 4, p. 25-43, mar. 2003.

SANTOS, Wanderley. *Cidadania e justiça*. São Paulo: Campus, 1979.

SANTOS FILHO, Milton. Sistema internacional de crédito: conceitos e desenvolvimento. In: ______ (Org.). *Instabilidade econômica*: moeda e finanças. São Paulo: Hucitec, 1993. p. 41-60.

SAUVIAT, Catherine. Os fundos de pensão e os fundos mútuos: principais atores da finança mundializada e do novo poder acionário. In: CHESNAIS, François (Org.). *A finança mundializada*. São Paulo: Boitempo, 2005. p. 109-32.

SCWARZER, Helmut. Nota sobre os efeitos da opção entre os diversos índices para deflacionamento de valores nominais. *Políticas sociais*: acompanhamento e análise. Brasília, 2001.

SICSÚ, João. *Emprego, juros e câmbio*. Rio de Janeiro: Elsevier, 2007.

SIQUEIRA, Marcelo; RAMOS, Francisco. Incidência tributária. In: BIDERMAN, Ciro; AVARTE, Paulo (Orgs.). *Economia do setor público no Brasil*. Rio de Janeiro: Elsevier, 2004. p. 155-72.

SIQUEIRA, Rozane; NOGUEIRA, José; SOUZA, Evaldo. A incidência final dos impostos indiretos no Brasil: efeitos da tributação de insumos. *Revista Brasileira de Economia*, v. 55, p. 513-44, 2001.

SOARES, Laura Tavares. *Os custos sociais do ajuste neoliberal na América Latina*. São Paulo: Cortez, 2000.

SOARES, Laura Tavares. *Ajuste neoliberal e desajuste social na América Latina*. Petrópolis: Vozes, 2001.

______. As marcas da ruína neoliberal sobre a proteção social. In: III FÓRUM SOCIAL MUNDIAL. Porto Alegre, jan. 2003.

______. *A charanga do ajuste fiscal e da focalização do gasto social*. Rio de Janeiro: Laboratório de políticas públicas, UERJ, 5 jan. 2005. Disponível em: <www.lpp-uerj.net/outrobrasil/analises_politicas_sociais.asp>. Acesso em: 20 mar. de 2007.

______. *Saúde para todos em 2005*. Rio de Janeiro: Laboratório de políticas públicas, UERJ, 5 jan. 2005. Disponível em: <www.lpp-uerj.net/outrobrasil/exibir_analise.asp?Id_Sub_Analise=17&Id_Analise=3>. Acesso em: 10 set. 2008.

STEIN, Rosa. A descentralização como instrumento de ação política e suas controvérsias (revisão teórico-conceitual). *Serviço Social e Sociedade*. São Paulo: Cortez, n. 54, p. 75-96, jul. 1997.

______. Configuração recente dos programas de transferência de renda na América Latina: focalização e condicionalidade. In: BOSCHETTI, Ivanete et al. (Org.). *Política social no capitalismo*: tendências contemporâneas. São Paulo: Cortez, 2008. p. 196-219.

TAX JUSTICE NETWORK. *Tribute-nos se for capaz*: a verdadeira história de um fracasso global. Trad. de Carla Rodrigues Perdiz e Roberta de Castro Souza, set. 2005. Disponível em: <www.taxjustice.net/cms/upload/pdf/TAxusifyoucanEdicaoPortugueseset2005CarlaRoberta.pd maio 1998>. Acesso em: 19 abr. 2007.

TEIXEIRA, Aloísio. *Do seguro à seguridade*: a metamorfose do sistema previdenciário brasileiro. Rio de Janeiro: UFRJ, dez. 1990. Texto para discussão n. 249.

TEIXEIRA, Mary. O programa saúde da família, o serviço social e o canto do rouxinol. In: BRAVO, Maria; PEREIRA, Potyara (Org.). *Política social e democracia*. São Paulo: Cortez: 2001. p. 235-54.

THEODORO, Mário. As características do mercado de trabalho e as origens do informal no Brasil. In: JACCOUD, Luciana et al. *Questão social e políticas sociais no Brasil contemporâneo*. Brasília: IPEA, 2005.

TITMUSS, Richard. *Essays on the Welfare State*. London: George Allen & Unwen Ltd., 1976.

TRIBUNAL DE CONTAS DA UNIÃO. *Relatório e pareceres prévios sobre as contas do governo da República. Exercício de 2003.* Brasília: TCU, 2004.

______. *Relatório e pareceres prévios sobre as contas do governo da República. Exercício de 2004.* Brasília: TCU, 2005.

______. *Relatório e pareceres prévios sobre as contas do governo da República. Exercício de 2005.* Brasília: TCU, 2006.

______. *Relatório e pareceres prévios sobre as contas do governo da República. Exercício de 2006.* Brasília: TCU, 2007.

UNAFISCO SINDICAL. *Imposto de renda na reforma tributária.* Brasília: Unafisco Sindical, 2003.

______. *Propostas para a recuperação da receitas tributárias.* Brasília: Diretoria Executiva Nacional, 19 de junho de 2006.

______. A arrecadação e o destino dos recursos da CPMF. *Nota Técnica,* Brasília, n. 6, jun. 2007.

VARSANO, Ricardo et al. *Uma análise da carga tributária no Brasil.* Brasília: IPEA, ago. 1998. Texto para discussão n. 583.

VAZ, Flávio; MARTINS, Floriano. Práticas orçamentárias a esvaziar a seguridade social. In: FAGNANI, Eduardo; HENRIQUE, Wilnês; LÚCIO, Clemente. *Previdência social*: como incluir os excluídos? São Paulo: LTr, 2008. p. 372-86.

VIANNA, Maria Lúcia Teixeira Werneck. *A americanização (perversa) da seguridade social no Brasil.* Rio de Janeiro: Revan, 1998.

______. Seguridade social: três mitos e uma mentira. *Universidade e Sociedade,* Brasília, n. 19, p. 39-47, 1999.

VIANNA, Salvador et al. Sistema tributário no Brasil reforça desigualdade social. *Tributação em Revista,* Brasília, n. 36, abr./jun. 2001.

VIANNA, Solon. A seguridade social e o SUS: re-visitando o tema. *Saúde e Sociedade,* v. 14, n. 1, p. 7-22, jan./abr. 2005.

WATANABE, W.; MANDI, C. Lucros das companhias crescem mais do que os impostos. *Valor Econômico,* 18 ago. 2005. Caderno Empresas e Tecnologia, p. B-3.

WORLD BANK. *World Development Indicators database 14 September 2007*. Disponível em: <http://siteresources.worldbank.org/DATASTATISTICS/Resources/GDP_PPP.pdf>. Acesso em: 22 dez. 2009.

XAVIER, Jesuan. Diferença de hotelaria ou de cidadania. *Radis*, 19 mar. 2004, p. 8-10.

ZOCKUN, Maria (Coord.). *Simplificando o Brasil*: propostas de reforma na relação econômica do governo com o setor privado. São Paulo: FIPE, 2005.

ZORZO, Maristela; PEREIRA, Potyara. *Ideias de Enerst Mandel sobre o neocapitalismo, Estado e política*: uma resenha crítica. Brasília: UnB/CEAM/NEPPOS, jan./jun. 2005. Série política social em debate.

Sites **consultados**

www.abrasil.gov.br/

www.bacen.gov.br

www.fazenda.gov.br/confaz/

www.fazenda.gov.br/portugues/fmi/acordofmi.asp

www.ipeadata.gov.br

www.mds.gov.br

www.planobrasil.gov.br

www.previdencia.gov.br

www.saude.gov.br

www.siops.datasus.gov.br

www.stn.fazenda.gov.br

Referências legislativas[1]

BRASIL. Conselho Monetário Nacional. Resolução n. 3.548, de 12 de março de 2008. Altera a Resolução n. 3.389, de 4 de agosto de 2006, que dispõe sobre o recebimento do valor das exportações brasileiras e dá outras providências. *Diário Oficial da União*, Brasília, 14 mar. 2008.

______. Conselho Nacional da Assistência Social. Resolução n. 130, de 15 de julho de 2005. Aprova a Norma Operacional Básica da Assistência Social (NOB/SUAS).

______. Conselho Nacional de Saúde. Norma Operacional Básica do Sistema Único de Saúde — SUS. *Diário Oficial da União*, Brasília, 6 nov. 1996.

______. Constituição da República dos Estados Unidos do Brasil. Rio de Janeiro, 16 jul. 1934.

______. Constituição da República Federativa do Brasil de 1988. Brasília, 1990.

______. Decreto n. 1.605, de 25 de agosto de 1995. Regulamenta o Fundo Nacional de Assistência Social, instituído pela Lei n. 8.742, de 7 de dezembro de 1993. *Diário Oficial da União*, Brasília, 28 ago. 1995.

______. Decreto n. 20.465, de 1º de outubro de 1931. Reforma a legislação das Caixas de Aposentadoria e Pensões. *Diário Oficial da União*, Rio de Janeiro, 31 dez. 1931.

______. Decreto n. 3.048, de 6 de maio de 1999. Aprova o regulamento da previdência social, e dá outras providências. *Diário Oficial da União*, Brasília, 7 maio 1999 e 12 maio 1999.

______. Decreto n. 3.964, de 10 de outubro de 2001. Dispõe sobre o Fundo Nacional de Saúde e dá outras providências. *Diário Oficial da União*, Brasília, 11 out. 2001.

______. Decreto n. 4.682, de 24 de janeiro de 1923. Crea, em cada uma das emprezas de estradas de ferro existentes no paiz, uma caixa de aposentadoria e pensões para os respectivos empregados (Lei Eloy Chaves).

1. A legislação consultada está disponível no *site*: <www.presidencia.gov.br/legislacao/>.

BRASIL. Decreto n. 5.109, de 20 de dezembro de 1926. Estende o Regime da Lei Elói Chaves aos portuários e marítimos.

______. Decreto n. 5.379, de 25 de fevereiro de 2005. Dispõe sobre a programação orçamentária e financeira e estabelece o cronograma mensal de desembolso do Poder Executivo para o exercício de 2005, e dá outras providências. *Diário Oficial da União*, Brasília, 25 fev. 2005.

______. Decreto n. 592, de 6 de julho de 1992. Atos Internacionais. Pacto Internacional sobre Direitos Civis e Políticos. Promulgação. Brasília, 6 jul. 1992.

______. Decreto n. 64.867, de 24 de julho de 1969. Institui o Fundo Nacional de Saúde (FNS), vinculado ao Ministério da Saúde e dá outras providências. *Diário Oficial da União*, Brasília, 25 jul. 1969.

______. Decreto n. 92.654, de 15 de maio de 1986. Cria o Grupo de Trabalho para Reestruturação da Previdência Social e da Outras Providencias. *Diário Oficial da União*, Brasília, 16 de maio de 1986.

______. Decreto n. 93.872, de 23 de dezembro de 1986. Dispõe sobre a unificação dos recursos de caixa do Tesouro Nacional, atualiza e consolida a legislação pertinente e dá outras providências. *Diário Oficial da União*, Brasília, 24 dez. 1986.

______. Emenda Constitucional de Revisão n. 1, de 1º de março de 1994. Acrescenta os arts. 71, 72 e 73 ao Ato das Disposições Constitucionais Transitórias. *Diário Oficial da União*, Brasília, 2 mar. 1994.

______. Emenda Constitucional n. 10, de 4 de março de 1996. Altera os arts. 71 e 72 do Ato das Disposições Constitucionais Transitórias, introduzidos pela Emenda Constitucional de Revisão n. 1, de 1994. *Diário Oficial da União*, Brasília, 7 mar. 1996.

______. Emenda Constitucional n. 17, de 22 de novembro de 1997. Altera dispositivos dos arts. 71 e 72 do Ato das Disposições Constitucionais Transitórias, introduzidos pela Emenda Constitucional de Revisão n. 1, de 1994. *Diário Oficial da União*, Brasília, 22 nov. 1997.

______. Emenda Constitucional n. 20, de 15 de dezembro de 1998. Modificou o sistema de previdência social, estabeleceu normas de transição. *Diário Oficial da União*, Brasília, 16 dez. 1998.

BRASIL. Emenda Constitucional n. 27, de 21 de março de 2000. Acrescenta o art. 76 ao Ato das Disposições Constitucionais Transitórias, instituindo a desvinculação de arrecadação de impostos e contribuições sociais da União. *Diário Oficial da União*, Brasília, 22 mar. 2000.

______. Emenda Constitucional n. 3, de 17 de março de 1993. Altera os arts. 40, 42, 102, 103, 155, 156, 160, 167 da Constituição Federal. *Diário Oficial da União*, Brasília, 18 mar. 1993.

______. Emenda Constitucional n. 32, de 11 de setembro de 2001. Altera dispositivos dos arts. 48, 57, 61, 62, 64, 66, 84, 88 e 246 da Constituição Federal, e dá outras providências. *Diário Oficial da União*, Brasília, 11 set. 2001.

______. Emenda Constitucional n. 42, de 19 de dezembro de 2003. Altera o Sistema Tributário Nacional e dá outras providências. *Diário Oficial da União*, Brasília, 19 dez. 2003.

______. Emenda Constitucional n. 47, de 5 de julho de 2005. Altera os arts. 37, 40, 195 e 201 da Constituição Federal, para dispor sobre a previdência social, e dá outras providências. *Diário Oficial da União*, Brasília, 5 jul. 2005.

______. Emenda Constitucional n. 51. Acrescenta os §§ 4º, 5º e 6º ao art. 198 da Constituição Federal. Brasília, 15 fev. 2006.

______. Emenda Constitucional n. 56, de 20 de dezembro de 2007. Prorroga o prazo previsto no *caput* do art. 76 do Ato das Disposições Constitucionais Transitórias e dá outras providências. *Diário Oficial da União*, Brasília, 21 dez. 2007.

______. Lei Complementar n. 101, de 4 de maio de 2000. Estabelece normas de finanças públicas voltadas para a responsabilidade na gestão fiscal e dá outras providências. *Diário Oficial da União*, Brasília, 5 maio 2000.

______. Lei Complementar n. 12, de 8 de novembro de 1971. Regula o art. 69 da Constituição, e dá outras providências. *Diário Oficial da União*, Brasília, 9 nov. 1971.

______. Lei Complementar n. 70, de 30 de dezembro de 1991. Institui contribuição para financiamento da seguridade social, eleva a alíquota da contribuição social sobre o lucro das instituições financeiras e dá outras providências. *Diário Oficial da União*, Brasília, 31 dez. 1991.

BRASIL. Lei n. 10.637, 30 de dezembro de 2002. Dispõe sobre a não cumulatividade na cobrança da contribuição para os Programas de Integração Social (PIS) e de Formação do Patrimônio do Servidor Público (PASEP), nos casos que especifica; sobre o pagamento e o parcelamento de débitos tributários federais, a compensação de créditos fiscais, a declaração de inaptidão de inscrição de pessoas jurídicas, a legislação aduaneira, e dá outras providências. *Diário Oficial da União*, Brasília, 31 dez. 2002.

______. Lei n. 10.684, de 30 de maio de 2003. Altera a legislação tributária, dispõe sobre parcelamento de débitos junto à Secretaria da Receita Federal, à Procuradoria-Geral da Fazenda Nacional e ao Instituto Nacional do Seguro Social e dá outras providências. *Diário Oficial da União*, Brasília, 30 maio 2003.

______. Lei n. 10.741, de 1° de outubro de 2003. Dispõe sobre o Estatuto do Idoso e dá outras providências. *Diário Oficial da União*, Brasília, 3 out. 2003.

______. Lei n. 10.833, de 29 de dezembro de 2003. Altera a Legislação Tributária Federal e dá outras providências. *Diário Oficial da União*, Brasília, 30 dez. 2003.

______. Lei n. 10.933, de 11 de agosto de 2004. Dispõe sobre o Plano Plurianual para o período 2004/2007. *Diário Oficial da União*, Brasília, 12 ago. 2004.

______. Lei n. 10.934, de 11 de agosto de 2004. Dispõe sobre as diretrizes para a elaboração da lei orçamentária de 2005 e dá outras providências. *Diário Oficial da União*, Brasília, 12 ago. 2004.

______. Lei n. 11.033, de 21 de dezembro de 2004. Altera a tributação do mercado financeiro e de capitais; institui o Regime Tributário para Incentivo à Modernização e à Ampliação da Estrutura Portuária — REPORTO; altera as Leis n. 10.865, de 30 de abril de 2004, n. 8.850, de 28 de janeiro de 1994, n. 8.383, de 30 de dezembro de 1991, n. 10.522, de 19 de julho de 2002, n. 9.430, de 27 de dezembro de 1996, e n. 10.925, de 23 de julho de 2004; e dá outras providências. *Diário Oficial da União*, Brasília, 22 dez. 2004.

______. Lei n. 11.371, de 28 de novembro de 2006. Conversão da MP n. 315, de 2006. Dispõe sobre operações de câmbio, sobre registro de capitais estrangeiros, sobre o pagamento em lojas francas localizadas em zona primária de porto ou aeroporto, sobre a tributação do arrendamento mercantil de aeronaves, sobre a novação dos contratos celebrados nos termos do § 1° do art. 26 da Lei n. 9.491, de 9 de setembro de 1997, altera o Decreto n. 23.258, de 19 de outubro de 1933, a Lei n. 4.131, de 3 de setembro de 1962, o Decreto-Lei n. 1.455, de 7 de abril de 1976, e revoga dispositivo da Medida Provisória n. 303, de 29 de junho de 2006. *Diário Oficial da União*, Brasília, 29 nov. 2006.

______. Lei n. 11.445, de 5 de janeiro de 2007. Estabelece diretrizes nacionais para o saneamento básico; altera as Leis n. 6.766, de 19 de dezembro de 1979, 8.036, de 11 de maio de 1990, 8.666, de 21 de junho de 1993, 8.987, de 13 de fevereiro de 1995; revoga a Lei n. 6.528, de 11 de maio de 1978; e dá outras providências. *Diário Oficial da União*, Brasília, 8 jan. 2007.

______. Lei n. 11.457, de 16 de março de 2007. Dispõe sobre a Administração Tributária Federal; altera as Leis n. 10.593, de 6 de dezembro de 2002, n. 10.683, de 28 de maio de 2003, n. 8.212, de 24 de julho de 1991, n. 10.910, de 15 de julho de 2004, o Decreto-Lei n. 5.452, de 1º de maio de 1943, e o Decreto n. 70.235, de 6 de março de 1972; revoga dispositivos das Leis n. 8.212, de 24 de julho de 1991, n. 10.593, de 6 de dezembro de 2002, n. 10.910, de 15 de julho de 2004, n. 11.098, de 13 de janeiro de 2005, e n. 9.317, de 5 de dezembro de 1996; e dá outras providências. *Diário Oficial da União*, Brasília, 19 mar. 2007.

______. Lei n. 11.647, de 24 de março de 2008. Estima a receita e fixa a despesa da União para o exercício financeiro de 2008. *Diário Oficial da União*, Brasília, 25 mar. 2008.

______. Lei n. 4.320, de 17 de março de 1964. Estatui Normas Gerais de Direito Financeiro para elaboração e controle dos orçamentos e balanços da União, dos Estados, dos Municípios e do Distrito Federal. *Diário Oficial da União*, Brasília, 23 mar. 1964.

______. Lei n. 4.595, de 31 de dezembro de 1964. Dispõe sobre a política e as instituições monetárias, bancárias e creditícias, cria o Conselho Monetário Nacional e dá outras providências. *Diário Oficial da União*, Brasília, 31 jan. 1965.

______. Lei n. 8.069, de 13 de julho de 1990. Dispõe sobre o Estatuto da Criança e do Adolescente e dá outras providências. *Diário Oficial da União*, Brasília, 16 jul. 1990.

______. Lei n. 8.080, de 19 de setembro de 1990. Dispõe sobre as condições para a promoção, proteção e recuperação da saúde, a organização e o funcionamento dos serviços correspondentes e dá outras providências. *Diário Oficial da União*, Brasília, 20 set. 1990.

______. Lei n. 8.137, de 27 de dezembro de 1990. Define crimes contra a ordem tributária, econômica e contra as relações de consumo, e dá outras providências. *Diário Oficial da União*, Brasília, 28 dez. 1990.

______. Lei n. 8.142, de 28 de dezembro de 1990. Dispõe sobre a participação da comunidade na gestão do Sistema Único de Saúde (SUS) e sobre as transferências intergovernamentais de recursos financeiros na área da saúde e dá outras providências. *Diário Oficial da União*, Brasília, 31 dez. 1990.

______. Lei n. 8.212, de 24 de julho de 1991. Dispõe sobre a organização da seguridade social, institui o plano de custeio e dá outras providências. *Diário Oficial da União*, Brasília, 25 jul. 1991.

______. Lei n. 8.213, de 24 de julho de 1991. Dispõe sobre os planos de benefícios da previdência social e dá outras providências. *Diário Oficial da União*, Brasília, 25 jul. 1991.

______. Lei n. 8.742, de 7 de dezembro de 1993. Dispõe sobre a organização da Assistência Social e dá outras providências. *Diário Oficial da União*, Brasília, 8 dez. 1993.

______. Lei n. 8.981, de 20 de janeiro de 1995. Altera a legislação tributária Federal e dá outras providências. *Diário Oficial da União*, Brasília, 23 jan. 1995.

______. Lei n. 9.032, de 28 de abril de 1995. Dispõe sobre o valor do salário mínimo, altera dispositivos das Leis n. 8.212 e n. 8.213, ambas de 24 de julho de 1991, e dá outras providências Brasília, 29 abr. 1995.

______. Lei n. 9.249, de 26 de dezembro de 1995. Altera a legislação do imposto de renda das pessoas jurídicas, bem como da Contribuição Social sobre o Lucro Líquido, e dá outras providências. *Diário Oficial da União*, Brasília, 27 dez. 1995.

______. Lei n. 9.250, de 26 de dezembro de 1995. Altera a legislação do imposto de renda das pessoas físicas e dá outras providências. *Diário Oficial da União*, Brasília, 27 dez. 1995.

______. Lei n. 9.311, de 24 de outubro de 1996. Institui a Contribuição Provisória sobre Movimentação ou Transmissão de Valores e de Créditos e Direitos de

Natureza Financeira — CPMF, e dá outras providências. *Diário Oficial da União*, Brasília, 25 out. 1996.

______. Lei n. 9.393, de 19 de dezembro de 1996. Conversão da MP n. 1.528, de 1996. Dispõe sobre o Imposto sobre a Propriedade Territorial Rural — ITR, sobre pagamento da dívida representada por Títulos da Dívida Agrária e dá outras providências. *Diário Oficial da União*, Brasília, 20 dez. 1996.

______. Lei n. 9.430, de 27 de dezembro de 1996. Dispõe sobre a legislação Tributária federal, as contribuições para a seguridade social, o processo administrativo de consulta e dá outras providências. *Diário Oficial da União*, Brasília, 30 dez. 1996.

______. Lei n. 9.532, de 10 de dezembro de 1997. Altera a legislação tributária federal e dá outras providências. *Diário Oficial da União*, Brasília, 11 dez. 1997.

______. Lei n. 9.711, de 20 de novembro de 1998. Conversão da MP n. 1.663-15, de 22 de outubro de 1998. Dispõe sobre a recuperação de haveres do Tesouro Nacional e do Instituto Nacional do Seguro Social — INSS, a utilização de Títulos da Dívida Pública, de responsabilidade do Tesouro Nacional, na quitação de débitos com o INSS, altera dispositivos das Leis n. 7.986, de 28 de dezembro de 1989, n. 8.036, de 11 de maio de 1990, n. 8.212, de 24 de julho de 1991, n. 8.213, de 24 de julho de 1991, n. 8.742, de 7 de dezembro de 1993, e n. 9.639, de 25 de maio de 1998, e dá outras providências. *Diário Oficial da União*, Brasília, 21 nov. 1998.

______. Lei n. 9.718, de 27 de novembro de 1998. Altera a Legislação Tributária Federal. *Diário Oficial da União*, Brasília, 28 nov. 1998.

______. Lei n. 9.796, de 5 de maio de 1999. Estabelece a compensação financeira entre diferentes planos previdenciários. Brasília, 6 maio 1999.

______. Lei n. 9.876, de 26 de novembro de 1999. Institui novas regras de cálculo dos benefícios previdenciários. Brasília, 29 nov. 1999.

______. Lei n. 9.989, de 21 de julho de 2000. Dispõe sobre o Plano Plurianual para o período de 2000/2003. *Diário Oficial da União*, Brasília, 24 jul. 2000.

______. Medida Provisória n. 2.216-37. Altera dispositivos da Lei n. 9.649, de 27 de maio de 1998, que dispõe sobre a organização da Presidência da República e dos Ministérios, e dá outras providências. Brasília, 31 ago. 2001.

______. Medida Provisória n. 281. Convertida na Lei n. 11.312, de 2006. Reduz a zero as alíquotas de imposto de renda e da Contribuição Provisória sobre

Movimentação ou Transmissão de Valores e de Créditos e Direitos de Natureza Financeira (CPMF) nos casos que especifica, e dá outras providências. Brasília, 15 fev. 2006.

______. Medida Provisória n. 395. Abre crédito extraordinário, em favor de diversos órgãos do Poder Executivo, no valor global de R$ 3.256.764.118,00, para os fins que especifica. *Diário Oficial da União*, Brasília, 27 set. 2007.

______. Medida Provisória n. 442. Dispõe sobre operações de redesconto pelo Banco Central do Brasil e autoriza a emissão da Letra de Arrendamento Mercantil — LAM, e dá outras providências. Brasília, de 6 out. 2008.

______. Portaria MDS n. 666, de 28 de dezembro de 2005. Disciplina a integração entre o Programa Bolsa-Família e o Programa de Erradicação do Trabalho Infantil. *Diário Oficial da União*, Brasília, 30 dez. 2005.

______. Portaria MPOG/SOF n. 42. Atualiza a discriminação da despesa por funções de que tratam o inciso I, do § 1º, do art. 2º, e § 2º, do art. 8º, ambos da Lei n. 4.320, de 17 de março de 1964; estabelece conceitos de função, subfunção, programa, projeto, atividade, operações especiais e da outras providências. *Diário Oficial da União*, Brasília, 14 abr. 1999.

______. Proposta de Emenda Constitucional n. 41. Altera o sistema tributário e dá outras providências. Brasília, Câmara dos Deputados, 30 abr. 2003.

______. Proposta de Emenda Constitucional n. 233. Altera o sistema tributário e dá outras providências. Brasília, Câmara dos Deputados, 26 fev. 2008.

LEIA TAMBÉM

DESENVOLVIMENTO E PERSPECTIVAS NOVAS PARA O BRASIL

Marcio Pochmann

1ª edição (2010)
192 páginas
ISBN 978-85-249-1558-1

Este livro analisa a temática do desenvolvimento brasileiro a partir das diferentes dimensões históricas nacionais. Inicialmente em relação à experiência da sociedade agrária que percorreu o país desde a condição de colônia até chegar à República Velha. Na sequência, recupera-se o período de transformações contido no projeto de construção da sociedade urbano-industrial verificado entre a Revolução de Trinta e a crise da dívida externa. A terceira parte apresenta o ciclo de financeirização da riqueza que se sucede ao esgotamento do projeto de industrialização nacional nas duas últimas décadas do século 20. Ao final, o livro aponta alguns dos principais desafios ao desenvolvimento brasileiro neste começo de século 21.

LANÇAMENTO

OS ANDAIMES DO NOVO VOLUNTARIADO

Márcia Pereira Cunha

1ª edição (2010)
192 páginas
ISBN 978-85-249-1586-4

O *novo* voluntariado é uma construção. Essa construção foi tomada em dois sentidos. O primeiro diz respeito às relações entre atores sociais que se reuniram para lhe dar a sustentação que o manteve no horizonte público com a visibilidade que alcançou. O segundo refere-se à sua aparência de novidade, isto é, à elaboração de um discurso institucional que deu forma a esse *novo* voluntariado, atribuindo-lhe qualidades. Embora seja possível identificar um cenário de mudanças e de temas novos para além da área em que o *novo* voluntariado surgiu, o olhar da autora recaiu sobre os temas que lhe eram mais próximos: aqueles relacionados à proposição de novas formas de entender e enfrentar problemas sociais, especialmente os que diziam respeito à solução das desigualdades sociais e aumento da pobreza.